J. ALBERTO SOGGIN

EINFÜHRUNG IN DIE GESCHICHTE ISRAELS UND JUDAS

J. ALBERTO SOGGIN

EINFÜHRUNG IN DIE GESCHICHTE ISRAELS UND JUDAS

Von den Ursprüngen bis zum Aufstand Bar Kochbas

WISSENSCHAFTLICHE BUCHGESELLSCHAFT
DARMSTADT

Einbandgestaltung: Studio Franz & McBeath, Stuttgart.

Die Deutsche Bibliothek – CIP-Einheitsaufnahme

Soggin, Jan Alberto:
Einführung in die Geschichte Israels und Judas:
von den Ursprüngen bis zum Aufstand Bar Kochbas /
J. Alberto Soggin. –
Darmstadt: Wiss. Buchges., 1991
ISBN 3-534-10870-1

Bestellnummer 10870-1

Gedruckt auf säurefreiem und alterungsbeständigem Offsetpapier
Satz: Setzerei Gutowski, Weiterstadt
Druck und Einband: Wissenschaftliche Buchgesellschaft, Darmstadt
Printed in Germany
Schrift: Linotype Times, 9.5/11

ISBN 3-534-10870-1

Meiner Frau

INHALT

Abkürzungen XIII

Vorwort XV

I. Probleme und Methoden

1. Einleitung 3

2. Das Land 5
2.1 Allgemeines 5
2.2 Der Name 6
2.3 Topographie und Oberflächenbeschreibung 8
2.4 Klima 10
2.5 Flora 12
2.6 Fauna 13
2.7 Urbevölkerung 15
2.8 Innenpolitik 16
2.9 Außenpolitik 19
2.10 Arbeitsinstrumente 19

3. Probleme, Methoden, Literatur und Quellen 21
3.1 Probleme 21
3.2 Überlieferungen: Sitz im Leben 23
3.3 Geschichtsschreibung im alten Nahen Osten 26
3.4 Anfang einer Geschichtsschreibung in Israel und Juda . 28
3.5 Methoden 31
3.6 Heutige Darstellungen der Geschichte Israels und Judas . 31
3.7 Quellen 35
3.8 Chronologie 40

4. Das Großreich – David 42
4.1 Das Großreich 42
4.2 Ursprünge Davids 46
4.3 Saul 47
4.4 David und die Philister 49

4.5 Feldzüge im Ausland 54
4.6 Verfassungsprobleme 55
4.7 Öffentliche Verwaltung 57
4.8 Innere Spannungen 59
4.9 Religion 60

5. Das Großreich – Salomo 62
5.1 Quellen 62
5.2 Legitimierung 64
5.3 Unruhen 67
5.4 Weisheit 67
5.5 Tempel und Palast 68
5.6 Politik 68
5.7 Territorialer Verfall 71
5.8 Steuermaßnahmen 72
5.9 Aufklärung? 74

II. Überlieferungen über die Vorgeschichte

6. Die Erzväter 79
6.1 Probleme 79
6.2 Abraham 80
6.3 Isaak 82
6.4 Jakob 82
6.5 Joseph 83
6.6 Einzelheiten 83
6.7 Einzelüberlieferungen 86
6.8 Religion 89

7. Aufenthalt in Ägypten, Exodus und Wüstenwanderung. Die Gestalt des Moses 92
7.1 „Israel“ in Ägypten 92
7.2 Ankunft 94
7.3 Unterdrückung 95
7.4 Im „Lande Goschen“ 97
7.5 Chronologie 98
7.6 Fronarbeit 98
7.7 Vorboten des Auszugs 99
7.8 Das Schilfmeer 101
7.9 Wanderwege in der Wüste 102
7.10 Moses 108

8. Die Landnahme- und Richterzeit 111
8.1 Israel landesfremd? 111
8.2 Überlieferungen 113
8.3 Landnahmebild nach den Quellen 118
8.4 A. Alt bestätigt 119
8.5 „Soziologische" These über die Landnahme 120
8.6 Levitische Städte – Asyl- bzw. Freistädte 121
8.7 Bildung der Stämme 123
8.8 Stammesbündnisse 123
8.9 Richter 126

III. Die beiden Königreiche

9. Die beiden Königreiche bis zu den assyrischen Einfällen 131
9.1 Auflösung des Großreiches 131
9.2 Relative Chronologie 131
9.3 Quellen 132
9.4 Annektierte Gebiete 134
9.5 Verwaltungsmaßnahmen Jerobeams I. 135
9.6 Der ägyptische Feldzug 135
9.7 Festungen Rehabeams 137
9.8 Kriege zwischen Israel und Juda 137
9.9 Asa von Juda und die Königinmutter 139
9.10 Die Dynastie Omris von Israel 139
9.10.1 Omri 140
9.10.2 Ahab – Befreiungskrieg Moabs 142
9.10.3 Internationale Politik 144
9.10.4 Königin Isebel 145
9.10.5 Nachfolger Ahabs 145
9.10.6 Joram von Israel und von Juda? 145
9.11 Staatsstreich Jehus 146
9.12 Die Lage im Süden 148
9.13 Königin Athalia von Juda 150
9.14 Jerobeam II. von Israel 151
9.15 Ussia/Asarja von Juda 152

10. Die assyrischen Einfälle 155
10.1 Assyrische Großmacht 155
10.2 „Syro-ephraimitischer" Krieg 158
10.3 Ende des Reiches Israel 161

11. Das Königreich Juda bis zum Exil 164
11.1 Die letzten anderthalb Jahrunderte 164
11.2 König Hiskia 165
11.3 Manasse und Amon von Juda 171
11.4 Josia 173
11.4.1 Politik 174
11.4.2–5 Leben Josias und religiöse Reform 155
11.4.6–8 Tod Josias 177
11.5 Dämmerung 178
11.5.1–4 Vasallentum gegenüber Ägypten 179
11.5.5 Erste Belagerung und Eroberung Jerusalems 180
11.6 Die letzten Jahre – Als Vasall Babylons 181
11.6.1–2 Aufstände 181
11.6.3–6 Zweite Belagerung und Eroberung Jerusalems 182
11.7 Juda während des Exils 183
11.8 Lage in Judäa 186
11.9 Begnadigung König Jojakins 187

IV. Unter den östlichen und westlichen Großreichen

12. Unter dem persischen Weltreich 191
12.1 Ende Babylons 191
12.2 Persische Innenpolitik 194
12.3 Persische religiöse Politik 195
12.4 Judäische hohe Beamte 197
12.5 Rückwanderer 198
12.6 Unruhen im Weltreich 199
12.7 Esra und Nehemia 203
12.8 Entsendung Nehemias 205
12.9 Aussendung Esras 206
12.10 Aufkommen, Befugnisse und Macht des Priestertums . . 210
12.10.1 Das Gebiet Judäas 210
12.10.2 Die „Diaspora“ 211
12.10.3 Der Kult 211
12.10.4 Die Synagoge 212
12.10.5 Die Gemeinde von Elephantine 213
12.11 Ende des persischen Weltreiches 214

13. Unter den Mazedoniern und den Diadochen 215
13.1 Das Mazedonische Reich 215
13.2 Auflösung des Reiches 217

13.3 Unter den Seleukiden 218
13.4 Die Samaritaner 219
13.5 Apokalyptik 222
13.6 Antiochos IV. Epiphanes 225
13.7 Antiochos IV. und das Judentum 226
13.8 Antiochos IV. und die Hohenpriester 231
13.9 Endgültiger Bruch 233
13.10 Feldzüge der Hasmonäer 235
13.11 Die hasmonäischen Könige 240
13.12 Judäa: Gruppen und Gedankenwelt 242
13.12.1 Allgemeines 242
13.12.2 Die Sadduzäer 243
13.12.3 Die Pharisäer 244
13.12.4 Die Essener 246
13.12.5 Konstanten des jüdischen Glaubens 249

14. Unter den Römern 252
14.1 Römische Bürgerkriege – König Herodes 252
14.2 Unter römischer Verwaltung 255
14.3 Jesus von Nazareth 257
14.4 Bruch mit Rom – Aufstand 258
14.5 Das Judentum nach der Katastrophe 262
14.6 Als kaiserliche Provinz 264
14.7 Der letzte Aufstand 266
14.8 Niederlage und ihre Folgen 268
14.9 In der Diaspora 269

Zeittafel 271

Register 279
1. Personen, Begriffe und Sachen 279
2. Land- und Ortsbezeichnungen 283
3. Fremdwörter und -ausdrücke 286
4. Texte 288
5. Moderne Autoren 294

ABKÜRZUNGEN

Es werden die im Rahmen der TRE, von S. Schwertner: Internationales Abkürzungsverzeichnis für Theologie und Grenzgebiete, Berlin 1974, und Ergänzungen, vorgeschlagenen Abkürzungen mit geringen Vereinfachungen verwendet.

Nicht im IATG:

AOF	Altorientalische Forschungen, Berlin DDR.
CHJ	Cambridge History of Judaism, hrsg. von W.D. Davies und L. Finkelstein, I 1984; II 1989 konnte nicht mehr eingesehen werden.
Hen	Henoch, Turin.
HorBibTh	Horizons of Biblical Theology, Pittsburgh Pa.
JANES (CU)	Journal of the Ancient Near Eastern Society (of the Columbia University), New York.
MANL	Memorie dell'Accademia nazionale dei Lincei, Rom.
OTWGSA	Die ou-testamentise werkgemeenskap van Suid Afrika.
RHR	Revue d'Histoire des religions, Paris.
SJOT	Scandinavian Journal of the Old Testament, Kopenhagen.
SSI	Syrian Semitic Inscriptions, hrsg. von J. C. L. Gibson, Oxford 1971–1982.
SSR	Studi storico-religiosi, Rom (Fortsetzung von SMSR).
TA	Tel Aviv, Universität Tel Aviv.
TheolVers	Theologische Versuche, Berlin DDR.
TUAT	Texte aus der Umwelt des Alten Testaments, hrsg. von Otto Kaiser, Gütersloh 1982 ff.
WUS	Wörterbuch der ugaritischen Sprache, hrsg. von J. Aistleitner, Berlin DDR 1963, und Neudrucke.
*	nach einem Namen: vgl. zu 3.6.
**	nach einem Namen: vgl. zu 2.10.

CAH konnte nur bis zu den Bänden III,1 und III,3 ^{2}1982 eingesehen werden.

VORWORT

Diese Einführung kam unter ungewöhnlichen Bedingungen zustande: Frau Dr. Christa Schäfer-Lichtenberger, Heidelberg, leitete die Verhandlungen mit der Wissenschaftlichen Buchgesellschaft, Darmstadt, ein; die von mir verfaßte Übersetzung ins Deutsche wurde zuerst von meiner Frau und dann von Frau Schäfer-Lichtenberger gründlich durchgesehen. Beiden, doch besonders der zweiten, schulde ich große Dankbarkeit; die Stellungnahmen im Text sind freilich meine eigenen.

An mancher Stelle mag das Buch etwas polemisch ausgefallen sein. Ich betrachte dies als unvermeidlich; ich hoffe aber, dennoch immer im Rahmen eines kollegialen Verhaltens geblieben zu sein. Wiederum gilt auch hier der Satz der alten jüdischen Väter: *qin'at sôf^e^rîm tarbeh ḥokmāh.*

Wenn ich mich öfters auf meine 1984 italienisch und englisch erschienenen ›Storia d'Israele‹ bzw. ›A History of Israel‹[1] beziehe, so zeigt das, daß es sich hier um ein verschiedenes Werk handelt: eine Einführung in die Geschichte ist eben nicht eine Geschichte. Hier werden eher Probleme als Lösungen zutage gefördert. Daß ich dabei, leider, bei Mangel an anderen Quellen, oft die jüdischen, meistens nachexilischen Reinterpretationen der eigenen Vergangenheit wiedergeben, ja manchmal einfach paraphrasieren mußte, hängt mit dem Mangel an zeitgenössischen Quellen zusammen und konnte deshalb nicht vermieden werden.

Die im Text angeführte Literatur wird immer in Auswahl, mit besonderer Rücksicht auf die in deutscher Sprache erschienene, geboten. Dies ist also keinesfalls eine bibliographische Studie, auch wenn ich versucht habe, die Literatur bis einschließlich ganz 1989 zu berücksichtigen.

Die für die 1984 erschienene ›Geschichte Israels‹ verwendeten Materialien werden auch hier verarbeitet. Sie wurden während eines „sabbatischen" Studienjahres (1982–83), das ich auf Einladung des *Institute for Advanced Studies* an der Hebräischen Universität, Jerusalem, verbringen durfte, gesammelt. Für die großzügige Gastfreundschaft des Instituts sei hier noch einmal gedankt.

Università di Roma – La Sapienza
im Winter 1989

J. A. S.

[1] Vgl. hierzu jetzt die Rezension von N. Lohfink, in: ThPh 64 (1989), 253–256.

VORWORT

I. PROBLEME UND METHODEN

> The methods of criminal detection are not at every point identical with those of scientific history, because their ultimate purpose is not the same ... So long as this is borne in mind, however, the analogy between legal methods and historical methods is of some value for the understanding of history ...
>
> R. G. Collingwood: The Idea of History. New York 1946, 268.

1. EINLEITUNG

1.1 Weshalb eine Geschichte Israels *und* Judas? Weil die beiden seit jeher politisch und ethnisch getrennte, wenn auch auf den meisten Gebieten ähnliche Gruppen gebildet haben. Nur kurz, während einiger Jahrzehnte zur Zeit Davids und Salomos im 10. Jh. v. u. Z., sind, nach der Überlieferung, die beiden Gruppen vereint gewesen. Der Name Israel bezieht sich dabei auf den Norden; es war erst das Deuteronomistische Geschichtswerk (Dtr), das durch den Begriff des Zwölfstämmebundes die beiden Gruppen als Einheit unter dem Namen Israel zusammenfaßte (vgl. unten, 4.1.1); bis heute legen die uns überlieferten, samaritanischen Traditionen Wert darauf, daß nur dem Norden die Bezeichnung Israel zusteht. Was das Dtr beabsichtigte, war, nach den heutigen Begriffen, mehr eine ideologisch-theologische Bewertung des Gottesvolkes als eine auf Tatsachen fußende Rekonstruktion der Vor- und Frühgeschichte beider Größen; und diesem Tatbestand soll hier Rechnung getragen werden.

1.2 Ähnlich verhält es sich mit der Religion „Israels". Die These einer ursprünglich reinen, weil unmittelbar offenbarten Urreligion, die später sowohl durch den Abfall des Volkes als auch durch Kontakte mit der als dekadent angesehenen, kanaanäischen Bevölkerung verdorben, der aber durch das Werk frommer Könige und der Propheten wieder zu ihrer ursprünglichen Reinheit verholfen wurde, ist wissenschaftlich-kritisch unhaltbar, auch wenn sie dem Programm der dtn und dtr Reformatoren und des Chronisten entsprach.

1.3 Ich spreche von einer Einführung nicht nur, weil die Arbeit in die Reihe der geschätzten Einführungen der Wissenschaftlichen Buchgesellschaft aufgenommen wurde, sondern weil ich immer mehr der Meinung bin, daß die heute zur Verfügung stehenden Quellen für die Rekonstruktion der Geschichte Israels und Judas im größten Teil des 1. Jt. v. u. Z. derart problematisch sind, daß man besser beraten ist, wenn man auf die verschiedenen Probleme hinweist, anstatt historisch Unbeweisbares aufzustellen und vorzutragen.

1.4 Die Geschichte Altisraels und -judas spielt sich zum größten Teil im Lande Kanaan, nach den Philistern auch Palästina genannt, ab. Es ist deswegen vernünftig, in der Zerstörung und Vertreibung des größten Teils des palästinensischen Judentums einen wesentlichen Wendepunkt zu erblicken, mit dem nunmehr eine neue Periode der Geschichte Israels ihren Ausgang nimmt. Die Samaritaner konnten sich noch mehrere Jahrhunderte halten, und ein kleiner Rest lebt bis heute; doch von ihnen ist nur wenig bekannt.

Nach den beiden mißglückten Aufständen in den Jahren 67 bis 74 und 132 bis 134 u. Z. fällt nunmehr das Hauptgewicht auf das Diasporajudentum, auch wenn sich viele Gemeinden im Heiligen Land, besonders in der Ebene Jesreel, in Galiläa, im südlichen Hochland und im mittleren Transjordanien halten konnten, wie von den eindrucksvollen Resten alter Synagogen zur Genüge bezeugt wird (unten, 14.9.1). Mit dem Begriff Diasporajudentum soll also keineswegs gesagt werden, daß es im Heiligen Land keine jüdischen Gemeinden mehr gab, sondern nur, daß nunmehr das geistige Hauptgewicht anderswo lag. Eine Tendenz in diese Richtung findet man übrigens schon seit der Zeit Esras und Nehemias (vgl. unten, 12.7).

1.5 Eine grundlegende Frage, mit der sich die Forschung auseinandersetzen sollte, die bis jetzt aber der ungenügenden Quellenlage wegen nicht beantwortet werden kann, ist die der Beziehungen zwischen Israel und Juda einerseits und Ägypten anderseits und jener zu Assyrien und später zu Babylonien während der ersten Hälfte des 1. Jt. v. u. Z. In mancherlei Hinsicht scheinen sich Israel und Juda, und besonders das letztere, nie gänzlich aus der Abhängigkeit von Ägypten gelöst zu haben. Freilich scheint dieses Verhältnis meistens nur nominell gewesen zu sein, in dem Sinn, daß Ägypten eine rein theoretische Oberhoheit über die Gegend zuerkannt wurde, welche mehr eine Rechtslage als ein tatsächliches Machtverhältnis widerspiegelte. Das wäre eine gute Erklärung für die Tatsache, daß die beiden hebräischen Staaten, wie ihre kanaanäischen Vorgänger in der Amarnazeit (unten, 2.8.1), sich in Zeiten der Not an Ägypten wandten und dieses Land als bevorzugte Asylstätte wählten; übrigens um, wie ihre Vorgänger in Kanaan, immer wieder enttäuscht zu werden!

1.5.1 Folgende, direkte ägyptische Eingriffe in der Gegend sind uns bekannt: 1. die Invasion Šošenq/Šišaq I. gegen Ende des 10. Jh.; 2. die ägyptische Expedition gegen Sanherib im Jahre 701; 3. eine weitere, im Jahr 609, unter Pharao Necho II.; 4. nochmals im Jahr 601 und endlich 5. eine von Juda erbetene, doch nicht nachweisbare, während der letzten Jahre des Reiches Juda. In den Fällen 1, 3 und 4 verwundert es nicht, daß Ägypten versuchte, seine Oberhoheit nicht nur theoretisch, sondern auch faktisch zu behaupten, was vermutlich auch für eine gewisse Zeit gelang.

1.5.2 In den Fällen 2 und 5 wurde eine ägyptische Intervention, ob sie nun stattfand oder nicht, geradezu durch eine unmittelbare Anfrage Judas eingeleitet. Und die in den Ostraka von *tell ʿārād* erwähnten, als *kittîm* bezeichneten Truppen (unten, 11.5.5) könnten in der Tat im ägyptischen Dienst stehende Söldner gewesen sein, zu deren Unterhalt Juda einen wohl nicht geringen Beitrag zu leisten hatte (G. Garbini, mündlich).

1.6 Eine detaillierte Behandlung mancher Probleme findet sich in meiner 1984 auf italienisch und englisch erschienenen Geschichte Israels sowie in meiner: Introduction to the Old Testament. Philadelphia/London [3]1989.

2. DAS LAND

2.1 Allgemeines

Wie schon angedeutet, spielt sich der größte Teil der Geschichte Israels und Judas in jenem kleinen Gebiet ab, das sich im südlichen Teil der östlichen Mittelmeerküste, südlich vom heutigen Libanon, westlich des Jordans und nordöstlich von Ägypten, befindet. Auch östlich des Jordans sind israelitische und jüdische Siedlungen während der 1. Hälfte des 1. Jt. v. u. Z. zeitweise bezeugt, und Teile dieser Gegend sind israelitischer bzw. jüdischer Besitz gewesen.

Literatur: Dalman, G.: Arbeit und Sitte in Palästina. Gütersloh I 1928–VII 1942; Noth, M.: Die Welt des Alten Testaments. Berlin ⁴1963; Bernhardt, K.-H.: Die Umwelt des Alten Testaments. Berlin DDR 1967; Donner, H.: Einführung in die biblische Landes- und Altertumskunde. Darmstadt 1976; Aharoni, Y.: The Land of the Bible. London/Philadelphia ²1979. *Für die topographisch-klimatischen Probleme*: Reifenberg, A., u. W. C. Lowdermilk: The Struggle between the Desert and the Sown. Jerusalem 1955; Amiran, D. H. K: Land Use in Israel. In: Land Use in Semi-Arid Mediterranean Climates, hrsg. UNESCO, Paris 1964, 101–112; und jüngstens Sapin, J.: La géographie humaine de la Syrie-Palestine au deuxième millénaire avant Jésus Christ. In: JESHO 24 (1981) 1–62; 25 (1982) 1–49 u. 114–186. *Für die soziologisch-ethnischen Probleme*: Rowton, M. B.: The Physical Environment and the Problem of the Nomads. In: La civilisation de Mari. XVe. Rencontre assyriologique internationale. Löwen 1967, 110–121; ders.: Autonomy and Nomadism in Western Asia. In: Or 42 (1973), 247–251; ders.: Enclosed Nomadism. In: JESHO 17 (1974), 1–30; ders.: Urban Autonomy in a Nomadic Environment. In: JNES 32 (1973), 201–215; ders.: Dimorphic Structure and the Problem of the ʿApiru-ʿIbrim. In: JNES 35 (1976), 13–20; ders.: Dimorphic Structure and the Tribal Elite. In: Anthr 28 (1976), 219–257; ders.: Dimorphic Structure and the Parasocial Element. In: JNES 36 (1977), 181–198; Hopkins, D. C.: The Highlands of Canaan. Sheffield 1985; Borowski, O.: Agriculture in Iron Age Israel. Winona Lake, Ind. 1987 (eine sehr kritische Rez. des vorletzten Werkes: Liverani, M.: In: OrAnt 27 (1987), 145–147 [ital.]; der beiden letzten Werke: H. und M. Weippert. In: ZDPV 104 (1987), 163–167); Stager, L. E.: The First Fruits of Civilization. In: Palestine in the Bronze and Iron Ages – FS Olga Tufnell, London 1985, 172–188; Ahlström, G. W.: Who Were the Israelites? Winona Lake, Ind. 1986; Frick, F. S.: The Formation of the State in Ancient Israel. Sheffield 1985, Kap. IV (vgl. die sehr kritische Rez. von M. Liverani. In: OrAnt 27 [1988], 148–150, ital.) und Flanagan, J. W.: David's Social Drama. Sheffield 1988, 119–136; Coote, R. B. u. K. W. Whitelam: The Emergence of Early Israel in Historical Perspective. Sheffield 1987 (hierzu Otto, E.: ThRv 85 [1989], 3–10 und, kritisch, Garbini, G. JSS 35 [1990], 131–133).

2.1.1 Die Gegend gehört sprachlich, ethnisch und ökologisch zu Syrien, so daß man unterscheiden muß zwischen einem Großsyrien, einschließlich der Gebiete des heutigen Libanons, Israels und Jordaniens, und einem Syrien *stricto sensu*, das mit dem Gebiet der heutigen Syrischen Arabischen Republik und des ehemaligen, in den 20er Jahren an die Türkei abgetretenen *sanǧiaqs* von Alexandrette identisch ist.

2.1.2 Großsyrien gehört seinerseits zur Region, die man heute Naher Osten (eine angemessenere Bezeichnung als die häufiger verwendete von Mittlerem Osten, die man eher für Irān, Afġanistān und Pakistān verwenden sollte) nennt, oder auch, besonders im englischen Sprachraum, mit der phantasievollen Bezeichnung Fruchtbarer Halbmond *(Fertile Crescent)* belegt, da sich die Region durch zwei an den Spitzen vereinte Kreise verschiedenen Durchmessers in Form eines abnehmenden Mondes versinnbildlichen läßt. Häufig ist auch die Bezeichnung Vorderasien, die ebenfalls Kleinasien umfaßt, Ägypten aber ausschließt.

2.2 Der Name

Die Gegend ist unter vielen *Namen* bekannt. Hier möchte ich nur die wichtigsten, uns bekanntesten erwähnen.

2.2.1 Der älteste und als authentisch bekannte Name für unser Gebiet ist Kanaan, konsonantisch *knʿn*, hebräisch als *k^e^na^c^an* vokalisiert.[1] Keilschriftlich erscheint der Name wohl schon in Ebla (Ende des 3. Jt. v.u.Z.) und gewiß seit der 1. Hälfte des 2. Jt. in der Form *kinaḫḫu* und orthographischen Varianten.[2] Der Name war noch im 4. und 5. Jh. u.Z. im römischen Nordafrika in Gebrauch, wie von Augustin bezeugt wird.[3]

2.2.2 Der Ursprung des Namens wird meistens mit der Bearbeitung der Purpurschnecke in Beziehung gesetzt,[4] damals eine der Haupteinnahmen der Gegend. Die Verarbeitung des Purpurs führt aber nach Phönizien, denn das griechische, schon in den myzenischen Tafeln als *po-ni-ki-jo* belegte Wort φοῖνιξ und Ableitungen davon beziehen sich eher auf Phönizien als auf Palästina. Doch beachtet man die Verwendung der Bezeichnung in der Bibel

[1] Diese Angaben sind bei Zobel, H.-J.: *k^e^na^c^an*. In ThWAT 4 (1984), 224–243, zusammengetragen und verarbeitet.

[2] Für Ebla vgl. Garbini, G.: I Fenici – Storia e religione. Neapel 1980, 5ff.; für Akkad vgl.: AHw I, 479.

[3] Ep. ad Rom. Exp. 13, PL 35, 2096.

[4] Siehe Maisler, B. (Mazar): Canaan and the Canaanites. In: BASOR 102 (1946), 7–12; Moscati, S.: Sulla storia del nome Canaan. In: Studia Biblica et Orientalia (Rom 1959), 266–269, und Noth, M.: WAT, 45–49.

und in anderen altorientalischen Texten, dann ist es wahrscheinlich, daß ursprünglich der Name für die ganze Gegend gebraucht wurde und nicht nur für jene kleine, die man Phönizien nennt.[5] Jes 19,18, Teil eines späteren, eschatologischen Zusatzes zur Hälfte des Kapitels, der über Begebnisse am Ende des 8. Jh. berichtet, nennt das Hebräische richtig *śᵉfat kᵉnaᶜan*, „die Sprache Kanaans".

2.2.3 Ein weiterer Name hängt mit der Ansiedlung der Philister zusammen, einer fremdstämmigen Bevölkerung z. T. noch ungeklärten Ursprungs, welche um das 12. Jh. im Süden Fuß faßte: Palästina.[6] Er wird heute allgemein für die Gegend zur Abgrenzung von Libanon und Syrien gebraucht, unabhängig von der jeweiligen politischen Oberhoheit. So bilden z. B. die Staaten Israel und Jordanien und das auch *West Bank* genannte Gebiet von Zisjordanien Palästina.

Diese Bezeichnung ist zum ersten Mal bei Herodot (5. Jh. v. u. Z.) als Adjektiv: ἐν τῇ Παλαιστίνῃ Συρίᾳ, I, 105 und als Substantiv Παλαιστίνη, III, 91 bezeugt, im Unterschied und zur Abgrenzung zu Phönizien. Doch als offizieller Name erscheint *Palaestina* erst nach dem zweiten jüdischen Aufstand 132–134 u. Z. anstelle des traditionellen *Judaea* (unten, 14.8.2), weswegen er heute von den meisten jüdischen Kreisen abgelehnt wird. Bei diesen erscheint hingegen die folgende Bezeichnung.

2.2.4 Ein weiterer, mit der Gegend als Hauptschauplatz der Geschichte Israels und Judas verbundener Name, welcher in der Bibel aber nur selten vorkommt (I Sam 13,19; II Reg 6,23 und Ezk 27,17, wo der Ausdruck sich wiederum auf den Norden bezieht), ist das Land Israel, auf hebräisch *ʾereṣ iśrāʾēl*. Er ist in der rabbinischen Literatur öfters belegt und ist heute der offizielle Name innerhalb der zionistischen Bewegung und des Staates Israel.[7]

2.2.5 Weitere Bezeichnungen sind theologischer Art: Das Gelobte Land, das Heilige Land und dergleichen.

[5] Albright, W. F.: The Rôle of the Canaanites in the History of Civilization. In: Studies in the History of Culture (W. H. Leland Volume, Menasha Wisc. 1942), 11–50. Neudruck in: The Bible and the Ancient Near East, Essays ... W. F. Albright. Garden City N. Y./London 1961, 328–362. Zu diesem klassischen Aufsatz vgl. aber die kritischen Bemerkungen von Garbini, G., a. a. O. (Anm. 2), Kap. 1; dort auch die Belege aus dem mykenischen Raum, 5.

[6] Noth, M.: Geschichte des Namens Palästina. In: ZDPV 62 (1939), 125–144. ABLAK I, 294–308.

[7] Vgl. die leidenschaftliche, wenn auch wenig überzeugende Verteidigung des heutigen Gebrauches des Ausdrucks „Land Israel" oder sogar von *Eretz* (sic!) *Israel* durch A. F. Rainey, den Übersetzer von Aharoni, Y.** 1982, XIII f.

2.3 Topographie und Oberflächenbeschreibung

Ein erstes, wichtiges Merkmal der Gegend ist der geringe Umfang: das Land mißt in der Länge und Breite weniger als Belgien. Die bewohnte Gegend erstreckte sich damals „von Dan bis Beerscheba" im nördlichen Negev, also auf weniger als 250 km Länge; die Breite vom Mittelmeer bis zum Jordan beträgt höchstens 60 km. Um so bemerkenswerter ist ein zweites Merkmal: die Orographie, durch die eine Reihe von klimatisch und deswegen ökologisch völlig verschiedenen Gebieten entsteht. Von Osten nach Westen finden wir der Reihe nach:

2.3.1 Die transjordanische Hochebene, mit durchschnittlich 700 m ü. M., durch von Osten nach Westen laufende Flüsse und Bäche zerschnitten, welche alle in den Jordan oder das Tote Meer einmünden. Gegen Osten verliert sich die Hochebene in der Nordarabischen Wüste; nach Westen wird sie immer fruchtbarer, je mehr sie sich dem Jordan nähert, mit reichlichen Niederschlägen im Winter. In alten Zeiten galt Transjordanien als die Kornkammer der Gegend. Es herrscht dort eine Art von kontinentalem Klima, im Sommer trocken und warm, wenn auch durch die Höhe gemildert; regnerisch und kalt im Winter, mit häufigem Schneefall. Heute umfaßt die Gegend den größten Teil des haschemitischen Königreichs Jordanien, dessen Hauptstadt, *ʿammān*, den letzten Teil des alten Namens, *rabbat (b^{e}nê) ʿammôn*, beibehalten hat. Wie schon angedeutet, ist die Gegend manchmal von Israeliten und Judäern besiedelt worden und befand sich zeitweise, besonders während der 1. Hälfte des 1 Jt. unter der Oberhoheit zuerst des davidisch-salomonischen Großreiches, dann beider Reiche.

2.3.2 Die Jordansenke ist ein Teil der großen geologischen Bruchlinie, die typologisch in der syrisch-libanesischen *baqāʿa*, 1000 m ü. M., ihren Ursprung hat. Am Toten Meer erreicht sie ihren tiefsten Punkt, um den Meeresspiegel im Golf von *ʿaqāba* wieder zu erreichen.

Die Bruchlinie führt durch das ganze Rote Meer und Ostafrika (Äthiopien, Kenia, Tansania) in der Rift Valley und weiter nach Süden. Ihr Ursprung ist in einer alten Naturkatastrophe zu suchen; als Folge davon ist die Gegend bis heute für Erdbeben anfällig geblieben.

2.3.3 Von einer Höhe noch über dem Meeresspiegel an der heutigen libanesisch-israelischen Grenze erreicht das Jordantal bald den *ḥule*-See, früher ein Sumpf von ungefähr 14 km². In den 50er Jahren wurde er trockengelegt; davon ist heute im Rahmen eines Naturparks ein kleiner Teil erhalten geblieben. Nach wenigen Kilometern fällt der Fluß bis zum See Genezareth ab, auf ungefähr 200 m u. M., um am Toten Meer den tiefsten Punkt der Erde zu erreichen: 394 m u. M.

In der Jordansenke ist das Klima tropisch und feucht, frühlinghaft und angenehm im Winter, drückend im Sommer. Ungefähr 20 km südlich vom See nehmen die Niederschläge ab, was zu einer wüstenartigen Landschaft führt. Nur dort, wo es Oasen gibt (Jericho, *ʿên g^edî*), oder dort, wo Wasser herangeführt werden kann, ist Landbau möglich.

2.3.4 Der Jordan, der nach seinem Austritt aus dem See sich tief in den brüchigen Boden eingegraben hat, kann für die Bewässerung nicht benützt werden; auch die Schiffahrt ist nie möglich gewesen. Zur Wirtschaft der Gegend trägt der Fluß wenig bei.

2.3.5 Die Hochebene diesseits des Jordans ist der Hauptschauplatz der Geschichte Israels und Judas. Von Norden nach Süden teilt sie sich in die Berggegend Obergaliläas und in die mittel-südliche Hochebene; sie sind durch die Ebene Jesreel voneinander getrennt. Die Berge von Obergaliläa erreichen eine maximale Höhe von 1199 m und sind heute dicht bewaldet, zum Teil noch mit Urvegetation; die Täler sind seit jeher fruchtbar. Die mittlere Hochebene erstreckt sich von der Ebene Jesreel bis nach Jerusalem. Ihre maximale Höhe beträgt 1028 m. Heute macht sie einen kahlen Eindruck: wenig blieb von den früheren Wäldern übrig (unten, 2.5). Nur die arabischen Dörfer sind von Obstbäumen umgeben. Die südliche Hochebene fängt südlich von Jerusalem an und erreicht in der Nähe von Hebron mit 1100 m ihre maximale Höhe. Sie fällt dann zum Negev ab, der südlichen Steppe, die in ihrem Nordteil nur nach besonders regenreichen Wintern bebaubar ist. Die meisten Wälder sind auch hier, wie in der mittleren Hochebene, das Ergebnis von Wiederaufforstungen; die Gegend um die arabischen Dörfer ist intensiv bebaut und von Obstbäumen umgeben.

2.3.6 Die westliche Seite der Berge und Hochebenen besitzt ein gesundes, durch die Meereswinde bedingtes Klima: kalt im Winter, nicht zu heiß im Sommer, mit reichlichen winterlichen Niederschlägen, auch Schnee. Nach Osten zu wird die Gegend immer trockener.

2.3.7 Zwischen Galiläa und der Zentralhochebene erstreckt sich die fruchtbare Ebene Jesreel. Nach Osten fällt sie zum Jordantal ab, gegen Westen reicht sie bis zur Karmelkette, die von Südosten nach Nordwesten verläuft; deren Durchschnittshöhe beträgt 300 m, mit einer maximalen Höhe von 480 m. An ihrem Ende liegt die Hafenstadt Haifa, hebr. *ḥêfāh*, arab. *ḥajfāh*, die allerdings erst in unserem Jahrhundert als solche modern ausgebaut wurde.

2.3.8 Zwischen den Hochebenen und der Küste liegt eine Hügelzone, hebr. *š^efēlāh*, fruchtbar da, wo Wasser vorhanden und der Boden nicht erodiert ist.

2.3.9 Die Küsten sind meistens sandig und eignen sich weder für den Akkerbau noch für die Anlage von Häfen, mit Ausnahme der alten Hafenstadt Jaffa. Dies könnte das Mißtrauen der alten Israeliten gegen das Meer, das ihnen als Überbleibsel chaotischer Gewässer erschien, und ihre Abneigung gegen die Schiffahrt erklären, im Gegensatz zu ihren nördlichen Nachbarn, den Phöniziern.

2.4 Klima

Die Orographie Palästinas bewirkt starke Unterschiede im Klima, trotz der geringen Entfernungen. Alle Gegenden, mit der Ausnahme Transjordaniens, haben aber eines gemeinsam: sie gehören zum subtropischen Mittelmeergebiet. Häufig ist der feuchte Südwestwind, der im Sommer Kühle, im Winter Regen mit sich bringt. Seltener ist der, besonders im Frühling und im Herbst aus der östlichen Wüste wehende, trockene Wind, eine Art Scirocco, auf arabisch *ḥamsīn*, auf hebräisch *šārāb* genannt. Für Menschen und Haustiere ist er lästig, und schon die Bibel kennt seine schädlichen Folgen für den Ackerbau (Jes 40,7). Selten ist auch der Nordwind, der besonders im Winter weht und noch mehr Regen mit sich führt.

2.4.1 Eines der Hauptmerkmale der Gegend, allen Klimaunterschieden zum Trotz, ist die Teilung des Jahres in zwei Hauptjahreszeiten: den Winter, mit häufigem, wenn auch kurz anhaltendem Regen, manchmal Wolkenbrüchen und, in den Bergen, Schneefällen, aber mit vielen heiteren Tagen, und den ganz trockenen Sommer. Frühling und Herbst sind kurz und oft von der folgenden Jahreszeit schwer abgrenzbar.

2.4.2 In dieser besonderen Lage der Niederschläge besteht bezüglich der Landwirtschaft der Hauptunterschied zwischen Syrien-Palästina und den anderen nahöstlichen Ländern, dem Zweistromland und Ägypten, deren Kulturen sich in wasserreichen Ebenen entwickelten und den Wüsten durch künstliche Bewässerung viel Land abgewinnen konnten. Hingegen war in Kanaan, zum größten Teil eine Berglandschaft, das Wasser von jeher knapp und der Bau von künstlichen Bewässerungsanlagen in alten Zeiten sehr schwierig, wenn nicht geradezu unmöglich. Es bildet sich so eine vollkommen von Niederschlägen abhängige Ackerbaukultur, ein Zustand, der sich erst in unserem Jahrhundert geändert hat.

Im September–Oktober beginnt der „Frühregen", hebräisch *jôreh*, und gegen April–Mai endet die Regenzeit mit dem „Spätregen", hebräisch *malqôš*. Ein oder mehrere aufeinanderfolgende Winter mit ungenügendem Regen konnten leicht zur ökologischen Katastrophe führen: Quellen und Brunnen versiegten, Zisternen trockneten aus. Unter solchen Umständen war es schon viel, wenn ein Bauer seine ihres natürlichen Futters beraubten Haustiere durchbringen konnte: manchmal war sogar das Überleben der Menschen gefährdet. Von einer besonders ernsten Dürre berichtet I Reg 17,1ff. (unten, 9.10.2.2 [Amiran, 1964, 104]).

Mit der heutigen Möglichkeit einer zentralisierten Planung des Wasserbestandes und der Aushebung von Großkanälen auf nationaler Ebene sind solche Gefahren zum größten Teil gebannt, doch auch heute noch kann eine anhaltende Dürre ernste Folgen für die Landwirtschaft und die Viehzucht haben.

2.4.3 Auf den Hochebenen und in den Bergen ist der Regen für dauerhafte menschliche Niederlassungen immer ungenügend gewesen, und nur dort, wo es Quellen gab und Brunnen gegraben werden konnten, waren Siedlungen möglich. Es war deswegen notwendig, das Wasser der winterlichen Niederschläge aufzubewahren, so daß es während der trockenen Sommerzeit für Mensch, Haustier und Hausgarten ausreichte. Dies gelang teilweise durch die Entdeckung einer besonderen Art Mörtel, mit dem die bereits vorhandenen Zisternen verputzt und so wasserdicht gemacht werden konnten. Auf diese Art war es endlich möglich, auch die Hochebenen und die Berge zu besiedeln. Dies geschah zum einen in der Frühbronzezeit wegen Überbevölkerung und abermals, während der letzten Jahrhunderte des 2. Jt. v. u. Z., im Übergang von der Spätbronzezeit zur Eisenzeit, wegen der Unsicherheit der Ebenen. Für Tabellen der Bodenzustände und des Regenfalls vgl. Frick, 1985, Kap. IV.

2.4.4 Diese Abhängigkeit von unkontrollierbaren Faktoren erklärt den prekären Charakter der Landwirtschaft und der Viehzucht, damals, wie bis vor wenigen Jahrzehnten, die Hauptbetätigung der Bevölkerung: „Eine marginale Welt, ohne Wehr und Selbständigkeit", leichte Beute entweder der Habgier der Städte oder der Raubgier der Nomaden, wie sich J. Sapin 1981/82 in seiner grundlegenden Studie ausdrückt.

2.4.5 Nach Osten, besonders östlich der Wasserscheide in den Bergen und den Hochebenen, und nach Süden nehmen die Niederschläge, welche im Westen einen Jahresschnitt von 400–500 mm haben, immer mehr ab, um in der Jordansenke und in der Gegend um das Tote Meer fast gänzlich aufzuhören.

2.4.6 Mit dem Anfang der feuchten Jahreszeit im Herbst erwacht die Vegetation zu neuem Leben, und mit dem Pflügen und der Aussaat fängt der Zyklus der Feldarbeiten wieder an. Das Ende des Regens im Frühling bedeutet hingegen das Eingehen aller Grünpflanzen, deren Saat im Herbst aber wieder sproßt. Die Holzgewächse vermögen unter normalen Umständen die sommerliche Hitze zu überleben, sofern der Boden im Winter genügend Wasser bekommen hat.

2.4.7 Dieser Zyklus der Natur erklärt auch (und ich muß mich notgedrungen auf eine grobe Vereinfachung beschränken) das Wesen der kanaanäischen Religion: *baʿal*, der Fruchtbarkeitsgott, welcher *de facto* an die Stelle des Schöpfergottes *ʾēl* getreten ist, stirbt im Spätfrühling und wird begraben; an seiner Stelle tritt *môt*, der Gott des Todes und der Unterwelt, die Herrschaft an. Doch im Herbst ersteht Baal auf, befruchtet die Erde mit dem von klassischen Schriftstellern als τὸ σπέρμα τοῦ βάαλ beschriebenen Regen und baut seinen himmlischen Tempel; dann, gegen Ende des Winters, befruchtet er die Herde, um endlich, wie gesagt, im Spätfrühling wieder zu sterben. Diese Religion, mit ihrem Gegensatz zwischen dem schöpferischen Fruchtbarkeitsprinzip und dem chaotischen Prinzip des Todes, erscheint also als eine mythische Wiedergabe des Naturzyklus und stellt sich die Aufgabe, seine natürliche Entfaltung zu fördern. Ihre orgiastische Natur wurde öfters behauptet, doch nie bewiesen.

2.5 Flora

Selbstverständlich bedingt das Klima der Gegend auch ihre Flora und Fauna. Zusammen mit den klimatischen Verschiedenheiten findet man deswegen eine große Mannigfaltigkeit im Urbestand von Pflanze und Tier.

Literatur: Bodenheimer, F. S.: Animal and Man in Bible Lands, Leiden 1960; Flora and Fauna of the Bible (Helps for Translators). London–New York, United Bible Societies, [2]1980; Zohary, E. M.: Plants of the Bible. Cambridge 1982; Isserlin, B. S. J.: Ancient Forests in Palestine: Some Archaeological Indications. In: PEQ 86 (1955), 87 f.; Thirgod, J. V.: Man and the Mediterranean Forest. London 1981; Hopkins, D. C.: The Highlands of Canaan. Sheffield 1985; Stager, L. E.: The First Fruit of Civilization in Palestine in the Bronze and Iron Ages. In: FS O. Tufnell. London 1985, 172–188, und Borowski, O.: Agriculture in Iron Age Israel. Winona Lake, Ind. 1987.

2.5.1 In Wäldern und Gehölzen findet man noch heute Reste des ursprünglichen Baumbestandes. Es scheint, daß in alten Zeiten ein großer Teil der Berge und der Hochebenen bewaldet war, auch wenn man sich die Gegend nie als einen großen Wald, wie man ihn z. B. in Teilen Mittel- und Nordeuropas und Nordamerikas vorfindet, vorstellen sollte. Freilich führte die landwirtschaftliche Ausnützung der Hochebenen und der Berge seit den letzten Jahrhunderten des 2. Jt. v. u. Z., begleitet vom Raubbau am Walde, bald zu einer drastischen Verminderung des ursprünglichen Waldbestandes; von ihm überleben heute nur noch wenige Teile in Obergaliläa und auf dem Karmel. Die Abholzung wurde bis zum Ende der türkischen Herrschaft 1917–18 fortgesetzt.

2.5.2 Unter den ursprünglichen Bäumen erwähne ich einige Arten von Eichen: die meistverbreiteten unter ihnen sind die *quercus coccifera* und die *quercus aegilops*; ferner die Terebinthe, *pistacia terebinthus*, und ein Nadelholz, *pinus Halepensis*. In den Steppen befinden sich noch die Tamariske, *tamarix*, und verschiedene Arten Sträucher.

2.5.3 Während der letzten Jahrzehnte sind große Wiederaufforstungsarbeiten durchgeführt worden, erst durch die Behörden der britischen Mandatsregierung, dann gleichzeitig und später vom jüdischen Nationalfonds. Dadurch wurden der Baumbestand und auch das Panorama vieler Gegenden erheblich verändert. So wurden z. B. andere, in der Dürre widerstandsfähigere und deswegen auch wirtschaftlich besser geeignete Pflanzen in die Gegend eingeführt. Es finden sich also heute neue Arten von Nadelhölzern und Zypressen und, in den Sumpfgebieten, Eukalyptusgewächse.

2.5.4 Einheimisch sind noch verschiedene Arten von Sträuchern und Kräutern. Die oft stacheligen Büsche (die „Dornen und Disteln" der Bibel) blühen am Ende der Regenzeit wieder auf, verdorren dann aber im Sommer. Auch Kräuter sprießen während der Regenzeit und trocknen am Ende des Frühlings wieder aus.

2.5.5 Ackerbau ist, nach den in den 50er Jahren in Jericho durchgeführten Ausgrabungen, in der Gegend mindestens seit dem 8. Jt. v. u. Z. bezeugt.

Und wenn auch das Land nie besonders fruchtbar sein konnte (es läßt sich nicht einmal vergleichen mit der Ukraine oder den Ebenen Nord- und Südamerikas), so hat es doch meistens genug für den Unterhalt seiner Bewohner, trotz der Unterbrechung der Niederschläge im Sommer, hervorgebracht. Zu besonderen landwirtschaftlichen Leistungen bedurfte es allerdings seit der Frühbronzezeit immer wieder größerer, meistens aus dem Ausland kommender Investitionen: ein Zustand, der z. T. bis heute andauert. Daß dies nur dann stattfindet, wenn bestimmte Interessen dafür sprechen, versteht sich von selbst (Coote u. Whitelam 1987).

2.5.6 Unter den Fruchtbäumen findet man die klassischen vier: den Ölbaum, den Feigenbaum, den Mandelbaum und den Rebstock. Letzterer wird bis heute entweder für sich am Boden stehend oder sich an Bäumen emporrankend angebaut. Ferner sind Maulbeer-, Nuß- und Pistazienbäume häufig belegt.

In moderner Zeit wurden Zitrus-, Äpfel- und Birnbäume eingeführt, gefolgt von Avocados, Bananen und anderen tropischen Fruchtbäumen, letztere in der Jordansenke. Die seit der römischen Zeit nicht mehr belegte Dattelpalme *(phoenix dactylifera L.)* (Jericho wird auch „Palmenstadt" genannt, Dtn 34,3; Jdc 3,13 und II Chr 28,5) wurde erneut angepflanzt.

2.5.7 Verschiedene Arten von Getreide, besonders aber Gerste und Weizen, werden überall angebaut; die Erntezeit fällt zwischen März und Mai, die Dreschzeit auf den Anfang des Sommers.

2.5.8 Moderne Technik hat die traditionellen Ackerbaumethoden in den jüdischen Siedlungen, doch auch immer mehr in den arabischen Dörfern, grundsätzlich verändert.

2.6 Fauna

Auch die ursprüngliche Fauna war von den klimatischen Verhältnissen abhängig, so daß man verschiedene Tierarten auf einem relativ kleinen Raum antrifft.

2.6.1 Für die wilden Tiere haben der Zuwachs der israelischen und arabischen Bevölkerung in den letzten Jahrzehnten und die Vermehrung ihres Wohlstandes, ferner die Intensivierung und Ausbreitung des Ackerbaus ernste Folgen gehabt: ihr Lebensraum ist dadurch immer mehr verringert worden, was ihren Bestand gefährdete, manchmal ihr Aussterben verursachte. Das gilt für den Wolf, die Hyäne, die Wildkatze, den Fuchs, das Wildschwein, den Hasen, den Steinbock und den Dachs. Andere in der Bibel erwähnte Tiere sind ganz ausgestorben: der Bär und der asiatische Löwe. Vom ersteren überleben noch einige, dürftig geschützte Exemplare in den syrolibanesischen Bergen. In Israel werden die bedrohten Arten geschützt, doch wenig konnte man bis jetzt, genau wie in den meisten industrialisierten und dicht bevölkerten Ländern, für die Erhaltung ihrer Umwelt tun.

2.6.2 Auch die Vögel haben unter der Einschränkung ihres Lebensraumes zu leiden. Unter den Raubvögeln gibt es den Falken, den Geier und einige wenige Adler; unter den anderen Vögeln findet man die Wachtel, das Perlhuhn und manche andere Art. Die Tatsache, daß sowohl Juden als Muslims meistens nur geschächtetes Fleisch essen, fördert die Erhaltung der verschiedenen Tierarten.

2.6.3 Häufig finden sich die Reptilien: Schlangen, Eidechsen, Schildkröten. Bis zum Ende des vorigen Jahrhunderts gab es noch Krokodile in den linken Nebenflüssen des Jordans.

2.6.4 Fische gehörten von alters her zu den Reichtümern des Sees Genezareth. Das Tote Meer enthält bekanntlich seines hohen Salzgehaltes wegen keine Lebewesen.

2.6.5 Unter den Insekten ist die Heuschrecke (*Oedipoda migratoria, Locusta viridissima*; Joel 1,3ff. nennt vier Arten) das bekannteste Tier wegen des der Landwirtschaft zugefügten Schadens. Heute kann sie wirksam bekämpft werden, wodurch die Folgen ihres Auftretens verringert, wenn nicht ausgeschaltet werden.

Aber noch am Anfang des 1. Weltkrieges wurden in Syrien–Palästina Mensch und Tier durch eine besonders schwere Plage praktisch ausgehungert, was nicht wenig zum Sieg der britischen Truppen über die Türken in den Jahren 1916 und 1917 beitrug. Dazu vgl. Whiting, J.D. In: National Geographic Magazine 28 (1915), 511–550.

2.6.6 Unter den Haustieren standen bis vor wenigen Jahren der Ochse und der Esel an erster Stelle. Seit biblischer Zeit waren dies die Arbeitstiere besonders des altisraelitischen und später des arabischen *(fallaḥ)* Bauern. Heute werden sie nur noch in jenen für den motorisierten Verkehr wenig zugänglichen Gebieten gehalten. Seltener, und früher als Luxus betrachtet, ist das Pferd.

2.6.7 Auch das Kamel *(camelus dromedarius)*, also die westasiatisch-nordafrikanische Art mit nur einem Höcker, ist heute fast nur noch in den Steppen und Wüsten verbreitet, wo es auch gezüchtet wird. Kamelherden trifft man gegenwärtig besonders im Negev an. Das Tier wurde während des 2. Jt. gezähmt, so daß es erst relativ spät wirtschaftlich wichtig wurde.

2.6.8 Weitere Haustiere sind die Kuh, das Schaf und die Ziege; sie werden alle der Milch, des Fleisches und Leders wegen gezüchtet, Ziegen und Schafe auch zur Gewinnung der Wolle. In biblischer Zeit war die Kuh wenig verbreitet, weswegen das meiste Vieh westlich des Jordans aus Kleinvieh bestand, hebräisch *ṣô'n*. Auf dem *bāšān* hingegen, dem heutigen *haurān* im nördlichen Transjordanien, soll es nach Am 4,1 eine blühende Rinderzucht gegeben haben, deren Qualität sprichwörtlich war.

2.7 Urbevölkerung

Das Alte Testament überliefert einige listenartige Angaben über die vorisraelitische Bevölkerung Palästinas. Es werden bis sieben Völker aufgezählt. Das ganze Konzept beruht freilich darauf, daß Israel eine von außen kommende Gruppe und deswegen von diesen Völkern verschieden sei (unten, 8.1 ff.).

2.7.1 Drei dieser Völkernamen sind allerdings allgemeine Bezeichnungen für die Bewohner der ganzen Gegend: Kanaanäer, Amoriter und Hethiter. Die beiden letzten gehören zu den im Zweistromland belegten Namen, wo *amurru* und *ḫatti* und die von ihnen abgeleiteten Bezeichnungen als Namen für Syrien–Palästina zu verschiedenen Zeiten verwendet werden (vgl. Anm. 5 und Anm. 8).

2.7.2 Es bleiben also die Namen von vier weiteren Völkern, die in unterschiedlicher Reihenfolge auftauchen: Hiwwiter, Perezziter, Girgasiter und Jebusiter.[8] Von ihnen werden die Hiwwiter und die Jebusiter mit Städten verbunden: die ersteren mit Sichem, die letzteren mit Jerusalem.

Es handelt sich aber um Benennungen, die nur in der hebräischen Bibel belegt sind: in außerbiblischen Texten werden die beiden Völker nicht nur nie mit den ge-

[8] Über diese Völker vgl. Ishida, T.: The Structure and Implications of the List of Pre-Israelite Nations. In: Bib 60 (1979), 461–490, und Gottwald, N. K.: The Tribes of Yahweh. Maryknoll N. Y. 1979, 498–503. Über den Gegenstand im allgemeinen vgl. die ausführlichen Beiträge von Millard, A. R.: The Canaanites, und Liverani, M.: The Amorites, beide in: Wiseman, D. J. (Hrsg.), Peoples from Old Testament Times. Oxford 1973, 29–52 bzw. 100–133. Über die Hiwwiter vgl. Margalit, O.: The Hivvites. In: ZAW 100 (1988), 60–70; über die Girgasiter Görg, M.: Dor, die Teukrer und die Girgasiter. In: BN 28 (1985), 7–14 und über die Perezziter Stager, L. E.: Archaeology, Ecology and Social History: Background Themes to the Song of Deborah. In: VTS 40 (1988), 220–234, 224 f., wo die Perezziter mit *p^{e}rāzôt* („nicht befestigte Dörfer"), Jdc 5,7 und die Hiwwiter mit *hawwôt* („Hirtenlager") verbunden werden. Skeptisch ist Na'aman, N.: Canaanites and Perezzites. In: BN 45 (1988), 42–47, der auf die späte Datierung aller dieser Texte, manchmal märchenhafte Gebilde, aufmerksam macht.

nannten Ortschaften in Verbindung gebraucht,[9] sondern überhaupt nicht erwähnt. Die Hiwwiter werden oft mit den Hurritern, einer nichtsemitischen Bevölkerung Kleinasiens, identifiziert, was schon z. T. in der LXX geschah, welche sie aber auch Hethiter nennt. Von diesen Völkern weiß man heute nichts, nicht einmal, ob es sich um wirkliche Namen und deswegen um Völker, die existierten, oder nur um mythische oder gar um phantastische Benennungen handelt, wie dies z. B. bei den noch zu erwähnenden Rephaitern (unten, 8.2.9.3) der Fall ist.

2.7.3 Von einem im Südwesten angesiedelten Fremdvolk, den Philistern, wird berichtet, daß es meistens mit Israel und Juda in Feindschaft stand (unten, 4.4.1ff.). Ihm verdankt man, wie gesehen, einen der Namen der Gegend.

2.7.4 Um Israel und Juda sind Völker belegt, zu denen die beiden Staaten wechselnde Beziehungen unterhielten: im Norden die seefahrenden Stadtstaaten Phöniziens; im Osten, in Transjordanien, die Ammoniter, die Edomiter und die Moabiter, Völker, die alle wie Israel, Dialekte ein und derselben Sprache sprachen. Diese drei Völker siedelten sich ungefähr zur selben Zeit wie Israel und Juda an. In Syrien findet man kurz darauf verschiedene aramäische Stadtstaaten; das Aramäische ist gleichfalls eine westsemitische Sprache, wenn auch von den anderen in manchem verschieden.

2.8 Innenpolitik

Auch wenn es bei dem gegenwärtigen Stand der Forschung nicht möglich ist, etwas über die ethnische Zusammensetzung des Landes kurz vor der Niederlassung Israels und Judas zu ermitteln, so besitzen wir doch wichtige, durch orientalische Texte belegte Angaben über seine politische und wirtschaftliche Beschaffenheit.

2.8.1 Die ältesten sind wohl die im Archiv von *el-ᶜamarna*, einem ägyptischen, halbwegs zwischen Kairo und Luxor gelegenen Ort gefundenen. Es handelt sich um die an den Höfen der Pharaonen Amenophis III. und IV. (Echnaton) eingegangene Korrespondenz vom Ende des 15. bis zur Hälfte des 14. Jh.; ein erheblicher Teil davon stammt von kanaanäischen Stadtstaaten.

Literatur: Knudtzon, J. A.: Die El-Amarna Tafeln. Leipzig 1908–1915 (einige später gefundene Briefe wurden von Rainey, A. F.: The El-Amarna Tablets. Neukirchen/Kevelaer ²1978, veröffentlicht); vgl. noch ANET 483–490 und TUAT I, 512–520. Eine neue, kritische Ausgabe wird von W. L. Moran, Harvard University, betreut

[9] Vaux, R. de: Les Hurrites de l'histoire et les Horites de la Bible. In: RB 74 (1967), 481–503.

und liegt nunmehr in einer französischen Übersetzung vor: Moran, W. L.: Les lettres de El-Amarna: correspondance politique du Pharaon. Paris 1987. Dazu jetzt Liverani, M.: Political Lexicon and Political Ideology in the Amarna Letters. In: Berytus 31 (1983), 41–56.

2.8.2 Wichtig sind ferner die Texte aus Ugarit, einem ein wenig nördlich von Laodizäa gelegenen und im 12. Jh. zerstörten Stadtstaat. Seine Reste werden seit der Entdeckung 1928 von einer französischen Expedition ausgegraben; sie veröffentlicht auch die gefundenen Texte.

Literatur: Herdner, A.: Corpus des tablettes cunéiformes alphabétiques découvertes à Ras Shamra – Ugarit de 1929 à 1939. Paris 1963, und Dietrich, M., O. Loretz und J. Sanmartín: Die keilalphabetischen Texte aus Ugarit. Neukirchen/Kevelaer I 1976. Übersetzungen sind: Gordon, C. H.: Ugaritic Literature. Rom 1949; Cassuto, U.: The Goddess Anat. Jerusalem 1951 (Hebr.) und 1971 (Engl.); Jirku, A.: Kanaanäische Mythen und Epen aus Ras Schamra-Ugarit. Gütersloh 1962; Aistleitner, J.: Die mythologischen und kultischen Texte aus Ras Schamra. Budapest 1964; ANET 129–155 (noch nicht in TUAT); Gibson, J. C. L.: Canaanite Myths and Legends. Edinburgh [2]1978; Olmo Lete, G. del: Mitos y leyendas de Canaan, Madrid 1981. Die für unseren Gegenstand wichtigen Materialien wurden zusammengetragen und untersucht von Heltzer, M.: The Rural Community in Ancient Ugarit. Wiesbaden 1976, und ders.: The Internal Organization of thc Kingdom of Ugarit. Wiesbaden 1982; vgl. ferner Liverani, M.: Art. Ras Shamra-Ugarit: territoire et population, 2. In: DBS 9 (1979), 1316–1323; Garr, W. R.: Population in Ancient Ugarit. In: BASOR 266 (1987), 31–43, Vargya, P.: Stratification sociale à Ugarit. In: Heltzer, M. u. E. Lipiński (Hrsg.), Society and Economy in the Eastern Mediterranean (c. 1500–1000 B. C.). Löwen 1988, 111–123, und Heltzer, M.: Die Entwicklung des Handwerks vom Dienstsystem zum selbständigen Produzenten im östlichen Mittelmeergebiet. In: AOF 15 (1988), 124–132.

2.8.3 Das soziopolitische Bild, das aus den *Amarna*-Briefen ersichtlich ist, ist besonders interessant. Es zeigt uns verschiedene, über die Ebenen verstreute Stadtstaaten, von einem nicht immer einheimischen Fürsten beherrscht, der aber nie den Königstitel trägt. In Ugarit, wo der Fürst allerdings den Königstitel trägt, finden wir Wirtschaftstexte, denen man wichtige Angaben über die ökonomische und politische Lage entnehmen kann.

2.8.3.1 Unter dem regierenden Fürsten und im Umkreis des Palastes findet man eine pyramidenartige Struktur: an der Spitze die Notabeln, welche eine Versammlung bilden (eine Körperschaft, die eine beträchtliche Macht auch gegenüber der Krone besessen haben muß), dann die Grundbesitzer, gefolgt von den in Gilden vereinten Kaufleuten und Handwerkern, sodann die Handlanger und die Tagelöhner; endlich die Sklaven. Im Bereich der Tempel scheint ein ähnliches Gebilde existiert zu haben, das also wohl ein Gegengewicht zur politischen Macht bildete.

2.8.3.2 Aus dem *el-ᶜamarna*-Archiv erfährt man weiter, daß in Kanaan ein großer Teil der Stadtstaaten sich in den Ebenen befand und nur geringe Gebiete umfaßte; gering war auch die Ausdehnung der einzelnen Städte, wenigstens verglichen mit den heutigen: aus den Ausgrabungen weiß man, daß sie selten mehr als 5 ha umfaßten und nur *ḥāṣôr* an die 35 ha maß. Dafür waren ihre Gebiete dicht bevölkert und intensiv bebaut.

2.8.3.3 Auf den Hochebenen haben wir nur von zwei Stadtstaaten Kunde: Jerusalem und, im Norden, Sichem; vielleicht sollten Hebron im Süden und Hazor in Galiläa noch dazugerechnet werden.

2.8.4 Die Hauptstadt des Stadtstaates war von Ackerland umgeben, auf dem weitere kleinere Ortschaften liegen konnten. Typisch für das Land, im Gegensatz zur Hauptstadt, war das Fehlen einer jeglichen eigenen politischen Macht: obwohl es im damaligen Wirtschaftssystem den größten Teil der Güter (Landwirtschaft und Viehzucht) produzierte, hatten seine Bewohner in der Führung des Staates nichts zu entscheiden. Anders formuliert: die Hauptstadt monopolisierte die politische und wirtschaftliche Macht durch die Strukturen des Palastes, des Tempels und der Armee, gründete aber ihren Reichtum auf die handwerkliche Verarbeitung und den Handel mit den Erzeugnissen der Äcker und der Herden.[10]

2.8.5 Nun könnte man sich vorstellen, daß in einer derartigen Lage eine brisante, andauernde Konfliktsituation zwischen der Hauptstadt, der Ausbeuterstruktur einerseits, und dem Land, dem Produzierenden und Ausgebeuteten anderseits, bestand. Dies scheint aber nicht der Fall gewesen zu sein. Aus den Amarna-Briefen erfährt man zwar von Aufständen und von der gelegentlichen Vertreibung des jeweiligen Fürsten, doch handelt es sich um Unruhen, die nicht auf dem Land, im Versuch, das Joch der Hauptstadt abzuschütteln, ihren Ursprung hatten, sondern innerhalb der Hauptstadt selbst, zwischen der Versammlung und dem Fürsten, also unter Gruppen entstanden, die schon längst an der Macht teilhatten, oder von seiten politischer Flüchtlinge bzw. Vertriebener, die dort Asyl gefunden hatten.

2.8.6 Diese Flüchtlinge, oft *ḥapiru* oder *ᶜprm* genannt (Logogramm SA-GAZ), bildeten eines der großen Probleme, mit denen sich die Stadtstaaten auseinanderzusetzen hatten: sie sind wohl eine der Ursachen der genannten Unruhen gewesen. Als Asylanten destabilisierten sie nämlich nicht nur ihre Heimat, sondern auch die ihnen Asyl gewährenden Ortschaften, die sich also in Konflikte einbezogen sahen, mit denen sie ursprünglich nichts zu tun hatten (siehe unten, 6.7.3).

2.8.7 Es ist nicht verwunderlich, daß das Zusammentreffen dieser verschiedenen Faktoren: die Zersplitterung und Streitigkeiten auf innen- und außenpolitischem Gebiet, die Unruhen innerhalb des eigenen Staates, gepaart mit einem gewissen Wohlstand und technischem Fortschritt, das Vorhandensein vieler dünnbesiedelter Territo-

[10] Liverani, M.: Ville et campagne dans le royaume d'Ugarit. Essay d'analyse économique. In: Societies and Language of the Ancient Near East (Studies ... I. M. Diakonoff, Warminster 1982), 250–258, bietet ein interessantes Beispiel der Ausbeutung des Ackerlandes durch die Stadt, um dort einen Palast zu bauen. Vgl. noch Lemche, N. P.: Ancient Israel. Leiden 1985, 198ff.

rien auf den Hochebenen und in den Steppen u.v.a. die Niederlassung jener Gruppen begünstigte, von denen die Ahnen Israels und Judas, und, in den benachbarten Gegenden, die der Völker Transjordaniens und Syriens abstammen sollten. Ihr historischer Ursprung bildet dabei ein Problem für sich.

2.9 Außenpolitik

Bei der Behandlung dieses Gegenstandes sollte ein grundlegender Faktor berücksichtigt und immer bedacht werden: Kanaan war fast immer eine Gegend, deren Schicksal anderswo, von den Großmächten und ihrer Außenpolitik, bestimmt und entschieden wurde. „Die Beherrschung dieses Gebiets durch nichtpalästinensische, politische Mächte ist eine der wichtigsten Konstanten der palästinensischen Geschichte, die tiefgreifende Folgen auf die Siedlungsschemata hatte." (Coote u. Whitelam, 1987, 21) Eine der wenigen Ausnahmen bildet vielleicht die Geschichte Israels und Judas während der 1. Hälfte des 1. Jahrtausends v. u. Z., auch wenn, wie schon erwähnt (oben, 1.5), vieles dafür zu sprechen scheint, daß, außer der kurzen Dauer des davidisch-salomonischen Reiches, auch diese Unabhängigkeit nie unbeeinträchtigt war.

Sie folgt aus dem geographischen Faktum, daß die Gegend immer als Brücke zwischen Afrika und Asien dienen mußte, und das heißt historisch, zwischen Ägypten einerseits und anderseits Ḫatti, dann dem Zweistromland und später Persien zu liegen kam. Dies führte zu ständigen Streitigkeiten, und ähnliche Konflikte dauerten noch bis in die hellenistische Zeit an (unten, Kap. 13).

2.10 Arbeitsinstrumente

Karten und andere geographische Hilfsmittel sind unerläßlich, will man sich nicht mit einer oberflächlichen Kenntnis der Region begnügen.

2.10.1 Die beste Landkarte ist heute die vom *Survey of Israel* betreute. Sie wird in zwei Maßstäben veröffentlicht: 1:250000 in zwei Blättern, mit zwei weiteren Blättern über den Sinai. Die physikalische Karte ist für den Historiker vorzuziehen. Die zweite, im Maßstab von 1:100000, besteht aus 22 Blättern. Beide sind in hebräischer und englischer Sprache erhältlich. Es gibt auch Karten im Maßstab 1:25000, die besonders nützlich für Archäologen und Topographen, doch im Handel nicht erhältlich und nur in den Bibliotheken einzusehen sind; sie werden leider nicht auf dem laufenden gehalten.

Eine weitere ausgezeichnete Landkarte ist die von E. Höhne im Maßstab 1:300000; sie erscheint als Beigabe zum Band IV des BHH.

Die Karten des Survey of Israel besitzen alle ein genaues System von Koordinaten, die in allen guten Werken wiederholt und auch hier benützt werden.

2.10.2 Wichtig für den Forscher sind auch die biblischen Geographien; zur, sei es auch nur hypothetischen Identifizierung der verschiedenen Ortschaften, sind sie unerläßlich. Leider werden in manchen Werken die genannten Koordinaten nicht erwähnt, was ihren Nutzen entsprechend einschränkt. Folgende Werke möchte ich hier erwähnen:

Abel, F.-M.: Géographie de la Palestine. Paris I 1933, II 1938; Buit, M. du: Géographie de la Terre Sainte. Paris I–II 1958; Simons, J.: The Geographical and Topographical Texts of the Old Testament. Leiden 1959; Baly, D.: The Geography of the Bible. New York [2]1974; Aharoni, Y.: The Land of the Bible. Philadelphia/London [2]1979; Karmon, Y.: Israel. Eine geographische Landeskunde. Darmstadt 1983; Keel, O., u. H. Küchler: Orte und Landschaften der Bibel. Zürich/Göttingen I 1984, II 1982, III–IV in Vorbereitung. Vgl. noch Vogel, E. K., u. W. B. Holtzclaw: Bibliography of Holy Land Sites. In: HUCA 42 (1971), 1–98; 52 (1981), 1–92, und Vogel, E. K. 58 (1987), 1–63.

2.10.3 Unter den vielen Archäologien vgl. Aharoni, Y.: The Archaeology of the Land of Israel. Philadelphia/London 1982, und neuerdings Weippert, H.: Palästina in vorhellenistischer Zeit. München 1988 (ich habe dieses wichtige, großangelegte Werk nur noch teilweise benützen können). Wichtig ist endlich die Sammlung von Flugbildern aus dem ersten Weltkrieg: Dalman, G.: Hundert deutsche Flugbilder aus Palästina. Gütersloh 1925.

In diesem Werk werde ich zum größten Teil den Vorschlägen von Y. Aharoni folgen.

3. PROBLEME, METHODEN, LITERATUR UND QUELLEN

3.1 Probleme

Es ist nicht leicht, in den bis zum Anfang der 80er Jahre erschienenen Geschichten Israels einen Fortschritt gegenüber den historischen Erkenntnissen am Ende des vorigen Jahrhunderts zu erblicken. Bemerkenswerte Ausnahmen bilden die Werke von A. Alt und M. Noth und, jüngstens, die von H. Donner*, 1984–86, J. M. Miller u. J. H. Hayes*, 1987, und N. P. Lemche*, 1988. Zur Förderung der gegenwärtigen Forschung haben auch die Arbeiten der Dielheimer Gruppe und die Werke von T. L. Thompson, J. Van Seters (1974 u. 1975) und M. Liverani (besonders 1980), entscheidend beigetragen. Dabei muß aber festgestellt werden, daß diese Forscher eigentlich auf die Werke von A. Kuenen, 1869, und B. Stade zurückgreifen,[1] und nicht auf die ihrer unmittelbaren Vorgänger, was eben nicht als Fortschritt gedeutet werden kann.

Literatur: Weippert, M.: Fragen des israelitischen Geschichtsbewußtseins. In: VT 23 (1973), 415–442; Thompson, T. L.: The Historicity of Patriarchal Narratives. Berlin 1974; Van Seters, J.: Abraham in History and Tradition. New Haven–London 1975; Miller, J. M.: The Old Testament and the Historian. Philadelphia 1976; Metzger, M.: Probleme der Frühgeschichte Israels. In: VuF 22,1 (1977), 30–43; Soggin, J. A.: The Davidic-Solomonic Kingdom. In: Hayes, J. H., J. M. Miller* 1977, Kap. VI; ders.: The History of Israel – A Study in Some Questions of Method. In: EI 14 (1978) 44* bis 51*; Liverani, M.: Le „origini" d'Israele – progetto irrealizzabile di ricerca etnogenetica. In: RivBib 28 (1980), 9–32; Sasson, J. M.: On Chosing Models for Recreating Pre-Monarchical Israel. In: JSOT 21 (1981), 3–24; Lemaire, A.: Recherches actuelles sur l'origine de l'ancien Israël. In: Journal asiatique 270 (1982), 5–24; Malamat, A.: Die Frühgeschichte Israels. In: ThZ 39 (1983), 1–16; Diebner, B. J.: Kultus, Sakralrecht und die Anfänge des Geschichtsdenkens in „Israel" – Denkansatz zu einer Hypothese. In: DBAT 17 (1983), 1–20; Hobsbawm, E., u. T. Ranger (Hrsg.): The Invention of Tradition. Cambridge 1983; Soggin, J. A.: Geschichte als Glaubensbekenntnis – Geschichte als Gegenstand wissenschaftlicher Forschung. In: ThLZ 110 (1985), 161 bis 172, und ders.: Probleme einer Vor- und Frühgeschichte Israels. In: ZAW 100 (1988 Suppl.), 255–267; Coote, R. B. u. K. W. Whitelam: The Emergence of Early Israel in Historical Perspective. Sheffield 1987; Otto, E.: Israels Wurzeln in Kanaan. Auf dem Weg zu einer neuen Kultur- und Sozialgeschichte des antiken Israels. In:

[1] Kuenen, A.: De godsdienst van Israël. Haarlem I 1869, 32 ff., englisch London 1874, 30 ff.; Stade, B.: Geschichte des Volkes Israel. Berlin I 1885, 16 ff.

ThRv 85 (1989), 3–10; Becker, U.: Richterzeit und Königtum, Diss. Theol. Bonn 1989 (ein Werk, das ich nicht mehr benützen konnte), und Whitelam, K. W.: Israel's Traditions of Origin: Reclaiming the Land. In: JSOT 44 (1989), 19–42.

3.1.1 Eines ist gewiß: in den Briefen von el-Amarna (oben, 2.8) sind weder Israel noch Juda erwähnt; darüber hinaus gäbe es dort auch für sie keinen Platz in der Region, den sie einnehmen könnten. Dasselbe gilt für die Texte aus Ugarit. Eine einzige Ausnahme bildet hier die Siegesstele des Pharao Merenpta, Ende des 13. Jh., über die wir später (unten, 3.7.7.4) mehr berichten werden; sie bezeugt aber nur den Namen Israel. Das Schweigen der altorientalischen Texte dauert übrigens bis in die letzten Jahre des 9. Jh. an, bis zu der Siegesstele des Königs Meša[c] von Moab. Ist es also überhaupt möglich, vor dieser Zeit etwas über das Werden Israels und Judas zu erfahren? Nach den biblischen Texten erscheinen die beiden Größen erst als Gruppen („Stämme"), dann, nach der kurzen Zeit des Königtums Sauls, das aber vermutlich nur den Norden, also nur Israel umfaßte, als vereintes Königreich unter David und Salomo; es handelt sich aber um Berichte, die nur zum Teil eine gewisse Einsicht in die früheren Verhältnisse bieten (unten, 3.7).

3.1.2 Doch das Problem der „Ethnogenese", wie es Liverani 1980 nannte, gehört bei allen Völkern (und nicht nur in Hinblick auf Israel und Juda) zu den schwierigsten. Denn bei den meisten Völkern gibt es kaum eine autochthone Lösung: nur wenn externe Quellen vorhanden sind, läßt sich darüber etwas aussagen. Was einem heute aus den Überlieferungen einzelner Völker entgegentritt, ist das Ergebnis späterer Betrachtungen über das Thema. Daß es sich dabei um eine Auswahl von Materialien (wenn nicht geradezu um Neuschöpfungen) nach Maßstäben handelt, welche mit den ursprünglichen Überlieferungen nichts mehr zu tun haben, versteht sich von selbst. Im Fall Israels und Judas erfolgte diese Auswahl frühestens in den Jahren des babylonischen Exils, 587 oder 586 (siehe unten, 11.7) bis 539 v. u. Z. (Coote u. Whitelam, 1987, 15). Damit möchte ich freilich die Möglichkeit, daß auch altes Material tatsächlich überliefert und verarbeitet wurde, keineswegs *a priori* ausschließen, auch wenn sich dann diese Materialien selbstverständlich außerhalb ihres ursprünglichen Zusammenhangs befinden und sodann einem völlig anderen Zweck dienen (Soggin 1988, 265 f.). Dies ist aber wiederum nicht nur im Fall Israels und Judas feststellbar, sondern gilt für den ganzen alten Nahen Osten; dazu vgl. jetzt die grundlegende Arbeit von M. Liverani: Antico Oriente. Storia, società, economia. Bari 1988, wo von Geschichte eigentlich wenig, sehr viel aber von Gesellschaft und Wirtschaft die Rede ist, vgl. noch ders.: Prestige and Interest, Padua 1990.

3.1.3 Was diesen Problemkreis betrifft, scheint mir der Vergleich R. G. Collingwoods eine gewisse methodische Klarheit zu schaffen. Er vergleicht das Werk des Historikers mit dem des Detektivs. Ich habe in meiner ›Geschichte‹ von 1984 versucht, den Vergleich auszubauen, indem ich ihn auf die Aufgaben des Gerichts in einem Kriminalverfahren erweiterte. Das Gericht vernimmt die Zeugen, untersucht und beurteilt die Beweise und versucht, die Indizien auszuwerten, um auf diese Art während der Verhandlung zu einem Urteil zu gelangen, das als authentische, wahrheitsgetreue und deswegen maßgebende Rekonstruktion der Ereignisse gilt; dies freilich, bis neue Materialien das Verfahren wieder eröffnen.

3.1.4 Nun geschieht es aber gerade auch mit Überlieferungen, vorausgesetzt, es handelt sich tatsächlich um alte, daß sie, genau wie gerichtliche Beweise und Zeugenaussagen, während der Weitergabe der Verdunkelungsgefahr ausgesetzt sind, also von außen, d.h. von außenstehenden Faktoren, beeinflußt werden können; deswegen pflegt man einen Angeklagten und die Zeugen schnellstens zu vernehmen. Die Verdunkelung kann aus einfachen, fast mechanischen Gründen stattfinden, wie Nachlässigkeit oder Versäumnisse, Irrtümer oder Unterlassungen von seiten des Tradenten; anders und schwerwiegender ist es allerdings, wenn spätere Interessen die Oberhand gewinnen, die von denen der ursprünglichen Tradenten verschieden sind und auf Grund derer eine Auswahl oder sogar Abänderung erfolgt. In weiteren Fällen hat man es im Alten Testament (und übrigens auch im Neuen) mit theologischen und philosophischen, manchmal sogar mit psychologischen Überlegungen zu tun. Endlich begegnet man in nicht wenigen Fällen einfach Erzeugnissen der Propaganda oder der Phantasie, die polemischen oder apologetischen Zwecken dienen (Hobsbawm u. Ranger 1983 und Coote u. Whitelam 1987, 13ff.).[2] Das Beispiel der altrömischen Geschichte (Soggin* 1984, Kap. 2 und 1988, 263ff.) zeigt, was hier alles möglich ist!

3.2 Überlieferungen: Sitz im Leben

Daher ist es für den Historiker Israels und Judas besonders wichtig festzustellen, wann und weshalb gewisse Überlieferungen entstanden sind oder wann und weshalb sie weitergereicht wurden; dafür ist das Fach Einleitung in das Alte Testament zuständig. So wird es teilweise möglich, die Gründe für solch ein Verfahren und damit das ideologische Vorverständnis der Tradenten zu ermitteln. Man erkennt z.B. heute ziemlich klar, daß der Horizont der „älteren" Überlieferungen des Pentateuch, aber auch der der Früheren und der Späteren Propheten, von der traumatischen Erfahrung des Exils bestimmt worden ist. Die Wegführung erst Israels und dann Judas, der Untergang der davidischen Dynastie allen Voraussagen ihrer ewigen Dauer

[2] Solche Arten von Umdeutungen der Texte gehen aus der gerade erschienenen Arbeit von Catastini, A.: Isaia ed Ezechia. Rom 1989, für II Reg 18–20//Jes 36–39 ohne jeden Zweifel hervor.

zum Trotz sowie der Verlust der politischen Unabhängigkeit mußten „erklärt“ und theologisch verarbeitet werden.

3.2.1 So sieht man z. B. auch, daß die Wanderungen der Erzväter in Richtung des gelobten Landes auf gewisse Elemente des davidischen Königtums Bezug nehmen, daß aber das Hauptanliegen der Tradenten die beiden Verheißungen sind: der Besitz des Landes und die Nachkommenschaft. Es handelt sich hier um die Antwort auf Fragestellungen, welche gerade während des Exils akut geworden sind. Die Wanderung Abrahams von „Ur in Chaldäa“ nach Haran und von dort nach Kanaan erscheint vollkommen logisch und bedarf kaum mehr einer Erklärung, falls man annimmt, daß es sich um einen der Reisewege handelte, welche die südbabylonische Diaspora mit dem Mutterland verbanden.[3]

3.2.2 Aber auch der Exodus aus Ägypten und die „Landnahme“, mit der Gründung des Zwölfstämmebundes und der Betonung der religiösen Einheit „Israels“ um das gemeinsame Heiligtum, fügen sich gut in das Konzept der Restauration durch die zurückkehrenden Verschleppten in die alte Heimat ein: wird diese Heimkehr doch von Deutero-Jesaja als ein zweiter Exodus beschrieben (41,18ff.; 43,1ff. 16ff.; 48,20ff.). Erst von da an erhält übrigens Ägypten, früher das Land, an das man sich um Hilfe oder Asyl wandte, jene negativen Attribute, die es zum Land der Unterdrükkung machten,[4] dies ganz abgesehen vom Alter dieser Überlieferungen.

3.2.3 Der so stark theokratisch orientierte, die Stämme Israels und Judas umfassende Zwölfstämmebund wird dabei zum Präzedenzfall für die nachexilische Herrschaft des Jerusalemer Tempels und des dort amtierenden Priestertums; er sollte auch Israel, den Norden, miteinbeziehen, wodurch aus Juda geradezu eine Art *verus Israel* wurde. Ferner bildete er auch die legitime Alternative zum gefallenen Königtum: „das Königtum von Priestern“ und „das heilige Volk“ von Ex 19,1ff. (V. 6!).[5] Es braucht hier nicht betont zu werden, daß dies *eben nicht* die Lage vor dem Exil war!

3.2.4 Ähnlich wird mit dem Königtum verfahren. Nach der biblischen Überlieferung soll es eine verhältnismäßig lange Zeit gegeben haben, in der kein Königtum, sondern, wie gesagt, ein auf religiösen Grundlagen aufgebauter Zwölfstämmebund existierte. Immer nach der Überlieferung, soll die Monarchie unter Druck von außen eingeführt worden sein, was nach der spätesten Schicht des Dtr als Folge des Verlangens des Volkes nach einem irdischen anstatt nach einem göttlichen König gedeutet wurde (I Sam 8,1ff.), obwohl (I Sam 7,1ff.) der Stämmebund gut in der Lage gewesen wäre, das Land zu verteidigen und gleichzeitig (Jdc 19–21) das Recht zu handhaben. Aus dieser grundlegenden Urverfehlung leite sich die Entwicklung ab, welche

[3] Eine andere, chronologisch nur wenig zurückliegende These wird von Garbini, G.*, Kap. 6, vorgeschlagen: die Wanderung vom Süden nach Norden sei als *captatio benevolentiae* der deportierten Judäer gegenüber den Babyloniern unter Nabonidus aufzufassen.

[4] So de Boer, P. A. H.: Aspects of the Double, Controversial Valuation of Egypt in the Old Testament. Unveröffentlichte Gastvorlesung an der Universität Rom am 18. Mai 1981.

[5] Dazu vgl. Barbiero, G.: Mamleket kohᵃnîm (Es. 19,6a): i sacerdoti al potere? In: RivBib 37 (1989), 427–446, Studie, die ich nicht mehr benützen konnte.

einige Jahrhunderte später zum endgültigen Zusammenbruch führen sollte. Damit verwechselte allerdings der alte Geschichtsschreiber fehlerhafte außenpolitische Entscheidungen im 6. Jh. v. u. Z. (in einer Lage, freilich, welche wenig Raum für Entscheidungen übrig ließ, vgl. unten, 11.5.1) mit einer Art in vorhistorischer Zeit begangenen Ursünde.

3.2.5 Der langen Rede kurzer Sinn ist also der, daß man es hier mit späteren, stark ideologisch-theologisch gefärbten Rekonstruktionsversuchen zu tun hat, deren Zweck nicht der war, ein getreues, wenn auch parteiisches Bild der vorexilischen oder gar der vorstaatlichen Geschichte Israels und Judas zu überliefern, sondern eine Vergangenheit zu bewältigen, eine Priesterherrschaft zu legitimieren und die gegenwärtige Not (vor dem Exil ging alles viel besser, das wußte man) als göttliches, wenn auch von der Gnade gemildertes Gericht zu erklären.[6] Daß bei allen diesen Überlegungen auch historisch wichtiges Material überliefert wurde, versteht sich von selbst. Und dies führt uns nunmehr zu einem weiteren Thema:

[6] Über die exilische und nachexilische Redaktion der biblischen Bücher siehe Van Seters, J.: Confessional Reformulations in the Exilic Period. In: VT22 (1972), 448 bis 459, und die Betrachtungen eines konservativen Forschers wie Freedman, D. N.: "Son of Man, Can These Bones Live?". In: Interp 29 (1975), 171–186: „Als literarische Größe ist die Bibel ein Produkt des Exils ...". Es ist deswegen auch verständlich, daß einige Forscher schon seit Jahrzehnten die exilische und nachexilische Zeit als „die schöpferische Epoche" bezeichnen: Thomas, D. W.: The Sixth Century B. C.: A Creative Epoch in the History of Israel. In: JSS 6 (1961), 33–46, und Ackroyd, P. R.: Exile and Restoration. London 1968, 143. Vgl. jüngstens Friedman, R. E.: The Exile and Biblical Narrative. Cambridge Mass. 1981. Daß die orientalischen und die biblischen Geschichtsschreiber anders als die modernen und die der Renaissance arbeiteten, wird heute kaum bestritten, vgl. auch das in 3.3 Gesagte und zuletzt Smelik, K. A. D.: Vertellingen in de Hebreeuwse Bijbel. In: Amsterdamse Cahiers 9 (1988), 8–21. Er stellt folgende Elemente fest:

1. Die biblischen Verfasser waren beträchtlich freier gegenüber der Überlieferung als meistens angenommen wird.

2. Geschichtliche Zuverlässigkeit gehörte nicht zu ihren Arbeitskriterien: historische „Tatsachen" konnten nach Bedarf angepaßt, verschwiegen oder sogar erfunden werden.

3. An den Büchern Genesis bis Könige haben viele lange Zeit gearbeitet; deswegen handelten die Verfasser bzw. Redaktoren und Tradenten nach unseren heutigen Kriterien unlogisch, indem sie z. B. oft verschiedene Versionen desselben Berichts aufnahmen.

3.3 Geschichtsschreibung im alten Nahen Osten

Der Gegenstand kann hier nicht einmal gestreift werden: dafür wäre eine Sonderabhandlung notwendig. Immerhin ist es möglich festzustellen, daß die exilische und nachexilische Geschichtsschreibung in Juda von der altorientalischen nicht grundsätzlich verschieden war, entgegen weitverbreiteten Behauptungen.

Literatur: Oberman, J. (Hrsg.): The Idea of History in the Ancient Near East. New Haven 1955; Gese, H.: Geschichtliches Denken im alten Orient und im Alten Testament. In: ZThK 55 (1958), 127–145, ders.: Vom Sinai zum Zion. München 1974, 81 bis 98; Finkelstein, J. J.: Mesopotamian Historiography. Proceedings of the American Philosophical Society 107 (1963), 461 ff.; Albrektson, B.: History and the Gods. Lund 1967; Hoffner, H. A.: Propaganda and Political Justification in Hittite Historiography. In: Goedicke, H., u. J. J. M. Roberts (Hrsg.), Unity and Diversity. Baltimore 1975, 49–62, und ders.: Or 49 (1980), 283–332; Liverani, M.: Memorandum to the Approach to Historiographic Texts. In Or 42 (1973), 178–184; Machinist, P.: Literature as Politics: the Tukulti-Ninurta Epic and the Bible. In: CBQ 38 (1976), 455–482; Tadmor, H.: History and Ideology in the Assyrian Royal Inscriptions. In: Fales, F. M. (Hrsg.): Assyrian Royal Inscriptions. Rom 1981, 13–33; Wevers, J. W.: Histories and Historians of the Ancient Near East. Preface. In: Or 49 (1980), 137–139; Van Seters, J.: History and Historians of the Ancient Near East. The Israelites. In: Or 50 (1981), 137–193; ders.: In Search of History. New Haven/London 1982; Tadmor, H., u. M. Weinfeld (Hrsg.): History, Historiography and Interpretation. Jerusalem 1983. Carena, O.: History of the Near Eastern Historiography and its Problems: 1852–1985. Kevelaer-Neukirchen/Vluyn 1989, Bd. I, und Cazelles, H.: Die biblische Geschichtsschreibung im Licht der altorientalischen Geschichtsschreibung. In: XXIII. Deutscher Orientalistentag ..., Würzburg 1985. Wiesbaden 1989, 38–49. Roccati, A.: La littérature historique sous l'ancien empire égyptien. Paris 1982 (gute, kritisch kommentierte Anthologie); Fahr, H.: Herodot und das Alte Testament. Frankfurt 1985 (ich habe dieses Werk in Rom nicht einsehen können).

Die weitverbreitete, fast zu einem Axiom gewordene These, daß Israels Glaube (und nur er!) sich auf die Geschichte stütze und deswegen eine ganz besondere gegenüber den Produkten anderer, benachbarter Völker qualitativ höherstehende Geschichtsschreibung erzeugt habe, hält einer kritischen Nachprüfung nicht stand, wie von Bertil Albrektson 1967 und nach ihm von vielen anderen bewiesen wurde. Es gibt nur einen beträchtlichen Unterschied: der monotheistische Hintergrund, den man zur Blütezeit israelitischer Geschichtsschreibung wohl voraussetzen muß. Durch ihn wird das göttliche Eingreifen in die Geschichte, also ins Diesseits, grundsätzlich anders gestaltet als in den benachbarten Kulturen. „Anders" will aber nicht sagen „auf höherem Niveau".

3.3.1 Die Aufgaben, die sich die altorientalische Geschichtsschreibung stellt, sind mannigfach: die Verherrlichung des regierenden Königshauses, die sich durch Hervorhebung seiner großen Bautätigkeit, besonders von Tempeln, seiner siegreichen Feldzüge, seiner einem Fürstenspiegel entsprechenden Regierung (Überfluß an billigen Konsumgütern, Gerechtigkeit usw.) hervortut; ferner die auch in der hebräischen Bibel belegte Legitimation eines Usurpators, dadurch, daß er entweder als durchaus legitimer, doch anfänglich verkannter Fürst dargestellt (so z. B. Idrimi von Alalaḫ, ANET 557f., TUAT I, 501–504, vgl. Lemche* 1988, 54) oder nach dem Motiv des verheimlichten und auf diese Art der Vernichtung entronnenen Kindes beschrieben wird, vgl. II Reg 11,2// 2 Chr 22,11 (ähnlich Jdc 9,5, wo das Motiv aber nicht ausgebaut wird). Doch es gibt auch die These einer unmittelbaren Berufung durch die Gottheit selbst, vgl. I Sam 16,1–14, dtr. und II Reg 9,1–10. Oft begründet diese Geschichtsschreibung ein Vasallenverhältnis durch die Darstellung u. a. der durch den Großkönig an dem Lehnsmann verübten Wohltaten, wodurch letzterer nicht nur infolge eines Machtverhältnisses, sondern auch durch Dankbarkeit an den ersteren gebunden wird. Ferner gibt es Königslisten, Chroniken und Annalen. In allen diesen Fällen sind das Eingreifen der Götter in die Geschichte und das Betragen der Menschen grundlegende Elemente: besonders was die Menschen betrifft, bildet die göttliche Handlung gelegentlich eine Art Erwiderung zu ihrem frommen Handeln oder lasterhaften Benehmen. Dies gilt sowohl für das Zweistromland als auch für Ḫatti und für Syrien, wie z. B. aus dem auf der Statue von Idrimi angebrachten Text und aus den Texten aus Karatepe, Sefīre und anderen weiteren hervorgeht. Es gilt aber auch, in geringerem Maße, für Ägypten, dessen Texte viele Forscher als Vergleichsmaterial ausschalten möchten.

3.3.2 Aus Israel sind die Texte dieser Gattungen nicht gerade häufig: alle Königsinschriften sind verschollen (und es muß welche gegeben haben, wie es den Mešaᶜ-Stein für Moab gibt);[7] noch sind Texte von Lehnsverträgen erhalten geblieben. Von der Legitimation von Usurpatoren war schon oben die Rede. Auch von Chroniken und Annalen ist nichts mehr vorhanden; man weiß nur, daß es einmal ein *sēfer dibrê (hajjāmîm) (li) šᵉlōmōh*, I Reg 11,41, und ferner ein *sēfer dibrê hajjāmîm lᵉmalᵉkê iśrāʾēl*, I Reg 14,19, bzw.

[7] Dies wird von Garbini, G.* 1988, 17ff. hervorgehoben: „Ist es möglich, ... daß all' diese Könige, von denen manche eine größere politische Macht erreichten als ihre Nachbarn, nie ihren Namen auf einen Stein geschrieben haben sollten, wie dies alle anderen Könige zu tun pflegten?" Den hypothetischen Grund dazu sieht er in einer angeblichen systematischen Zerstörung aller Königsinschriften, vgl. Meg. Taᶜan (zitiert bei Fitzmyer, J. A.: A Manual of Palestinian Aramaic Texts. Rom 1978, Nr. 150, 8, S. 187): „Am 3. Tišri wurde die Erwähnung aus den Urkunden entfernt." Nach Fitzmyer könnte es sich um einen fremden Herrscher, nach Garbini um die Zerstörung der Königsinschriften gehandelt haben.

j^e hûdāh, I Reg 14, 29, gegeben haben soll, zu denen das Dtr eine Art Kommentar verfaßte. Was tatsächlich existierte, ist heute schwer zu ermitteln.[8] In der hebräischen Bibel hat man es aber, im Unterschied zum alten Nahen Osten, mit größeren Komplexen zu tun: das Dtr, der Chr; und geschichtliche Betrachtungen finden sich auch in gewissen Teilen der Propheten, soweit es sich nicht auch hier um Dtr Bearbeitungen handelt.

3.3.3 Der Hauptunterschied zwischen der judäischen Geschichtsschreibung (aus Israel, dem Norden, ist nichts mit einiger Sicherheit zu identifizieren) und der altorientalischen besteht also darin, daß man es meistens mit verschiedenen Gattungen zu tun hat: in Juda mit späteren, zusammenfassenden Werken, in denen auch Überarbeitungen früherer Schriften erhalten sind. Doch, wie schon erwähnt, gibt es auch in Juda ein großangelegtes Legitimationsverfahren: das durch die nachexilische Priesterschaft eingeleitete, welches im Dtr seine endgültige Gestalt erhielt. Daraus geht hervor, daß die Priesterschaft, gegen alle Restaurationsversuche, dazu berechtigt war, das Erbe des gefallenen Königtums anzutreten, ja, daß dieses Erbe in der Tat in vorhistorischer und darum normativer Zeit als gottgewollte Ordnung für das in zwölf Stämme eingeteilte, doch grundsätzlich einheitliche Gottesvolk schon vorhanden gewesen sei und nur durch das sündhafte Benehmen des Volkes durch eine „weltliche" Ordnung ersetzt wurde.

3.4 Anfang einer Geschichtsschreibung in Israel und Juda

Es ist für den Geschichtsschreiber von grundsätzlicher Wichtigkeit festzustellen, ob es eine Epoche gibt, ab welcher man richtige, wenn auch mit anderen Materialien vermischte Quellen besitzt; Quellen, welche also über tatsächlich vorhandene und historisch greifbare Personen, über geschichtlich, wirtschaftlich und politisch wichtige Fakten unterrichten, oder, falls dies nicht zuträfe, wenigstens über Elemente Auskunft geben, welche sich im Rahmen des Möglichen, ja sogar des Wahrscheinlichen bewegen. *Potest, ergo est?* natürlich nicht; doch *potest* ist wohl eine der Hauptvoraussetzungen, damit man auch von *est* überhaupt reden kann. Läßt sich also eine derartige Zeit bestimmen?

3.4.1 In ihren schon erwähnten Werken schlagen A. Kuenen 1869, und B. Stade, 1885, das 8. Jh. v. u. Z. bzw. das davidisch-salomonische Königreich vor.[9] M. Noth möchte hingegen in die Zeit des von ihm vorausgesetzten Zwölfstämmebundes zurückgehen, also in die Jahre zwischen dem 13. und dem 11. Jh. Doch die Fragen, die in den letzten Jahrzehnten über den

[8] Hierzu Garbini, G.: Le fonti citate nel „libro dei Re". In: Hen 3 (1981), 26–46.
[9] Oben, Anm. 1.

Zwölfstämmebund aufgeworfen wurden, und die Erkenntnis einer, wie gesehen, exilisch-nachexilischen, ideologischen Rekonstruktion der als Einheit aufgefaßten Israel und Juda, in der sich die Dtr-These der ursprünglichen Einheit beider politischer Gruppen widerspiegelt, haben dieser Hypothese (denn um mehr hat es sich ja nie gehandelt) den Grund unter den Füßen weggezogen.

3.4.2 Auch ich habe meinerseits das davidisch-salomonische Königreich vorgeschlagen (Soggin bei J. H. Hayes u. J. M. Miller*, 1977, und 1984*, vgl. 1978) und glaube, daran festhalten zu müssen, auch wenn wichtige und größtenteils gültige Einwände gegen diese Datierung in letzter Zeit erhoben wurden: schon E. Meyer identifizierte die nordwestlichen Grenzen des Großreiches mit denen der persischen Satrapie Transeuphrat, und für diese Perspektive plädieren neuerdings J. M. Sasson und M. C. Astour.[10] Dies geschieht aus folgenden Gründen: I Reg 5, 1.4 reden von den Grenzen des Großreiches „vom Fluß Euphrat [bis zu den] Philistern" (der Text ist nicht ganz in Ordnung) und „im ganzen Transeuphrat". Nun sind die hebräischen Sätze *min hannāhār* und *b^{e}kål ^{c}eber hannāhār* mit denjenigen, die in Assyrien erst seit Aššurbanipal (668–627) belegt und in persischer Zeit für die Gebiete westlich des Flusses in der Verwaltung gebräuchlich waren *(eber nāri)*, identisch. Es steht also fest, daß der Text eine verhältnismäßig späte, nicht vor dem 7. Jh. entstandene und erst im 6. und 5. Jh. gebräuchliche Terminologie verwendet.

Oder sollte man, mit Kuenen, im 8. Jh., oder sogar erst mit dem Dtr anfangen, wie manchmal vorgeschlagen wird?[11]

3.4.2.1 Dennoch glaube ich, daß man aus den Berichten über das Großreich, obwohl dieses bis jetzt in der Literatur des Nahen Ostens nicht belegt ist, einige wichtige Daten gewinnen kann, falls die Quellen richtig behandelt und befragt werden. In diesem Fall haben wir es nicht einfach mit der Paraphrase biblischer Texte zu tun, eine Gefahr, die freilich bei einem solchen Verfahren nicht von der Hand zu weisen ist (Coote u. Whitelam), sondern mit dem Versuch, die richtigen, bis heute erhaltenen Quellen aus ihrem jetzigen Zusammenhang auszusondern und zu verwerten, auch

[10] Meyer, E.: Geschichte des Altertums. II, 2 Stuttgart ²1931, 25 ff.; Sasson, J. M.: On Chosing Models for Recreating Premonarchical Israel. In: JSOT 21 (1981), 3–24, und Astour, M. C.: Rez. In: JAOS 102 (1982), 192–195. In dieser Richtung auch zwei Rez. meiner ›Geschichte‹ 1984: Carena, O.: BeO 27 (1985), 113–115, und Prato, G. L.: Gr 67 (1986), 143–147 (beide ital.); vgl. jüngstens P. R. Ackroyd in einem Vortrag zit. bei Roud, C. S.: Rez. In: JThS 39 (1989), 142.

[11] So Liverani, M.: Rez. In: OrAnt 26 (1987), 146–150 (ital.); Thompson, T. L.: The Origin Traditions of Ancient Israel. Sheffield I 1987, 30 ff., und meine ›Probleme …‹ 1988, 259 f.; ferner Coote, R. B. u. K. N. Whitelam 1987, 140 f., und Lemche* 1988, 32.

wenn ihre Funktion inzwischen eine ganz andere geworden ist; ja, gerade in der Ermittlung ihrer ursprünglichen Funktion scheint mir in diesem Fall eines der Ziele der Exegese zu liegen. Es gibt ja keinen Grund, Dokumente wie Beamten- und Statthalterlisten, Berichte über die öffentliche Verwaltung (besonders wenn sie kritisch gefärbt sind), über Steuermaßnahmen, Bauprojekte, Fronarbeit und über die Unterdrückung und Ausbeutung besonders des Nordens, anders als alte, überlieferte Materialien zu verwerten, da sie als Produkte einer späteren Zeit kaum ihren Zweck erfüllen.

3.4.2.2 Vielleicht wird man dann allerdings den Umfang des Großreiches reduzieren müssen, wenn man mit G. Garbini[12] II Sam 23,8–39 auch als alte Quelle betrachtet (vgl. hierzu unten, 4.1.4), während man die restlichen, auch als Tätigkeit Sauls I Sam 14,47–52 beschriebenen (unten, 4.3.3), Eroberungen in Syrien und Transjordanien einfach als Verherrlichung der Vergangenheit bewertet. Eine weitere Möglichkeit wird von Garbini vorgeschlagen: die nördlichen und nordöstlichen Grenzen des Großreiches beziehen sich auf Israel und Juda in der 1. Hälfte des 8. Jh., unter Jerobeam II. und Ussia (unten, 9.15.3). So wäre es nicht unmöglich, den Umfang des Großreiches auf seine tatsächlichen historischen Grenzen zu reduzieren.

3.4.3 Dies sind die Gründe, weswegen ich, wenigstens vorläufig, am Großreich festhalten möchte, wenn auch vieles dafür spricht, daß man eigentlich frühestens gegen das Ende des 9. Jh. und im 8. Jh. mit einer Geschichte Israels und Judas anfangen könnte oder vielleicht, noch radikaler, sogar erst mit dem Dtr.[13]

3.4.4 Es ist freilich so, daß erst mit der Gründung des Nationalstaates und dann des Territorialstaates[14] die Bedingungen für die Entstehung von Akten, Archiven, Königsinschriften, Chroniken und Annalen gegeben waren; daher ist es kein Zufall, daß man den ersten, erhaltenen Dokumenten gerade aus dieser Zeit begegnet. Weiter zurückzugehen (wie es z. B. W. W. Hallo, H.-J. Zobel und K. M. Beyse versuchen),[15] ist deswegen m. E. zum Scheitern verurteilt.

3.4.5 Man weiß so wenig, wenn überhaupt etwas, von der vorstaatlichen Zeit Israels und Judas, daß es unmöglich ist, die Gültigkeit der biblischen These einer verhältnismäßig langen staatenlosen Zeit in den letzten Jahrhunderten des 2. Jt. zu verifizieren: Coote u. Whitelam, 1987, 74ff., bringen

[12] Garbini, G.* 1988, Kap. 2.

[13] Vgl. meine ›Probleme ...‹ 1988, 260.

[14] Für diese Begriffe s. Buccellati, G.: Cities and Nations of Ancient Syria. Rom 1967, Kap. I–II.

[15] Hallo, W. W.: Biblical History in its Ancient Near Eastern Setting: The Contextual Approach. In: Evans, C. O., W. W. Hallo und J. B. White (Hrsg.), Scripture in its Context, Essays on the Comparative Method. Pittsburgh 1980, 1–26, bes. 9ff. und 16ff.; Zobel, H.-J., u. K. M. Beyse (Hrsg.): Das Alte Testament und seine Botschaft. Berlin DDR 1981 (meine Rez. dazu in: ThLZ 108 [1983], 189–191).

beachtliche Argumente dafür, daß „die Analyse der Ursprünge Israels nicht von dem Aufkommen des monarchischen Staates" getrennt werden sollte.

3.4.6 Die Erforschung der vorköniglichen Zeit in Israel und in Juda bleibt also, bei dem heutigen Stand der Orientalistik, „ein undurchführbares Projekt ethnogenetischer Forschung", dem suggestiven Titel der grundlegenden Studie von M. Liverani, 1980, zufolge.

3.5 Methoden

Aus dem bisher Gesagten sollte hervorgehen, daß eine Geschichte Israels und Judas, die nur die biblischen Texte paraphrasieren und sie eventuell mit altorientalischem Material bereichern möchte, nicht nur einer falschen Methode folgt (was übrigens auch bei der Geschichte anderer Völker der Fall wäre), sondern einfach ein verzerrtes Bild dessen, was geschehen ist, vermittelt, indem sie sich illegitimerweise das Bild, das Juda später von sich und von Israel aufstellte, zu eigen macht.

3.5.1 Dies gilt allerdings nicht nur für die Vor- und Frühgeschichte, sondern oft auch für die späteren Zeiten, für die das Dtr gewisse Daten überliefert. Auch hier bedenke man immer wieder, daß sogar dort, wo man es erwiesenerweise mit alten Überlieferungen zu tun hat, diese sich, wie schon erwähnt, nunmehr in ganz verschiedenen Zusammenhängen befinden, wodurch sie andere Funktionen und deswegen einen anderen Sinn erhalten. In jedem Fall, wo man nichts oder gar zu wenig weiß, ist das Schweigen immer noch besser als die Paraphrase.

3.5.2 Dies heißt freilich auch für mich, die Ergebnisse meiner früheren Studien zu revidieren, d. h. vor allem, Bezugsfelder neu zu bestimmen und zu ordnen.[16] Was ich während der 60er und Anfang der 70er Jahre erarbeitet habe, behält zwar seinen Wert, doch nur als Ausdruck dessen, was spätere Tradenten und Redaktoren über die behandelten Perioden aussagten.

3.6 Heutige Darstellungen der Geschichte Israels und Judas

Ein wissenschaftliches Fach, das sich „Geschichte Israels (und Judas)" nennt, gibt es erst seit wenig mehr als einem Jahrhundert. Bis dahin pflegte man zum größten Teil den Inhalt der biblischen Bücher vorzutragen; doch in der zweiten Hälfte des vorigen Jahrhunderts wird auch mit ihnen immer kritischer umgegangen, allerdings nicht immer mit dem gleichen Erfolg. Es ist hier nicht der Ort, diese Darstellungen unter die Lupe zu nehmen; wir

[16] Vgl. mein: Das Königtum in Israel. Berlin 1967, und: Der Beitrag des Königtums zur israelitischen Religion. In: VTS 23 (1972), 9–26.

werden uns auf die wichtigsten beschränken müssen. Dabei wird den nach dem Zweiten Weltkrieg erschienenen größere Beachtung zu schenken sein.

3.6.1 Nach den schon erwähnten Werken A. Kuenens 1869, und B. Stades, 1885 möchte ich hier folgende Werke aufzählen.

3.6.1.1 J. Wellhausen: Israelitische und jüdische Geschichte. Berlin 1894, ⁷1914. Das Werk faßt die aus der Quellenscheidung des Pentateuchs und aus den verschiedenen Arbeiten des Verfassers ermittelten Daten zusammen. Bereits für Wellhausen fängt die Geschichte Israels im 2. Jt. an. „Israel" und „Juda" stehen hier resp. für die vor- und die nachexilische Zeit.

3.6.1.2 R. Kittel: Geschichte der Hebräer. Gotha 1888, seit der 2. Aufl. 1909 als: Geschichte des Volkes Israel. Stuttgart ⁷1932 in letzter Auflage. Bei dem konservativen Ansatz ist Kittels Werk wichtig, weil es seit der 2. Aufl. die aus den archäologischen Ausgrabungen ermittelten Daten systematisch verwendet.

3.6.1.3 M. Weber: Das antike Judentum. Tübingen 1921, bildet den ersten und zum größten Teil noch gültigen Versuch einer historisch-soziologischen Studie des vorexilischen Israel.[17] Weber war weder Orientalist noch Alttestamentler; daher stützte er sich notgedrungen auf Arbeiten anderer Autoren, also auf Materialien aus zweiter Hand. Er gilt als einer der ersten, die mit dem Begriff eines Zwölfstämmebundes in vorstaatlicher Zeit arbeiteten.

3.6.1.4 G. Ricciotti: Storia d'Israele. 2 Bde. Turin 1932 und Neudrucke mit geringen Erweiterungen, deutsche Übersetzung. Ein stark konservatives, fast „fundamentalistisch" orientiertes, zum größten Teil unkritisches Werk, gut aber in der über die Makkabäer handelnden Sektion. Probleme werden meistens ignoriert.

3.6.1.5 Th. H. Robinson u. W. O. E. Oesterley: A History of Israel. London 1932, ist eine solide, in der besten britischen humanistischen Tradition verfaßte Arbeit; sie ist heute noch für die Kenntnis der Fragestellung vor über einem halben Jahrhundert nützlich.

3.6.2 Die Periode während und nach dem Zweiten Weltkrieg hat besonders viele Publikationen von Darstellungen der Geschichte Israels gesehen. Folgende Werke seien erwähnt:

3.6.2.1 W. F. Albright: From the Stone-Age to Christianity. Baltimore 1940, ²1957, mit einer deutschen Übersetzung. Der Verfasser, der bekannte nordamerikanische Archäologe und Philologe, versucht in einer kühnen historisch-philosophisch-theologischen Synthese (obwohl selbst weder Historiker noch Philosoph, noch Theologe), die Geschichte Israels als Modell für das Fortschreiten der Menschheit zum Monotheismus zu deuten, indem er nach dem Hegelschen Schema These – Antithese – Synthese verfährt. Eine Zusammenfassung seiner Stellungnahmen findet sich in: Ders., The Biblical Period – From Abraham to Ezra. New York 1949, ³1963. Sein Werk hat die Archäologen und die Philologen in den Vereinigten Staaten und in Israel seit den 20er Jahren geprägt.

3.6.2.2 Eines der bekanntesten und einflußreichsten Werke auf unserem Gebiet

[17] Über Max Weber vgl. jetzt zwei Arbeiten: Schluchter, W. (Hrsg.): Max Webers Studie über das Judentum. Frankfurt a. M. 1981, und Schäfer-Lichtenberger, C.: Stadt und Eidgenossenschaft im Alten Testament. Berlin 1983.

ist M. Noth: Geschichte Israels. Göttingen 1950, [2]1954, und Neudrucke. Sein Ansatzpunkt ist, wie schon erwähnt (oben, 2.4.1), der in den letzten Jahrhunderten des 2. Jt. gegründete, von ihm, wohl in unangebrachter Weise, als „Amphiktyonie" bezeichnete Zwölfstämmebund. In seinem Gefolge heute z. T. M. Metzger: Grundlagen der Geschichte Israels, Neukirchen-Vluyn 1963, [6]1985.

3.6.2.3 Im Gefolge Albrights hingegen steht J. Bright: A History of Israel. Philadelphia/London 1959, [3]1981, ein in seinem Konzept konservatives Werk, das wegen der Heranziehung von vielen archäologischen und altorientalischen Materialien nützlich ist. Ohne sich als evangelikaler „Fundamentalist" zu betrachten, sieht er in den biblischen Texten, die er jedoch nicht überfordern möchte, wichtige Quellen für den Historiker, da er ihre Hauptdaten von der Archäologie bestätigt glaubt.

3.6.2.4 R. de Vaux: Histoire ancienne d'Israël. Paris I 1971, II 1973, mit einer deutschen Übersetzung, hätte ein dreibändiges, nach dem Modell R. Kittels großangelegtes Werk werden sollen. Bd. I ist vollständig, von Bd. II sind nur einige, nach dem Tod des Verfassers vorgefundene Fragmente veröffentlicht. Bd. I bildet wohl das vollständigste Werk über die Erzväter, den Exodus, die Wüstenwanderung und die „Landnahme". Eine kritische Rez. bei Liverani, M.: In: OrAnt 15 (1976), 145–159 (ital.).

3.6.2.5 A. H. J. Gunneweg: Geschichte Israels bis Bar Kochba. Stuttgart 1979, [6]1989, gibt eine gute Darstellung der heutigen Forschungsperspektiven, mit eigenen originellen Lösungsvorschlägen. Die Literatur ist nicht immer dem neuesten Stand der Forschung angepaßt worden. In der 6. Aufl. behandelt ein letztes, neues Kapitel die Geschichte des Zionismus und des 1948 gegründeten Staates.

3.6.2.6 S. Herrmann: Geschichte Israels. München 1973, [2]1980, ist ein solides, konservatives Werk, wichtig besonders hinsichtlich seiner ägyptologischen Beiträge. Die erste Auflage endete mit Esra – Nehemia, die zweite reicht bis zur römischen Besatzung. Eine dritte Auflage befindet sich in Vorbereitung (1989).

3.6.2.7 G. Fohrer: Geschichte Israels. Heidelberg 1977, [3]1982, bietet eine gute, wenn auch nicht immer ganz auf den derzeitigen Forschungsstand gebrachte Synthese der heutigen Problematik. Ein letztes Kapitel behandelt, wohl etwas flüchtig, die Geschichte Israels von den Jahren 70/134 bis zum heutigen Tag.

3.6.2.8 J. H. Hayes u. J. M. Miller (Hrsg.): Israelite and Judaean History. Philadelphia/London 1977, ist das Werk verschiedener Spezialisten. Die Darstellung der Probleme und der möglichen Lösungen ist praktisch vollständig und immer auf dem Stand der Forschung. Ein besonders wichtiges Werk.

3.6.2.9 H. Jagersma: Geschiedenis van Israël in het oudtestamentische tijdvak. Kampen 1981, gefolgt von ders.: Geschiedenis van Israël van Alexander de Grote tot Bar Kochba. Kampen 1985, mit einer deutschen Übersetzung, ist knapp in seinen Formulierungen, doch reich an wesentlichen und originellen Ansätzen. Auch nach Jagersma gibt es vor der Staatenbildung keine sicheren Daten.

3.6.2.10 B. Mazar (Hrsg.): The World History of the Jewish People. 1. Reihe, 8 Bde. 1964 ff. ist eine Art großangelegte, nationale Geschichte, die als abgeschlossenes Werk in drei Reihen bis in die Gegenwart reichen sollte. Daraus ergibt sich eine grundsätzlich konservative Haltung. Ähnlich in der Anlage, wenn auch in geringerem Umfang ist H. H. Ben-Sasson (Hrsg.): History of the Jewish People, London/Cambridge Mass. 1976, mit deutscher Übersetzung.

3.6.2.11 H. Cazelles: Histoire politique d'Israël. Paris 1982, fängt bei der Staatenbildung an, wie es für eine „politische Geschichte" zu erwarten ist.

3.6.2.12 F. Castel: Histoire d'Israël et de Juda, dès origines au IIe siècle après Jésus-Christ. Paris 1982, ist eine volkstümlich gestaltete, doch nützliche und originelle Arbeit, die sich wegen ihrer Bilder, Landkarten und Diagramme, ferner der Darbietung altorientalischer Texte im Auszug, verdienstlich macht.

3.6.2.13 H. Donner: Geschichte des Volkes Israel und seiner Nachbarn. Göttingen I 1984, II 1986, folgt dem traditionellen Aufbau, auch wenn er der Möglichkeit, eine Geschichte der vorstaatlichen Zeit zu verfassen, skeptisch gegenübersteht. Ein besonders wichtiges Werk.

3.6.2.14 J. M. Miller u. J. H. Hayes: A History of Ancient Israel and Judah. Philadelphia/London 1986. Beide Forscher, diesmal Verfasser und nicht nur Herausgeber (oben, 3.6.2.8), betrachten die Überlieferungen, die von der vorstaatlichen Zeit berichten, für die Periode, die sie beschreiben, als historisch wertlos. Das Werk reproduziert noch verschiedene für die Geschichte Israels und Judas wichtige altorientalische Quellen. Ein wichtiges Werk.

3.6.2.15 M. Clauss: Geschichte Israels bis zur Zerstörung Jerusalems (587 v. Chr.), München 1986. Dieser von einem klassischen Philologen verfaßte Band paraphrasiert im großen ganzen den biblischen Text und ist wegen des oben Gesagten (3.5) wertlos für den Historiker.

3.6.2.16 N. P. Lemche: Ancient Israel. Sheffield 1988, ist heute wohl das am besten auf den Stand der Forschung gebrachte Werk; leider ist es für die Bedeutung des Themas zu knapp gefaßt. Über die vorstaatliche Zeit wisse man zu wenig, wenn überhaupt etwas; über die Königszeit nur das wenige, das erst das Dtr und später der Chr überliefern wollten; aus den prophetischen und altorientalischen Texten könne etwas mehr ermittelt werden, doch immer viel zu wenig. Seines Neuansatzes wegen ein besonders wichtiges Werk.

3.6.2.17 Eine sehr originelle, wenn auch manchmal im einzelnen nicht tiefschürfende Arbeit ist die von G. Garbini: Storia e ideologia nell'Israele antico. Brescia 1986, englisch London/Philadelphia 1988; letztere Übersetzung wird hier zitiert. Die hebräische Bibel wird von ihm als ideologisches Dokument der spätnachexilischen Zeit gewertet. Das wichtige Werk sollte in keinem Fall übergangen werden, auch wenn Garbinis Betrachtungen im 1. Kapitel über die Alttestamentler, besonders die deutschen und evangelischen, wertlos sind. Zu diesem Werk vgl. jetzt die ausführliche Rez. von J. A. Soggin: Paideia 42 (1987), 334–340 (ital.), M. Liverani: OrAnt 27 (1988), 301–309 (ital.), H. Engel: Bib 69 (1988), 126–129, Letzterer sehr kritisch und P. R. Davies, JThS 40 (1990), 121–128.

3.6.2.18 H. Shanks (Hrsg.): Ancient Israel. A Short History from Abraham to the Roman Destruction of the Temple. Washington D. C. 1988; eine von Forschern verschiedener Richtungen dargestellte Geschichte, was die Unterschiedlichkeit der Fragestellungen und der Lösungen erklärt.

3.6.2.19 J. Vermeylen: Un peuple passioné de Dieu. Brüssel 1988, ist eine vervielfältigte Reihe von Universitätsvorlesungen. Ein sehr nützlicher Synthesenversuch, den ich nicht mehr voll benützen konnte.

3.6.2.20 P. Sacchi: Storia del mondo giudaico. Turin 1976: das grundlegende Werk über die nachexilische Periode.

3.6.3 Unter den wissenschaftlich konzipierten, doch kürzeren Werken erwähne ich:

3.6.3.1 H.M. Orlinsky: Ancient Israel. Ithaca N.Y. 1954, [2]1960.

3.6.3.2 M.A. Beek: Geschiedenis van Israël. Zeist 1957, [5]1983.

3.6.3.3 E.L. Ehrlich: Geschichte Israels. Berlin 1958.

3.6.3.4 A. Lemaire: Histoire du peuple hébreu. Paris 1981.

3.6.3.5 R. Rendtorff: Das Alte Testament. Eine Einführung, Neukirchen-Vluyn 1983, 1–79; eine synthetische Geschichte Israels, die vor und nicht nach der Untersuchung der Texte steht.

3.6.3.6 S. Beck: Kleine Geschichte Israels. Freiburg i.Br. 1989, konnte nicht mehr benutzt werden.

3.6.4 Während nun, wie bemerkt, Kuenen und Stade an der Möglichkeit zweifelten, der erste, vor das 8. Jh. (wie heute J.M. Sasson), der zweite, vor das 10. Jh. zurückzugehen, bürgerte sich bald wieder, mit J. Wellhausen und R. Kittel (wenn auch aus verschiedenen Gründen), die Gewohnheit ein, auf das 2. Jt. v.u.Z. zurückzugreifen; diese Richtung wurde in der zweiten Nachkriegszeit besonders von der nordamerikanischen Schule (W.F. Albright* und J. Bright*) ausgebaut; sie sprechen daher konsequent auch von einem *Patriarchal Age*; in ihrem Gefolge befinden sich auch einige israelische Forscher, die bei ihnen studiert haben. M. Weber* und M. Noth* möchten sich hingegen auf die letzten Jahrhunderte des 2. Jt., auf die Zeit des von ihnen postulierten Zwölfstämmebundes, beschränken. Eine solche Einrichtung wird heute noch von H. Donner*, aber nicht als religiöses, sondern als politisches Gebilde, verteidigt, ebenso schon G. Buccellati, 1967, und A. Malamat, 1983. Albright*, Bright*, Y. Aharoni** und jetzt H. Weippert**, ferner Coote u. Whitelam beginnen mit der Steinzeit, ein Verfahren, das sich dadurch rechtfertigt, daß die Geschichte Israels und Judas ein Bestandteil der allgemeinen, palästinensischen Geschichte ist.

3.7 Quellen

Aus allem bisher Gesagten ist eines klar hervorgegangen: bis zum Ende des 9. Jh. v.u.Z. bestehen die Quellen zur Geschichte Altisraels und -judas ausschließlich (mit einer noch zu untersuchenden Ausnahme, unten, 3.7.7.4) aus biblischen Texten, deren Fragwürdigkeit und Problematik längst bekannt sind, was auch ich, wenn auch nur synthetisch, darzustellen versucht habe. Erst vom Ende des 9. Jh. an findet man auch außerbiblisches, altorientalisches Vergleichsmaterial, wodurch ein vollständigeres, wenn auch noch immer von vielen beträchtlichen Lücken entstelltes Bild entsteht. Der Forscher soll sich deshalb nicht von der Quantität, der ästhetischen

Qualität und der Reichhaltigkeit der biblischen Texte beeindrucken lassen: diesen Eigenschaften entspricht fast nie der Quellenwert.

3.7.1 Unter den biblischen Quellen gehört der Löwenanteil dem Dtr. Ihm verdanken wir bestimmt zwei, doch sehr wahrscheinlich drei Redaktionen in den Büchern Dtn, Jos. Jdc, Sam und Reg, ferner eine Überarbeitung der Bücher Gen, Ex und Num. Ob die traditionellen Quellen des Pentateuch 'J' und 'E', wie früher allgemein angenommen, viel älter oder nur kurz vor dem Exil entstanden sind oder überhaupt nicht existieren, steht heute zur Debatte; andere Forscher möchten die Quellenhypothese durch traditions-, überlieferungs- und redaktionsgeschichtliche Untersuchungen ersetzen.[18] Ein wenig älter sind Teile der Gesetze des sogenannten Bundesbuchs, Ex 20,22–23,33 und Gedichte wie Gen 49,1ff; Dtn 33,1ff. und Jdc 5,1ff., wenn sie auch nicht, entgegen einer weitverbreiteten Annahme, in die vorstaatliche Zeit zurückreichen.

3.7.2 Ein zweiter, historiographischer Komplex ist das Chr, zu dem bis vor kurzem auch die Bücher Esra und Nehemia gerechnet wurden. In ihm gewinnt die Hagiographie oft völlig die Oberhand, wodurch es für den Historiker meistens seinen Wert verliert; hier und da überliefert es aber anderswo nicht belegte Angaben.

3.7.3 In den prophetischen Büchern findet man gelegentlich Daten, die geschichtlich verwendbar sind; doch auch hier sind dtr Überarbeitungen festgestellt worden: Amos, Hosea, Jeremia und Hesekiel; während das 1. Jesajabuch neuerdings als späte, exilische Konstruktion erklärt wurde.[19] Den Propheten Haggai, dem 1. Sacharia, Obadja und Maleachi kann man wichtige Materialien entnehmen, wenig hingegen dem Psalter und etwas mehr den Klageliedern.

3.7.4 Wichtig sind für die hellenistische Zeit unter den deuterokanonischen Büchern die der Makkabäer und Baruch.

3.7.5 Außerhalb der Bibel, doch innerhalb der jüdischen Tradition, befinden sich die Werke des Flavius Josephus, eines jüdischen Priesters, welcher zuerst den Aufstand in Galiläa befehligte, dann aber, nach der Gefangennahme, zu den Römern überging (67–70 u. Z., vgl. unten, 14.4.9.2).

[18] Wie vorsichtig man auch mit Texten aus der staatlichen Zeit umgehen sollte zeigt die Analyse von Spieckermann, H.: Juda unter Assur in der Sargonidenzeit. Göttingen 1982, 227 (für das 8. Jh.; man stelle sich vor, wie die Lage in vorstaatlicher Zeit aussieht!). Für die Problematik im ganzen vgl. Diebner, B. J., u. H. Schult: Thesen zu nachexilischen Entwürfen der frühen Geschichte Israels im Alten Testament. In: DBAT 10 (1975), 41–47.

[19] Clements, R. E.: The Prophecies of Isaiah and the Fall of Jerusalem, 587 B.C. In: VT 30 (1980), 421–436, und Kaiser, O.: Das Buch des Propheten Jesaja. Göttingen, I ^{5}1981 (meine Rez. In: VT 34 [1984], 496–499).

3.7.5.1 Seine uns erhaltenen Werke sind die *Antiquitates*, eine der Bibel parallel laufende Geschichte Israels, das *Bellum Judaicum*, eine Geschichte des ersten Aufstandes, eine *Vita* und eine apologetische Schrift, *Contra Apionem*, alle in griechischer Sprache verfaßt. Kritische Ausgaben sind B. Niese: Josephi Flavii opera. Berlin 1887–1895, und R. Marcus u. H. St. J. Thackeray: Josephus. Cambridge Mass. 1926–1965; zur Forschung vgl. A. Schalit (Hrsg.): Zur Josephusforschung. Darmstadt 1973, P. Vidal Naquet: Flavius Josèphe, ou le bon usage de la trahison. Paris 1977 und P. Bilde: Flavius Josephus between Jerusalem and Rome. Sheffield 1988.

3.7.5.2 Das stark apologetisch orientierte Werk des Josephus ist, wie jedes klassische Geschichtswerk, mit Vorsicht zu gebrauchen. Häufig werden von ihm phönizische und griechische Schriftsteller zitiert, deren Werke verschollen und deren Aussagen deswegen nicht mehr zu überprüfen sind. Ob Josephus aus authentischen Quellen aus erster Hand schöpft, wird heute von manchen Autoren bezweifelt.[20] Die von Josephus zitierten sowie weitere klassische Werke über das Judentum sind neuerdings von M. Stern: Greek and Latin Authors on Jews and Judaism. Jerusalem I 1974, II 1980, III 1982 zusammengetragen und dort leicht einzusehen.

3.7.6 Weitere Materialien findet man in den Werken des Philo von Alexandrien und später bei Euseb von Caesarea; sie sind alle bei M. Stern aufgeführt. Oft handelt es sich um wichtige Daten, doch manchmal ist ihr Wert wegen ihrer stark apologetischen, polemischen oder allgemein moralistischen Einstellung gering.

3.7.7 Wie schon erwähnt, erscheinen die beiden hebräischen Staaten in verschiedenen altorientalischen Quellen seit Ende des 9. Jh. Erwähnt seien:

3.7.7.1 Die Stele von Mešaʿ, König von Moab, KAI 168, SSI I, 71–83, ANET 320 f. und TUAT I, 646–650. Vgl. unten, 3.7.7.5.

3.7.7.2 Die assyrischen Königsinschriften und Annalen und später die babylonischen Chroniken. Eine ältere, immer noch gut brauchbare Sammlung ist die von D. D. Luckenbill: Ancient Records of Assyria and Babylonia. Chicago 1926–27; ferner D. J. Wiseman: Chronicles of the Chaldaean Kings (626–556) in the British Museum. London 1961; ferner eine Auswahl bei ANET und TUAT.

3.7.7.3 Für den nicht Sprachkundigen gibt es Sammlungen, die die meisten wichtigen altorientalischen Texte in Übersetzung enthalten: M. Greßmann (Hrsg.): Altorientalische Texte zum Alten Testament. Berlin und Leipzig 1926, und ders.: Altorientalische Bilder zum Alten Testament, ibid. 1927 (ein z. T. noch gültiges und vielzitiertes Werk); J. B. Pritchard (Hrsg.): Ancient Near Eastern Texts Relating to the Old Testament. Princeton ^{3}1969, und ders.: The Ancient Near East in Pictures. Ibid. 1969; O. Kaiser (Hrsg.): Texte aus der Umwelt des Alten Testaments. Gütersloh

[20] Hayes, J. H. u. J. M. Miller* 1977, 1 ff.; negativ über die Zuverlässigkeit des Werkes Josephus' ist Garbini, G.: I Fenici …, Kap. 7, und ders.* 1988, 23 f.

1982 ff. (12 Lief. erschienen bis 1990). In kleinerem Format vgl. K. Galling (Hrsg.): Textbuch zur Geschichte Israels. Tübingen ²1968; A. Jepsen (Hrsg.): Von Sinuhe bis Nebukadnezar. Leipzig 1975; W. Beyerlin (Hrsg.): Religionsgeschichtliches Lesebuch zum Alten Testament. Göttingen 1975, und K. A. D. Smelik: Historische Dokumente aus dem alten Israel. Göttingen 1987. Alle diese Sammlungen genügen den Ansprüchen des Nichtspezialisten.

3.7.7.4 Der älteste orientalische Text, in welchem „Israel" ausdrücklich erwähnt wird, ist der Schluß der Siegesstele aus dem 5. Regierungsjahr des Pharao Merenpta, ca. 1212–1202 v. u. Z., also ca. 1207. Sie steht in Theben und von ihr gibt es eine Kopie in Karnak. Durch das Vorhandensein eines Duplikats und anderer Bruchstücke ist der Textlaut gesichert.

3.7.7.4.1 Der Text besagt:

> Die Häuptlinge werfen sich nieder und rufen Schalom
> Keiner von den Neun Bögen hebt sein Haupt
> Tjehenu ist erobert, Cheta ist befriedet.
> Kanaan ist mit allem Übel erbeutet.
> Aškelon ist herbeigeführt, Gezer ist gepackt,
> Inuam ist zunichte gemacht.
> Israel ist verwüstet, es hat kein Saatgut.
> Charu ist zur Charet des geliebten Landes geworden.
> Nach TUAT I, 551 f., vgl. ANET 376–378.

Dazu kurz: die „Neun Bögen" sind die an Ägypten durch Vasallenverträge gebundenen Völker; *Tjehenu* ist Libyen, *Cheta* das Land der Hethiter; *Ašqelon* ist die gleichnamige spätere Philisterstadt, Koord. 107–118 im Südwesten. *Gezer* liegt in der zentral-westlichen Gegend, Koord. 142–140, und *Inuam* ist das nach A. Alt auf dem *tell en-naʿam*, Koord. 197–236, südwestlich vom See Genezareth gelegene Janoam (s. H. Engel, a. a. O.);[21] *Charu – Charet*: Wortspiel zwischen dem Namen der Hurriter

[21] Vgl. Naʾaman, N.: Yenoʿam. In: TA 4 (1977), 168–177; Yurko, F.: Merenptah's Palestinian Campaign. In: Journal of the Society for the Study of Egyptian Antiquities 8 (1978), 70; Engel, H.: Die Siegesstele von Marnepta. Kritischer Überblick über die verschiedenen Versuche historischer Auswertung des Schlußabschnittes. In: Bib 60 (1979), 373–399; Fecht, G.: Die Israelstele. Gestalt und Aussagen, und Hornung, E.: Die Israelstele des Merenptah. Beide in: Fontes atque Pontes – FS H. Brunner. Wiesbaden 1983, 106–138 bzw. 224–239; Rösel, N. H.: Israel – Gedanken über seine Anfänge. In: BZ 25 (1984), 76–81; Stager, L. E.: Merneptah, Israel and the Sea Peoples. In: EI 18 (1985), 56*–64*; Redford, D. B.: The Ashkelon Relief at Karnak and the Israel Stele. In: IEJ 36 (1986), 188–200, und Singer, I.: Merneptah's Campaign to Canaan and the Egyptian Occupation of the Southern Plain of Palestine. In: BASOR 269 (1988), 1–10. Über die Ausdehnung des ägyptischen Besitzes vgl. Naʾaman, N.: Pharaonic Lands in the Jezreel Valley in the Late Bronze Age. In: Heltzer, M., u. E. Lipiński (Hrsg.), Society and Economy in the Eastern Mediterranean (c. 1500–1000 B.C.). Löwen 1988, 177–185.

und dem ägyptischen Wort für „Witwe“. *Israel* steht mit dem Präfix für „nicht seßhafte Bevölkerung“ und befindet sich also in Kanaan, was man immer daraus folgern möge.

3.7.7.4.2 Der Text bietet allerdings mehr Probleme, als er zu lösen vermag. In erster Linie bezieht er sich auf einen gegen Libyen gerichteten Feldzug *(tjehenu)*, also gegen Westen. Wie können die Heere des Pharaos auf einmal auch im Nordosten, in Kanaan, erscheinen? Über die Historizität eines Feldzuges nach Kanaan bestehen deshalb unter manchen Ägyptologen berechtigte Zweifel, und das Ganze könnte um der Symmetrie willen im Rahmen einer Verherrlichung des allseits siegreichen Pharaos an den Haupttext angehängt worden sein.

3.7.7.4.3 Auch der Text selbst gibt keine Auskünfte über das erwähnte Israel: wie soll es ausgesehen haben? Was war seine ethnische, politische und wirtschaftliche Lage? Wo befand es sich genau? Zur letzten Frage würde man an Mittel- oder Obergaliläa denken, angesichts der südwestlich-nordöstlichen Folge der Ortschaften in der Stele; doch einige Forscher haben andere Vorschläge gemacht, indem sie Janoam weiter südlich, auf der zentralen Hochebene, in der Nähe von Sichem lokalisierten. Die Gegenwart einer Größe „Israel“ in Kanaan zu dieser Zeit ist ferner nicht auf einer Linie mit den Überlieferungen vom Exodus und von der Wüstenwanderung; doch zu diesem Problem gibt es, wie noch behandelt werden wird (unten, Kap. 7), eine allerdings radikale Lösung.

3.7.7.5 Ein weiterer, wichtiger, oben 3.7.7.1 erwähnter Text aus dem 9. Jh. ist die Stele von König Mešaʿ.[22] Sie gibt einen z. T. parallelen, z. T. abweichenden Bericht zu II Reg 1,1 und 3,4–27, natürlich vom moabitischen Gesichtspunkt aus.

Zwischen dem biblischen und dem moabitischen Bericht bestehen verschiedene Unstimmigkeiten: nach II Reg 3,4ff. soll der moabitische Aufstand gegen Israel nach dem Tod Ahabs unter dessen Sohn Jehoram/Joram (ca. 849–42 oder 851–45) stattgefunden haben, während die Stele allgemein von einem „Sohn Omris“, also von Ahab redet. Letztere Bezeichnung kann freilich auch im weiteren Sinn, als „Nachfolger“ aufgefaßt werden, braucht also nicht ungenau zu sein. Die Unstimmigkeiten sind besonders kraß auf chronologischer Ebene, weil die biblische Zeitrechnung hier offenbar in Unordnung geraten ist: es werden nämlich als Könige Israels Ahazia und Joram und gleichnamige, nur in umgekehrter Reihenfolge stehende, Herrscher für Juda erwähnt, was eben auf ein Durcheinander in den biblischen Berichten deutet. Doch auch auf der Stele sind die Jahreszahlen nicht genau, und von der Zahl vierzig weiß man nicht, ob sie als runde oder als genaue Zahl aufzufassen ist. Mehr unten, 9.10.2.3.

[22] Vgl. meine Introduction ..., App. I, 3 und Garbini* 1988, 33ff.

3.8 Chronologie

Literatur: Momigliano, A.: Time in Ancient Historiography. In: History and Theory 6 (1966), 1–23; Tadmor, H.: Art. Kronologia. In: EBB 4 (1962), 261–264 (hebr.); ders.: The Chronology of the First Temple Period. In: WHJP IV, 1 (Jerusalem 1979), 44–60, 318–320 (auch bei Soggin* 1984, App. II); Andersen, K. T.: Die Chronologie der Könige von Israel und Juda. In: StTh 29 (1969), 69–114; Daffinà, P.: Senso del tempo e senso della storia. In: RSO 61 (1987 [1988]), 1–71, 6–13; ferner Matthiae, K. u. W. Thiel: Biblische Zeittafeln. Neukirchen/Vluyn 1985, und James, P. J.: Syro-Palestine: Conflicting Chronologies. In: Studies in Ancient Chronology, hrsg. von James, P. J. u. a., London 1987, I, 58–67. Ein vor kurzem erschienenes Werk: Hayes, J. H. u. P. K. Hooker: A New Chronology for the Kings of Israel and Judah and its Implications for Biblical History and Literature. Atlanta 1988, habe ich nicht mehr benützen können. Für die *Chronologie Ägyptens* siehe Kitchen, K. A.: The Third Intermediate Period in Egypt (1100–850). Warminster 1973, ders.: Egypt and Israel during the First Millennium B. C. In: VTS 40 (1988), 107–123; Wente, E. F. u. C. C. Van Siclen III.: A Chronology of the New Kingdom. In: Studies in Honor of George R. Hughes. Chicago 1976, 217–261; Hornung, E.: Chronologie in Bewegung. In: FS Elmar Edel zum 12. März 1979, Bamberg 1979, 247–252; Redford, D. B.: Pharaonic King Lists, Annals and Day Books: A Contribution to the Study of the Egyptian Sense of History. Missonga Ont. 1986.

Die alte Welt, sowohl im Osten als auch im Westen, scheint wenig Interesse an chronologischen Fragen entwickelt zu haben, wie A. Momigliano schon vor über 20 Jahren und jüngstens P. Daffinà hervorgehoben haben. Während heute das Problem der Verbindung zwischen Geschichte und Chronologie als grundlegend empfunden wird, so daß „eine der Hauptaufgaben des Geschichtsschreibers gerade die ist, mit Genauigkeit zu datieren" (Daffinà, 1987, 71), ist dies in der alten Welt nicht so gewesen. Das erklärt auch eine oft feststellbare, beträchtliche Ungenauigkeit auf diesem Gebiet. Erst in der alten Kirche soll ein großes Interesse für die Chronologie entstanden sein.

3.8.1 Im ganzen Nahen Osten, also in Ägypten, Assyrien und Babylon und Syrien, wurden Begebenheiten nach dem Jahr der Thronbesteigung des betreffenden Königs datiert (Tadmor). Es ist also wahrscheinlich, daß auch in Juda und Israel am Anfang des Großreiches die Grundlagen für ein solches Rechnungssystem gelegt wurden. Dabei stößt der Forscher sofort auf zwei Schwierigkeiten: 1. die ausführlichen chronologischen Daten für Personen und Gegebenheiten der Vor- und Frühgeschichte; und 2. das Auseinanderklaffen verschiedener Berechnungssysteme innerhalb ein und desselben Textes und zwischen verschiedenen Texten. So gibt es beträchtliche Spannungen schon innerhalb des Massoretischen Textes (man denke z. B. an ein grundlegendes Ereignis wie die Eroberung Jerusalems durch Nebukadnezar II.: nach II Reg 25,8 und anderen soll es das 19. Jahr gewesen sein, während Jer 52,29 vom 18. Jahr dieses Königs spricht). Diese Spannungen wurden schon von den Verfassern des *sēder ʿôlām rabbāh*[23] und den mittelalterlichen jüdischen Exegeten bemerkt. Ferner haben die Texte der LXX, der Vulg und anderer Traditionen (z. T. Josephus) teilweise abweichende Zeitrechnungen.

3.8.2 Während dieser Abhandlung werden wir immer wieder auf unlösbare chronologische Probleme stoßen; für das Ganze sei wiederum auf die m. E. bis jetzt gründlichste Studie von H. Tadmor hingewiesen. An manchen Stellen (vgl. oben 3.7.7.5) ist der Massoretische Text gewiß in Unordnung geraten und nicht mehr rekonstruierbar. Doch H. Tadmor gibt im zweiten Teil seiner Studie eine Reihe von sicheren Daten an, welche es erlauben, wenigstens gewisse Zahlen annähernd zu berechnen. Für die Vor- und Frühgeschichte, für die die Texte ausführliche Chronologien überliefern, möchte ich auf das in meinem Richterkommentar Gesagte verweisen.[24] Es handelt sich, wie oben schon gesehen und heute allgemein angenommen, um künstliche, wenn auch nicht willkürliche, mit für uns unbekannten Kriterien berechnete Daten.

[23] Für dieses Werk vgl. Strack, H. L.: Einleitung in Talmud und Midrasch. München [5]1920 und Neudrucke, 216.

[24] Le Livre des Juges. Genève 1987, 15–17, engl. Übers. 10f.

4. DAS GROSSREICH – DAVID

4.1 Das Großreich

Die biblischen Überlieferungen stimmen darin überein, daß während der letzten Jahre des 2. Jt. v. u. Z. in Kanaan und den benachbarten Gebieten, nach einer gewissen Zeit, während der es keine Zentralherrschaft gegeben hat, ein nach den Großreichen des alten Nahen Ostens modelliertes Königreich entstanden sein soll. Bei einigen Forschern hat aber gerade dieses Modell Bedenken hervorgerufen: G. Garbini, J. M. Sasson und M. C. Astour haben, wie schon erwähnt, andere, von der traditionellen These verschiedene Erklärungen vorgeschlagen (oben, 3.3.4.2), während B. J. Diebner[1] es mit Recht als verdächtig empfindet, daß die biblische Geschichtsschreibung, anstatt die typischen Elemente des *israelitischen* Großreiches hervorzuheben, sich einfach auf die anderswo belegten Schemata beruft. Es verwundert auch, daß die biblische Überlieferung eine verhältnismäßig lange staatenlose Zeit kennt, gefolgt vom kurzen Königtum Sauls im Norden (unten, 4.3) und der Lokalherrschaft Abimeleks in Sichem. Wie dem auch sei, die Überlieferung berichtet, daß die Ursprünge des Großreiches bescheiden waren: zuerst eine Königsherrschaft Davids über Juda und die damit verbundenen Gruppen allein, als Vasall der Philister; dann die Königsherrschaft auch über den Norden und endlich die Herrschaft über weitere, benachbarte Völker als Folge von Kriegen oder Bündnissen.

Literatur: Alt, A.: Die Staatenbildung der Israeliten in Palästina. 1930, KS II, 1–65 bes. 40, Anm. 1; Nübel, H.-U.: Davids Aufstieg in der Frühe israelitischer Geschichtsschreibung. Diss. Theol. Bonn 1959; Carlson, R. A.: David, the Chosen King. Stockholm 1964; Weiser, A.: Die Legitimation des Königs David. In: VT 16 (1966), 325–354; Soggin, J. A.: Das Königtum in Israel. Berlin 1967, 53 ff.; Grønbæk, J. H.: Die Geschichte von Davids Aufstieg (1 Sam 15 – 2 Sam 5), Kopenhagen 1971; Conrad, J.: Zum geschichtlichen Hintergrund von Davids Aufstieg. In: ThLZ 97 (1972), 321–332; Mettinger, T. D. N.: King and Messiah. Lund 1976; Langlamet, F.: Pro ou contre Salomon? La rédaction pro-salomonienne de I Rois I–II. In: RB 83 (1976), 321–329, 481–528; Van Seters, J.: Problems in the Literary Analysis of the Court History of David. In: JSOT 1 (1976), 22–29; Ishida, T.: The Royal Dynasties in Ancient Israel. Berlin 1977; Dietrich, W.: VuF 22, 1 (1977), 44–64 (Lit.!); Donner, H.: Israel und Tyrus im Zeitalter Davids und Salomos. In: JNWSL 10 (1982), 43–52;

[1] Diebner, B. J., Rez. In: DBAT 20 (1984), 192–208, bes. 198.

Conrad, J.: Der Gegenstand und die Intention der Geschichte von der Thronnachfolge Davids. In: ThLZ 108 (1983), 161–176; Malamat, A.: Das davidische und salomonische Königreich und seine Beziehungen zu Ägypten und Syrien. Wien 1983; Garbini*, G. 1988, Kap. 2; Lingen, A. van der: David en Saul in I Samuel 16 – II Samuel 6. Den Haag 1983; Herrmann, S.: King David's State. In: In the Shelter of Elyon – FS G. W. Ahlström. Sheffield 1984, 261–275; Im, T. S.: Das Davidbild in den Chronikbüchern. Diss. Theol. Bonn 1985; Lipiński, E.: Juda et 'tout Israël' – analogies et contrastes. In: Lipiński, E. (Hrsg.), The Land of Israel – Cross-Road of Civilization. Löwen 1985, 93–112; Frick, F. S.: The Formation of the State in Ancient Israel. Sheffield 1985; Chaney, M. L.: Systematic Study of the Israelite Monarchy. In: Semeia 37 (1986), 53–76; Floß, J. P.: David und Jerusalem. St. Ottilien 1987; Axelson, L. E.: The Lord Rose from Seir. Lund 1987, Kap. 7; Rowan, I. W.: Hezekiah and the Book of Kings. Berlin 1988, Kap. 4; Flanagan, J. W.: David's Social Drama. Sheffield 1988; Vermeylen, J.: David. Brüssel 1988. Finkelstein, F.: The Emergence of the Monarchy in Israel. The Environmental and Socio-Economical Aspects. In: JSOT 44 (1989), 43 bis 74; Leonard Jr., A.: Archaeological Sources for the History of Palestine: The Late Bronze Age. In: BA 52 (1989), 4–39, und Merill, E. H.: "Accession Year" and Davidic Chronology. In: JANESCU 19 (1989), 101–112, konnte nicht mehr eingesehen werden.

4.1.1 Nun ist es wichtig festzustellen, wie schon oben 1.1 erwähnt, daß die Trennung zwischen Israel und Juda, also zwischen dem Norden (auch „Jakob" und „Haus Joseph" genannt) und dem Süden (auch „Haus Juda" genannt) auf ethnischer und politischer Ebene ursprünglich war. Sie bestand also vor der Geburt des Großreiches. Es ist auch ferner wahrscheinlich, daß eine solche Trennung auf religiösem Gebiet bestand, unabhängig von der Schwierigkeit, etwas Genaues über die Religion in vorexilischer Zeit zu erfahren. Die beiden Gruppen waren, bei aller Verschiedenheit, einander gewiß in vielem sehr ähnlich.[2] Es scheint mir besonders wichtig, dies ein für allemal festzuhalten, da die biblische Überlieferung dazu neigt, die beiden Größen als Teile einer grundsätzlichen, ursprünglichen Einheit darzustellen, eine These, welche z. B. im Begriff des Zwölfstämmebundes ihren Ausdruck gefunden hat. Nur durch menschliches Versagen und Vergehen soll diese grundsätzliche Einheit zerstört worden sein, und deswegen erwartete man deren Wiederaufrichtung in der Zukunft. Die Wirklichkeit ist aber eine andere: nur das Großreich vermochte es, durch die Einrichtung der Personalunion (für den Begriff s. unten, 4.6.7) der beiden Gruppen unter dem

[2] Alt, A.: Das Königtum in den Reichen Israel und Juda. In: VT 1 (1951), 2–22, KS II, 116–134; 4/117; Vaux, R. de: Les institutions de l'Ancien Testament. Paris 1958, I 146–149, und neuerdings Lipiński, E. 1985. Die grundsätzliche Einheit zwischen Israel und Juda verteidigt heute Kallai, Z.: Judah and Israel – A Study in Israelite Historiography. In: IEJ 28 (1978), 251–261. Das Gegenteil wurde schon vor einem halben Jahrhundert von Rost, L.: Israel bei den Propheten. Stuttgart 1937, vorgetragen.

einen König, die zwei Größen für eine kurze Zeit zu einer Einheit zusammenzuschweißen. Das Bekenntnis der Einheit ist also rein theologisch und nicht ethnisch und politisch. Nur mit der endgültigen Abspaltung der samaritanischen Gemeinde (unten, 13.4) setzte sich die Gewißheit durch, daß es in der Tat zwei religiöse, denselben Gott verehrende Gemeinden gab, die sich beide auf die *tôrāh* des Mose beriefen, auch wenn die Hoffnung für eine Vereinigung in der Zukunft nie ganz aufgegeben wurde.

4.1.2 Zu einer Zeit, die man nicht mehr genau ermitteln kann, doch fast sicher unter dem Königtum Davids, gelang es Israel und Juda, sich der kanaanäischen Stadtstaaten im Norden zu bemächtigen (Jud. 1,27ff.).[3] Alles deutet darauf hin, daß dies auf friedliche Art geschah, wohl durch Verträge (eine bessere Übersetzung als die unsachgemäße „fronpflichtig machen"). Dadurch blieben weitere politische, wenn auch nicht ethnische Größen innerhalb des Reiches bestehen. Auch der aus der Amarna-Korrespondenz wohlbekannte Stadtstaat Jerusalem wurde in das Großreich einverleibt und zu dessen Hauptstadt erhoben; später, bei der Reichsteilung, kam er zu Juda.

4.1.3 Der biblischen Überlieferung zufolge soll sich das Reich über die Grenzen Kanaans hinaus vergrößert haben, ja, in dieser Expansionsdynamik scheint nach den Quellen seine ursprüngliche Kraft gelegen zu haben. So wurden bald die drei transjordanischen Reiche und die meisten aramäischen Stadtstaaten Syriens in das Großreich einverleibt, dessen Nordostgrenze bis an den Euphrat reichte. Doch sobald diese Expansionsdynamik abflaute, was schon unter Salomo begann und nach der Reichsteilung mit wenigen Ausnahmen offen zutage trat, waren die Tage der Herrschaft Israels und Judas über ihre Nachbarn gezählt.

4.1.4 Soweit die biblische Überlieferung. Doch wir haben schon mehrmals von der Nichterwähnung des Großreiches in den altorientalischen Quellen berichtet (z.B. oben, 3.4.2); dadurch entsteht die Frage, ob die Beschreibung seiner Ausmaße und seines politischen Gewichts nicht auf die spätere Verherrlichung der Vergangenheit zurückzuführen sei, wie dies neuerdings von G. Garbini*, H. Donner*, 1984, 199ff., J.M. Miller u. J.H. Hayes*, 1987, 180ff., und J. Vermeylen*, 1988, 76, vorgeschlagen wurde. Ja, B.J. Diebner[4] spricht geradezu von „Einheitsmythos".

4.1.4.1 Nach G. Garbini*, 1988, Kap. 2, soll das Großreich ursprünglich

[3] Siehe mein: Le livre des Juges. Genève 1987 (Englisch 1987), zu Jdc 1,27–35. Dies gilt, auch wenn dieser meist als alt angesehene Text sich als jung entpuppen sollte, vgl. unten, 4.5.2, und Anm. 14.

[4] Diebner, B.J., u. H. Schult: Thesen zu nachexilischen Entwürfen der Frühgeschichte Israels im Alten Testament. In: DBAT 10 (1975), 41–47, und Diebner, Rez.: ibid. 20 (1984), 192–208, bes. 199.

nicht mehr als Juda, Israel, Moab und einige Philisterstädte umfaßt haben. Garbini kommt zu diesem Schluß auf Grund seiner eingehenden Untersuchung des Textes II Sam 23,8–39, den er als älteres Überlieferungsgut einstuft. Freilich sollte dabei eine weitere Tatsache in Betracht gezogen werden, wovon auch die biblische Überlieferung ausgeht, nämlich daß verschiedene Länder und Stadtstaaten nicht militärisch erobert wurden, sondern in ein Vasallenverhältnis gerieten, so daß auch nach dem Alten Testament das von David und Salomo unmittelbar verwaltete Gebiet erheblich eingeschränkt wird. Man sollte sich allerdings auch fragen, wieso die Texte von Aufständen berichten in Ländern, deren Einverleibung in das Großreich nur das Produkt späterer Verherrlichung gewesen sein soll, z.B. I Reg 11,14ff., wo von Edom, Soba und Damaskus die Rede ist. Über diese Fragen müßte zuerst einmal Klarheit geschaffen werden.

4.1.4.2 An sich waren freilich die Zeiten für die Bildung des Großreiches besonders günstig. Assyrien war noch weit entfernt und Ägypten ging durch eine seiner dunklen Zeiten.[5] Die Möglichkeit und die Person, die es verwirklichen sollte, waren also gegeben.

4.1.4.3 Für die Quellen über das Großreich muß ich auf die Einleitungen in das Alte Testament, besonders auf meine, Kap. 15,2–3, verweisen.

4.1.5 Sobald freilich die anderen Reiche auf der altorientalischen Bühne wieder ihre traditionellen Rollen zu spielen anfingen, war es mit der Herrschaft Judas und Israels vorbei. Unterdessen konnte sich das Großreich, immer nach den biblischen Angaben, während ungefähr 70 Jahren halten.

4.1.5.1 Nach der Überlieferung wurde David zuerst in Hebron durch „die Männer von Juda“ zum König ausgerufen, und zwar während er noch Vasall der Philister war (unten, 4.4), II Sam 2,4.

4.1.5.2 Gleichzeitig erholte sich Israel, der Norden, langsam von der ihm kurz vorher in der Schlacht beim Berge Gilboa beigebrachten Niederlage, in der König Saul und drei seiner Söhne gefallen waren. Nach der Überlieferung soll es in Israel fünf volle Jahre Unruhen und verschiedene Schwierigkeiten gegeben haben. Darauf entschied Abner, ein Onkel Sauls und Oberbefehlshaber des Heeres, dessen einzigen

[5] Für das Zweistromland siehe u.a. Oppenheim, A.L.: Ancient Mesopotamia. Chicago 1964, 166 und Wiseman, D.J. CAH II,2 [3]1975, 443ff.; für Ägypten Kitchen, K.A., The Third Intermediate Period ..., S.220–235 und Černý, J. CAH II,2 [3]1975, 606ff. Der Hinweis auf A. Malamat ist zu 1983, 10. Ähnlich skeptisch ist Leach, E.: Genesis as Myth and Other Essays. London 1969, 81, der von einer *Myth-History* redet; vgl. noch Anthropological Approaches to the Study of the Bible during the Twentieth Century. In: Leach, E., u. D.A. Alcock (Hrsg.), Structuralist Interpretations of Biblical Myth. Cambridge 1983, 7–32, 10: wo von Moses, Saul und von David die Rede ist, gibt es keine archäologischen Beweise weder für ihre Historizität noch für die Begebenheiten, mit denen sie in Verbindung gebracht werden.

überlebenden Sohn *ʾešbaʿal* (für diesen, richtigen Namen vgl. I Chr 8,33 und 9,39) auf den Thron zu setzen und den Reichssitz nach Mahanaim in Transjordanien (heute wohl der *tell haǧǧaǧ*, Koord. 214–177), also außerhalb der Reichweite der Philister, zu verlegen. Es sollen auch gelegentlich Kämpfe zwischen Israel und Juda stattgefunden haben, II Sam 2,12–3,1. Doch Ešbaal, der als unentschlossener, ungeschickter Schwächling beschrieben wird, fand sich in eine Fehde mit Abner, der dann auch zu David übertrat, verwickelt; er wurde gestürzt und bald darauf ermordet, II Sam, 3,7 ff. Und nach siebeneinhalb Jahren in Hebron wurde David auch über den Norden von „allen Ältesten Israels zum König ausgerufen", II Sam 5,1–4.

4.2 Ursprünge Davids

Über die Ursprünge und den Aufstieg Davids, eines Judäers aus einfachem, doch nicht unbemitteltem Hause (die Familie war die Besitzerin ihrer Herden), sind eine Reihe von zum größten Teil sagenhaften, manchmal romanhaften, sich oft widersprechenden Erzählungen überliefert.[6] Einstimmigkeit herrscht darüber, daß David seine Laufbahn im Gefolge Sauls begann und sie sozusagen auf dessen Kosten fortsetzte.

4.2.1 Die „Geschichte vom Aufstieg Davids" ist ein prodavidisches und deswegen gegen Saul gerichtetes Werk, mit stark romanhaften Elementen. Hier werden die Verdienste des ersten Königs auf politischem und militärischem Gebiet zwar berücksichtigt, doch beschreibt der Text die letzte Phase von Sauls Leben als durch eine Reihe von verkehrten Entscheidungen gekennzeichnet. Der Leser soll den Eindruck gewinnen, als sei Saul in seinen letzten Jahren politisch untätig, religiös unwürdig und psychisch unzurechnungsfähig geworden. Und besonders die beiden letzteren Elemente seien entscheidend für seinen Untergang gewesen.

Die Erzählung läßt Saul zu einem geistig umnebelten, zu verläßlichen Entscheidungen unfähigen und des göttlichen Segens verlustig gegangenen Menschen werden, der zwischen Niedergeschlagenheit und mörderischem Raptus schwankt. Daraus folgert die „Geschichte", daß er das Regiment einem anderen, fähigeren, also seinem General David, hätte abtreten sollen, anstatt ihn ohne Grund zu verfolgen!

4.2.2 Dieser These schließt sich das Dtr an, indem es eine göttliche Berufung und Salbung Davids, I Sam 16,1–13, vorwegnimmt, durch die Saul tatsächlich der Legitimität beraubt wurde. Wir haben aber oben (3.3.1–2)

[6] Für das Motiv des aus einfachen Verhältnissen stammenden, zum höchsten Amt emporgestiegenen Menschen, vgl. Schult, H.: Amos 7,15 a und die Legitimation des Außenseiters. In: Probleme biblischer Theologie – Gerhard von Rad zum 70. Geburtstag, München 1971, 462–478, und zu Am 7,10–17 mein Amos – A Commentary, London/Philadelphia 1987.

gesehen, daß in der altorientalischen Geschichtsschreibung ein solches Verfahren typisch für die Legitimation des Usurpators ist. Und dieses Legitimationsverfahren wird damit fortgesetzt, daß der Text David in die Familie Sauls einheiraten läßt, I Sam 18, 17–27, was ihn nach dem Tode der Söhne Sauls und wegen der Unfähigkeit des von Kindheit verkrüppelten Enkels zu regieren, II Sam 4, 4, auf die Sukzessionsliste setzt.

4.2.3 Die „Geschichte" fährt fort, indem sie David, der inzwischen die Freundschaft des Kronprinzen Jonathan für sich gewonnen hat, von Saul zu den Philistern überlaufen läßt, dessen Vasall er daraufhin wurde. Während der Schlacht am Berge Gilboa hat sich David zwar bei den Philistern aufgehalten, aber sich nicht an ihr beteiligt.

4.3 Saul

Die Gestalt Sauls als Politiker wurde bei alldem in eine zweitrangige Rolle gedrängt, die ihm wohl kaum ursprünglich zukam. Was kann man über ihn ermitteln?

4.3.1 *Literatur:* Soggin, J. A.: Das Königtum ..., 22ff. (Lit.); Langlamet, F.: Les récits de l'institution de la royauté (I Sam VII–XIII). In: RB 77 (1970), 161–200; Miller, J. M.: Saul's Rise to Power. In: CBQ 36 (1974), 157–174; Fritz, V.: Die Deutungen des Königtums Sauls in den Überlieferungen von seiner Entstehung, I Sam 9 bis 11. In: ZAW 88 (1976), 346–362; Grottanelli, C.: Possessione carismatica e razionalizzazione statale nella Bibbia ebraica. In: SSR 1 (1977), 263–288; Gunn, D. M.: The Fate of King Saul. Sheffield 1980; Donner, H.: Basic Elements of Old Testament Historiography, illustrated by the Saul Tradition. In: OTWGSA 24 (1982), 40–54; Die Verwerfung des Königs Saul. Wiesbaden 1983; Fretheim, T. E.: Divine Foreknowledge, Divine Constancy and the Rejection of Saul's Kingship. In: CBQ 47 (1985), 595–602; Peckham, B.: The Dtr History of Saul. In: ZAW 97 (1985), 190–210; Seidl, T.: David statt Saul. Göttliche Legitimation und menschliche Kompetenz des Königs als Motive der Redaktion von 1 Sam 16–18. In: ZAW 98 (1986), 39–56; Bettenzoli, G.: Samuel und das Problem des Königtums. In: BZ N. F. 30 (1986), 222–236; Ders.: Samuel und Saul in geschichtlicher und theologischer Auffassung. In: ZAW 98 (1986), 338–351.

Über Saul kann nur wenig Sicheres festgestellt werden: die Quellen sind unzureichend, da sie am ersten König Israels nur als Gegenspieler Davids, wenn überhaupt, interessiert sind. Das DtrN behauptet sogar, daß die Einrichtung eines Königtums an sich und die Erhebung Sauls zu diesem Amt eine Gotteslästerung gewesen sei und deswegen am Anfang jenes Prozesses stand, der viele Jahrhunderte später die beiden Reiche zum Verlust der Unabhängigkeit und zur Deportierung ihrer Bewohner führen sollte, vgl. I Sam 8, 1ff. und 10, 17–27. Die anderen Quellen sind bekanntlich königsfreundlich und nach I Sam 11,1 ff. soll Saul sogar durch Akklamation, nachdem er die Stadt Jabeš in Transjordanien entsetzt hatte, zum König erhoben worden sein.

4.3.2 Die wenigen Berichte über sein Leben und seine Laufbahn werden aber durch gezielte Einschübe in den Text immer wieder entstellt, besonders in den älteren Kap. 13–14 und dem jüngeren Kap. 15 des I. Samuelbuches: was Saul und Jonathan auch für Heldentaten unternommen haben mögen, sie werden durch die ihnen zugeschriebenen, gottlosen Taten und Haltung zunichte gemacht, auch wenn die angeprangerten Vergehen dem heutigen Leser (und wohl auch dem damaligen) als Lappalien erscheinen. Nach 16,14 ff. soll Saul ferner, wie schon angedeutet, bis zu seinem Tod an psychischen Störungen gelitten haben.

4.3.3 Dieser Gedankengang gehört aber zur Rechtfertigung des Aufstiegs und zur Legitimation Davids. Doch, daß Saul als siegreicher Heerführer an die Macht gelangt sei, ist nicht nur möglich, sondern entspricht einem im alten Orient und auch im Alten Testament wohlbekannten Modell. Auch wird sein Reich nicht lange gedauert haben: nach dem leider korrupten Text I Sam 13,1 soll Saul nur „zwei Jahre" regiert haben, was von vornherein nicht ausgeschlossen ist. Der Text schreibt ihm ferner unbestimmte Feldzüge gegen verschiedene Nachbarvölker zu, I Sam 14,47 f.: Moab, Ammon, Edom, zwei aramäische Stadtstaaten, die Philister und die Amalekiter.[7] Er soll endlich nach heldenhaftem Kampf in der verlorenen Schlacht beim Berge Gilboa den Freitod gesucht haben oder auf sein Verlangen von einem Gefolgsmann getötet worden sein, I Sal 31; II Sam 1.

4.3.4 Diese Chronik eines ohne große kulturelle Ansprüche lebenden Soldatenkönigs wurde zuerst im Dienste der Legitimation Davids umgearbeitet. Später kamen noch literarisch-theologische Elemente hinzu, durch die sie zur Tragödie wurde: hier ringt ein Mensch zwar nicht mit einem unerforschlichen Schicksal wie in der klassischen Welt, sondern mit Jhwh, der sich aber genauso unbegreiflich wie das *fatum* gebärdet. Der Held büßt in diesem Kampf sein psychisches Gleichgewicht ein, und aus all dem erwächst die Tragödie. Sie hat auch die Modernen bis auf André Gide beeindruckt; in ihr sind schöne, edle Episoden eingewoben: die unter diesen Umständen unwahrscheinliche Freundschaft zwischen David und Jonathan, Kap. 19 ff., und die Treue seiner Frau, der Königstochter Michal, 18,10 b–17. Dies scheint aber eher das Produkt der Lust zum Fabulieren als einer geschichtsschreiberischen Absicht gewesen zu sein.

[7] Handelt es sich vielleicht hier um eine kanaanäische, im Norden der zentralen Hochebene beheimatete Bevölkerung, anstatt einer Nomadengruppe aus der Sinaiwüste? Vgl. mein Amalek und Ephraim, Ri 5,14. In: ZDPV 98 (1982), 58–62.

4.4 David und die Philister

Es ist kaum anzunehmen, daß David die Königsherrschaft über Juda antreten konnte, ohne die Zustimmung seiner Lehnsherren, der Philister, zu denen er übergelaufen war (nach der Überlieferung, um der ungerechten Verfolgung Sauls zu entrinnen). Man kann sich hingegen gut vorstellen, daß die Philister die für sie strategisch wichtige südliche Hochebene gerne durch einen Gefolgsmann indirekt unter Kontrolle halten wollten, anstatt Mannschaften und Geldmittel für eine Besatzung bereitzustellen. Ähnlich kann sich die Lage gestaltet haben, nachdem David auch über Israel König wurde: nun konnten die Philister die ganze und nicht nur die südliche Hochebene ihr eigen nennen, ohne jeglichen Einsatz ihrerseits. Solche Beziehungen lagen aber auch im Interesse Davids, der auf diese Art eine praktisch unbeschränkte, wenn auch an die Bestimmungen des Vasallenvertrags gebundene Bewegungsfreiheit erhielt.

4.4.1 Doch auch über die Philister, das Volk, das von Anfang an wohl als Erz- und Erbfeind Israels gelten darf und von ihm nur kurze Zeit unterworfen wurde, muß einiges berichtet werden, auch wenn der Gegenstand hier nur gestreift werden kann.

Literatur: Wainwright, G.A.: Some Sea Peoples. In: JEA 47 (1961), 71–90; Hrouda, B.: Die Einwanderung der Philister in Palästina, in Studien und Aufsätze ... Anton Moortgat. Berlin 1965, 126–135; Donadoni, S.: Testi egizi sui „popoli del mare“. In: RSIt 77 (1965), 310–314; Erlenmeyer, M.-L., u. H. u. M. Delcor: Art. Philistins. In: DBS 7 (1966), 1233–1288; Kitchen, K.A.: The Philistines. In: Wiseman, D.J. (Hrsg.), Peoples from Old Testament Times. Oxford 1973, 53–78; Strobel, A.: Der spätbronzezeitliche Seevölkersturm. Berlin 1976; Dotan, T.: The Philistines and their Material Culture. New Haven 1982; Singer, L.: The Emergence of Philistine Settlement in Canaan and the Northern Boundary of Philistia. In: TA 12 (1985), 109 bis 122; Mazar, A.: The Emergence of Philistine Material Culture. In: IEJ 35 (1985), 95–107; Singer, I.: The Origin of the Sea People and their Settlement on the Coast of Canaan; Mazar, A.: Some Aspects of the "Sea People" Settlement, beide in: Heltzer, M. u. E. Lipiński (Hrsg.): Society and Economy in the Eastern Mediterranean (c. 1500–1000 B.C.). Löwen 1988, 238–250 bzw. 251–260; Cifola, B.: Ramses III and the Sea Peoples: a Structural Analysis of the Medinet Habu Inscription. In: Or 57 (1988), 275–306. Vgl. ferner Vandersleyen, C.: Le dossier égyptien des Philistins. In: Lipiński, E. (Hrsg.), The Land of Israel – Cross-Road of Civilization. Löwen 1985, 39 bis 54, und Dotan, T.: Aspects of Egyptian and Philistine Presence in Canaan during the Late Bronze – Early Iron Age, ibid. 55–75.

4.4.1.1 Dazu ein erstes: Es gibt fast keine unmittelbar von den Philistern stammenden Urkunden, die bis in unsere Zeit gelangt sind. Der Forscher ist also ausschließlich auf die Berichte aus Ägypten und der Bibel und später aus dem Zweistromland angewiesen. Erst seit wenigen Jahren sind von israelischer Seite Ausgrabungen vorgenommen worden, aus denen Funde hervorgegangen sind. Doch handelt es sich immer um Gegenstände, nicht um Inschriften. Unter den Ausgrabungen erwähne ich die von *ʾašdôd*, Koord. 117–129 (seit den 60er Jahren), auf dem *tell qaṣīle*, Koord. 131–168, heute am Nordrand von Tel Aviv, von dem man nicht weiß, mit welcher philistischen Ortschaft er zu identifizieren ist, und von *ʿeqrôn*, wohl auf dem hebr. *tell miqneh*, arab. *ḫirbet el-muqannaʿ*, Koord. 136–131.

4.4.1.2 Nach den biblischen Daten, mit einer Chronologie, die man konventionell mit den letzten Jahrhunderten des 2 Jt. v. u. Z. identifiziert, und besonders in der Zeit Sauls während der letzten Jahrzehnte, erscheinen die Philister praktisch an die westsemitische Welt assimiliert: I Sam Kap. 5–6 zeigen sie als Anbeter des kanaanäischen Gottes *dāgôn* oder *dāgān*, wohl eine der vielen Formen von *baʿal*, als dessen Sohn er manchmal auch erscheint; während der verschiedenen Handlungen wird nie auf sprachliche Unterschiede hingewiesen (es bleibt nur das Wort *s^erānîm* für ihre Anführer, unbekannten Ursprungs, doch manchmal mit griechisch τύραννος identifiziert). Doch all dies kann darauf hindeuten, daß die Berichte, wie übrigens wahrscheinlich, nicht aus dem 2. Jt., sondern aus einer viel späteren Zeit stammen, als die Assimilation der Philister bereits eine vollendete Tatsache war.

4.4.1.3 Über die Niederlassung der als Teil der Seevölker beschriebenen Philister an der südwestlichen Küste Kanaans berichten ägyptische Texte, ANET 262 ff. (noch nicht in TUAT). Bis vor kurzem glaubte man, diese so deuten zu müssen, als ob während der ganzen zweiten Hälfte des 2. Jt., mit einem Maximum unter den Pharaonen Merenptah (ca. 1212–1202) und Ramses III. (ca. 1182–1151), Gruppen von üblicherweise als „Seevölker" bezeichneten Ethnien sich über Land und Meer erst nach Ägypten und Libyen gewandt hätten und dann von Ägypten im Südwesten Kanaans angesiedelt wurden. Heute neigt man dazu (vgl. Singer 1985), diese Wanderungen später anzusetzen: vor Ramses III. gab es keine wirklichen Siedlungen, sondern nur verstreute Scharen von Reisläufern. Gegen Ende des 13. und Anfang des 12. Jh. gelang es den über Land kommenden Gruppen, das Reich der Hethiter und die Stadtstaaten Ugarit und Alalaḫ zu zerstören. Worauf sie, von Ramses III. im Südwesten Palästinas angesiedelt, als nominelle Vasallen Ägyptens verblieben. Die genauen Kenntnisse bei den Ägyptern von den Seevölkern, ihrer Zusammensetzung, den Namen der verschiedenen Gruppen und dergleichen setzen aber voraus, daß es für eine gewisse, nicht kurze Zeit ein friedliches Leben nebeneinander gegeben haben muß; wie es dann zu kriegerischen Auseinandersetzungen mit Ägypten und zur Ansiedlung im Südwesten Palästinas kam, ist vorläufig nicht zu ermitteln (G. Garbini, mündlich).

4.4.1.4 Nach dem allerdings späten Text Jos 13,3 besaßen die Philister im genannten südwestlichen Teil des Landes fünf verbündete Städte: die oben erwähnten (4.4.1.1) *ʾašdôd* und *ʿeqrôn*, ferner *ʾašq^elôn*, Koord. 107–118, *gat*, vielleicht der *tell eṣ-ṣafī(t)*, Koord. 135–123 und Gaza *(ʿazzāh)*, Koord. 099–101. Und jede dieser Ortschaften soll von einem der *s^erānîm* regiert worden sein.

4.4.1.5 Eine weitere Gruppe von Seevölkern hatte sich in *dôr*, heute *ḫirbet el-burǧ*, Koord. 142–224, angesiedelt; ihre Anwesenheit wird vom Bericht des ägyptischen Beamten Wen-Amun (Ende des 12. Jh., ANET 25–29, noch nicht in TUAT) bestätigt.

4.4.1.6 Doch scheint der Einfluß der Seevölker bzw. der Philister weit über diese Zone hinausgereicht zu haben: bezeugt sind sie auf dem *tell el-ḥuṣn*, dem heutigen *bêt šeʾʿān*, Koord. 198–213, wenige Meter nördlich vom früheren Bahnhof. Es handelt sich ursprünglich um eine ägyptische Festungsstadt an der östlichen Grenze der Ebene Jesreel. In deren Nähe schlugen sie Saul, seine drei Söhne und sein Heer am Berge Gilboa, I Sam 31,1 ff. Dies setzt übrigens ein gutes Verhältnis zu den kanaanäischen Stadtstaaten der Gegend hinsichtlich ihrer Verproviantierung voraus. Mykenische, oft als „philistisch" bezeichnete Keramik war übrigens über die ganze Ostküste des Mittelmeeres verbreitet, was freilich nichts über die Verbreitung der Philister als Volk besagt, denn Manufaktur und Benützer eines Produktes sind voneinander zu trennen (G. Garbini, mündlich). Was natürlich nicht sagen will, daß es nicht kleinere Gruppen fast überall gegeben haben kann.

4.4.1.7 Von ihnen weiß das Alte Testament noch zu berichten, I Sam 13,20–22, daß sie ein Monopol der Eisenverarbeitung innehatten, eine historisch nicht leicht zu deutende Nachricht: sie „leidet darunter, daß man in ihr Information, die sie nicht enthält, hineingelesen hat", F. S. Frick, 1985, 179 f.

4.4.1.8 Bei all ihren Siegen und ihrem großen Wirkungsfeld blieb die strategische Lage der Philister immer noch ungünstig: sie kontrollierten zwar die Ebenen und unterhielten anscheinend ein gutes Verhältnis zu den dortigen Stadtstaaten, doch die Hochebenen blieben in den Händen ihrer Widersacher. Erst das Aufkommen ihres Vasallen David löste auf einmal auch dieses Problem in günstigster Weise.

4.4.2 Nach den biblischen Quellen soll David alsbald versucht haben, sich von der philistischen Oberhoheit zu lösen, ein Unternehmen, das von Erfolg gekrönt war.

4.4.2.1 Wenn man die von II Sam 5,6 ff. beschriebenen Episoden als historisch bewertbar annimmt, auch wenn manche Forscher ihre jetzige Reihenfolge ändern möchten, begegnet man einem Tatbestand, der nicht unwahrscheinlich ist.

B. Mazar, 1963, z. B., sieht die Reihenfolge der Episoden anders: 1. David als König in Hebron; 2. Eroberung Jerusalems; 3. Fortsetzung des Krieges im Norden und Ešbaals Tod (oben, 4.1.5.2); 6. Bauten in Jerusalem; 7. Ausrufung derselben zur Hauptstadt des Großreiches.

4.4.2.2 Wie dem auch sei, es ist nicht mehr möglich festzustellen, ob die Eroberung Jerusalems vor oder nach der Krönung Davids auch über Israel erfolgt ist; dazu fehlt jeder Ansatz in den Quellen. Man kann sich aber leicht vorstellen, daß die Eroberung der zukünftigen Hauptstadt sich erst dann als notwendig erwies, als David König über beide Gruppen wurde. Denn der Stadtstaat, der die Verbindungen zwischen den beiden behinderte, mußte als unabhängige Größe ausgeschaltet werden.

4.4.2.3 Ob, wie und inwieweit Jerusalem militärisch erobert wurde, ist auch nicht mehr genau zu ermitteln: nach 5,8 soll sich eine Gruppe von Freiwilligen durch die unterirdische Wasserleitung (hebr. *ṣinnôr*; die damalige Bedeutung des Wortes ist aber unbestimmt) in die Stadt geschlichen und sie erobert haben. Andere glauben,[8] das Kommando habe eher die Wasserleitung unterbrochen, was einen weiteren Widerstand unmöglich machte. C. Schäfer-Lichtenberger meint hingegen,[9] die Stadt sei nie richtig erobert, sondern durch Verhandlungen an David übergeben worden, was man im allgemeinen auch für die nördlich gelegenen Stadtstaaten annimmt (unten, 4.5.2).

4.4.2.4 In Jerusalem ließt sich David nieder, und dorthin soll er die von den Philistern noch vor der Zeit Sauls eroberte und dann sich selbst überlassene Lade gebracht haben, I Sam Kap. 4–6 und II Sam 6. Er ließ auch die Mauern und andere Bauten wieder instand setzen, und bald machte er aus ihr die Hauptstadt des Reiches, obwohl oder vielleicht gerade weil sie gleich entfernt von Süden und Norden war und keinem der Stämme angehörte. Anderseits wurde auf diese Art eine fremde Bevölkerung in das Reich einverleibt, was übrigens auch mit den Bevölkerungen der anderen Stadtstaaten geschah.

Die *Überführung der Lade* nach Jerusalem sollte nach der biblischen Überlieferung sowohl den Fortbestand der Vergangenheit als auch einen vollkommenen Neuanfang zum Ausdruck bringen. So begann in der Tat eine neue Epoche, welche erst mit der Zerstörung der Hauptstadt und des Tempels 587 oder 586 (unten, 11.6.3) ihr Ende nahm. Allerdings scheint die Lade während der Königszeit kaum mehr eine Rolle gespielt zu haben, und man darf sich wohl fragen, ob die Funktionen, welche die Tradition ihr in vorhistorischer Zeit zurechnet, nicht auch zur späteren Rekonstruktion dieser Periode zu zählen sind. Seit der Erbauung des Tempels durch Salomo (unten, 5.2.2.1) gehörte sie zu den verschiedenen Tempelgeräten und wird danach nicht mehr erwähnt.[10]

4.4.2.5 In dieser Zeit sollen, immer nach der biblischen Überlieferung, die ersten Beziehungen zu Tyrus aufgenommen worden sein, auch wenn, bei

[8] Vgl. Loffreda, A.: Ancora sul *ṣinnôr* di 2 Sam. 5,8. In: SBFLA 32 (1982), und Schäfer-Lichtenberger, C.: Stadt und Eidgenossenschaft ..., 385–396.

[9] A. a. O. ibid. Diese These wurde von Floß, H. P., 1987, übernommen und literaturwissenschaftlich begründet.

[10] Timm, H.: Die Ladeerzählung (1 Sam 4–5; 2 Sam 6) und das Kerygma des deuteronomistischen Geschichtswerkes. In: EvTh 29 (1966), 509–526, und Campbell, A. F.: The Ark Narrative. Missoula Mont. 1975. Vgl. noch J. A. Soggin, bei Hayes-Miller* 1977, 336.

einer genauen Lektüre der Texte, sich diese als nicht so einfach, wie sie dem flüchtigen Leser erscheinen könnten, erweisen. Das zur Verfügung stehende Material redet ausdrücklich von *ḥîrām*, wohl der von Josephus erwähnte *ʾaḥîrām* I., nach Josephus ca. 970/69–936 oder 926, 5, 11, doch diese Erwähnung stößt auf chronologische Schwierigkeiten, wie von G. Garbini*, 1988, 22ff., im einzelnen ausgeführt wird. Hiram kann nämlich nur ein Zeitgenosse Salomos gewesen sein, mit dem er rege Beziehungen unterhielt und nicht wenige gemeinsame Unternehmungen veranstaltete (unten, 5.6.1). Wenn schon, dann müssen die Beziehungen zwischen David und Hiram gegen Ende der Regierung des ersteren stattgefunden haben. Die biblischen Texte hingegen erwähnen den von Josephus als Vater Hirams beschriebenen *ʾabîbaʿal* nicht, noch erlauben sie den Schluß, es habe zwei Könige namens Hiram gegeben. Wahrscheinlicher ist es, daß wir es hier mit einem chronologischen, von der Bibel und von Josephus Flavius (dem wir die Einzelheiten in diesem Bericht verdanken, cAp 1,108 und Ant 8,50ff.) verursachten Durcheinander zu tun haben, was Garbini skeptisch über diese Beziehungen überhaupt stimmt; ist man doch über Phönizien in dieser Zeit nur durch einen von Josephus zitierten, anderswo unbekannten Menander von Ephesus informiert,[11] der im 2. Jh. v. u. Z. gelebt (bei M. Stern, I, 119f.) und phönizische Quellen eingesehen haben soll.

4.4.2.6 Wie dem auch sei, die Beziehungen zuerst zwischen dem Großreich und später zwischen Israel und Tyrus erwiesen sich als dauerhaft; erst mit dem Staatsstreich Jehus gegen Ende des 9. Jh. (unten, 9.11) gelangten sie zu einem jähen Ende. Diese in internationalen Beziehungen ungewohnte Beständigkeit erklärt sich u.a. dadurch, daß die beiden Länder einander wirtschaftlich ergänzten.

4.4.2.7 Durch die eigenmächtig angebahnten Beziehungen zu Tyrus verletzte David eine der Grundnormen des damaligen Lehnsverhältnisses. Man weiß nämlich durch die auf uns gelangten Texte von Vasallenverträgen,[12] daß es dem Vasallen keineswegs erlaubt war, eine eigene, von der des Großkönigs unabhängige Außenpolitik zu verfolgen. Dadurch also, daß David ein Bündnis mit Tyrus einging, ergab sich für die Philister ein typischer *casus belli*. Es ist nicht mehr festzustellen, wann David anfing, sich von den Philistern zu lösen; doch wenn das Bündnis mit Hiram das auslösende Moment

[11] Harden, D.: The Phoenicians. London ²1963, 51 und 158f., und Moscati, S.: Il mondo dei Fenici. Milano 1966, 33–36. Ferner Peckham, B.: Israel and Phoenicia. In: Magnalia Dei ..., Essays ... G. E. Wright. Garden City N. Y. 1976, 224–248, der mit Recht bemerkt, daß, wenn auch die Materialien angeblich reichlich sind, „die Geschichte ihrer Beziehungen nicht richtig faßbar *(elusive)* bleibt".

[12] McCarthy, D. J.: Treaty and Covenant. Rom ²1978, 143 und *passim*; Noth*, M. 1954, 172f.

gewesen ist, dann kann dies nur gegen Ende von Davids Regierungszeit und nicht am Anfang gewesen sein, was der biblischen Folge der Begebenheiten widerpricht.

4.4.2.8 Die biblischen Quellen berichten über zwei Feldzüge der Philister gegen David: einen ersten, 5,17–21, und einen zweiten, 5,23–25. Beide gestalteten sich als Angriff auf Jerusalem durch das Tal der Rephaiter, meistens mit dem heutigen *baqʿa*, Koord. 167–127, durch das die Eisenbahn fährt, identifiziert. Jedes Mal sollen die Angreifer geschlagen worden sein. Auf diese Art wurden die Beziehungen zwischen David und den Philistern umgekehrt: vom Vasallen war er zum Großkönig geworden. Dies scheint aber keinen besonderen Groll bei den Philistern hervorgerufen zu haben, wenn es zutrifft, daß die 8,18 und 15,18 erwähnten „Krether und Plether" und die 15,18 erwähnten „Gathiter" philistäische Reisläufer waren.[13] Auch die Beziehungen zu Akiš von Gat, seinem ersten Lehnsherrn, sollen noch bis zur Zeit Salomos, 1 Reg 2,39f., ausgezeichnet geblieben sein.

4.5 Feldzüge im Ausland

Die außerhalb der historischen Grenzen Kanaans nach Transjordanien und Syrien geführten Feldzüge unterliegen jenen Zweifeln, die so manche Verfasser seit E. Meyer haben lautwerden lassen, vgl. oben, 3.4.2. So wie die Überlieferung, Kap. 5 und 8, es wiedergibt, soll David folgende Feldzüge unternommen haben; zu ihnen sollten noch die Kap. 10–12 hinzugefügt werden, die über den Feldzug gegen Ammon berichten, die allerdings jetzt durch die Erzählung von Uria dem Hethiter überwuchert sind.

In diesen Berichten haben manche Autoren annalistische Züge entdecken und sie deswegen auf eine alte Quelle zurückführen wollen. Wie dem auch sei, die übermittelten Daten sind meistens chronologisch verschwommen, und am Ende bleibt für den Forscher nur die runde Zahl 40, sowohl für David als auch für Salomo.

4.5.1 *Literatur:* Unger, M. F.: Israel and the Aramaeans of Damascus. London 1957; Mazar, B.: Geshur and Maacah. In: JBL 80 (1961), 16–28; ders.: The Military Elite of King David. In: VT 13 (1963), 310–320 (beide in: The early Biblical Period. Jerusalem 1986, 113ff. und 83ff.); Malamat, A., a. a. O., zu 4.1.

Nach dem Kap. 8 von II Samuel soll David nochmals die Philister, dann die Moabiter, die aramäischen Reiche von *ṣôbāʾ* und Damaskus und endlich die Edomiter geschlagen haben, während *ḥamat* sich freiwillig unterwarf. In den Kap. 11–12 wurden die Ammoniter und die Aramäer von *bêt r^eḥôb, ma^{ʿa}kāh* und *ṭôb* geschlagen.

4.5.2 Zu dieser Zeit sind womöglich auch die kanaanäischen Stadtstaaten der nördlichen Ebenen in das Reich einverleibt worden; vermutlich

[13] Delcor, M.: Les Kerethim et les Cretois. In: VT 28 (1978), 409–422.

geschah dies vor den genannten Feldzügen, um auf diese Art die Nachhut zu sichern. Es handelt sich um die Jdc 1,27ff., vgl. Jos 17,11, als nicht eroberte Territorien bezeichneten Gebiete, von denen vermerkt wird, daß sie, „sobald Israel mächtig wurde, tributpflichtig gemacht wurden“. Unter Salomo (unten, 5.8.1) sind sie dann in die neuen Gaue einverleibt worden, I Reg 4,7–19. Ob es sich bei Jdc 1,27ff. allerdings um eine alte Überlieferung handelt, wurde neuerdings mit bemerkenswerten Argumenten angezweifelt;[14] in diesem Fall würde der Text zur Begründung des fortdauernden, wenn auch von DtrN schroff abgelehnten Synökismus (das Wort stammt von T. Mommsen, zit. bei R. Smend, 1983) aufbewahrt worden sein.

4.6 Verfassungsprobleme

Der moderne Ausdruck ist wohl nicht ganz sachgemäß, drückt aber gut aus, was gemeint ist: die Zusammensetzung des Großreiches war komplex, und dadurch entstanden nicht wenige Probleme.

4.6.1 Zuerst gab es die traditionellen Gebiete, zunächst das von Juda, dann das von Israel, über die David durch so etwas wie einen Volksentscheid regierte.

4.6.2 Zwei Ortschaften sollen dem Königshaus persönlich gehört haben: *ṣiqlāg*, die von den Philistern als Lehnsgut erhaltene Ortschaft, als David sich ihnen, I Sam 27,5–6, unterwarf, und das Gebiet des Stadtstaates Jerusalem, das das Königtum für sich nach Eroberungsrecht (doch siehe oben, 4.4.2.3!) beanspruchen konnte.

4.6.3 Es folgen die kanaanäischen Stadtstaaten in den Ebenen.

4.6.4 Ferner die Reiche Transjordaniens Ammon, Edom und Moab, heute mit dem Gebiet des haschemitischen Königreichs Jordanien identisch; Edom wurde annektiert nach II Sam 8,13f., die anderen wurden zu Vasallen.

4.6.5 Endlich die aramäischen Stadtstaaten im heutigen Syrien und im östlichen Teil Libanons.

4.6.6 Eine solche Struktur brauchte eine komplizierte und mit den damaligen Methoden und Techniken nicht ausführbare Verwaltung, was auf rechtlichem Gebiet leicht Konfliktsituationen verursachen konnte; dasselbe gilt übrigens für die meisten damaligen Großreiche. Denn es fanden sich verschiedene, sich manchmal gegenseitig ausschließende Gefüge nebeneinander: die Personalunion der beiden hebräischen Nationen (für den Begriff mehr unten, 4.6.7), die Sonderverfassungen der einverleibten Stadtstaaten und die für Siqlag und Jerusalem, das Bundesverhältnis mit Gešur und Tyrus. Anderseits sind solche Gebilde für den alten Orient nichts Ungewöhnliches, ja, sie erinnern, wie schon gesehen, geradezu an Assur, Babylo-

[14] Smend, R.: Das uneroberte Land. In: Strecker, G. (Hrsg.), Das Land Israel in biblischer Zeit. Göttingen 1983, 91–102, jetzt in: GSt 2, 217–228.

nien und später Persien, bei denen auch zentrifugale Kräfte belegt sind, die, besonders in Krisenzeiten, in meistens blutig niedergeworfenen Aufständen zutage traten. Solche sind auch für das Großreich, schon unter David, belegt, doch sie traten besonders am Ende der Lebenszeit Salomos auf, um sich dann bei der Reichstrennung völlig zu entfalten. Anderseits, wie schon bemerkt, bestehen heute bei vielen Forschern begründete Zweifel an der von ihnen als spät betrachteten und die Vergangenheit verherrlichenden Überlieferung, welche das Großreich die Gebiete von der ägyptischen Grenze (dem heutigen *wādī elʾarīš*, oft „Strom Ägyptens" genannt) bis zum nordwestlichen Ufer des Euphrats umfassen läßt.

4.6.7 Dieses komplizierte Gebilde wurde vor Jahrzehnten von A. Alt als „Personalunion" bezeichnet, besonders was die beiden hebräischen Staaten betraf. Es handelt sich um jene Form von Regierung zweier Länder, bei der es ein einziges Staatsoberhaupt, doch verschiedene Regierungen gibt; ein modernes Beispiel: Dänemark und Island bis zum 2. Weltkrieg, mit dem König von Dänemark als Staatsoberhaupt für beide Länder, die sich aber völlig unabhängig voneinander durch eigene Organe regierten. Gegen diese bis in die 60er Jahre hinein fast allgemein angenommene Erklärung haben sich in den letzten Jahrzehnten hauptsächlich zwei Stimmen erhoben: Buccellati, G., 1967, und jüngstens Christa Schäfer-Lichtenberger.[15]

4.6.7.1 Der erste zweifelt diesen Status für Siqlag an, eine noch nicht mit Sicherheit identifizierte Ortschaft (Soggin* 1984, 60ff.). Hier scheint ihm die ganze Argumentation unangebracht, da man von dieser Stadt nichts weiß, außer daß David sie als Lehnsgut von den Philistern erhielt und am Ende dieses Verhältnisses nicht mehr zurückgab.

4.6.7.2 Viel komplizierter ist es allerdings im Fall Jerusalem: erstens ist die Stadt sowohl auf politischem als auch auf ideologischem Gebiet viel wichtiger (Siqlag spielt ja überhaupt keine Rolle); und zweitens ist ihre Natur als großer Stadtstaat in vorisraelitischer Zeit aus dem Amarna-Archiv und anderswo belegt und erscheint vor der Einverleibung in das Großreich als Vasallenstaat Ägyptens; und es gibt keinen Grund, daran zu zweifeln, daß die Lage zur Zeit, als David sie besetzte, dieselbe war. Es stellt sich nun die Frage: behielt Jerusalem diesen Status auch nachdem es zur Hauptstadt des Großreiches wurde?

4.6.7.3 Es trifft zwar zu, wie Buccellati richtig bemerkt, daß David und seine Nachfolger nie den Titel „König von Jerusalem" getragen haben, im Gegensatz zu den Kreuzrittern und ihren Nachfolgern bis heute. Doch, wie oben erwähnt (2.8.3), trifft dies für *alle* Herrscher, die im Amarna-Archiv belegt sind, zu. Anderseits ist es so, daß Jerusalem nie verwaltungsmäßig oder topographisch als zu Juda gehörig, oder Juda mit Einschließung Jerusalems, erwähnt wird, wie es selbstverständlich wäre, falls die Stadt zu Juda gehört hätte. Immer ist die Rede von „Juda *und* Jerusa-

[15] Alt, A.: Die Staatenbildung der Israeliten in Palästina. 1930, KS II, 1–65; Das Großreich Davids, ThLZ 75 (1950), 213–220, KS II, 66–89. Über die Größe des Reiches vgl. kritisch schon Montgomery, J. A. u. H. S. Gehman: The Book of Kings. Edinburgh 1951, 128f. Vgl. noch Alt, A.: Jerusalems Aufstieg, 1925, KS III, 243–257.

lem", was ein genügender Grund ist, die Stadt als von den Stämmen unabhängig und als von der Krone unmittelbar verwaltet zu betrachten: mit den Stämmegebieten hatte sie also nichts zu tun. Eine indirekte Bestätigung dieses Tatbestandes scheinen Jos 15,7b–19 und 18,11–30[16] zu liefern: dort, bei der Aufzählung der Grenzfixpunkte, werden diese in der Umgebung der Stadt viel häufiger, so als ob der Text die Trennung zwischen dem Süden und dem Norden einerseits und dem Gebiet Jerusalems anderseits hervorheben möchte.

4.6.7.4 In meinem Beitrag zu Hayes u. J.M. Miller* 1977 habe ich deswegen das Beispiel der Bundeshauptstädte in manchen amerikanischen Nationen und in Australien vorgeschlagen, mit dem einzigen Unterschied, daß die amerikanischen Länder Republiken sind.

4.6.7.5 Nach A. Alt[17] soll ferner die spätere Hauptstadt des Nordreiches Samaria, die gegen Ende des 9. Jh. gegründet wurde, eine ähnliche Verfassung gehabt haben, ja, diese Verfassung sei geradezu nach dem Modell Jerusalems geschaffen worden (unten, 9.10.1.2. ff.).

4.6.7.6 Doch G. Buccellati hat selbst den Begriff einer Personalunion in Frage gestellt, obwohl er zugibt, daß vieles dafür spricht. Ein stark um die Hauptstadt zentralisierter Staat, meint er, sei hiermit unvereinbar. Dagegen möchte ich aber daran erinnern, daß David nach der Überlieferung (und ich sehe hier keinen Grund, an ihr zu zweifeln) erst über Juda und dann über Israel zum König aufgerufen wurde und daß, wie am Anfang dieses Kapitels erörtert, Juda und Israel seit jeher getrennte Einheiten waren. Und nach Salomos Tod sagte Israel sich nach langwierigen Verhandlungen vom Reich los. Ferner wurde, wie wir noch sehen werden (unten, 5.8), nur der Norden und nicht auch der Süden unter Salomo in Gaue aufgeteilt, was man nur als eine steuermäßige Diskriminierung des Nordens deuten kann. Ohne Schwierigkeiten feststellbar sind hingegen die starken Spannungen zwischen den traditionellen, eher zentrifugalen, und den neuen, vom Hofe geförderten, zentripetalen Tendenzen, welche sich immer wieder während Krisenzeiten in Aufständen kundtaten.

4.7 Öffentliche Verwaltung

Eine komplexe Struktur wie die des Großreiches brauchte, wie erwähnt, eine differenzierte Verwaltung, und die Texte berichten tatsächlich über eine solche, z.T. schon zur Zeit Davids.

Literatur: Donner, H.: Der „Freund des Königs". In: ZAW 73 (1961), 269–277; Cody, A.: Le titre égyptien et le nom propre du scribe de David. In: RB 72 (1965), 381–339; Mettinger, T.D.N.: Solomonic State Officials. Lund 1971; Wenham, G.J.: Were David's Sons Priests?. In: ZAW 87 (1975), 79–82; Soggin, J.A. In: Hayes-Miller* 1977, 336ff.; Rüthersworden, R.: Die Beamten der israelitischen Königszeit.

[16] Soggin, J.A.: Le livre de Josué. Neuchâtel 1970 (Englisch 1972), und Boling, R.G.: Joshua. Garden City N.Y. 1982, z.St.

[17] Alt, A.: Der Stadtstaat Samaria. 1954, KS III, 258–302.

Stuttgart 1985; Donner*, H. 1984, 203–207 u. 227–229; Miller, J. M. u. J. H. Hayes* 1987, 185–188 u. 205–207.

4.7.1 Drei Texte erwähnen die verschiedenen Ämter und Funktionäre zur Zeit Davids und Salomos: II Sam 8, 15–18// I Chr 18, 14–17; II Sam 20, 23–26 und I Reg 4, 1–6. Im ersten Verzeichnis sollte man den V.17//16 nach folgender Lesart korrigieren: „... und Sadoq; und Abiathar, Sohn des Ahimelek, Sohn des Ahitub ...", sind doch diese die Ahnen Abiathars und nicht Sadoqs, I Sam 22, 20. Sadoq erscheint hingegen am Anfang als unbekannt: sein Vater wird nicht erwähnt und nur I Chr 6, 34 gewährt ihm einen legitimierenden und deswegen historisch verdächtigen Stammbaum (unten, 12.6.4.1).

4.7.1.1 Folgende Beamten erscheinen in den Verzeichnissen:

4.7.1.1.1 Joab, Befehlshaber des Heeres, 8, 16 und 20, 24. In der unter Salomo verfaßten Liste wird er nicht mehr erwähnt, da er inzwischen getötet worden war; dafür gibt es einen seiner Söhne, I Reg 4, 6, wiederum als Befehlshaber.

4.7.1.1.2 Jehoschaphat, der den Titel *mazkîr* trägt, 8, 16 und 20, 24.

4.7.1.1.3 Sadoq und Abiathar, beide Priester, 8, 17; 20, 25 und I Reg 4, 4.

4.7.1.1.4 Seraja, der den Titel *sôfēr* trägt, 8, 17; 20, 25 erscheint er als *š^{e}jāʾ* im K., und *š^{e}wāʾ* im Q., und in der Chr als *šawšāʾ*; I Reg hat ihn als *šîšāʾ*. Vermutlich handelt es sich um die Entstellung ursprünglich ägyptischer Titel: *sš.šʿt* oder *sẖ.šʿt*, „Schreiber" und „Brief".

4.7.1.1.5 Benaja, Befehlshaber der „Krether und Plether", 8, 18 und 20, 23 (oben, 4.4.2.8).

4.7.1.1.6 Die „Söhne Davids", 8, 18, als Priester; I Chr 18, 17 liest „die ersten an der Seite des Königs", vielleicht eine bewußte Korrektur in einer Zeit, die keine nichtlevitischen Priester duldete.

4.7.1.1.7 Ado(ni)ram, nur 20, 24 und I Reg 4, 6, Vorsteher der Fronarbeiten, vgl. unten, 5.8.4.1.

4.7.1.1.8 Ira, nur 20, 25, „Priester für David", was immer damit gemeint sein kann.

4.7.1.1.9 I Reg 4, 6 erwähnt noch einen Ahischar, „Hofmeister" *([ʾašer] ʿal habbajt)*.

4.7.2 Über andere Beamte berichten verschiedene weitere Texte:

4.7.2.1 II Sam 15, 22// I Chr 27, 32 erwähnt Ahitophel als „Ratgeber" *(jôʿēṣ)* des Königs, und

4.7.2.2 II Sam 15, 37; 16, 16; I Reg 4, 5 und I Chr 27, 33 berichtet von einem Huschai, „dem Freund des Königs" *(rēʿeh hammelek)*. Es handelt sich um einen wegen seiner häufigen Verbreitung in Ägypten als ägyptischen Ursprungs bezeichneten Titel (*śmr wʿtj* und *rḫ nśwt*), der von der Amarna-Korrespondenz bis auf den römischen Kaiserhof belegt ist (Donner* 1984).

4.7.2.3 Es würde nicht verwundern, wenn diese Beamten hauptsächlich unter den Kanaanäern angeworben worden wären; fest steht, daß ein Teil dieser Titulatur ägyptischen Ursprungs ist. Kitchen hingegen verneint dies, auch wenn mit einem ägyptischen Einfluß gerechnet werden muß (s. Kitchen, a. a. O. [oben 3.8], 111 ff.)

4.7.2.4 Die Titel *sôfēr* und *mazkîr* wurden von der LXX resp. mit γραμματεύς und ὑπομνηματόγραφος übersetzt; in modernen Übersetzungen erscheinen sie oft resp. als „Kanzler" und „Schreiber". In Wirklichkeit sollte der erste der beiden „Schreiber" heißen, während man über den zweiten nur wenig ermitteln kann.

4.8 Innere Spannungen

Die verschachtelte Struktur des Großreiches, die Gründung einer Bürokratie und die Einführung eines zentralisierten Steuersystems mußten, wie gesagt, zu Spannungen, manchmal zu richtigen Konfliktsituationen führen, besonders wenn sie in Gegensatz zu den älteren Lokaleinrichtungen gerieten. Eine in den letzten Jahren oft gezogene, doch wegen des chronologischen und geographischen Abstandes bis jetzt wenig ergiebige Parallele mit den sogenannten „segmentären" Gesellschaften des nichtislamischen Afrikas, in denen sich im Übergang zum zentralisierten Staat ähnliche Probleme zeigen sollen, würde einer Sonderuntersuchung bedürfen und muß hier außer acht gelassen werden.

4.8.1 Die Quellen berichten von zwei Aufständen, von denen der erste Israel und Juda, der zweite hauptsächlich Israel in Mitleidenschaft zog.

4.8.1.1 Ein erster Aufstand soll sogar vom Kronprinzen Absalom angeführt worden sein, doch David gelang es, allerdings mit großer Mühe, ihn durch seine Truppen niederzuwerfen. Dabei kam Absalom ums Leben.

4.8.1.2 Ein weiterer Aufstand betraf hauptsächlich die Benjaminiten, denen bald Ephraim und Manasse folgten. Bemerkenswert ist die Losung, mit der sie nach II Sam 20, 1, vgl. I Reg 12, 16 (mit einem extra Stichus) marschierten.

4.8.2 Mit der Thronbesteigung Salomos endet die „Überlieferung von der Thronnachfolge Davids". Der König erscheint nunmehr senil, entscheidungsunfähig, den Intrigen des Hofes und des Harems ausgeliefert. Es regierte in der Tat Joab, der Oberbefehlshaber des Heeres. Durch eine Palastmachenschaft soll es Salomo aber gelungen sein, seinen Widersacher Adonija zu beseitigen, dem nach der Reihenfolge der Geburt als erstem die Nachfolge zugestanden hätte. Und nach seiner Thronbesteigung gelang es Salomo, Joab und verschiedene persönliche Feinde unter Vorwänden aus dem Wege zu schaffen, so daß ihm niemand mehr den Thron streitig machen konnte.

4.9 Religion

Wir berühren hier wiederum ein schwieriges und bis jetzt zum größten Teil ungelöstes, ja unlösbares Problem: auch in diesem Fall weiß man nämlich nur das, was die nachexilische Gemeinde weiterreichen wollte; und das ist das Bild einer ursprünglich offenbarten und darum reinen Religion, welche aber langsam, durch die Sünde des Volkes und die verbotene Berührung mit dem Kanaanäertum, verdarb; Jahre später aber, unter den Reformbestrebungen frommer Könige wie Hiskia und Josia und später unter Esra und Nehemia wieder zu ihrer ursprünglichen Reinheit gelangte. Ein solches Bild entspricht freilich nicht dem einer historisch-kritischen Rekonstruktion, sondern ist, wie erwähnt, nur der ideologisch-theologische Versuch, die nachexilische Hierokratie zu legitimieren.

4.9.1 Nach diesem „offiziellen" Bild soll unter David ein Prozeß angefangen haben, den ich vor Jahrzehnten den „offiziell geförderten Synkretismus" genannt habe.[18] Dabei handelte es sich um absichtliche, ja planmäßige, von oben angeordnete Maßnahmen, damit alle im Großreich lebenden Völker religiös auf ihre Rechnung kommen konnten.

4.9.2 Zu diesem Zweck soll David die Lade nach Jerusalem geholt und Salomo den Tempel gebaut haben. Ferner waren durch die Annahme der kanaanäischen Königsideologie eine Reihe heidnischer Elemente in den Staatskultus eingegangen: die Verheißung des ewigen Bestandes an die Dynastie, II Sam 7,15; Ps 2,7 und 110,4; Jes 9,6ff. und weitere mehr. Auch in Israel wie in Ugarit (CTA 15, II.25–27, ANET 146 [noch nicht in TUAT] und 16,10f.) erscheint der König als von der Gottheit adoptiert, was ihn teilweise in die göttliche Sphäre versetzte; ja Ps 45,7 wird er sogar mit „O Gott" angeredet, vgl. noch I Reg 21,11–14, wo die Todesstrafe über den verhängt wird, der „Gott und König" lästert. Ps 21,5 wird ihm „ewiges Leben" verheißen, eine rein göttliche Eigenschaft, und II Sam 23,1 (im korrigierten Text) erhebt ihn *ʿeljôn* (eine kanaanäische, auch im Alten Testament belegte, später mit Jhwh identifizierte Gottheit) hoch über alle Menschen. Seine Gegenwart fördert das soziale Leben und die Fruchtbarkeit der Erde und der Herden, II Sam 21,17; Thr 4,20 und Ps 72,6–7.16. Als Hohepriester, wie wir noch bei Salomo sehen werden (unten, 5.2.2.6), handelt der König genau wie der königliche Priester in den phönizischen Stadtstaaten,[19] und

[18] Vgl. hierzu meine Aufsätze: Der offiziell geförderte Synkretismus während des 10. Jahrhunderts. In: ZAW 78 (1966), 179–304, und: Der Beitrag des Königtums zur alttestamentlichen Religion. In: VTS 23 (1972), 9–26; ferner vgl. Soggin, J. A. bei Hayes-Miller* 1977, 361–363. Über II Sam 7 vgl. jetzt Caquot, A.: Brève explication de la prophétie de Nathan (2 Sam 7,1–17). In: Mélanges ... H. Cazelles. Kevelaer-Neukirchen/Vluyn 1981, 51–69, und Coppens, J.: La prophétie de Nathan – sa portée dynastique. In: Von Ugarit nach Kerala – FS J. P. M. van der Ploeg, ibid. 1982, 91–100 (Lit.).

[19] Garbini, G.: I Fenici ..., Kap. 5, und mein: Appunti per lo studio della religione d'Israele in epoca pre-esilica. In: Biblische und judaistische Studien. FS P. Sacchi,

ihm gehört, nach den Dtn und dem Dtr, das *jus reformandi* in kultischen Angelegenheiten bis in das 7. Jh.

4.9.3 Dies trifft aber zu, solange man sich nicht die dtr These zu eigen macht, nach welcher dies die Folge eines Korruptionsprozesses gewesen ist. Denn alles zeugt davon, daß man gerade in diesen Elementen der altisraelitischen und -judäischen Religion begegnet, ja, daß dies eines der wenigen noch rekonstruierbaren Elemente bildet.[20]

4.9.4 Ähnliches geht auch aus der Namengebung hervor, ein immer wichtiges Zeichen der Frömmigkeit, wenn es sich um theophorische Namen handelt. Gideon soll auch *j^erūb-ba'al* geheißen haben, ein Sohn Sauls trägt den Namen *'ešba'al*, einer seiner Enkel *m^erîb-ba'al* oder *m^efî-ba'al* (oben, 4.1.5.2), ein Sohn Davids heißt *ba'aljāda'*, II Sam 5, 16. Und man darf wohl fragen, wie viele mit *'el* konstruierte Namen nicht auf das Haupt des kanaanäischen Pantheons (mit dem Jhwh später identifiziert wurde) Bezug nehmen. Dies muß immer wieder gesagt werden, weil noch oft die entgegengesetzte These laut wird.[21]

Bern 1991, 55–63; Lang, B.: Der vergöttlichte König im polytheistischen Israel. In: Zeller, D. (Hrsg.), Menschwerdung Gottes – Vergötterung von Mensch. Freiburg i. d. Schw. 1988, 37–60.

[20] Vgl. mein: La religione fenicia nei dati della Bibbia. In: La religione fenicia – matrici orientali e sviluppi occidentali. Rom 1981, 81–90; Smith, M.: Palestinian Parties and Politics that Shaped the Old Testament. New York/London ²1987, Kap. 2, und Lang, B. (Hrsg.): Der einzige Gott. München 1981, und ders.: Monotheism and the Prophetic Minority, Sheffield 1983. Archäologisch vgl. Dever, W. G.: Material Remains and the Cult in Ancient Israel. In: The Word of the Lord Shall Go Forth ... Essays D. N. Freedman. Philadelphia 1983, 571–587. Vgl. jüngstens Lemche, N. P.: The Development of the Israelite Religion in the Light of Recent Studies on the Early History of Israel. In: VTS ... (mit bestem Dank für die Einsicht in das Manuskript vor der Veröffentlichung).

[21] Tigay, J. H.: "You Shall Have no Other God". Israelite Religion in the Hebrew Inscriptions. Atlanta 1986: dazu siehe aber die kritischen Rezensionen bei Davies, G. I.: JThS N. S. 39 (1989), 143–146.

5. DAS GROSSREICH – SALOMO

5.1 Quellen

Wiederum hat der Forscher es nur mit biblischen Materialien zu tun, welche, wie schon bemerkt, ihrerseits auf eine „Chronik von Salomo", I Reg 11,41, Bezug nehmen. Von diesen und ähnlichen Schriften weiß man aber überhaupt nichts, und zweifelhaften Wertes sind auch die von Josephus Flavius zitierten Quellen (oben, 3.7.5). Es verwundert deswegen nicht, daß bei einigen Forschern Salomo nur als legendäre, vielleicht sogar mythische Gestalt der Vergangenheit auftritt.[1]

5.1.1 Dennoch scheint es möglich, auch innerhalb des vom Dtr überlieferten Materials Fragmente zu isolieren, welche Wichtiges auf politischem und wirtschaftlichem Gebiet übermitteln, jeglicher familiären und anekdotenhaften Elemente bar sind und deren Hervorhebung in exilisch-nachexilischer Zeit sinnlos wäre. Es handelt sich um folgende:

5.1.1.1 Die Liste staatlicher Beamter, I Reg 4,1–6, vgl. oben, 4.7.1.1.

5.1.1.2 Die Liste von Gauen und ihren Gouverneuren, 4,7–19.

5.1.1.3 Die kurze Notiz über Zwangsarbeiten (unten, 5.8.4) 5,27, im Gegensatz zum rein-dtr Bericht 9,15–22 (mit einem interessanten Zusatz der LXX).

5.1.1.4 Verstreute Hinweise auf Salomos kommerzielle Unternehmungen, 10,11ff., 22 und 28ff.

5.1.2 *In der chronistischen Überlieferung.*

Literatur: Williamson, H. G. M.: The Accession of Solomon in the Book of Chronicles. In: VT 26 (1976), 351–361; Dillard, R. B.: The Literary Structure of the Chronicle's Solomon Narrative. In: JSOT 30 (1984), 85–93.

In den Chr ist Salomo zu einer Art von Nationalheiligem geworden, bei dem kein Fehler zu entdecken ist. Als Quelle sollte diese Überlieferung praktisch immer ausfallen.

5.1.3 *Auf archäologischem Gebiet* ist man heute ein wenig besser informiert als über die Zeit Davids (oben, 4.4.2.4).

5.1.3.1 Bis Anfang der 60er Jahre hatte man in Jerusalem überhaupt keine Funde zutage gefördert, die sicher aus der Zeit Davids und Salomos

[1] Dazu Diebner, B. J. Rez. In: DBAT 20 (1984), 192–208, 199, der von einem „sagenhaft-mythischen Friedenskönig des goldenen Zeitalters" redet; vgl. noch Donner*, H. 1984, 217.

stammen, ein Bild, das sich aber mit den durch K. M. Kenyon geleiteten, 1964 und 1974 durchgeführten englischen Ausgrabungen entscheidend geändert hat.[2] Weitere Ausgrabungen wurden in den letzten Jahren von israelischen Expeditionen durchgeführt. Darauf kann hier nicht im einzelnen eingegangen werden, und es wird auf die angeführte Literatur hingewiesen.

5.1.3.2 Günstiger ist die Lage in bezug auf Megiddo, dem *tell el mutesellim*, Koord. 167–221, anfangs unseres Jahrhunderts und in den 20er Jahren ausgegraben, auch wenn manche Berichte der Vergangenheit sich inzwischen als zu optimistisch und deswegen nicht stichhaltig erwiesen haben. So sind z. B. die sogenannten Pferdeställe, vgl. I Reg 9, 15 ff., um ein oder zwei Jahrhunderte später zu datieren, und es ist nicht einmal gewiß, ob es sich um Ställe handelt.[3]

5.1.3.3 Nicht unähnlich ist die Lage auf den *tell* von *ḥāṣôr* (*tell el-qedaḥ* oder *tell el-waqqaṣ*, Koord. 203–269) und von Gezer (Koord. 142–140), der erste in den 50er Jahren, der zweite am Anfang des Jahrhunderts und in den 60er und 70er Jahren ausgegraben. I Reg 9, 15 behauptet, daß Salomo sie „baute", Wurzel *bānāh*, was hier wohl mit „restaurierte" bzw. „wiederaufbaute" gedeutet werden muß; ein ähnlicher Fall unten, 12.5.2.

5.1.3.4 In allen diesen Ortschaften wurden u. a. die Umrisse eines Stadttores gefunden, mit verschiedenen, quadratischen Räumen auf jeder Seite des Durchgangs. Aus den Ausgrabungen von Megiddo weiß man, daß diese Art Tor aus Kanaan stammt und am Ende eines langen Entwicklungsprozesses steht.

5.1.3.5 Die Tore von Dan (*tell el-qādi*, Koord. 211–294) im Norden und

[2] Wright, G. E.: Biblical Archaeology. Philadelphia/London ²1962, 127; Kenyon, K. M.: Digging Up Jerusalem. London 1974, 99–106; und jüngstens die Berichte von Shiloh, Y.: BA 42 (1979), 165–171 und BA 44 (1981), 161–170. Zum Problem vgl. ferner Ahlström, G. W.: Royal Administration and National Religion in Ancient Palestine. Leiden 1982; die ausgezeichnete Untersuchung der Funde in Dever, W. G.: Monumental Architecture in Ancient Israel in the Period of the United Monarchy. In: Ishida, T. (Hrsg.), Studies in the Period of David and Solomon and Other Essays. Tokio 1982, 269–306, und Weippert**, H. 1989, 449 ff.

[3] Yadin, Y.: New Light on Solomon's Megiddo. In: BA 23 (1960), 62–68, und ders.: Megiddo of the Kings of Israel. In: BA 33 (1970), 66–96, ferner: A Note on the Stratigraphy of Israelite Megiddo. In: JNES 32 (1973), 330. Vgl. noch Pritchard, J. B.: The Megiddo Stables. In: Near Eastern Archaeology – FS Nelson Glueck. Garden City N. Y. 1970, 268–276. Nach Yadin handelt es sich zwar um Ställe, doch der Komplex muß später datiert werden. Für die Gebäude aus der Zeit Salomos vgl. die gründliche Analyse bei Gregori, B.: Considerazioni sui palazzi *ḫilani* nel periodo salomonico a Megiddo. In: Vicino Oriente 5 (1982), 85–110; Ussishkin, D.: Schumacher's Shrine in Building 338 at Megiddo. In: IEJ 39 (1989), 149–172. Darüber zuletzt Kempinski, A.: Megiddo 1989.

von Beerscheba (*tell es-sāba*ʿ, Koord. 134–072) im Süden zeigen ein daraus entwickeltes, späteres Gebilde mit nur einer Räumlichkeit auf jeder Seite.[4]

5.1.3.6 Über *ʾesjôn geber*, den Hafen Salomos am Roten Meer, weiß man hingegen sehr wenig. Gewiß ist heute, daß der früher mit der Ortschaft identifizierte *tell el-ḫeleife* (Koord. 147–884), zwischen den heutigen *ʿaqāba* und *ʾ êlat* gelegen, nichts mit einer Hafenanlage zu tun hat; deswegen sucht man die Ortschaft weiter südlich. Auch die sogenannten Bergwerke bzw. Säulen Salomos in Timna (Koord. 145–909), nördlich von Elat, gehen nicht auf Salomo zurück, da sie zwischen dem 12. und dem 10. Jh. verlassen wurden.

5.2 Legitimierung

Wenn es je eine ältere Fassung der sogenannten Überlieferung von der Thronnachfolge Davids gegeben hat (die man heute eher als einen historischen Roman mit theologischen Einschlägen deutet[5]), dann kann sie nur als Legitimationsschrift für die Thronbesteigung Salomos anstelle des rechtmäßigen Erben Adonija gedient haben: die Schrift will nämlich beweisen, daß es so und nicht anders laufen sollte. Sie erklärt weiter, wie es Salomo gelungen sein soll, sich unter verschiedenen Vorwänden aller tatsächlichen und potentiellen Widersacher zu entledigen und den ihm feindlich gesinnten Priester Abjathar nach *ʿanātôt* (in der Nähe des heutigen *ʿanāta*, das den alten Namen beibehalten hat, auf dem *raś el ḫarrūbe*, Koord. 174–135) zu verbannen. Daß es sich um eine Art Palastverschwörung bzw. Staatsstreich gehandelt habe, wird vom Text nicht verschwiegen.

5.2.1 Nach I Reg 3,4–15 soll Salomo im Heiligtum Gibeon durch ein göttliches Orakel im Amte bestätigt und mit besonderer Weisheit begabt worden sein. Die Nachricht, deren Inhalt gegen die Zentralisierungstendenz des Dtr verstößt, dürfte als vor-dtr gelten. Nun trifft es zwar zu, daß damit die Grundlage der späteren Legende von der weisheitlichen Begabung des Königs gelegt werden soll, doch fast nebenbei kommt auch anderes, viel Wichtigeres zum Ausdruck: der Satz, mit dem Jhwh den König anredet, ist merkwürdigerweise mit der von Ps 2,8 für das Königsritual belegten Formel semantisch identisch, wie folgende Tabelle zeigt:

[4] Yadin, Y.: Hazor: the Head of All Those Kingdoms. London 1972, und Hazor, the Re-Discovery of a Great Citadel of the Bible. London 1975. Ferner Aharoni, Y.: The Building Activity of David and Solomon. In: IEJ 24 (1974), 13–16; Dever, W. G. (Hrsg.): Gezer I. Jerusalem 1970 und II 1974. Weiteres bei Müller, U.: Art. Tor. In: BRL [2]1977, 346–348, mit fünf Grundrissen, und Herzog, Z.: Das Stadttor in Israel und in den Nachbarländern. Mainz 1986.

[5] Vgl. meine Introduction ..., Kap. 15,3.d.

I Reg 3,5:	*šʾl*	*mh wʾtn lk*
Ps 2,8:	*šʾl mmnj*	*wʾtn*
Ps 2,8 LXX:	*šʾl mmnj*	*wʾtn lk.*

Also im ersten Fall: „Verlange was immer (du willst) und ich werde (es) dir geben"; im zweiten Fall: „Verlange von mir, was immer (du willst) und ich werde (es) (dir, mit LXX) geben". Damit erhielt Salomo also nicht nur Weisheit, sondern auch eine göttliche Legitimation, deren er wegen des Staatsstreichs bedurfte.

5.2.2 Salomo wird in den Texten besonders aus zwei Gründen erwähnt; die Erbauung des Jerusalemer Tempels und, wie gesagt, seine sprichwörtlich gewordene Weisheit.

5.2.2.1 Es ist heute, nach dem Stand der Forschung, auf Grund dessen, was die biblischen Texte aussagen, nicht mehr möglich, den Tempel mit einiger Genauigkeit von außen und von innen zu beschreiben, vgl. I Reg Kap. 6ff. Nur dank dem, was wir über die Tempel bei den umliegenden Völkern wissen, kann man eine solche Beschreibung unternehmen. Die Legitimität eines solchen Verfahrens geht aus der Tatsache hervor, daß die Texte selbst berichten, Salomo habe die Facharbeiten durch phönizische Handwerker (I Reg 5, 15–31 und 7, 13–14) verrichten lassen, während Israel nur die ungelernten Arbeiter lieferte. Dies kann nur eines bedeuten: daß auch nach den biblischen Quellen Salomo die Absicht hatte, einen kanaanäischen Tempel errichten zu lassen; also muß in Kanaan und nicht anderswo nach Modellen gesucht werden. Ferner ist die eingehaltene Prozedur dieselbe wie die im Zweistromland, seit Gudea von Lagaš bezeugte: königlicher Entscheid gefolgt von einer göttlichen Bestätigung, I Reg 5, 17–19; Bereitstellung der Materialien und Anwerbung der Arbeitskräfte, 5, 20–32; Beschreibung des Gebäudes, Kap. 6–7; Einweihung, 8, 1–11.62–66; Gebet des stiftenden Königs, 8, 12–61. All dies führt uns zur Untersuchung des sogenannten

5.2.2.2 *Syrischen Tempeltypus*. Das bekannteste Modell ist das von *tell tajīnat* in der Nähe von Alexandrette am Orontes (ungefähr 20 km nördlich, gegenüber Alalaḫ), heute in der Türkei.

Literatur: Alt, A.: Verbreitung und Herkunft des syrischen Tempeltypus. 1939, KS II, 100–115; Busink, T. A.: Der Tempel von Jerusalem. Leiden I 1970, II 1980; Ussishkin, D.: Building IV in Hamat and the Temple of Solomon and Tell Tayinat. In: IEJ 16 (1966), 104–110; Kuschke, A.: Der Tempel Salomos und der „syrische Tempeltypus". In: Das ferne und nahe Wort – FS L. Rost. Berlin 1967, 124–132; ders.: Art. Tempel. In: BRL ²1977, 333–342 (mit 34 Grundrissen verschiedener Tempel, grundlegender Aufsatz); Hoffmann, H.-D.: Reform und Reformen. Zürich 1980, 47ff.; Hurowitz, A. V.: Temple Building in the Bible, in the Light of Mesopotamian and North-East Semitic Writing. Diss. Phil. Hebrew University, Jerusalem 1983 (hebr., engl. Zusammenfassung); Wright, G. R. H.: Ancient Building in South Syria and Palestine. Leiden 1985, 215–263, bes. 254ff., und Weippert**, H. 461ff.; Milson, D.: Megiddo, Alalakh and Troy: A Design Analogy between the Bronze-Age Temples. In: PEQ 121 (1989), 64–68, konnte ich nicht mehr benutzen. Für das Problem des königlichen Patronats über den Jerusalemer Kult vgl. den grundlegenden Aufsatz von Galling, K.: Königliche und nicht königliche Stifter beim Tempel von Jerusalem. In: ZDPV 68 (1949–51), 134–142.

Inzwischen wurde ein ähnliches Gebäude in der Nähe von Ḥamat entdeckt, und ein weiteres Modell stellen die vorisraelitischen Tempel von Sichem und Hazor[6] dar. Ferner scheint Salomo weitere Kultgebäude auch außerhalb Jerusalems errichtet zu haben, so z.B. den oben, Anm. 3 von Ussishkin, 1989, erwähnten, in Megiddo erbauten Tempel, die älteste Phase des Tempelchens auf dem *tell ʿārād* im Negeb, Koord. 162–076, auch wenn heute von einigen Autoren an dieser Frühdatierung Zweifel geäußert werden.[7]

5.2.2.3 Typisch für das überdeckte Heiligtum in Syrien–Palästina (das Freiluftheiligtum hatte natürlich einen anderen Grundriß) ist seine dreiteilige Struktur: zuerst eine mit einem bedeckten Bogengang umgebene Vorhalle, doch sonst unbedeckt; dann das eigentliche Gebäude, innerhalb dessen sich das Allerheiligste befand. Dort stand das Bild der Gottheit, das in Jerusalem durch die Lade ersetzt worden sein soll.

5.2.2.4 Der Bau des Tempels soll nach I Reg 6,1.37f. und 8,2 sieben Jahre gedauert haben. Die mit ihren altkanaanäischen Namen genannten Monate (*ziw* = *ʾijjār*, April–Mai, der Monat des Pfingstfestes und *ʾêtannîm* = *tišrî*, September–Oktober, Monat des Laubhüttenfestes) fallen zusammen nicht nur mit den beiden Ackerbaufesten in Israel, sondern auch mit dem der kanaanäischen Feiern zur Ehre Baals; besonders das Herbstfest ist mit der Auferstehung Baals und der Erbauung seines himmlischen Tempels wenigstens zeitlich verbunden,[8] ja, es scheint sogar, daß die Einweihung des Tempels nach Abschluß der Arbeiten um verschiedene Monate aufgeschoben wurde, damit sie mit der Baal-Feier zusammenfallen konnte!

5.2.2.5 Wie im Zweistromland, so sind auch in Jerusalem die Arbeiten durch ständige Einmischungen des Königs in kultische und bautechnische Angelegenheiten gekennzeichnet, so daß er *de facto*, wenn nicht auch *de jure*, so etwas wie ein Hohenpriesteramt innehatte.

5.2.2.5.1 So griff Salomo in die Rechte der Priester ein, indem er Abiathar, der zu Adonija gehalten hatte, verbannte I Reg 2, 26, während Sadoq die ganze priesterliche Macht übertragen wurde, 2,35. Dies wird aber als völlig normal beschrieben und wird ihm nie zum Vorwurf gemacht.

[6] Wright, G.R.H.: Pre-Israelite Temples in the Land of Canaan. In: PEQ 103 (1971), 17–32, und ders.: Ancient Buildings … 1985. Ferner Yadin, Y. a.a.O. (zu Anm. 4).

[7] Aharoni, Y.: Arad: Its Inscriptions and Temple. In: BA 31 (1968), 2–32. Zweifel, daß der Tempel aus dem 10. Jh. stammt, äußerte R. Amiran mündlich gegenüber dem Verfasser.

[8] Vgl. Moor, J.C. de: The Seasonal Pattern in the Ugaritic Myth of Baʿlu. Kevelaer-Neukirchen/Vluyn 1971, 60–113. Eine Schwierigkeit bildet die Größe des Tempels: 33 × 11 m, für die es keine Parallele in der Gegend gibt, außer viel später. Ob die Beschreibung die spätere Gestalt des Tempels vor Auge hat? So Sacchi, P.: Israele e le culture circonvicine. In: RSLR 19 (1983), 216–228.

5.2.2.5.2 Auch bei der Einweihung des Tempels übernimmt der König priesterliche Funktionen: er führt die Lade in das Allerheiligste, 8,1–13; er segnet „die ganze Gemeinde Israels" (*'et kål q^{e}hal iśrā'ēl; qāhāl*, das in der LXX nicht erscheint, ist ein Wort, das später immer die Kultgemeinde bezeichnet), 8,14; er spricht ein erstes, kurzes Gebet, das stark vom Dtr überarbeitet ist, 8,15–21, und vor dem Altar ein zweites, viel längeres und komplexes, ebenfalls vom Dtr überarbeitet, 8,22–52; er segnet die Gemeinde 8,54–61, und endlich opfert er Jhwh zusammen mit dem Volk, 8,62ff. Diese Funktionen stimmen übrigens mit dem Ps 110,4 geäußerten, nicht in jeder Einzelheit verständlichen Satz, der den König als „einen Priester, ewiglich ..." bezeichnet, überein.

5.3 Unruhen

Gegen Ende seiner Herrschaft wurde auch Salomo, wie vorher schon David, von Widersachern heimgesucht (oben, 4.1.3). Auch hier handelt es sich aber um das Schema: der König unter dem Segen – der König unter dem Fluch, und solche strukturierten Texte mahnen zur Vorsicht hinsichtlich ihrer historischen Verwertung, da sie offensichtlich künstlich sind; besonders hier, wo der Fluch als Folge des Synkretismus Salomos dargestellt wird.

5.3.1 Der Text 11,14–25 erwähnt Feinde außerhalb Israels im eigentlichen Sinn: Edomiter, Aramäer, Gruppen, die eigentlich zum Großreich gehörten. Dabei spielt Ägypten eine nicht immer eindeutige Rolle, wenn es den Feinden Salomos Asyl gewährt.

5.3.2 Der Text 11,26–40 berichtet hingegen vom versuchten Aufstand Jerobeams, einer der Aufseher der Fronarbeiten und zukünftiger König von Israel (unten, 5.7.3 und 9.1ff.). Auch er soll in Ägypten Zuflucht gefunden haben.

5.4 Weisheit

Salomo ist, wie wir schon sahen, in die Geschichte oder, besser, in die Sage wegen seiner sprichwörtlich gewordenen Weisheit eingegangen. Deswegen wurde ihm später der größte Teil der weisheitlichen Literatur zugeschrieben, von den Sprüchen bis zur deuterokanonischen Weisheit Salomos.

5.4.1 Worin äußerte sich konkret Salomos Weisheit? Die Texte beschreiben sie anekdotenhaft und folkloristisch, nicht viel anders als ›Tausendundeine Nacht‹ von Ḥarūn ar-Rašīd und Saladin erzählen: im alten wie im heutigen Nahen Osten ist das Modell des weisen, edlen, milden und deswegen geliebten Herrschers weit verbreitet.

5.4.2 Doch am Anfang seiner Herrschaft tritt noch deutlicher eine fast skrupellose politische „Weisheit" hervor, I Reg 2, die es ihm erlaubt, sich seiner Feinde und Widersacher zu entledigen.

5.4.3 Episoden wie das bekannte Urteil Salomos (das eher Schlagfertigkeit als Weisheit bezeugt) 3,16–28;[9] die Disputationen mit der Königin von Saba, 10,1–13 (auch wenn es dieses Königreich im 10. Jh. noch nicht gab, Lemche* 1988, 143f.), oder die Abfassung von Sprüchen, 5,9–14 (von denen kein einziger auf uns gelangt ist), gehören zur folkloristischen Ausschmückung des Lebens eines Herrschers der Vergangenheit.

5.5 Tempel und Palast

Die Überlieferung berichtet, daß Salomo nicht nur den Tempel, sondern auch den königlichen Palast nebenan erbauen ließ. Doch während die Arbeiten am Tempel sieben Jahre dauerten, beanspruchten die des Palastes an die dreizehn Jahre. Daraus kann leicht die untergeordnete Funktion des Tempels gefolgert werden, vgl. auch Ez 43,6–9, ein Protest, weil Tempel und Palast „Schwelle an Schwelle" gebaut waren, so daß der erste zu einer Art Hofkapelle wurde.

5.5.1 Wie dem auch sei, die Grundlagen für die Beziehungen zwischen Kultus und Staat, wie sie durch Salomo gelegt worden waren, erwiesen sich als solid: sie überlebten Salomo im Süden bis zum Fall Judas, 587 oder 586 v. u. Z.

5.5.2 Solange das Reich Juda bestand, übte der König, wie schon dargelegt (oben, 4.9.2 und 5.2.2.4), eine Art Patronat über den Tempel und Kult aus, was auch das *jus reformandi* mit einschloß (unten, 11.2.1 und 11.4.2).

5.5.3 In nachexilischer Zeit gingen dieses Vorrecht und auch die wenigen politischen Befugnisse, die es noch gab, auf den Hohenpriester über (unten, 12.10).

5.6 Politik

Wie David anfänglich als begabter Heerführer, so wird Salomo am Anfang als begabter Politiker dargestellt, besonders was die internationalen Beziehungen des Großreichs betraf. Freilich, wenn die Kraft des Großreichs in seiner militärischen Expansionsdynamik lag, so geht aus den Quellen hervor, daß gerade diese unter Salomo viel eingebüßt haben soll. Es sei dahingestellt, ob sich dies erklären läßt durch einen Übergang von direkter militä-

[9] Lasine, S.: The Riddle of Solomon's Judgment … In: JSOT 45 (1989), 61–86.

rischer Machtausübung hin zu einer subtileren Strategie, die die komplexen internationalen Beziehungen friedlich, am Verhandlungstisch sitzend, zu bestimmen versuchte. Wichtig ist, daß auch jene die Vergangenheit verherrlichenden Quellen offen zugeben, daß sich das Reich unter Salomo bald in einer abnehmenden Phase befand. Es könnte freilich auch so gewesen sein, daß Salomo, in Umkehrung des bekannten Wortes Karl v. Clausewitz', die davidischen Kriege mit anderen Mitteln fortzusetzen beabsichtigte, indem er durch Bündnisse, Vereinbarungen und kommerzielle Unternehmungen mehr zu erreichen hoffte als durch Kriege. Diese letzte Möglichkeit scheint die wahrscheinlichste, wenn man die fast immer triumphalistisch verfaßten Berichte über Handelsunternehmungen liest.

Daß diese Töne im großen ganzen einer Nachprüfung aber nicht standhalten, geht aus folgenden Daten hervor:

5.6.1 Salomo wird als Reeder dargestellt,[10] wenn auch gemeinsam mit Hiram von Tyrus, 9,26ff.; 10,11f. 22.

5.6.2 Ein weiterer Text, 10,28ff., zeigt Salomo als Pferdehändler zwischen Ägypten und Kilikien (das Gebiet *qüé*). Daß es sich um Ägypten und nicht um das Land *muṣri* im Taurus handelte, sollte, entgegen dem, was bis heute oft angenommen wird,[11] feststehen; Kanaan erscheint hier wiederum in seiner Rolle als Brücke zwischen Asien und Afrika. Auch kleinere Fürsten aus Kanaan und Syrien sollen sich an diesem Handel beteiligt haben.

5.6.3 Nun werden alle diese Unternehmungen als von großem Erfolg gekrönt dargestellt, was auf einen Fluß von Kapitalien in die Reichskasse schließen ließe: 9,28 und 10,25–27 reden ausdrücklich vom großen Reichtum, der in die königliche Schatzkammer floß. Leider scheinen diese Berichte nicht mit der tatsächlichen Lage übereinzustimmen, wie übrigens aus den Texten selbst, bei einer genaueren Lektüre, hervorgeht.[12]

5.6.3.1 Ein jetzt als nebensächlich dargestellter Bericht informiert darüber, daß die guten Beziehungen zwischen Salomo und Hiram durch die Zahlungsunfähigkeit des ersteren getrübt wurden: der von Hiram gewährte Kredit überstieg Salomos Zah-

[10] Vgl. Schreiden, R.: Les entreprises navales du roi Salomon. In: AIPh 13 (1955), 587–590, und Bunnens, G.: Commerce et diplomatie phéniciennes au temps de Hiram Ier de Tyr. In: JESHO 19 (1976), 1–31. Für G. Garbini beruhen wiederum diese Nachrichten nicht auf echten Überlieferungen, sondern spiegeln höchstens die Zeit des Ussia/Azaria wider. Für die Ortschaften und Länder, praktisch alle unbekannt, vgl. jetzt Görg, M.: Ophir, Tarschisch und Atlantis. Einige Gedanken zur symbolischen Topographie. In: BN 15 (1981), 76–86, und Soggin* 1984, 78f., Anm. 15–16.

[11] Zu diesen Problemen vgl. die grundlegende, doch hier und da zu korrigierende Studie von Ikeda, Y.: Solomon's Trade in Horses and Chariots in Its International Setting. In: Ishida, T. (Hrsg.), Studies ..., a. a. O. (Anm. 2), 215–238.

[12] Schley, D. G.: 1 Kings 10, 26–29: A Reconsideration. In: JBL 106 (1987), 595 bis 601, betont mit Recht die verherrlichende Einstellung dieser Texte und korrigiert auch einige von Y. Ikeda (Anm. 11) gemachte Behauptungen.

lungs- oder Garantiemöglichkeiten, 9,10–14. Deswegen sah sich der König genötigt, zwanzig Städte in Galiläa abzutreten. Doch Hiram war mit diesem (übrigens nicht genau identifizierten) Gebiet nicht zufrieden. Die Sache wurde später als ärgerlich empfunden, und so deuten II Chr. 8,1–6 die Geschichte um, als hätte Hiram das Gebiet an Salomo abgetreten![13]

5.6.3.2 Wenn Salomos Insolvenz sich auf eine derartig krasse Weise kundtat, wird freilich die Frage laut, ob seine kommerziellen Unternehmungen tatsächlich so erfolgreich waren, wie der größte Teil der Texte sie darstellt. Der Eindruck, den sie übermitteln, ist eher der einer bis zum Äußersten angespannten wirtschaftlichen Lage, die früher oder später zum Bankrott führen mußte.

5.6.4 Als internationaler Erfolg muß die Vermählung Salomos mit der Tochter eines nicht genannten Pharaos bezeichnet werden, I Reg 3,1; 7,8; 9,16.24 und 11,1. Als Mitgift bekam sie die von Ägypten eroberte und zerstörte Stadt Gezer, die Salomo wiederaufbauen und befestigen ließ. Die meisten Forscher identifizieren den Pharao entweder mit Siamun (ca. 978–959) oder mit seinem Nachfolger Psausennes (ca. 959–945).[14] Nach Kitchen (oben, 3.8) soll Siamun der ägyptische Schwiegervater Salomos gewesen sein. Er zitiert ferner Fälle, in denen ägyptische Prinzessinnen an gewöhnliche Bürger und sogar an Ausländer verheiratet wurden, besonders während der 25. und 26. Dynastien, 282f. Der Bericht bietet aber bei einer Nachprüfung große Schwierigkeiten und muß deswegen zu den sagenhaften Ausschmückungen der Überlieferung über das Reich Salomos gerechnet werden.

5.6.4.1 Zuerst einmal, ganz allgemein betrachtet (gegen Kitchen), haben Pharaonen ihre Töchter nie an fremde Fürsten verheiratet. Dies wäre also die einzig belegte Begebenheit, wobei das Schweigen aller nichtbiblischen Quellen über diesen Ausnahmefall unerklärlich bleibt.

5.6.4.2 Ferner kann man den Sarkasmus G. Garbinis[15] nur teilen, wenn er sagt, daß es bei einer königlichen Hochzeit unwürdig wäre, eine *zerstörte* Stadt als Mitgift zu geben, damit der Schwiegersohn diese auf eigene Kosten wiederaufbaue.

5.6.4.3 Endlich hört man oft die Behauptung, Ägypten habe sich am Anfang der Dritten Zwischenzeit in einer Periode des größten Zerfalls befunden; dem wider-

[13] Vgl. Donner, H.: The Interdependence of Internal Affairs and Foreign Policy During the Davidic-Solomonic Period. In: Ishida, T. (Hrsg.), Studies ... a.a.O. (Anm. 2) 205–214; er ist sehr zurückhaltend dem historischen Wert dieses Textes gegenüber. In einem jüngst erschienenen Aufsatz (Third Kingdoms 5.1 and Israelite-Tyrian Relations during the Reign of Solomon. In: JSOT 46 [1990], 31–46) hat J. K. Kuan wahrscheinlich gemacht, daß auch im Bund zwischen Salomo und Hiram der letztere der überlegene Partner gewesen ist.

[14] Zum ägyptischen Schwiegervater Salomos vgl. Soggin* 1984, Anm. 20 und die dort erwähnten Aufsätze, und Garbini* 1988, 27ff.

[15] Garbini*, G., ibid.

spricht aber Garbini nicht zu Unrecht folgendermaßen: erstens besaß Ägypten, wenn auch geteilt, dennoch eine gewisse Stärke, was die Expedition nach Kanaan bestätigt, und zweitens handelte es sich immerhin um die Dekadenz einer Großmacht.

5.6.4.4 Zuletzt muß hinzugefügt werden, daß der Bericht sich mit den Nachrichten, der Pharao habe den Widersachern Salomos immer wieder Asyl gewährt, schlecht verträgt.

5.6.5 Einer ähnlichen Gattung gehören die Berichte an, nach welchen Salomo Prinzessinnen aus verbündeten oder unterjochten Völkern zu sich in den Harem genommen habe, 11,3. Frauen aus Moab, Ammon, Edom, Syrien („Hethiterinnen") und Sidon sollen hier vertreten gewesen sein. Falls die Nachricht historisch zu verwenden ist, so deutet sie nur auf die Fortsetzung der Bündnispolitik Salomos hin; mit seinem von den Texten berichteten Synkretismus haben sie nichts zu tun.

5.7 Territorialer Verfall

Die Abtretung einiger Ortschaften von Salomo an Hiram ist in der Tat der erste Schnitt in das territoriale Gefüge des Großreiches. Weitere Abspaltungen folgten alsbald.

5.7.1 So gelang es Edom, seine Unabhängigkeit wiederzuerlangen, 11,14–22, es scheint, mit Hilfe Ägyptens.

5.7.2 Auch in Syrien entwickelten sich separatistische Bewegungen in den verschiedenen Stadtstaaten.

Literatur: Malamat, A.: Königreich, a. a. O., 26 und 31 ff.; Abramski, S.: The Resurrection of the Kingdom of Damascus and its Historiographical Record. In: FS S. E. Loewenstamm. Jerusalem 1978, I, 189 ff. (hebr., engl. Zusammenfassung).

So erlangte Damaskus die Freiheit wieder, 11,23–25, und ging in das feindliche Lager über.

5.7.3 Doch auch in Israel, dem Norden, brodelte es, wie schon zur Zeit Davids (oben, 4.8). 11,26–40 spricht von einem durch Jerobeam, einen hohen Beamten der staatlichen Bürokratie, angezettelten Aufstand; auch er konnte nach Ägypten ausweichen. Nach dem Dtr soll er sogar von einem Propheten eine Art göttliche Belehnung mit den zehn nördlichen Stämmen erhalten haben, eine Legitimation des Königreiches im Norden, von der man bis jetzt nicht erklärt hat, wieso sie in das Dtr aufgenommen wurde.

5.7.4 Hand in Hand mit dem, was man wohl eine Wirtschaftskrise nennen darf, bildete sich also eine politische Lage heraus, die als besonders gefährlich bezeichnet werden muß; ja, beide Elemente hingen vermutlich zusammen: das zahlungsunfähig gewordene Großreich zerbröckelte langsam, besonders in den Randgebieten.

5.8 Steuermaßnahmen

Eines der Merkmale des Reiches Salomos, dem die biblischen Berichte eine besondere Aufmerksamkeit schenken, ist das Steuersystem. Es scheint heute noch möglich, es zum Teil mit einer gewissen Genauigkeit zu rekonstruieren, was sonst in der Bibel ziemlich selten ist.

5.8.1 Ein erster Text, I Reg 4,7–19 und 5,2–4.7, spricht von der Aufteilung des Nordens, also Israels, in zwölf Gaue, ein jeder mit einem Statthalter *(n^e^ṣîb)*.[16] Der Text besagt ausdrücklich, der Zweck dieser Aufteilung sei der gewesen, daß jeder Gau „den König und sein Haus" während eines Monats versorgen mußte, V.7, was konkret bedeutet, daß alle Ausgaben für die öffentliche Verwaltung und für den Staatskult auf diesen Gauen lasteten. Eine z. T. überzeugende Erklärung dieses auch in Ägypten belegten Systems gibt uns B. D. Redford[17]:

5.8.1.1 Die naheliegendste Parallele findet sich in der Zeit des Pharaos Šošenq I. (ca. 945–924, biblisch *šîšāq*), also eines jüngeren Zeitgenossen Salomos (unten, 9.6). Im ägyptischen Vorbild findet Redford Ortschaften und Beamte, deren Aufgabe es war, während eines Monats und für die für die Vollendung des Sonnenjahres benötigten Tage Viktualien bereitzustellen. Ein weiterer Zweck des Systems bestand darin, die Grenzgarnisonen zu verpflegen.

5.8.1.2 Wie in Israel fällt der Akzent stärker auf die Statthalter als auf die Gaue; ja, Redford spricht lieber nicht von Gauen, die in Ägypten nur mittelbar zu erschließen sind.

5.8.2 Diese Untersuchung führt die Forschung ein gutes Stück weiter, wobei die genaue juristisch-verwaltungsmäßige Begriffsbestimmung nicht erheblich ist, d. h., ob man nun von Gauen, Provinzen, Ländern oder Territorien redet. Auch scheint mir die Parallele nur was das System der Steuererhebung betrifft zutreffend zu sein.

5.8.3 Es muß allerdings hervorgehoben werden, daß das genannte Steuersystem nur den Norden und nicht den Süden erfaßte: über eine vergleichbare Einrichtung in Juda gibt es keine Nachrichten, s. unten 11.4.1.4.

5.8.3.1 Zwar vermerken die Quellen auch ein auf Juda bezogenes Gausystem, Jos 15,21–61, in welchem einige Autoren die dem Norden entsprechenden Institu-

[16] Vgl. die grundlegende Arbeit Alts, A.: Israels Gaue unter Salomo, 1913, KS II, 76–89, und Albright, W. F.: The Administrative Division of Israel and Judah. In: JPOS 5 (1925), 17–89. Eine Bestätigung A. Alts neuerdings bei Aharoni, Y.: The Solomonic Districts. In: TA 3 (1976), 1–15, und Na'aman, N.: The District System in the Time of the United Monarchy. In: Zion 48 (1983), 1–20 (hebr., engl. Zusammenfassung).

[17] Redford, B. D.: Studies in the Relations between Palestine and Egypt during the First Millennium B. C. In: JAOS 93 (1973), 3–7, und ders.: Studies on the Ancient Palestinian World. In: FS F. V. Winnett, Toronto 1972, 141–156.

tionen sehen möchten,[18] vielleicht in Verbindung mit der II Sam 24//I Chr 21 berichteten Volkszählung unter David, einer Handlung, die in der alten Welt praktisch immer aus Steuergründen vorgenommen wurde. Damit würde man zum Schluß gelangen, daß nicht nur der Norden, sondern auch der Süden in ähnlicher Weise besteuert wurde.

5.8.3.2 Doch diese These hält nicht stand: wenn auch einige Forscher den ältesten Teil der südlichen Gauliste in die erste Königszeit zurückverlegen möchten, so ist dies nach den Studien von A. Alt, 1913, 1925 und 1927 nicht mehr möglich: die Liste kann in ihrem Gesamtkonzept nicht älter als die Zeit Josias sein, d. h., aus dem letzten Viertel des 7. Jh. stammen.[19]

5.8.3.3 Das bis jetzt Gesagte würde schließlich das starke Ressentiment des Nordens gegen den Süden, besonders gegen das davidische Königtum und den Großreichgedanken, erklären.

5.8.4 Eine besondere Art der Steuereinnahme bildete die *Fronarbeit*. Parallelen dazu gibt es im ganzen alten Nahen Osten, doch unter Salomo und wiederum nur in Israel, dem Norden, soll sie abnorme Dimensionen angenommen haben.

Literatur: Soggin, J. A.: Compulsory Labor under David and Solomon. In: Ishida, T. (Hrsg.), Studies in the Period of David and Solomon and Other Essays. Tokio 1982, 259–267 (Lit.).

5.8.4.1 Ein System der von Personen und Gemeinden verlangten Fronarbeiten ersetzte damals wohl die normalerweise geforderte Bezahlung von Steuern in Geld und Naturalien; es kann ferner, und dies bis heute, zu anerkannten, allgemein nützlichen Zwecken, besonders in Zeiten der Not, dienen.

5.8.4.2 Auf Hebräisch wird dafür allgemein das Wort *mas* verwendet. Doch später (und noch heute im Modernhebräischen) hat das Wort immer mehr die Bedeutung von „Steuer" im allgemeinen erhalten, und so wurde *ʿôbēd* hinzugefügt, d. h. „Steuer, die durch Arbeit entrichtet wird"[20].

5.8.4.3 Charakteristisch ist die verlangte Arbeit als Zwangsmaßnahme, doch brauchte diese Eigentümlichkeit nicht prinzipiell auf Ablehnung zu stoßen, waren doch ähnliche Praktiken überall in der Gegend verbreitet. Es muß also etwas geschehen sein, wodurch diese Art von Besteuerung in Israel auf einmal nicht mehr annehmbar erschien, und dafür kann es zwei einander nicht ausschließende Gründe gegeben haben: daß man den öffentlichen Nutzen nicht einsah und daß diese Arbeiten ins Unermeßliche stiegen, so daß die Einkommen der Familie und der Gemeinde dadurch gefährdet wurden.

[18] So Cross, F. M. u. G. E. Wright: The Boundary and Province List of Judah. In: JBL 75 (1956), 202–226, und Wright, G. E.: The Provinces of Solomon (1 Kings 4, 7–15). In: EI 8 (1967), 58*–68*.

[19] Vgl. mein Le livre de Josué. Neuchâtel 1970, Englisch 1972, und Boling, R. G.: Joshua. Garden City N. Y. 1982, beide z. St. Zurückhaltend ist Alt, A.: Judas Gaue unter Josia, 1925, KS II, 276–288. Na'aman, N. a. a. O. (Anm. 15) bestätigt, wie schon erwähnt, die Thesen A. Alts.

[20] Siehe meine Untersuchung Compulsory Labor ..., 1982.

5.8.4.4 Dazu noch einige Bemerkungen zu den Texten. I Reg 5, 27f. behauptet zweifellos, daß „ganz Israel" zur Fronarbeit kommandiert wurde, nicht aber der Paralleltext II Chr 2,16. Auch Josephus Flavius, Ant 8,58, bestätigt den Text aus I Reg 5,27f. Anders ist der Bericht I Reg 9,15a.20–22 (LXX: 10,22a–c)// II Chr 8,7–10, vgl. den erwähnten 2,16: hier werden nur die unterjochten Kanaanäer zur Zwangsarbeit herangezogen. Letztere Textgruppe ist aber entweder rein Dtr oder noch später und gehört zur verherrlichenden Tradition. Der erste Text scheint die tatsächliche Lage besser wiederzugeben, und dabei steht „Israel" wohl, wie vorher, für den Norden und nicht für das ganze Reich.

5.8.4.5 Es ist nicht mehr feststellbar, wie und unter welchen Umständen das System eingeführt wurde: die Tatsache, daß es überall belegt ist, deutet darauf hin, daß es mit der Gründung des Staates angefangen hat. David soll nach II Sam 12,31 in Transjordanien Teile der Bevölkerung der Fronarbeit zugeteilt haben, was die beste Erklärung für diesen nicht in allem klaren Text ist. Zu den Belegen in vorisraelitischer Zeit siehe das Amarna-Archiv (oben, 2.8.1), die Texte aus Alalaḫ und aus Ugarit. Ja, im Akkadischen von el-Amarna gibt es sogar den Kanaanismus *massu*.[21]

5.8.4.6 Es ist eine vernünftige Schlußfolgerung, in diesem Brauch einen der Hauptgründe für die häufigen Unruhen zu sehen.

5.9 Aufklärung?

Während der letzten Jahrzehnte ist in bezug auf das Reich Salomos und besonders auf dessen Weisheit (oben, 5.4) öfters die Rede von einer angeblichen „salomonischen Aufklärung" gewesen.[22] Der Ausdruck ist an sich nicht sehr glücklich; er soll dieses Zeitalter kennzeichnen. Auch Israel und Juda sollen sich angeblich damals schon, unter dem „weisen König", in die altorientalische, international ausgerichtete Weisheit eingefügt haben. Im Zusammenhang mit dieser Bewegung wären die Grundlagen für solche Werke wie die Quelle 'J' des Pentateuch, die „Überlieferung von der Thronnachfolge Davids" und die Josephgeschichte gelegt worden.

5.9.1 Darüber besitzen wir aber überhaupt keine konkreten Nachrichten, sondern nur Spekulationen und unbegründete Rückschlüsse.[23]

[21] Vgl. die hebräischen Wörterbücher und AHw II, 619.

[22] Rad, G. von: Josephgeschichte und ältere Chokma. In: VTS 1 (1953), 120–127, ders.: GSt I, 272–280, und ders.: Theologie des Alten Testaments, I, München 1957, 56–66, ^{4}1965, 60–69; Gerleman, G.: Das Hohelied, Neukirchen/Vluyn 1963, 77, und Christa (Bauer) Kayatz: Studien zu Proverbien 1–9. Neukirchen/Vluyn 1966, 135ff. G. von Rad wiederholt seine These in: Weisheit in Israel. Neukirchen/Vluyn 1971, 67ff. Eine neue, kritische Untersuchung bei Whybray, R. N.: Wisdom Literature in the Reigns of David and Solomon. In: Ishida, T. (Hrsg.), Studies ... a.a.O. (Anm. 2), 13–26.

[23] Scott, R. B. Y.: Solomon and the Beginning of Wisdom in Israel. In: VTS 3 (1955), 262–279.

Auch daß zu dieser Zeit die Gründung von weisheitlichen, zur Ausbildung der Beamtenschaft ausgerichteten Schulen begonnen haben soll, ist durch nichts belegt. Ja, wenn man schon konjizieren muß, dann ist das Wahrscheinlichste, daß unter David und Salomo einfach die schon existierenden Formen kanaanäischer und ägyptischer Bürokratie übernommen wurden.[24]

5.9.2 Nichts deutet ferner darauf hin, daß die hohen Beamten den Titel „Weise" *(ḥ^a^kāmîm)* getragen haben.[25] Freilich kann die salomonische Zeit mit ihren internationalen Verbindungen und mit den zirkulierenden Gütern und Geldern eine Periode großer kultureller Offenheit gewesen sein. Doch davon erfährt man nichts Genaues, und auch die Tatsache, daß die von der Weisheit Salomos berichtenden Texte alles andere als historisch eindeutig sind, ermahnt zur Vorsicht.[26]

[24] Golka, F. W.: Die israelitische Weisheitsschule oder „des Kaisers neue Kleider". In: VT 33 (1983), 257–270.

[25] Whybray, R. N.: The Intellectual Tradition in the Old Testament. Berlin 1974, 15–54.

[26] Vgl. u. a. Alt, A.: Die Weisheit Salomos. 1951, KS II, 90–99; Hermisson, H.-J.: Studien zur israelitischen Spruchweisheit. Neukirchen/Vluyn 1968, 115–136, und Weinfeld, M.: Deuteronomy and the Deuteronomic School. Oxford 1972, 244ff.

II. ÜBERLIEFERUNGEN ÜBER DIE VORGESCHICHTE

6. DIE ERZVÄTER

6.0 Wie alle anderen Völker besaßen auch Israel und Juda Überlieferungen, die über die Vorzeit berichteten. Mehrere Erzählungszyklen fallen unter dieses Thema: die Wanderungen der Erzväter, die Knechtschaft in und der Auszug aus Ägypten, die Wüstenwanderung, die Landnahme, die Richterzeit. Bei der Auswertung dieser Materialien liegt die Hauptschwierigkeit nicht in ihrem Mangel: man kann sogar behaupten, daß es eher viele solcher Überlieferungen gibt; die Schwierigkeiten haben vielmehr mit ihrer Beschaffenheit und Qualität zu tun. Sie wurden fast alle relativ spät niedergeschrieben, und es ist heute praktisch nicht mehr möglich festzustellen, ob darin noch altes Überlieferungsgut erhalten ist und welches eventuell diese Bezeichnung verdient. Und in den wenigen, einigermaßen sicheren Fällen ist es unmöglich zu ermitteln, inwieweit das Material nicht durch fremde Einflüsse verdunkelt worden ist (vgl. oben, 3.1.4).

6.1 Probleme

In diesem 6. Kapitel werden die Erzväter behandelt.

Literatur: Lapp, P. W.: The Dhahr Merzabāneh Tombs. New Haven, Conn. 1966, 86ff.: Scharbert, J.: Patriarchentradition und Patriarchenreligon. In: VuF 19,1 (1974), 2–22 (Lit.); Thompson, T. L.: The Historicity of Patriarchal Narratives. Berlin 1974; Van Seters, J.: Abraham in History and Tradition. New Haven/London 1975; McKane, W.: Studies in the Patriarchal Narratives. Edinburgh 1977; Weippert, M.: The Israelite "Conquest" and the Evidence from Transjordan. In: F. M. Cross (Hrsg.), Symposia Celebrating the Seventy-Fifth Anniversary of the Foundation of the American Schools of Oriental Research (1900–1975). Cambridge Mass. 1979, 15–34; Liverani, M.: Un'ipotesi sul nome di Abramo. In: Hen 1 (1979), 9–18; Scullion, J. J.: Some Reflections on the Present State of Patriarchal Studies. In: AbrN 21 (1982–83), 50–65; Thiel, W.: Geschichtliche und soziale Probleme der Erzväter-Überlieferungen in der Genesis. In: TheolVers 14 (1985), 11–27; Lemaire, A.: La Haute Mésopotamie et l'origine des Benê Jacob. In: VT 34 (1984), 95–101; Donner*, H. 1984, Kap. 5; Miller, J. M u. J. H. Hayes* 1987. Kap. 2; McCarter, P. K.: The Historical Abraham. In: Inter 42 (1988), 341–352; Weinfeld, M.: The Promise to the Patriarchs and its Realization: an Analysis of Foundation Stories. In: Heltzer, M., u. E. Lipiński (Hrsg.), Society and Economy in the Eastern Mediterranean (c. 1500–1000 B.C.). Löwen 1988, 353–369.

Besonders in der Quelle 'J' verweisen einige Erzvätertexte verschlüsselt, doch ziemlich deutlich, auf das Großreich. Nur dort paßt für die Nachkommen der Erzväter die Bezeichnung *gôj gādôl*, die nur in diesem Zusammenhang (im Unterschied zum sonstigen *ʿam*) Israel und Juda als Nation im politischen Sinn voraussetzt, Gen 12,2; 18,18 und Num 14,12. Das Ganze aber erscheint heute im Schema Weissagung und Erfüllung, was eine lange theologische Arbeit voraussetzt: vgl. Gen. 12,2a mit II Sam 7,9b, wo zwischen den göttlichen Verheißungen an Abraham und an David eine offensichtliche Verwandtschaft besteht und David als eine Art von Antitypus zu Abraham erscheint.[1]

6.1.1 Eine solche Arbeit paßt freilich gut in jene späteren Zeiten, in denen man sich einer glücklichen, doch für immer verscherzten Vergangenheit erinnerte, angesichts einer trüben Gegenwart, in der es keine Nation mehr gab, das Volk gering, der Besitz des Landes zweifelhaft geworden, das Königtum für immer dahin war. Doch gerade in diesem Zusammenhang sind auch die Verheißungen einer großen Nachkommenschaft und des Landbesitzes zu sehen, da beide nunmehr unsicher geworden waren.

6.1.2 Es ist das Verdienst der unabhängig voneinander durchgeführten Untersuchungen von T. L. Thompson, 1974, und J. Van Seters, 1975, festgestellt zu haben,[2] daß die Erwähnung von ethnischen Gruppen, von Ortschaften und von Einzelpersonen in den Abraham-Überlieferungen frühestens zur Zeit des Großreiches oder gleich danach, doch keineswegs vorher möglich ist. Falls also noch altes Überlieferungsgut in ihnen erhalten sein sollte, so reicht dies nicht vor die Zeit des Großreiches zurück (Donner* 1984, 76ff.). Schwierig ist es, wenn nicht geradezu unmöglich, noch weiter zurückzugehen: über Völkerwanderungen und -beziehungen im 2. Jt. geben diese Texte keine Auskunft.

6.2 Abraham

Die die Erzväter betreffenden Texte befinden sich fast alle im Buch Genesis, von 11,10ff. bis Kap. 50. Einiges über Jakob steht noch in Hos 12,3–5, vgl. 10,11. In den späteren Schriften des Alten Testaments wird noch hier und da auf sie verwiesen. Wie bekannt stehen die Patriarchen in einer genealogischen Ordnung: Abraham, Isaak und Jakob; vom letzteren wurden die Ahnen der zwölf Stämme, die *heroes eponymi*, gezeugt. Die Kap. 37 und 39

[1] Vgl. Clements, R. E.: Abraham and David. London 1967 und meine: Introduction, Kap. 8.2.

[2] Hierzu vgl. Clark, W. M., in: J. H. Hayes u. J. M. Miller* 1977, 120ff.

bis 48 enthalten die Josephgeschichte. Außerbiblische Quellen oder Paralleltexte zu den Erzvätern gibt es bekanntlich nicht.

6.2.1 Gen 11,10–27.30–31 enthalten die Nachkommenschaft Sems nach ‘P’ und die Nachricht, nach welcher Abraham und seine Gruppe aus „Ur in Chaldäa“, im südöstlichen Teil des Zweistromlandes, nach Ḥaran in den nördlichen Teil (heute Nordwestsyrien) auswanderten. Diese Wanderung ist auch ‘J’, 11,28, bekannt. Sie erscheint schließlich auch in den späteren Texten Gen 15,7[3] und Neh 9,7.

6.2.2 In Gen 12,1ff. gehorcht Abraham der göttlichen Berufung und macht sich auf den Weg in ein unbekanntes Land, das sich später als Kanaan erweist. Nach 11,31 soll allerdings Kanaan als Endziel der Wanderung schon von vornherein festgestanden haben, doch ist dies wahrscheinlich eine der vielen Vorwegnahmen, ein typisches Element im biblischen Erzählungsstil.[4] In Kanaan gelangt Abraham bald zu seinem Sitz im Süden des Landes: die Gegend um Ḥebrôn und der nördliche Negeb. Der Text zeigt ihn ferner vor einer Hungersnot nach Ägypten flüchtend, ein Motiv, das hier und da im Alten Testament vorkommt und bis in das Neue Testament, Mt 2,13–23, nachklingt, von der Bezeichnung Ägyptens als Land der Knechtschaft aber gänzlich verschieden ist.[5]

6.2.3 Bis vor kurzem glaubten einige Forscher, besonders in den Vereinigten Staaten, an die Möglichkeit, Verbindungen zwischen der Wanderung Abrahams und einer angeblichen, in dieselbe Richtung verlaufenden, „amorräischen“ Völkerwanderung herstellen zu können.[6] Nach den neuesten Deutungen der archäologischen Befunde ist dies nicht mehr möglich, und wohlbegründete Zweifel bestehen daran, daß so eine Wanderung überhaupt stattgefunden habe.

6.2.4 In den Erzvätererzählungen vermißt man jegliche konkrete Angabe: Reisewege, Etappen, Dauer, eventuelle Hindernisse. Problematisch ist auch die Wanderung von Ur („in Chaldäa“ ist übrigens eine Bezeichnung, die erst seit dem zweiten Viertel des 1. Jt. und nicht im 2. Jt. möglich ist), nach Ḥaran. Alldem haftet eine Selbstverständlichkeit an, welche die

[3] Zur Spätdatierung dieses Textes vgl. jetzt Ha, J.: Genesis 15 – A Theological Compendium of Pentateuchal History. Berlin 1989.

[4] Dazu Martin, W. J.: „Dischronologized“ Narrative in the Old Testament. In: VTS 17 (1969), 179–186.

[5] Boer, P. A. H. de: Aspects of the Double, Controversial Valuation of Egypt in the Old Testament, nicht veröffentlichte Gastvorlesung an der Universität Rom, 1981.

[6] Für diese „amorräische Wanderung“ vgl. u. a. Posener, J. u. J. Bottéro, CAH I,2 ³1971, 532–597 und Bright, J.* 1981, 93 (dafür), und Liverani, M.: The Amorites. In: Wiseman, D. J. (Hrsg.), Peoples from Old Testament Times. Oxford 1973, 100–133 (dagegen).

Schlußfolgerung stützt, daß solche Daten allgemein bekannt waren, weil es sich um einen nicht seltenen Reiseweg handelte. Dies ist indessen leicht zu erklären, wenn man annimmt, daß hinter der Gestalt Abrahams erst die Rückwanderer aus dem Babylonischen Exil (nach 539 v.u.Z.) stehen und daß hier, später, die gewöhnliche Reiseroute zwischen der babylonischen Diaspora und dem Mutterland gemeint ist.[7] In diese Richtung deuten auch einige Anachronismen: z.B. die Erwähnung der Philister, Gen 20,1–18; weiteres unten, 6.7. Neuere Versuche, einen historischen Kern aus den Abraham-Überlieferungen herauszuschälen, sind die von M. Weippert, 1979, M. Liverani, 1979, und P.K. McCarter, 1988: Abrahams Gruppe soll zu den sich zwischen der Bronze- und Eisenzeit bewegenden Halbnomaden gehört haben, vgl. unten, 6.7.1.2

6.3 Isaak

Isaak ist ein reduziertes Konterfei Abrahams, durch den er „völlig ... in den Schatten gestellt erscheint“[8]. Auch sein Leben entfaltet sich unter den beiden Verheißungen: Nachkommenschaft und Landbesitz. Wenig Originelles gibt es in den Beschreibungen seines Lebens: er wird geboren, beinahe geopfert, heiratet, zeugt Kinder, altert, wird von seinem jüngsten Sohn betrogen und stirbt. Es haben „auch inhaltlich die Isaakgeschichten fast alle ziemlich genau entsprechende Gegenstücke bei Abraham“[9]. Ob dies allerdings „für seine Priorität“[10] spricht, sei dahingestellt: zu beweisen oder auch nur wahrscheinlich ist es nicht.

6.4 Jakob

Komplizierter sind die Berichte über Jakob, doch auch bei ihm trifft die Tatsache zu, daß die Ezählungen nicht über das Familiäre und Folkloristische hinausgehen. Auch hier spielt die theologische Reflexion eine wichtige Rolle, indem sie zeigt, wie aus dem jungen, alles zu seinem Vorteil geschickt manipulierenden Menschen letzten Endes der fromme Erzvater wird.

[7] Weniger wahrscheinlich erscheint mir der Vorschlag von Garbini, G.* 1988, 77ff, es handle sich um einen Versuch der verschleppten Judäer, sich den Babyloniern und besonders König Nabonidus anzubiedern. Letzterer war, wie bekannt (vgl. unten, 12.1.1), dem Sin-Kult besonders ergeben.

[8] Noth, M.: Überlieferungsgeschichte des Pentateuch. Stuttgart 1948, 112ff.

[9] Noth, M., a.a.O.

[10] Noth, M., a.a.O.

6.4.1 Während nun Abraham auf einer Wanderung vom Zweistromland nach Kanaan dargestellt wird, geschieht mit Jakob zuerst das Gegenteil: er zieht in die Gegend Ḥarans zu den Verwandten der Mutter und kehrt erst später wieder nach Kanaan zurück. Die Region wird *'aram nah^{a}rajîm* genannt, was dem keilschriftlichen und ägyptischen *nah(a)rina*, also der Gegend zwischen Euphrat und Baliḫ entspricht; bei 'P' ist von *paddan 'ărām* die Rede, einem aramäischen Ausdruck, dem der hebräische *ś^{e}deh 'ărām* Hos 12,13 entspricht. Die häufige Erwähnung der aramäischen Verwandtschaft in diesen Texten setzt die Niederlassung dieser Völkerschaft voraus, was frühestens um das 12. Jh. v. u. Z. geschah.[11]

6.4.2 Die Gestalt Jakobs hat konkretere Züge als die der Vorfahren und könnte z. T. auf altem Überlieferungsgut beruhen. Sie wird aber in den Texten verschieden gewertet: zuerst sieht man den schlauen, doch feigen und mutterhörigen Ränkeschmied. Dann erscheint er als mit herkulesartiger Stärke ausgestatteter Recke, Gen 29,1–14, bes. 10; 32,23–33. Ferner wird er zum geschickten Viehzüchter und zum frommen Mann. Auch gibt es Indizien dafür, daß er ursprünglich im Ostjordanland tätig war.[12] Dies alles läßt auf unterschiedliches Überlieferungsgut schließen; doch über das Alter dieses Materials kann nichts ermittelt werden. In den biblischen Texten steht „Jakob" oft für „Israel", den Norden, was wohl durch die Verleihung desselben Namens begünstigt wird.

6.5 Joseph

Mit der Josephgeschichte endet der Erzväterzyklus. Sie dient nun als Verbindung zwischen ihm und den Unterdrückungs- und Exodustraditionen und ist allen Anzeichen nach späteren Ursprungs. Man hat sie, gewiß zu Recht, als „Diasporanovelle"[13] bezeichnet. Auch hier spielt das Motiv der Hungersnot und der Suche nach Hilfe in Ägypten eine wichtige Rolle.

6.6 Einzelheiten

Mit Ausnahme der Josephgeschichte gibt es einige Einzelheiten, welche die Erzväterüberlieferungen charakterisieren: die Erzählungsmotive sind immer dieselben, und zwar: Wanderungen (nicht Halbnomadentum, siehe unten zu Anm. 14 u. 15); die Gefährdung der Ahnfrau Gen 12,10–20; 20,1–18 und 26,1–11; die engen Bezie-

[11] Vgl. die Annalen Tiglat-pileser I. (ca. 1116–1078), ANET 275 und TUAT I, 356ff.; vgl. noch Dupont-Sommer, J.: Les Araméens. Paris 1949, 17f., und Vaux, R. de* 1971, I, 183.

[12] Noth, M., a. a. O. (Anm. 8), 95ff.

[13] Meinhold, M.: Die Gattung der Josephgeschichte und des Estherbuches: Diasporanovelle, I. In: ZAW 87 (1975), 306–324, und Ruppert, L.: Zur neueren Diskussion um die Josephgeschichte der Genesis. In: BZ n. F. 33 (1989), 92–97.

hungen zu Nordsyrien bzw. Nordwest-Mesopotamien, woher die Ehefrauen Isaaks und Jakobs stammen (eine allerdings spätere Thematik, nicht älter als die nachexilische Zeit, vgl. Gen 24,1ff. und 28,1ff., ferner 23,1ff. und 27,34), endlich die Betonung des aramäischen Ursprungs im Zweistromland, vgl. den „wandernden (oder „dem Umkommen nahen") Aramäer", Dtn 26,5bf.

6.6.1 Es ist deswegen eindeutig, daß die biblische Überlieferung zwar die Erzväter in vorköniglicher Zeit unterbringt, aber nicht das Modell der gegen Ende der ersten Hälfte des 2. Jt. im nördlichen Zweistromland bezeugten Halbnomaden im Sinn hat. Zwar könnte dieser Vergleich auf soziologischem und wirtschaftlichem Gebiet bis zu einem gewissen Punkt gültig sein, und er wurde deswegen in den letzten Jahrzehnten öfters vorgeschlagen;[14] doch die biblischen Tradenten sehen die Erzväter eben nicht als Halbnomaden,[15] sondern als Wanderer, Migranten von einer Gegend zu einer anderen; doch auch dies ist ein spätes Modell, setzt es doch die Rückkehr so mancher verschleppten Völker aus der babylonischen Deportation voraus.

6.6.2 Auch ist die genealogische Linie, die nunmehr die Erzväter verbindet, alles andere als ursprünglich.

6.6.2.1 Im Nahen Osten noch heute, doch früher auch im Westen, bildet die Genealogie das häufigste und wirksamste Mittel, über den Ursprung eines Volkes oder einer Familie Auskunft zu erteilen. Beide werden als das Ergebnis einer natürlichen Vermehrung der Urahnen, des Patriarchen bzw. des eponymen Helden, angesehen. In der klassischen Welt denke man an die Beziehungen der *gens Julia* zu Aeneas und deswegen zur Göttin Venus; für die heutige arabische Welt die Abstammung gewisser Herrscher vom Propheten, ein unübertroffenes und legitimierendes Statussymbol.

6.6.2.2 Nun bilden aber, wie N.K. Gottwald m.E. überzeugend dargestellt hat,[16] die biblischen Genealogien vom historischen Gesichtspunkt aus gesehen eine lange Reihe von unüberbrückbaren Problemen, sobald man sich von den Hauptpersonen ab- und sich den Nebenpersonen: Ehefrauen, Kebsweibern, Schwestern und Töchtern, zuwendet. Sie scheinen also vom historischen und ethnologischen Standpunkt, für die Zeiten, auf die sie sich beziehen, künstlich (auch Lemche*, 1988, 97); hin-

[14] Für diese Halbnomaden ist die Studie von Kupper, J.-L.: Les nomades en Mésopotamie au temps des rois de Mari. Paris 1957, klassisch. Auf Einzelheiten kann hier nicht eingegangen werden; siehe u.a. Malamat, A.: Mari and the Bible. In: JAOS 82 (1962), 143–150, und ders.: Mari. In: BA 34 (1971), 2–22, und Vaux, R. de*, 1971 I,1.iii; ferner, sehr kritisch, Thompson, T.L., a.a.O., Kap. III–IV. Vgl. noch Gottwald, N.K.: The Tribes of Yahweh. Maryknoll N.Y. 1979, 437ff. und 465ff. – Morrison, M.A.: The Jacob and Laban Narrative in the Light of Near Eastern Sources. In: BA 46 (1983), 155–164, gelangt zum Schluß: „Die Jakob- und Laban-Erzählung enthält keine jener Einzelheiten, die es möglich machen würden, sie mit einem besonderen Zeitalter zu identifizieren ..."

[15] Nomadentum und Halbnomadentum bilden eine eigene Lebens- und Produktionsweise; der Wanderer hingegen gelangt ans Ziel und läßt sich dort nieder, womit seine Wanderschaft aufhört. Die beiden müssen also, bei aller äußerlichen Ähnlichkeit, voneinander unterschieden werden.

[16] Gottwald, N.K., a.a.O. (Anm. 14), 308ff.

gegen sind sie vollkommen zutreffend für politische, soziologische und religiöse Zwecke einer viel späteren Zeit.[17]

6.6.3 Ferner wäre es angesichts des Mangels an konkreten Angaben und der Stereotypie der Motive, gepaart mit verschiedenen Lokalisierungen (Abraham bei Ḥebrôn, Jakob bei Sichem, Isaak allgemein im nördlichen Negeb)[18], durchaus möglich, daß die Erzväter ursprünglich überhaupt nicht miteinander verwandt gewesen wären, sondern unabhängig voneinander, vielleicht sogar gleichzeitig gelebt oder überhaupt nicht existiert hätten, weil Produkte der erzählerischen Phantasie.[19] Weinfeld, 1988, arbeitet hier richtig mit der Kategorie „Gründungssagen".

6.6.4 Wie dem auch sei, solche Betrachtungen über die Vorgeschichte des eigenen Volkes, ob sie sich nun auf traditionelle oder auf fiktive Personen beziehen, können nach heutigen Begriffen kaum Geschichtsschreibung genannt werden; im nachexilischen Juda handelte es sich viel eher um eine Theologie der Geschichte, einen Versuch, durch ein Glaubensbekenntnis das zu erklären, was tatsächlich und unwiderruflich der ethnischen und politischen Katastrophe gleichkam. Der unabwendbaren Wirklichkeit wirtschaftlicher und politischer Nöte wurde nunmehr ein Glaubensbekenntnis an den Gott, der die Geschichte lenkt, entgegengesetzt. Durch das Bekenntnis der Souveränität des Schöpfers und Herrn des Weltalls und der Geschichte, dem die Zukunft gehört, wurde das Leiden der Gegenwart sozusagen ausgeglichen. Ist dies doch eines der Grundelemente, wenn auch ein spätes, des israelitischen Glaubens.

6.6.5 Das Gesagte ist freilich nicht neu, wie schon vorher bemerkt wurde. Es wurde schon am Ende des vorigen und am Anfang unseres Jahrhunderts (vgl. oben, 3.4.1 ff.) und einige Jahre später durch H. Gunkel, seinen Schüler H. Greßmann und noch später von K. Galling vorgetragen.[20] Mit T. L. Thompson möchte ich hier H. Greßmann zitieren: „Die 'Wanderung', oder, wie man zu sagen pflegt, das 'Nomadentum' dieses Patriarchen [Abraham], beruht also nicht auf irgendwelcher geschichtlicher Erinnerung, sondern ist eine künstliche Konstruktion der Sagensammler, um verschiedene Traditionen zusammenzuschweißen. Diese elementare Kenntnis der Sagenforschung macht alle modernen Bestrebungen, die Wanderung Abrahams aus Ur in Chaldäa nach Hebron mit Hilfe der Phantasie als lebendige Wirklichkeit zu gestalten, von vornherein als aussichtslos zunichte."[21] Es geht also nicht

[17] Malamat, A.: King Lists of the Old Babylonian Period and Biblical Genealogies. In: JAOS 88 (1968), 163–173; Johnson, M. D.: The Purpose of Biblical Genealogies. Cambridge 1969, ²1988, 77 ff.; Wilson, R. R.: The Old Testament Genealogies in Recent Research. In: JBL 94 (1975), 169–189, und ders.: Genealogy and History in the Biblical World. New Haven Conn./London 1977; Prewitt, T. J.: Kingship Structures and the Genesis Genealogies. In: JNES 40 (1981), 87–98.

[18] So Diebner, B. J., 1975.

[19] Galling, K.: Die Erwählungstraditionen Israels. Gießen 1928, 65 ff.

[20] Gunkel, H.: Die Genesis. Göttingen ³1910, Einleitung, und Greßmann, H.: Sage und Geschichte in den Patriarchenerzählungen. In: ZAW 30 (1910), 1–34; vgl. noch Galling, K., a. a. O., 9.

[21] Hierzu vgl. die Bemerkungen von Thompson, T. L., 1974, 3, Anm. 6.

an, eine „verständnisvollere" *(more sympathetic)* Bewertung der Überlieferung zu befürworten (so J. Bright*, 1981, 68), oder gar von einem *patriarchal age* zu reden, wie dies noch bis vor kurzem in den Vereinigten Staaten, besonders im Kreise der Albright-Schule, üblich war. Dazu ist zu bemerken, daß in Deutschland A. Alt und M. Noth eine solche (wenn auch nicht immer als solche verstandene) „verständnisvolle" Bewertung verfaßt haben. Nach M. Noth wäre es durchaus möglich, daß es konkrete und historisch verwertbare Elemente in den Erzvätergeschichten gibt.[22] Dies ist gewiß viel mehr, als man heute, nach über zwei Jahrzehnten, annehmen möchte,[23] auch wenn es nicht auszuschließen ist, daß sich hier Überlieferungen (besonders in den Traditionen Jakobs) erhalten haben, die auf altem Material beruhen. Dies herauszuarbeiten, wo noch vorhanden, wäre übrigens eine interessante und lohnende Arbeit.[24] Was hingegen feststehen dürfte, ist, daß Israel und Juda in gewissen, bestimmt relativ späten Zeiten ihre Vorgeschichte durch diese Traditionen zum Ausdruck brachten, um aus ihnen Hinweise auf göttliche Führung für die Gegenwart zu erhalten.

6.7 Einzelüberlieferungen

Ich möchte mich jetzt im folgenden ausführlicher mit einigen Einzelüberlieferungen befassen.

6.7.1 Die Wanderung Abrahams von Ur nach Ḥaran, Gen 11,28.31; 15,7 und Neh 9,7, bietet, was die Reiseroute betrifft, keine Schwierigkeiten. Beide Ortschaften sind wohlbekannt, und man folgte zum größten Teil dem rechten Ufer des Euphrat. Ur wird allgemein mit dem *tell el-muqājjar*, Sitz der schon in sumerischer Zeit bezeugten Ortschaft, heute auf halbem Wege zwischen Baġdād und dem Persischen Golf, identifiziert.[25] Gewiß, man kann nicht beweisen, daß der biblische Tradent sein Ur mit dem sumerischen identifizierte,[26] weswegen es immer wieder andere Identi-

[22] Noth, M.: Hat die Bibel doch recht? In: FS Günther Dehn, Neukirchen/Vluyn 1957, 7–22, und ders.: Der Beitrag der Archäologie zur Geschichte Israels. In: VTS 7 (1960), 262–282, beide in: ABLAK I, 17–33 bzw. 34–51.

[23] Vgl. die Vorschläge von Gordon, C. H.: Biblical Customs and the Nuzi Tablets. In: BA 3 (1940), 1–12, die von Speiser, E. A.: Genesis, wiederaufgenommen wurden; eine Kritik bei Thompson, a. a. O., Kap. III und X, und Clark, W. M. in: Hayes-Miller* 1977, 120ff.

[24] Die Anfangsarbeiten liegen schon vor: Noth, M., a. a. O. (Anm. 8), und Josua, Tübingen ²1953.

[25] Noth, M., a. a. O., und Westermann, C.: Genesis, z. St. Für Ur vgl. Woolley, L.: Excavations at Ur. London ³1955.

[26] Gordon, C. H.: Abraham and the Merchants of Ura. In: JNES 17 (1958), 28–31, und ders.: Abraham of Ur. In: Hebrew and Semitic Studies … G. R. Driver, Oxford 1963, 77–84, denkt an die hethitische Ortschaft Ur(a), nördlich von Ḥaran; sie ist in Ugarit belegt, vgl. WUS 369: *'ar* und *'ari*, doch sonst unbekannt. Dagegen richtig

fikationsversuche gegeben hat, z.B. im Nordwesten des Zweistromlandes in der Nähe von Ḥaran.[27] In so einem Fall wäre die Wanderung freilich viel kürzer gewesen. Doch die Erwähnung der Chaldäer verweist auf das südöstliche Ur, auch wenn sie, wie gesagt, nicht in das 2. Jt. paßt: erst in der zweiten Hälfte des 7. Jh., Hab 1,6 und Jer 21,7, sind die Chaldäer in der Bibel belegt. Dies erklärt auch die wohl korrigierende Lesart der LXX: ἐκ τῆς χώρας (ἐν τῇ χώρᾳ) τ. X., also *mēʾereṣ* bzw. *b^{e}ʾereṣ* ..., mit einem extra /ṣ/. W.F. Albright[28] hat sogar eine von ihm als ursprünglich betrachtete Lesart vorgeschlagen: *mēʾûr, b^{e}ʾereṣ kaśdîm*, die aber textkritisch nicht zu rechtfertigen ist.

6.7.1.1 Ist es möglich, die Wanderung von Ur nach Ḥaran zu erklären? Beide Ortschaften sind von alters her Sitz wichtiger, dem Mondgott Sin geweihter Heiligtümer, was mit manchen, im Umkreis Abrahams bezeugten Namen übereinstimmt: *teraḥ, lābān* und vielleicht auch *śārāh* und *milkāh*.[29] Die Wanderung von einem Mondheiligtum zu einem anderen wäre eine Erklärung.[30]

6.7.1.2 Doch sollte, so scheint mir, die Frage anders gestellt werden: seit der zweiten Hälfte des 6. Jh. war dies eine der Reiserouten, welche die babylonische Diaspora mit dem Mutterland verbanden: Südost-Mesopotamien als Ausgangspunkt, Nordwest-Mesopotamien als Durchgangspunkt (die Lage Ḥarans, dem Anschein nach zu weit nördlich, wird durch die Tatsache wettgemacht, daß es sich von jeher um ein wichtiges Karawanenzentrum handelte) und von dort westwärts nach Syrien und dann endlich nach Süden. In diesem Fall wird die Erwähnung der Chaldäer auf einmal sinnvoll, gerade um Ur von anderen, gleichnamigen Ortschaften zu unterscheiden. Es erklärt auch, weswegen das Motiv, abgesehen von Gen 11,31, nur in späteren Texten erscheint. Bemerkenswert ist endlich, daß in Gen 12,1ff. und in den Isaak- und Jakobtraditionen die „Heimat" der Erzväter Ḥaran und nicht Ur ist.

6.7.2 Das 14. Kapitel der Genesis verbindet Abraham mit einem Ereignis, das ganz Syrien und Palästina erschüttert haben soll: die Expedition der vier Könige aus dem Osten.

Literatur: Die Genesiskommentare z. St., und besonders Speiser, E. A.: Genesis. Garden City N. Y. 1965, und Westermann, C.: Genesis I,2. Neukirchen/Vluyn 1981; Weippert, M.: Die Landnahme israelitischer Stämme. Göttingen 1967, 94–102; Emerton, J. A.: Some false Clues in the Study of Genesis XIV. In: VT21 (1971), 24 bis 47, und ders.: The Riddle of Genesis XIV. In: VT21, 403–439; Schatz, W.: Genesis 14. Eine Untersuchung. Bern 1972; Thompson, T.L., a.a.O., Kap. IX; Van Seters, J.,

Saggs, H. W. F.: Ur of the Chaldees. In: Iraq 22 (1960), 200–209, und Vaux, R. de*, 1971, I, I.II, i.: Ur wird immer mit Babylonien verbunden.

[27] Bright, J.* 1981, 90f. befürwortet diese Lösung; unentschieden Herrmann, S.* 1980, 67.

[28] Albright, W. F.: New Light on the Early Recensions of the Hebrew Bible. In: BASOR 140 (1956), 27–33, 31f.

[29] Zuletzt Vaux, R. de, a.a.O. (Anm. 26).

[30] Bright, J.* 1981, 90, unentschieden; nach Thompson, T. L. 1974, 21ff. 87, wären solche Verbindungen ein schwerwiegender Deutungsfehler.

a. a. O., 112–120. 296–308; Muffs, Y.: Abraham, the Noble Warrior. In: JJS 33 (1982), 81–107; Ha, J.: Genesis 15, Berlin 1989, 201–204.

6.7.2.1 Von den vier im Kapitel erwähnten, östlichen Ländern können nur zwei identifiziert werden: das Zweistromland und Elam; von den restlichen beiden ist das eine umstritten, das andere mit einem zu allgemeinen Namen *(melek gôjîm)* benannt. Die Städte der Gegend sind alle unbekannt, ja die Region um das Tote Meer wird als fruchtbar und dicht bevölkert beschrieben (wie Gen 13, 10 die Jericho-Oase) vor ihrer angeblichen Zerstörung durch eine Naturkatastrophe, Gen. 19, 24 ff. Dafür gibt es aber nicht den geringsten Anhaltspunkt, auch wenn hin und wieder ein solcher angeblich entdeckt wird.[31]

6.7.2.2 Die unzähligen Studien über dieses Kapitel haben zu grundsätzlich negativen Ergebnissen geführt. Nicht ergiebig ist auch der Versuch E. A. Speisers, zu beweisen, daß der Text auf ein unbekanntes keilschriftliches Dokument zurückzuführen sei. Im günstigsten Fall erscheinen die aus dem Text gewonnenen Bilder als gänzlich verworren und deswegen historisch nicht verwertbar.

6.7.2.3 Der Zweck dieses Textes scheint heute die Legitimation der Abgabe von Zehnten an den Tempel in Jerusalem, was in den V. 17–24 auch geschieht, vgl. ferner den Ps 110, 4, einen archaischen bzw. archaisierenden Text.

6.7.3 Gen. 14, 13 wird Abraham als *hā'ibrî* bezeichnet, was seit den 30er Jahren oft mit dem ägyptischen *'prw*, ugaritischen *'prm* und den akkadischen *ḫabīru* bzw. *ḫapīru* (letzteres manchmal die Transkription des Logogramms SA–GAZ) in Verbindung gebracht wurde. Das akkadische Wort wurde dabei mit „Räuber", allgemein „Verbrecher" oder „Vogelfreier" (was aber gewöhnlich auf Akkadisch mit *ḫabātu(m)* wiedergegeben wird) übersetzt. Daher wurde der durch das Wort ausgedrückte Zustand früher mit einer Art Verbrechertum verwechselt und seine wahre Bedeutung erst vor wenigen Jahren entdeckt (vgl. resp. AHw I, 322 u. 303 f.).

Literatur: Die Texte befinden sich bei Bottéro, J.: Le problème des Habiru. Paris 1954, und Greenberg, M.: The Ḫab/piru. New Haven Conn. 1955. Vgl. ferner Landsberger, B.: Ḫabiru und Lulaḫḫu. In: Kleinasiatische Forschungen 1 (1930), 321–334; Borger, R.: Das Problem der 'Apiru (Ḫabiru). In: ZDPV 74 (1958), 121–132; Gray, M. P.: The Ḫabiru-Hebrew Problem in the Light of the Source Material Available at Present. In: HUCA 29 (1958), 135–202; Liverani, M.: Il fuoruscitismo in Siria nella tarda età del bronzo. In: RSIt 77 (1965), 315–336; Rowton, M. B.: The Topological Factor in the *Ḫapiru* Problem. In: Studies in Honor of Benno Landsberger. Chicago 1965, 375–387; Uchelen, N. A. van: Abraham de Hebreeër. Assen 1965, 71–105; Weippert, M.: Die Landnahme, a. a. O., 66–102; Vaux, R. de: Le problème des Hapiru après quinze années. In: JNES 27 (1968), 221–228; Weippert, M.: Abraham der Hebräer? In: Bibl 52 (1972), 407–432; Schult, H.: Eine einheitliche Erklärung des Ausdrucks „Hebräer" in der israelitischen Literatur. In: DBAT 10 (1975), 22–40; Lemche, N. P.: "Hebrew" As National Name for Israel. In: StTh 33 (1979), 1–23; Thiel, W.: Die soziale Entwicklung Israels in vorstaatlicher Zeit. Berlin DDR 1980,

[31] Vgl. z. B. Van Hattem, W. C.: Once Again: Sodom and Gomorrah. In: BA 44 (1981), 87–92, der sogar den Vorschlag macht, das Ganze in der Frühbronzezeit, Phase III, unterzubringen!

76–79; Loretz, O.: Habiru – Hebräer. Berlin 1984; Jagersma, H.* 1979, 25–29; Lemche, N. P.: Early Israel. Leiden 1985; Na'aman, N.: Ḫabiru and Hebrews: the Transfer of a Social Term to the Literary Sphere. In: JNES 45 (1986), 217–288; Lemche, N. P.* 1988, 85 ff., 89 f., 133.

6.7.3.1 Auf Akkadisch wird das allgemein semitische /ʿ/ mit /ḫ/ transkribiert, während in allen Sprachen der Gegend (wie in manchen europäischen) die Austauschbarkeit von /b/ und /p/ besteht. Es würden also etymologisch keine Schwierigkeiten bestehen, *ʿibrî* von *ḫabīru* und ähnlichen Ausdrücken in den benachbarten Sprachen abzuleiten. Es scheint ferner klar, daß alle diese Wörter sich auf ein und denselben Tatbestand beziehen. Es wurde manchmal vorgeschlagen, *ʿibrî*, wo es nicht einfach für „Jude" bzw. „Israelit" steht, als das hebräische Gegenstück dazu zu fassen. Öfters wurde bis vor einigen Jahren auch die Landnahme mit den *ḫapiru* in Verbindung gebracht, besonders nach dem, was aus den Amārna-Briefen hervorgeht.

6.7.3.2 Nun hat sich aber in den letzten Jahren immer klarer herausgestellt, daß die als Hapiru bezeichneten Gruppen nicht eine ethnische oder eine verbrecherische, sondern eine soziale Größe darstellten, welche sich durch ihre Rechtlosigkeit am Aufenthaltsort auszeichnete. Juristisch gesehen ist ein Hapiru also so etwas wie ein Geächteter.

6.7.3.3 Wie M. Liverani in seiner bahnbrechenden, doch wenig beachteten Studie von 1965 bewiesen hat, wurde man zum Hapiru besonders als Emigrant. Solche Emigranten verließen ihre Heimat oft aus politischen, doch meistens aus wirtschaftlichen Gründen; sie wurden leicht zu Banditen und verunsicherten mit ihren Ränken die neue Wahlheimat, die sich, meist gegen ihren Willen, in internationale Verschwörungen miteinbezogen fand. So der Fall des vor Saul flüchtenden David[32]: in den Scharen des künftigen Königs „sammelten sich ... allerlei Männer, die in Not und Schulden und verbitterten Herzens waren", I Sam 22,1–2. Für die Texte vgl. jetzt Loretz, 1984, Kap. 5.

6.7.3.4 Allerdings sollte man die größte Vorsicht walten lassen. Nach dem Aufsatz von H. Schult, 1975, sind alle betroffenen biblischen Texte nachexilisch, ein Vorschlag, den O. Loretz, 1984, 12 ff., aus nicht immer überzeugenden Gründen zurückweist. Sollte Schult recht bekommen, dann wäre *ʿibrî* einfach ein Synonym von Judäer. Vielleicht (Lemche, 1985) stammen die neuen Bewohner der Hochebenen von diesen Emigranten ab.

6.8 Religion

In seinem nunmehr klassischen Aufsatz stellte A. Alt 1929, die These auf, daß es möglich sei, die von den Erzvätern ausgeübte Religion auf Grund gewisser, in den Quellen erhaltenen Behauptungen teilweise noch zu ermitteln. Es handele sich um eine Religion, die besonders bei den nichtseß-

[32] Interessant und lohnend ist der Vergleich zwischen Idrimi von Alalaḫ auf der Flucht und einige Jahre bei den Hapiru und David, vgl. Buccellati, G.: Da Saul a Davide. In: BeO 1 (1959), 99–128.

haften Bevölkerungen vertreten ist. Alt konnte sich damals nur auf nabatäisches, also spätes Material stützen, doch inzwischen haben sich die Belege vermehrt und reichen bis in das 2. Jt. hinein.

Literatur: Alt, A.: Der Gott der Väter, 1929, KS I, 1–78; Lewy, J.: Les textes paléo-assyriens et l'Ancien Testament. In: RHR 110 (1934), 26–65; Nyberg, H. S.: Studien zum Religionskampf im Alten Testament. In: ARW 75 (1938), 329–387; Alt, A.: Zum „Gott der Väter". In: PJb 36 (1940), 93–104; Hoftijzer, J.: Die Verheißungen an die drei Erzväter. Leiden 1956, 84–96; Cross, F. M.: Yahweh and the God of the Patriarchs. In: HThR 55 (1962), 225–259; Andersen, K. T.: Der Gott meines Vaters. In: StTh 16 (1962), 170–188; Haran, M.: The Religion of the Patriarchs. In: ASThI 4 (1965), 30–55; Eißfeldt, O.: El and Yahweh. In: JSS 1 (1956), 25–37, KS III, 386–397; Seebaß, H.: Der Erzvater Israel. Berlin 1966; Cazelles, H.: La religion des Patriarches. In: DBS 7 (1966), 141–155; Weidmann, H.: Die Patriarchen und ihre Religion. Göttingen 1968; Vaux R. de: El et Baal, le Dieu des Pères et Jahweh. In: Ugaritica 6 (1969), 501–517; und ders.: Histoire* I, Teil 1, Kap.5; Fohrer, G.: Geschichte der israelitischen Religion. Berlin 1969, 20ff.; Vorländer, H.: Mein Gott. Kevelaer-Neukirchen/Vluyn 1975, 184–215, 224; Diebner, B. J.: Die Götter der Väter – eine Kritik der „Vätergott-Hypothese". In: DBAT 9 (1975), 21–51; Ruprecht, E.: Die Religion der Väter. In: DBAT 11 (1976), 2–22; Albertz, R.: Persönliche Frömmigkeit und offizielle Religion. Stuttgart 1978, 77–81; Wyatt, N.: The Problem of the "God of the Fathers". In: ZAW 90 (1978), 101–104; Van Seters, J.: The Religion of the Patriarchs in Genesis. In: Bibl 61 (1980), 220–233; Kockert, M.: Vätergott und Väterverheißungen. Göttingen 1987; Bright, J.* 1981, 95ff., Donner, H.* 1984, 79ff. und Soggin, J. A.* 1984, 104–108.

6.8.1 Nach den Quellen des Pentateuch und besonders dem 'J' unterlag die Religion von den Zeiten der Erzväter bis zur Zeit Moses keinen großen Veränderungen. 'J' läßt die Verehrung Jhwhs sogar noch vor der Sintflut beginnen, Gen 4,26; 'E' und 'P', resp. Ex 3 und 6, behaupten zwar, daß die Verehrung des früher nicht bekannten Namens Gottes erst mit Moses angefangen hätte; doch, so wichtig dieser Hinweis auch ist, es handelt sich immerhin um die Vervollkommnung eines schon vorhandenen Glaubens. Anders lautet die Behauptung von Jos 24,2.14, einem von den Quellen des Pentateuch unabhängigen Text mit starker dtr Überarbeitung: die Erzväter hätten „Götter(n) ... gedient" jenseits des Euphrats und in Ägypten, eine Art von Frömmigkeit, die ihre Nachkommen beseitigen sollten.

6.8.2 Es ist natürlich wiederum unmöglich zu ermitteln, wie die biblischen Schriftsteller sich den Übertritt zum Jahwismus vorstellten, eine Handlung, zu der auch ihre Nachkommen aufgefordert wurden. N. K. Gottwald[33] möchte darin eine Art „Konversion" nach modernem Schema erblicken: die aufständischen, bäurischen Volksmassen sollen die neue, von der aus der Wüste kommenden Gruppe gebrachte, vom befreienden Gott redende Botschaft angenommen haben, wie später (unten, 8.5) noch im einzelnen erörtert werden wird.

6.8.3 Nun behauptet A. Alt, daß man die Erzväter nie in Anbetung von Fruchtbarkeitsgottheiten bei Ortsheiligtümern: Sichem, Bethel, Hebron, antrifft. Der von

[33] Gottwald, N. K., a. a. O. (Anm. 14), Index unter Converts to.

den Erzvätern verehrte Gott wird immer in Verbindung mit der jeweiligen Person identifiziert. So begegnet man Ausdrücken wie „der Gott meines (deines, eures) Vaters", „der Gott (deines Vaters) Abraham(s)" usw. Diese Gottheit identifiziert er mit der in der Religionsgeschichte bekannten Gestalt des ϑεὸς πατρῷος, eine vom landwirtschaftlichen Zyklus, von der Natur und von jeglichem Heiligtum losgelöste Gottheit, die oft *ʾēl* genannt wird.

6.8.4 Heute sind weitere, auch viel ältere Texte für eine solche Frömmigkeit belegt, die Alt noch nicht zur Verfügung standen. Doch schon J. Hoftijzer hat 1956 darauf aufmerksam gemacht, daß diese Kultform nicht nur im Zusammenhang mit den Erzvätern, sondern auch in ausgesprochen späten Texten wie Ex 18,4; I Chr 28,9 und II Chr 17,4 vorkommt. In die gleiche Richtung gehen auch neuere Stellungnahmen: B. J. Diebner, 1975, zeigt z. B., daß das Heiligtum Mamre nach den Ergebnissen der Ausgrabungen in vorexilischer Zeit noch nicht existierte; und J. Van Seters, 1980, möchte die Gestalt des Vatergottes nicht vor der Exilzeit ansetzen, in der das Problem der Verantwortung des einzelnen debattiert und die Gegenwart der Gottheit für die Exulanten zur Anfechtung wurde.

6.8.5 Übrigens wird von den Patriarchen ferner berichtet, daß sie auch, im Text jetzt mit Jhwh identifizierte, Lokalgottheiten anriefen: Gen 31,13 und 35,7 (allerdings in einem nicht gesicherten Text) erwähnen einen *ʾel-bêtʾēl*; Gen 21,33 kennt einen *ʾēl ʿôlām* mit Sitz in Beerscheba; Gen 16,13 einen *ʾēl r*^{o}*ʾî* an unbekannter Stelle im Negeb, während der späte Text 14,18 von einem *ʾel ʿeljôn* redet. 'P' kennt einen *ʾēl šaddaj*, dessen zweites Element jetzt in der Bileam-Inschrift von *tell deir ʿalla*[34] erscheint. Und Jdc 9,4.46, also zwei Stellen außerhalb der Erzväterüberlieferungen, kennen einen *baʿal b*^{e}*rît* und einen *ʾel b*^{e}*rît*, beide in der Gegend von Sichem.

[34] Vgl. hierzu meine: Introduction, App. I, 11.

7. AUFENTHALT IN ÄGYPTEN, EXODUS UND WÜSTENWANDERUNG. DIE GESTALT DES MOSE

7.1 „Israel" in Ägypten

In der biblischen Chronologie folgen auf die Erzväter bekanntlich der Aufenthalt in Ägypten, die Unterdrückung, der Exodus und die Wüstenwanderung. Die Josephsgeschichte ist, wie schon erwähnt, als kunstvolles Bindeglied zwischen den beiden Überlieferungen eingeschoben, doch, wie wir bald sehen werden (unten, 7.2.1), gibt es Materialien, die von ihr nichts zu wissen scheinen. Der ganze Überlieferungskomplex von der Befreiung aus Ägypten ist wegen der zentralen Rolle, die er seit jeher in der Frömmigkeit und im Gottesdienst Israels spielt, besonders wichtig und die Verbindung der Auferstehung Jesu in den Evangelien mit dem hebräischen Passah nicht zufällig.

Literatur: Rowley, H.H.: From Joseph to Joshua. Oxford [2]1951; Herrmann, S.: Israels Aufenthalt in Ägypten. Stuttgart 1970; Vaux, R. de* 1971, I, II; Weimar, P. u. E. Zenger: Exodus – Geschichten und Geschichte in der Befreiung Israels. Stuttgart 1975; Engel, H.: Die Vorfahren Israels in Ägypten. Frankfurt a.M. 1979; Mettinger, T.N.D.: The Dethronement of Sabaot. Lund 1982, 72–79; Schmidt, W.H.: Exodus, Sinai und Moses. Darmstadt 1983, bes. 24ff.; für das Volkstümliche vgl. Irvin, D.: Mytharion. Kevelaer-Neukirchen/Vluyn 1978.

7.1.1 Angesichts der zentralen Bedeutung für den israelitischen Glauben und durch ihn für die Kirche verwundert es nicht, daß während der letzten hundert Jahre immer wieder neue, oft tiefschürfende Versuche unternommen wurden, einen historischen Kern in der Ägyptenüberlieferung herauszuschälen, wie die ausführliche Abhandlung von H. Engel, 1979, zur Genüge zeigt. Und diese Forschungen wurden zum Teil mit einem Schiedsspruch im Sinne einer grundsätzlichen Historizität abgeschlossen.[1] Bekannt, weil öfters zitiert, ist der Ausruf J. Brights*, 1981, 121 (ähnlich N.H. Sarna bei H. Shanks*, 1988, 51, Anm. 45): „Es handelt sich nicht um eine Art von Überlieferung, die irgendein Volk für sich erfinden würde: wir haben es nämlich nicht mit einem heroischen Epos von einer Völkerwanderung, sondern nur mit der Erinnerung an eine schmähliche Knechtschaft zu tun, aus der nur Gottes Hand die Befreiung brachte." Dies alles klingt überzeugend, doch trifft es für Völker in ähnlicher Lage auch wirklich zu? Auch die römische Überlieferung berief sich auf Aeneas,

[1] Noth, M.* 1954, 106ff.; Alt, A.: Die Herkunft der Hyksos in neuer Sicht. Berlin 1954, KS III, 72–98; 87, und Bright, J.* 1981, 120.

zur Flucht und Auswanderung nach dem Fall seiner Heimat gezwungen, mit dem alten Vater auf dem Rücken und dem kleinen Sohn an der Hand, pathetische, doch bestimmt keine ruhmreichen Gestalten. Auch der Bericht, nach dem das alte Rom nach der Gründung zur Zufluchtsstätte für alle Arten von zweifelhaften Gestalten wurde, so daß sich keiner fand, der den Römern seine Tochter zur Frau geben wollte, klingt nicht gerade heroisch. Die Fragestellung ist viel komplexer, denn es geht nicht um Erfindungen der Völker, sondern darum, was und weshalb die Tradition solches berichtet und wie es sich mit der geschichtlichen Zuverlässigkeit verhält.

7.1.2 Die israelitischen Landnahmeüberlieferungen erzählen davon, daß die Eindringlinge sich nicht, wie üblich, von Norden her (so u. a. Abraham und auch Jakob mit einer Variante: durch den Hauran), sondern von der östlichen und vermutlich auch von der südlichen Steppe (vgl. unten, 8.1.3) dem Lande näherten; dadurch erhält Ägypten als Ausgangspunkt eine gewisse Wahrscheinlichkeit.[2]

7.1.3 Als Beweisstück sollte man allerdings das Vorkommen ägyptischer Namen im hebräischen, besonders priesterlichen Onomastikon (*ḥofnî, pinᵉḥās, ʾassîr, pašḥûr, mošeh* usw.) nicht zählen: Kanaan und Südsyrien sind ja lange unter ägyptischer Herrschaft und die Beziehungen zwischen Ägypten und Israel/Juda immer rege gewesen (oben, 1.5), so daß sprachliche Einflüsse sich leicht erklären.[3]

7.1.4 Auch hier sind aber die biblischen Materialien solcher Art, daß eine kritische Nachprüfung nicht stattfinden kann. Eine einzige, von den meisten als zuverlässige Überlieferung betrachtete Stelle ist der kurze Bericht Ex 1,11, nach dem „Israel" am Bau der „Vorratsstädte" *pitʾôm* und *raʿamsēs* mitgearbeitet habe.[4] Der erste Name ist wohl die Wiedergabe des ägyptischen *pr.ʾtm*, „Haus (= Tempel) des (Gottes) Atum", einer Ortschaft im *wādī et-tumeilat*, vermutlich entweder auf dem *tell er-retābe* oder auf dem *tell el-mašḥūta*. Wenige Kilometer entfernt befand sich *ṯkw*, wohl das *sukkôt* von Ex 13,37 (unten, 7.9.1.2). *raʿamsēs* ist die alte Hauptstadt der Hyksos, Avaris, die Sethi I. (ca. 1291–1279) und besonders Ramses II. (ca. 1279–1212) wiederaufbauen ließen.[5]

[2] Vgl. hierzu mein: I testi vetero-testamentari sulla conquista della Palestina. In: RivBib 28 (1980), 45–57.

[3] Noth, M.: Die israelitischen Personennamen ..., Stuttgart 1928, 63. Nach den von Weinstein, J. M.: The Egyptian Empire, A Reassessment. In: BASOR 241 (1981), 1–28, zusammengetragenen Daten soll aus dieser nominellen Kontrolle gegen Ende der Bronzezeit und bis zum 12. Jh. eine tatsächliche Besetzung der Gegend geworden sein, wie aus verschiedenen, aus dieser Zeit datierenden Gebäuden ägyptischer Art bezeugt wird.

[4] Aharoni, Y.: The Land** 1979, 196 sieht hier irrtümlicherweise ein Zitat des Wortes *ʿprw*.

[5] Aus verschiedenen Gründen haben sich Redford, B. D.: Exodus I 11. In: VT 13 (1963), 411–418, und Bimson, J. J.: Redating the Exodus and the Conquest. Sheffield 1978, 35f. (vgl. meine Rez. In: VT 31, [1981], 98f.) dagegen gewandt. Gegen Redford siehe aber Helck, W.: Ṯkw und die Ramsesstadt. In: VT 15 (1965), 35–48.

7.2 Ankunft

Die letzten Kapitel der Genesis berichten von der Ankunft der Erzväter in Ägypten. Dort war Jakobs Sohn Joseph zum Großwesier und Berater des Königs emporgestiegen. Und auf Joseph nimmt auch Ex 1,8 ('J') ausdrücklich Bezug; hier ist die Rede von einem Pharao, der die Dankbarkeitspflicht gegenüber Joseph und seinen Nachkommen nicht mehr einhielt.

7.2.1 Allerdings ist die Josephsgeschichte, die man heute, wie schon erwähnt (oben, 6.5), eher spät datieren möchte, nicht die einzige Überlieferung von der Umsiedlung nach Ägypten. Das sogenannte kleine geschichtliche Credo weiß nichts von der Josephsgeschichte, vgl. Dtn 26,5b und Jos 24,4: die Erzväter werden hier als direkt nach Ägypten „hinabgestiegen" dargestellt. Diese Version der Sache wird weniger beachtet, weil sie, im Gegensatz zur Josephsgeschichte, nicht erzählerisch ausgebaut ist. Aus ihr allein könnte man nicht ermitteln, weswegen ein Pharao Joseph und seinen Nachkommen hätte dankbar sein sollen, was wahrscheinlich macht, daß auch der Bericht Ex 1,8 späten Ursprungs ist, da er die Josephsgeschichte voraussetzt. Die Überlieferung von Joseph ist hingegen reich an folkloristischen, topographischen und überhaupt erzählerischen Einzelheiten und bildet einen geschlossenen literarischen Komplex.

7.2.2 Was aber besonders schwer wiegt, ist, daß, nach der heutigen Forschung, in ägyptischen Quellen ein totales Schweigen über diese Begebenheiten herrscht. Es fehlt jede Nachricht von einer Wanderung, die mit der der Erzväter in Verbindung gebracht werden könnte; nichts weiß man ferner von einem asiatischen Großwesier, der sich mit Joseph wenigstens hypothetisch gleichsetzen ließe. Da nun aber auch die biblischen Texte keinen Namen des betreffenden Pharaos vermelden (der erste, mit seinem Namen registrierte Pharao ist Šošenq/Šišaq I., vgl. unten, 9.6), befindet sich die Forschung in einer ähnlichen Lage wie mit den Erzvätern!

7.2.3 *Literatur:* Vergote, J.: Joseph en Égypte. Löwen 1959 (dazu vgl. die Rezension von Morenz, S. in: ThLZ 84 [1959], 401–416); Rad, G. von: Josephgeschichte und ältere Chokma. In: VTS 1 (1953), 120–127, GSt I, 272–280; Die Josephgeschichte. Neukirchen/Vluyn 1956; Eißfeldt, O.: Stammessage und Menschheitserzählung in der Genesis. Berlin DDR 1965; Ruppert, L.: Die Josepherzählung. München 1965; Whybray, R. N.: The Joseph Story and Pentateuchal Criticism. In: VT 18 (1968), 512–528; Coats, G. W.: The Joseph Story and Ancient Wisdom: An Appraisal. In: CBQ 35 (1973), 285–297; Meinhold, A.: Die Gattung der Josephsgeschichte und des Estherbuches: Diasporanovelle, I. In: ZAW 87 (1975), 306–323; II. In: ZAW 88 (1976), 72–93; Donner, H.: Die literarische Gestalt der alttestamentlichen Josephsgeschichte. Heidelberg 1976; Scharbert, J.: Joseph als Sklave. In: BN 37 (1978), 104 bis 128; King, J. R.: The Joseph Story and Divine Politics . . . In: JBL 106 (1978), 577–594; Willi-Plein, I.: Historiographische Aspekte der Josefsgeschichte. In: Hen 1 (1979), 305–331; Geyer, B.: The Joseph and Moses Narratives: Folk Tale and History. In:

JSOT 15 (1980), 51–56; Thompson, T. L.: History and Tradition. In: JSOT 15 (1980), 57–61; Schmidt, L.: Literarische Studien zur Josephsgeschichte, Berlin 1986.

Daß die Josephsgeschichte historisch kaum für die Zeiten, auf die sie Bezug nimmt, verwertbar ist, ist schon seit langem bekannt. M. Noth und G. von Rad haben beide richtig gesehen,[6] daß ihr Zweck nicht historiographisch, sondern hauptsächlich erzählerisch ist. Nach M. Noth „stellt sie vielmehr die breite und kunstvolle erzählerische Entfaltung einer Themenverbindung dar", und mit dem Stamm Joseph (oder mit der ganzen Gruppe der sogenannten Rahelstämme) hat sie nichts zu tun, außer daß sie vermutlich dort entstand. Nach G. von Rad ist die Lust zum Fabulieren ein wichtiges Kennzeichen der Erzählung, die in ihr völlig aufgeht.[7]

7.3 Unterdrückung

Der Versuch, die Wanderung Jakobs und seiner Söhne nach Ägypten mit altorientalischen Völkerwanderungen zu verbinden, ist öfters unternommen worden.

7.3.1 Noch Albrecht Alt zog im Jahr 1939, unter anderen, die Möglichkeit, daß die Wanderung der Erzväter nach Ägypten im Rahmen der Hyksos-Herrschaft zu erklären sei, durchaus in Betracht. Es schien damals, daß die in Ägypten Hyksos genannte Gruppe aus semitischen und indoasiatischen Gliedern bestand, deren Ursprungsort das nördliche Zweistromland gewesen sei. Doch einige Jahre später, 1951, gelangte Alt zu einer entgegengesetzten Überzeugung: die Machtnahme dieser Gruppe (deren Name man zuerst als „Hirtenkönige" deutete, vermutlich aber mit „Fremdkönige" übersetzt werden sollte) ist nicht die Folge einer Völkerwanderung und noch weniger einer Invasion. Wenn auch ein großer Teil ihres Ursprungs noch im Dunkeln liegt, so scheint es doch immer wahrscheinlicher, daß es sich um semitische und hurritische, schon seit einiger Zeit im östlichen Nildelta ansässige Gruppen handelte, denen es gegen Ende des ersten Viertels des 2. Jt. gelang, die Macht an sich zu reißen, indem sie ihren Nutzen aus den Unruhen der Zweiten Zwischenzeit zogen, und diese zwei Jahrhunderte lang hielten.

7.3.2 Genau wie die These einer amorräischen Wanderung bei den Erzvätern (oben, 6.2.3), ist auch die einer Wanderung der Hyksos nach Ägypten, vom Zweistromland aus über Syrien–Kanaan, nicht zu verteidigen; so scheint es auch zweifelhaft, von einer Vertreibung der Hyksos als

[6] Noth, M.: Überlieferungsgeschichte des Pentateuch. Stuttgart 1948, 226–232, und Rad, G. von: Das erste Buch Mose. Göttingen [9]1972, 356ff.

[7] Crenshaw, J. L.: Method in Determining Wisdom Influence upon "Historical" Literature. In: JBL 88 (1969), 129–142; ferner Whybray 1968 und Coats 1973.

Fremdkörper zu reden[8] und diese mit dem Bericht über den neuen König in Verbindung zu bringen.[9]

7.3.2.1 Die biblische Überlieferung verbindet die Verfolgung „Israels" mit einem Regierungswechsel, ja, sie wäre geradezu von der neuen Regierung veranlaßt worden, welche Gründe hatte, den Einwanderern gegenüber mißtrauisch zu sein. Nur zwei Fälle sind bekannt, die damit in Verbindung gebracht werden könnten: die „Vertreibung" der Hyksos während der 18. Dynastie und besonders durch Ah-Mose (ca. 1570–1546), und der am Anfang der 19. Dynastie unter Sethi I. (ca. 1291–1279).

7.3.2.1.1 Mit allem erwähnten Vorbehalt spricht manches für die erste Möglichkeit: wenn eine neue Dynastie die alte, als Fremdherrschaft empfundene, ablöste, mußte eine Periode starken Nationalgefühls gefolgt sein, so daß früher eingewanderte Fremde als potentielle Feinde betrachtet wurden. Falls dies zuträfe, hätte „Israel" allerdings ungefähr 250 Jahre Frondienst geleistet, was aber unwahrscheinlich lange ist. Die beiden Ex 1,11 erwähnten Städte wären dann gegen Ende dieser Periode erbaut worden.

7.3.2.1.2 Die zweite Möglichkeit wäre, chronologisch gesehen, viel passender, doch würde es vollkommen unklar bleiben, weswegen eine alteingesessene, wirtschaftlich nützliche Bevölkerung, wenn auch fremden Ursprungs, auf einmal zum Feind gestempelt würde.

7.3.2.2 Wichtiger scheint mir aber die Tatsache, daß aus Ägypten über all dies nichts bekannt ist. Nur einmal, im Pap. Anastasi V (ANET 259b, nicht in TUAT, 13. Jh.) erfährt man von zwei (N.B.!) entronnenen Sklaven, denen man über die Grenze nachsetzte.

7.3.3 Die hier aufgeworfenen Fragen sind kompliziert. Ich kann sie hier auch nur kurz erörtern. 1959 war es angeblich dem belgischen Ägyptologen J. Vergote gelungen, eine Reihe von Übereinstimmungen und Parallelen zwischen der Josephserzählung und ägyptischen Texten aus der 19. Dynastie (Anfang des 13. Jh.) festzustellen. Für ihn bestanden also nicht nur keine Hindernisse, die Geschichte in jene Zeit zu datieren, sondern vieles zeugte sogar für so ein Datum.[10] Auch der deutsche Ägyptologe Siegfried Morenz,

[8] So noch James, T. J. H. in seinem Beitrag zur CAH II, 1 ³1973, 289ff. im Titel; im Text ist er viel vorsichtiger!

[9] Das Problem der Machtergreifung und des Verfalls der Hyksos kann (und soll) hier nicht behandelt werden. Vgl. Redford, B. D.: The Hycsos Invasion in History and Tradition. In: Or 39 (1970), 1–51, für den es sich nicht um fremde Elemente handelt; Couroyer, B.: Les Aamon-Hyksós et les Cananéo-Phéniciens. In: RB 81 (1974), 321–354, 481–523. Siehe ferner Gottwald, N. K.: The Tribes of Yahweh. Maryknoll N. Y. 1979, 391–394, bes. die Anm. 296–297. Im allgemeinen siehe die Geschichten von Noth, M.* 1954, 31–34, Vaux, R. de* 1971, I, 74–84, und Herrmann, S.* 1980, 36f.

[10] Vgl. seine Schlußfolgerungen, 203ff.

obwohl vorsichtiger und weniger begeisterungsfähig als sein belgischer Kollege, befürwortete im großen ganzen seine Vorschläge. Einige weitere Forscher[11] wiesen ferner auf die Tatsache hin, daß es aus dieser Zeit viele Belege für Ausländer in Machtpositionen gibt. Dasselbe läßt sich ebenfalls für die Zeit Salomos sagen.[12]

7.3.4 Der Vorschlag Vergotes ist unhaltbar: viele andere Elemente deuten darauf hin, daß die Geschichte viel späteren Ursprungs, also, nachexilisch, als „Diasporanovelle“ zu verwerten ist (Meinhold, 1975), was auch gut zum Motiv des versklavten, doch durch seine Tugend befreiten und emporgestiegenen Hebräers in der Fremde paßt.

7.4 Im „Lande Goschen“

Im „Lande *gošen*“[13] sollen die Erzväter und ihre Nachkommen angesiedelt worden sein.

7.4.1 Der Brauch, asiatische Einwanderer auf ägyptischem Land anzusiedeln, ist an sich wohlbelegt. Im Pap. Anastasi VI (ANET 259f., nicht in TUAT; Ende des 13. Jh.)[14] steht der Bericht eines Grenzbeamten, worin gemeldet wird: „Wir haben gerade durch die Festung …, welche sich in der Nähe von *ṯkw* (wohl *sukkôt*, Ex 12,37, unten, 7.9.1.2) befindet, die Hirtenstämme durchgelassen, in Richtung der Becken von *pr.ʾtm* (*pitʾôm?* vgl. oben, 7.1.4) …, um sie und ihr Vieh am Leben zu erhalten, durch das *ka* des Pharaos …“ Und es gibt noch weitere Texte ähnlichen Inhalts.

7.4.2 In dieser Grenzgegend muß man also das sonst unbekannte Land *gošen* suchen;[15] seit jeher (bis zur heutigen Zeit, d. h. bis zur Urbarmachung durch Trockenlegung für intensive Landwirtschaft) wurde sie für extensive Viehzucht verwendet. Nach Gen 46,28ff. soll Joseph in relativ kurzer Zeit mit seiner Kutsche von dort in die Hauptstadt gelangt sein, ein Zeichen, daß, nach der Tradition, die Hauptstadt sich nicht in Memphis, sondern in Avaris/Tanis befand (oben, 7.1.4).

[11] Wright, G. E.: Biblical Archaeology. Philadelphia–London ²1962, 54ff.

[12] Rad, G. von, a. a. O. (Anm. 6); Vaux, R. de* 1971, I, II.III und Wright, G. E., a. a. O.; vgl. jüngstens Sarna, N. H.: Exploring Exodus: The Oppression. In: BA 49 (1986), 68–81.

[13] Vergote, J.: 1959, 135ff., HAL und Ges ¹⁸z. St. Ferner Lipiński, E.: From Karatepe to Pyrgi. In: RSF 2 (1974), 45–61, 46; vgl. noch Herrmann, S.: Zu Gen. 41,53. In: ZAW 62 (1950), 321. Zum Problem im allgemeinen vgl. Ellenbogen, M.: Foreign Words in the Old Testament. London 1962, 3–5, und AHw I, 3.

[14] ANET 259 und Wright, G. E., a. a. O. (Anm. 6), 56; Herrmann, S. 1970, 42. J. A. Wilson schlägt „Beduinen“ vor, doch das ägyptische *sws* wird, wie auch er zugibt, besser mit „Hirte“ übersetzt. Für diese Gruppen vgl. Giveon, R.: Les bédouins Shoushou des documents égyptiens. Leiden 1971.

[15] Die Materialien über dieses Land bei Yeivin, S.: The Israelite Conquest of Canaan. Leiden/Istanbul 1971, 243–264 = App. D.

7.5 Chronologie

Die Chronologie bietet auch hier ein unlösbares Problem. Gen 15,13ff. (dtn oder dtr) und Ex 12,40 ('P') ist von 400 bzw. 430 Jahren die Rede für die Zeit zwischen Abraham und dem Exodus; doch Gen 15,16 redet auch von „vier Menschenaltern", also höchstens von 60 bis 120 Jahren. An die ersten beiden Zahlen (also 400 und 430 Jahre) knüpft die Chronologie von I Reg 6,1 an, wo der Anfang des Tempelbaues 480 Jahre nach dem Exodus festgelegt wird.

7.5.1 Diese Zahlen sind historiographisch nicht zu verwenden: sie drücken ein ideologisch-theologisches, nicht ein chronologisches Konzept aus.[16] Es ist deswegen unmöglich, eine Chronologie aufzustellen, sei es auch nur eine, wie Israel und Juda sie sich vorstellten.

7.5.2 Höchstens könnte man annehmen, daß in Israel (dem Norden) unter gewissen Gruppen die Erinnerung an eine Zeit der Fronarbeit noch lebendig war, während der ihre Vorfahren die beiden Städte im Nildelta miterbaut hätten, wozu sie durch jene Behörde aufgerufen wurden, die sie dort ursprünglich angesiedelt hatte. Doch auch dies ist eine reine, nur auf die Überlieferung gestützte Vermutung; für eine Erklärung der Ursprünge Israels und Judas ist sie nicht notwendig.

7.6 Fronarbeit

Ex 1,8–10 ('J') wird, wie schon gesagt, die Zuteilung „Israels" zur Fronarbeit mit einem Regierungswechsel begründet (oben, 7.3.2): die neue Obrigkeit soll Angst gehabt haben, daß im Kriegsfall die angesiedelten Einwanderer sich mit dem eindringenden Feind verbünden könnten. Dieser Verdacht ist nicht begründet, da dieselbe Überlieferung behauptet, daß „Israel" sich schon lange im Land aufhielt.

7.6.1 Die Fronarbeit wurde bald durch einschränkende Maßnahmen noch verschärft: zuerst wurde den Fronarbeitern das benötigte Material zugewiesen, später mußten sie das Stroh für die Anfertigung von Luftziegeln selbst zusammentragen, ohne daß die Akkordnormen verringert wurden, 5,6–23. Endlich wurde vom König den Hebammen der Befehl erteilt, alle Kinder männlichen Geschlechts bei der Geburt zu töten. Dieser erste Genozidversuch scheiterte aber am passiven Widerstand der beiden israelitischen Hebammen.[17]

7.6.2 Hier hat man wiederum ein märchenhaftes Motiv: das des bösen Herrschers, dessen Pläne durch die List einfacher, doch frommer und entschiedener Leute

[16] Vgl. mein: Le livre des Juges. Genève 1987, 10–12, Englisch 6ff.

[17] Deren Namen gut westsemitisch sind, Noth, M., a.a.O. (Anm. 3), und Albright, W.F.: North-West Semitic Names in a List of Egyptian Slaves from the Eighteenth Century B.C. In: JAOS 74 (1954), 222–232, und Schmidt, W.H.: Exodus I, Neukirchen/Vluyn 1988, 42. Die Wahrscheinlichkeit, daß die Hebammen ägyptisch gewesen sind, wird heute von Schmidt, W.H., 1988, 19f. in Betracht gezogen.

vereitelt werden. Ferner könnte man behaupten, daß beide Verfolgungsmaßnahmen in einer gewissen Spannung zueinander stehen: einerseits die Fronarbeit, in der eine Steigerung der Produktion angestrebt wurde, anderseits die Tötung der zukünftigen männlichen Bevölkerung, was auf die Dauer die Produktion zum Stillstand gebracht hätte. Im ersten Fall ist von einem Genozid nicht die Rede, und man könnte sogar annehmen, daß die Freiheit den Fronarbeitern nach vollbrachter Fron und Ende der politischen Gefahr wieder zurückgegeben würde.

7.6.3 Die Geburt Mose ist ein Teil des zweiten Motivs, das des Kindermordes. Allerdings gehört die Erzählung zum altorientalischen Volkssagenmaterial, in dem es eine auffallende Parallele hat: die „Selbstbiographie" Sargons I. von Akkad (ca. 2334–2270). Auch er wurde heimlich von seiner Mutter geboren, von ihr „in ein Körblein aus Rohr, mit einem durch Pech abgeschlossenen Deckel gesteckt" und dann dem Strom übergeben. Später wurde das treibende Körblein von einem Wasserträger aus dem Fluß geholt, der das Kind aufzog (ANET 119, noch nicht in TUAT). Die Abdichtung kommt auch in der biblischen Erzählung vor, wo sie allerdings keinen besonderen Zweck hat, da der Korb nicht schwimmen soll, Ex. 2,2–3.

7.7 Vorboten des Auszugs

Aus all dem Gesagten geht hervor, daß es hier, wie in den Erzvätergeschichten, mehr Probleme gibt, als die Wissenschaft zu lösen hoffen kann.

Literatur: Childs, B. S.: The Birth of Moses. In: JBL 84 (1965), 109–122; Redford, D. B.: The Literary Motiv of the Exposed Child. In: Numen 14 (1967), 209–228; Eißfeldt, O.: CAD II,2 ³1975, 318ff.; Schmidt, W. H.: Jahwe in Ägypten. In: *Séfer Rendtorff*, Dielheim 1975, 94–112; Vaux, R. de* 1971, I, II. Kap. 3; Rad, G. von: Beobachtungen an der Moseerzählung Exodus 1–14. In: EvTh 31 (1971), 579–588, GSt II, 189–198; Ska, J.-L.: La sortie d'Égypte (Ex 7–14) dans le récit sacerdotal (Pg) et la tradition prophétique. In: Bibl 60 (1979), 171–215; Ramsey, G. W.: Reconsidering Israel's Early History. Atlanta–London 1981, Kap. 3; Coats, G. W.: Moses, Heroic Man, Man of God. Sheffield 1988. Viel vorsichtiger ist allerdings Nicacci, A.: Sullo sfondo egiziano di Esodo 1–15. In: LASBF 36 (1986), 7–43.

7.7.1 Die sagenhafte, ja manchmal märchenhafte Art der biblischen Berichte und das Schweigen der ägyptischen Quellen (die sich aber, wie schon oben, 7.4 und 7.3.2.2 erwähnt, doch mit solchen Problemen befassen), bilden ein unüberbrückbares Hindernis nicht nur für jede geschichtliche Rekonstruktion der Begebenheiten, sondern auch für die Verifizierung der Fragen, ob überhaupt ein geschichtlicher Hintergrund vorauszusetzen sei.

7.7.2 Doch auch der nicht spezialisierte Leser wird sich über die Häufigkeit der oft sagenhaften Einzelheiten wundern.

7.7.2.1 Moses und Aaron treffen sich oft mit dem von seinen Würdenträgern, „Weisen und Zauberern" umringten Pharao und verhandeln mit ihm. Daß nun der Gott-König auf gleicher Ebene den Vertretern einer fremden, verfolgten Minderheit begegnen würde, mutet vollkommen unwahrscheinlich an, selbst wenn, der Überlieferung nach, Moses am Hof erzogen worden wäre.

7.7.2.2 Ferner ist die Erzählung zu kunstvoll und schematisch aufgebaut, als daß sie sich auf die Niederschrift tatsächlich stattgefundener Begebenheiten gründete: zuerst lenkt der Pharao ein, später aber wird sein Herz durch Gottes Eingreifen immer wieder verstockt, und er macht alles wieder rückgängig; und dieser Vorgang wiederholt sich nach jeder Plage, bis er endlich, nach der letzten, nochmals nachgibt und erst als es zu spät ist, versucht, die Flüchtlinge zurückzuholen.

7.7.2.3 Der Vorschlag des Dänen Johannes Pedersen[18] verdient Beachtung: daß der ganze Komplex ursprünglich zur Passah-Liturgie gehört habe und deswegen einheitlich gelesen werden sollte.

7.7.3 *Die „Plagen“* werden 7,14–11,10 dargestellt. Es handelt sich um neun Naturkatastrophen und eine übernatürliche Plage.

Literatur: Hort, G.: The Plagues of Egypt. In: ZAW 69 (1957), 84–103; 70 (1958), 48–59; Fohrer, G.: Überlieferung und Geschichte des Exodus. Berlin 1964, 60–97; Greenberg, M.: The Redaction of the Plagues Narrative in Exodus. In: Near Eastern Studies ... W. F. Albright. Baltimore/London 1971, 243–252; Loewenstamm, S. E.: An Observation on Source Criticism of the Plague Pericope. in: VT 24 (1974), 374 bis 378; Otto, E.: Erwägungen zum überlieferungsgeschichtlichen Ursprung und „Sitz im Leben“ des jahwistischen Plagenzyklus. In: VT 26 (1976), 3–27; Gilula, M.: The Smiting of the First Born – An Egyptian Myth? In: TA 4 (1976), 94 f.; Norin, S. I. L.: Er spaltete das Meer. Lund 1977, 13 ff., 128 ff.; Ska, J.-L., a. a. O., zu 7.6.3; Van Seters, J.: The Plagues of Egypt: Ancient Tradition or Literary Invention? In: ZAW 98 (1986), 31–39; Soggin, J. A.* 1984, 121–124.

7.7.3.1 Je nach Text werden die Plagen verschieden benannt; die scheinbare Einheitlichkeit der Texte trüge deswegen nicht: es hat um diese Plagen eine große und lange Redaktions- und Herausgeberarbeit stattgefunden.[19] Sie sind des weiteren, wenn auch in anderer Reihenfolge, Ps 78,43–51 und 105,27–36 belegt. Endlich besitzen nicht alle Quellen des Pentateuch die vollständige Liste der Plagen, so daß behauptet wurde, gewisse Plagen seien nur Varianten oder sogar Duplikate anderer.[20] Falls dies zuträfe, hätte man es im ganzen mit sieben Plagen zu tun.

7.7.3.2 Die Möglichkeit, die Plagen mit in der Gegend bezeugten Naturereignissen in Zusammenhang zu bringen, wird immer wieder erörtert. Die Ergebnisse solcher Versuche sind aber bescheiden, wenn man sie mit dem Aufwand vergleicht. Der Versuch von G. Hort, 1957/58, ist dabei immer noch der interessanteste, und auf ihn

[18] Pedersen, J.: Passahfest und Passahlegende. In: ZAW 52 (1934), 161–175; ähnlich neuerdings Rendtorff, R.: Das überlieferungsgeschichtliche Problem des Pentateuch. Berlin 1977, 155, und Blum, E.: Studien zur Komposition des Pentateuch. Berlin 1990. Blum erwähnt die Arbeit von J. Pedersen im Literaturverzeichnis nicht.

[19] Vaux, R. de*, I, II.III, 1–2.

[20] Für die Probleme vgl. Galbiati, E.: La struttura letteraria dell'Esodo. Alba 1956, und Cassuto, U.: A Commentary on the Book of Exodus. Jerusalem 1967, resp. 111–133 und 92 ff.

sei für Einzelheiten verwiesen. Nach G. Hort ist nur die 7. Plage, der Hagel, unerklärlich, da es in Ägypten keinen Hagel gebe, während er in Kanaan im Winter häufig auftrete. Die letzte Plage wäre übrigens anders zu deuten: *bikkûrîm* soll hier nicht die Erstgeborenen, sondern die Erstlinge des Ackers und der Herde, welche durch die früheren Plagen zerstört wurden, bezeichnen.

7.7.3.3 Hierzu muß aber folgendes bemerkt werden: wie man auch immer die einzelnen Plagen deuten mag, ihre Wirkung erzeugten sie durch ihr Auftreten während einer kurzen Zeit; die letzte, im Fall, daß sie überlieferungsmäßig aufgefaßt werden soll, ist als Naturereignis nirgends unterzubringen. Was der Text bezeugen will (denn um ein Zeugnis handelt es sich ja), ist, daß der Gott Israels sich auf die Seite der Armen und Unterdrückten gestellt und ihnen so zum Sieg über die Großmacht und deren als Gott betrachteten König verholfen hat.

7.8 Das Schilfmeer

Die Kap. 12–14 und das Lied Kap. 15 berichten über das Hauptereignis des Auszuges: das Durchschreiten des als *jam sûf* bezeichneten Meeres.

Literatur: Wright, G. R. H.: The Passage of the Sea. In: Göttinger Miszellen 33 (1979), 55–68; Scharbert, J.: Das „Schilfmeerwunder" in den Texten des Alten Testaments. In: Mélanges ... H. Cazelles. Kevelaer–Neukirchen/Vluyn 1981, 395–417; Batto, B. F.: The Reed Sea: Requiescat in Pace. In: JBL 102 (1983), 27–35; Soggin, J. A.: Das Wunder am Meer und in der Wüste, Exodus cc. 14–15. In: D'Ugarit à Qumrân. ... Mélanges ... M. Delcor, Kevelaer–Neukirchen/Vluyn 1985, 379–385; Weimar, P.: Die Meereswundererzählung. Wiesbaden 1985; Ska, J.-L.: Le passage de la mer. Rom 1986.

7.8.1 Die traditionelle Übersetzung mit „Rotem" Meer beruht auf der Wiedergabe der LXX mit ἐρυθρὰ θάλασσα und der Vulg. mit *Mare rubrum*; sie ist aber falsch: Ex 2,3.5 bedeutet *sûf* das „Schilf", das „Rohr". Freilich wird der Ausdruck I Reg 9,26 und Jer 42,21 für die nordöstliche Bucht des Roten Meeres, des heutigen Golfs von *ʿaqāba*, verwendet, was die Verwechslung erklären könnte. Nur Batto, 1983, widersetzt sich heute dieser These und möchte weiter mit „Rotem" Meer übersetzen.

Zum Schilfmeer gelangt „Israel" nach dem Auszug und befindet sich also zwischen dem Meer und den es verfolgenden Ägyptern, deren König sein Versprechen wiederum rückgängig gemacht hat. Doch das Wasser weicht vor den Flüchtlingen zurück und ergießt sich über die Verfolger.

7.8.2 Auch hier ist der Bericht nicht einheitlich, obwohl er auf den ersten Blick so erscheinen könnte: es gibt nämlich, bei genauem Zusehen, mindestens drei, ja vielleicht sogar vier Fassungen:

7.8.2.1 Eine allgemein als älter betrachtete, 14,21 $a^{\beta}b^{\alpha}$: „Jhwh ... ließ das Meer zurückweichen durch einen starken Ostwind die ganze Nacht, und machte das Meer trocken." Hier handelt es sich um einen natürlichen Vorgang, bei dem das Wunderbare nur in dem gleichzeitigen Eintreffen der Verfolgten und Verfolger auftritt.[21]

7.8.2.2 Der spätere Bericht, 14,21 a$^{\alpha}$b$^{\beta}$–22 liest: „Und Moses streckte seine Hand über das Meer und die Wasser teilten sich: und die Israeliten gingen mitten ins Meer auf dem Trockenen, und das Wasser war ihnen eine Mauer zur Rechten und zur Linken"; und ergoß sich dann, V. 23 und 26 ff., über die Verfolger. Hier handelt es sich um ein reines Wunder.

7.8.2.3 Doch es gibt noch eine dritte, von den anderen abweichende Fassung, 14,24 f.: „Als nun die Zeit der Morgenwache kam, schaute Jhwh auf das Heer der Ägypter aus der Feuersäule und der Wolke und brachte einen Schrecken über ihr Heer; er hemmte (mit Sam., LXX und Syr. lies *wajjeʾesōr*, Wurzel *ʾsr*, für das masoretische *wajjāsar*, Wurzel *swr*, „ableiten", „verwirren") die Räder ihrer Wagen, und machte, daß sie nur schwer vorwärtskamen. Da sprachen die Ägypter: ‚Laßt uns fliehen vor Israel; Jhwh streitet für sie gegen Ägypten!.'" Hier ist nochmals von einem Wunder die Rede, und die betroffenen Ägypter nehmen es wahr; so entscheiden sie sich für den Rückzug. Hier werden also die ägyptischen Truppen nicht vom Wasser verschlungen, sondern ziehen sich vorsichtig zurück!

7.8.2.4 Doch vielleicht bildet Ex 15 eine weitere Fassung: „Roß und Mann hat Jhwh ins Meer gestürzt." Dieser oft als sehr alt empfundene, doch wohl relativ spät anzusetzende Text[22] kann aber auch als Variante zu 7.8.2.2 gedeutet werden, mit Einführung mythischer Elemente: die „Tiefen" *(tehômôt)* und der „Urgrund" *(meṣôlôt)*.

7.9 Wanderwege in der Wüste

Bis jetzt haben wir uns nicht mit topographischen Problemen auseinandergesetzt; dies soll demnächst geschehen.

Literatur: Eißfeldt, O.: Baal Zaphon, Zeus Kasios und der Durchzug der Israeliten durch das Meer. Halle 1932; Noth, M.: Der Schauplatz des Meereswunders. In: FS Otto Eißfeldt zum 70. Geburtstag. Halle 1947, 181–190, ABLAK 102–110; Albright, W. F.: Baal Zephon. In: FS für A. Bertholet. Tübingen 1950, 1–14; Haran, M.: Art. Exodus, the. In: IDB-SV (1976), 308–310; Aharoni, Y.: The Land ...**. 195 ff.; Davies, G. I.: The Way of the Wilderness. Cambridge 1979, 70 ff.; Har-El, M.: The Sinay Journeys. S. Diego Cal. 1983, 169–171; ferner Scharbert, J. A. Soggin und J.-L. Ska, a. a. O. (zu 7.8); Görg, M.: Pi-Hahirot. In: BN 50 (1989), 7 f.

7.9.1 Um festzustellen, wo die Tradenten das Wunder am Meer stattfinden ließen, ist es vonnöten, wenigstens den ersten Teil der Auszugs-

[21] So richtig Fohrer, G., 1964, 75 ff. Weitere Beispiele bei Kitchen, K. A.: The Ancient Orient and the Old Testament. London 1966, 157.

[22] Für eine Spätdatierung vgl. jetzt Foresti, F.: Composizione e redazione deuteronomistica in Ex. 15, 1–18. In: Lateranum 48 (1982), 41–69, und meine: Introduction, Kap. 6.5, e.

route zu rekonstruieren. Dies ist nicht schwer; komplizierter ist die Antwort auf die Frage, ob es sich um eine alte Überlieferung oder um einen späteren, rationalisierenden literarischen Versuch handelt, die Begebenheiten in einem geographischen Zusammenhang unterzubringen.

7.9.1.1 Die Texte behaupten, daß „Israel" nicht den nächstliegenden „Weg der Philister", also die von den Römern *via maris* genannte Küstenstraße einschlug, 13,17; dennoch zeigt das, was man noch ermitteln kann, daß „Israel" anfänglich gerade diesen Weg wählte.[23] Die Erwähnung des Schilfmeeres setzt nämlich die Gegenwart von Süßwasser voraus, denn nur darin wachsen Schilf und Rohr; dies führt entweder in das Nildelta, oder, weiter östlich, in das Sirbonische Haff (heute *sabḫat el-bardawīl*). Dadurch wird der von M. Noth[24] vorgeschlagene Weg über die Bitteren Seen (in der Mitte des Isthmus) ausgeklammert.

7.9.1.2 Von der Abreise aus Ägypten bis zum Meer werden die verschiedenen Etappen Ex 13,12–14,9 und Num 33,5–8 aufgezählt. Die erste ist *sukkôt*, 12,37, vermutlich das ägyptische *ṯkw*, wo sich die „Israeliten" vereinigt haben sollen. Und von dort ging es weiter zum unbekannten *ʾētām*, 13,20, bis die Flüchtlinge „sich ... bei *pî-haḥîrôt*, zwischen *migdôl* und dem Meer, vor *baʿal ṣefôn*" lagerten, 14,2.9. Dort wurden sie von den Verfolgern eingeholt. Nun sind beide letztgenannten Ortschaften durch O. Eißfeldt, 1932, identifiziert worden, auch wenn nicht alle Forscher mit seinen Ergebnissen übereinstimmen.[25] *migdôl* ist, wie der Name besagt, ein Festungsturm und wird allgemein mit dem ägyptischen *mktr*, heute *el-ḥer*, Koord. 912–048, identifiziert. *baʿal ṣefôn* ist ein auch aus Ugarit bekanntes Seemannsheiligtum und lag auf dem westlichen Teil der das Sirbonische Haff abschließenden Landzunge, Koord. 967–072, während, nach M. Görg, 1989, Pî-haḥîrôt überhaupt keinen Ortsnamen darstellt.[26] Von dort sollen die Flüchtlinge, nach einigen Forschern,[27] eine 150gradige Schwenkung nach Süden gemacht haben und so der Richtung des heutigen Kanals auf seiner östlichen Seite gefolgt sein, 13,18, vgl. 14,2. Leider ist aber der im ersten

[23] Cazelles, H.: Moïse ... a. a. O., 1325, und Aharoni, Y.: The Land**, 1979, 199 bis 201, der von Ortschaften redet „alle im nordöstlichen Teil des Nildeltas".

[24] Gegen Noth, M.* 1954, 110, und Grollenberg, H. L.: Atlas of the Bible. London 1956, Karte 9.

[25] Noth, M. 1947, Albright, W. F. 1950, Haran, M. 1976 und Har-El, M. 1983.

[26] Die Gegend wurde sorgfältig von Dotan, M.: The Exodus in the Light of Archaeological Survey in Lake Sirbonis. In: Proceedings of the 5th World Congress of Jewish Studies. Jerusalem 1969, I, Jerusalem 1973, 18–20 (hebr., engl. Zusammenfassung), nach dem Sechs-Tage-Krieg untersucht.

[27] Wright, G. E., u. F. L. Filson: The Westminster Historical Atlas of the Bible. Philadelphia ²1956, Karte V, auch bei Bright, J.* 1981, Karte III.

Text gebrauchte Ausdruck: *derek hammidbār jam sûf*, unverständlich, was die Ermittlung von Einzelheiten unmöglich macht (Soggin*, 1984, 127).

7.9.1.3 Kurz gesagt: man ist über die Etappen von Ägypten bis zum Meer verhältnismäßig gut informiert; nachher sind fast alle Einzelheiten unbekannt, und M. Noth[28] hat wohl recht, wenn er in den Lokalisierungen nur späte Rationalisierungsversuche erblickt, dem Exodus eine historische Grundlage zu verleihen, was in der ursprünglichen Überlieferung gefehlt haben soll.

7.9.1.4 Zwischen dem Meer und der Oase *qādēš* berührt der Reiseweg eine Reihe von unbekannten Ortschaften.

Literatur: Fritz, V.: Israel in der Wüste. Marburg 1970; Coats, G. W.: The Wilderness Itinerary. In: CBQ 34 (1972), 135–172; ferner Davies, G. I., 1979, und Har-El, M., a. a. O. (zu 7.9).

Die Hypothese, nach der die Flüchtlinge dem Weg der Türkisbergwerke gefolgt wären, ist unhaltbar: zuerst einmal war ihr Ziel nicht unmittelbar der (heutige) Sinai, was an sich diesen oft in den Bibelatlanten registrierten Weg möglich gemacht hätte,[29] sondern eben die Oase *qādēš*, heute *ʿein el-qudeirat*, Koord. 098–006; und zweitens dürfte dieser Weg gut bewacht gewesen sein. Dazu eine weitere, prinzipielle Bemerkung: die Flüchtlinge begaben sich, wenn Ramses II. tatsächlich der Pharao des Auszugs gewesen ist, in ein Gebiet, das unter ägyptischer Oberhoheit stand, wodurch sie sich ihr nicht entzogen hätten!

7.9.1.5 Und im Gebiet *qādēš* befinden sich *maśśāʾ* und *m^erîbāh*, Ex 17,5–7 und Num 20,1.13–14, vgl. noch *m^eribbat qādēš*, Num 27,14; Dtn 32,51; Ez 47,19 und 48,58. Es scheint sich also um eine Reihe von miteinander verbundenen Oasen zu handeln.[30]

7.9.1.6 Doch die Wirklichkeit ist vielleicht einfacher: es gibt nur einen Reiseweg, mit nur einer Unterbrechung: vom Meer nach *qādēš* und von dort ins Gelobte Land. Darin wurde dann die Route *qādēš–sînaj–qādēš* eingebaut, ein ursprünglich selbständiges Motiv, immer im Rahmen der erwähnten Historisierung.

7.9.2 *Der Berg Sinai.* Von Ex. Kap. 19 bis Num. Kap. 10 berichtet die Überlieferung über eine in sich abgeschlossene Episode: die Verleihung der *tôrāh* am Berg *sînaj*. Sie unterbricht die oft mit stereotypen Motiven gespickte Wanderung vom Meer nach Kanaan, via *qādēš*: Mangel an Trinkwasser, das Manna und die Wachteln, Ex 16,13–36 und Num 11,7–9; die Einrichtung von Gerichtshöfen Ex 18 (ein gewiß später Text) und ihr Funk-

[28] Noth, M.* 1954, 111.

[29] Noth, M.: Das zweite Buch ..., 112.

[30] Noth, M.* 1954, 106 fragt sich zu Recht, ob die verschiedenen Namen der Wüste: *ṣîn, sînaj* und *sîn* nicht phonetische Varianten desselben Namens seien.

tionieren, Num 11,16; der Abschied von den Verwandten der Frau Mose: vom Schwiegervater Ex 18,27 und vom Schwager Num 10,29; es erscheint endlich hier und da das Motiv des Murrens in der Wüste.

7.9.2.1 Doch auch die Sinaiperikope ist nicht einheitlich, ja, sie bildet, wie bekannt, einen der kompliziertesten Texte der hebräischen Bibel.[31]

Literatur: Beyerlin, W.: Herkunft und Geschichte der ältesten Sinaitradition. Tübingen 1961; Jeremias, J.: Theophanie. Geschichte einer alttestamentlichen Gattung. Neukirchen/Vluyn 1965, 7ff., 38ff.; Gese, H.: Τὸ δὲ ῾Αγὰρ Σινὰ ὄρος ἐστὶν ἐν τῇ ᾿Αραβίᾳ (Gal 4,25). In: Das ferne und das nahe Wort, FS L. Rost. Berlin 1967, 81–94, GSt 49–62; Coats, G. W.: Rebellion in the Wilderness. Nashville Tenn. 1968; Walkenhorst, K. H.: Der Sinai. Bonn 1969; Davies, G. I.: Hagar, el-Hagra and the Location of Mount Sinai. In: VT 22 (1972), 152–163; Zuber, B.: Vier Studien zu den Ursprüngen Israels. Freiburg i. Ü. 1976, 15ff.; Davies, G. I.: The Significance of Deuteronomy 1.2 for the Location of Mount Horeb. In: PEQ 111 (1979), 87–101; Zenger, E.: Israel am Sinai. Altenberge 1982; Har-El, M., a. a. O. (zu 7.8); vgl. noch Rothenberg, B.: An Archaeological Survey of South Sinai. In: PEQ 102 (1970), 4–29; Weinfeld, M.: The Tribal League at Sinai. In: Ancient Israelite Religion – FS F. M. Cross. Philadelphia 1987, 303–314.

7.9.2.1.1 Hier interessiert uns hauptsächlich das topographische Problem; es läßt sich folgendermaßen zusammenfassen: man weiß nicht, wo der Berg Sinai genau lag. Man weiß auch nicht, ob überhaupt und, eventuell, wo ihn die alten Traditionen lokalisieren wollten: der Berg könnte nämlich gut eine mythische Größe gewesen sein, die einer solchen Lokalisierung gar nicht bedurfte.

7.9.2.1.2 Die Überlieferung, welche den Berg entweder mit dem *ǧebel mussa*, 2244 m ü. M. (Koord. 778–048) oder mit dem *ǧebel qaṭārin*, 2602 m ü. M. (Koord. 771–047) identifiziert, ist sehr spät: sie ist christlich und nicht vor dem 4. Jh. u. Z. belegt; erst mit der Erbauung des Klosters St. Katharina durch Kaiser Justinian (527–565) erhielt sie offizielle Anerkennung.[32]

7.9.2.1.3 Andere suchen den Sinai in der Gegend von *qādēš*; Paulus, Gal 4,25, spricht von (Nord-)„Arabien",[33] was von Stellen wie Dtn 33,2; Jdc 5,4–5 und Hab 3,3 begünstigt wird. Ein weiterer, jüngerer Versuch denkt an den im mittleren Negeb gelegenen *har qarqôm* (Koord. 967–125),[34] was aber höchst unwahrscheinlich ist.

7.9.2.1.4 Die Sache wird dadurch erschwert, daß es auch hier nicht mehr möglich ist festzustellen, ob mit Erinnerungen an tatsächliche Geschehnisse (wohl vulkanischer Art, mit Erdbeben und Eruptionen) gearbeitet wird oder mit der literarischen

[31] Für das Problem muß ich auf die Einleitungen hinweisen.

[32] Andere Vorschläge bei Davies, G. I. 1979, und Har-El, M.; Y. Aharoni** 1979 ..., 198 befürwortet die traditionelle Lokalisierung mit wichtigen Argumenten.

[33] Aharoni, Y., a. a. O., und Vaux, R. de* 1971, I, II.IV.1–4.

[34] Anati, E.: La montagna di Dio: Har Karkom, Milano 1986, englisch New York 1986.

Gattung „Theophanie", deren Merkmale durch die Jahrhunderte gleichbleiben, vgl. Gen 15,17; II Sam 22//Ps 18,8–9; Jes 6,1ff. Und diese Möglichkeit wird seit langem als die wahrscheinlichste angesehen.

7.9.2.1.5 Dazu gesellt sich das Problem der beiden Namen des Berges. Die dem 'J' zugeschriebenen Überlieferungen reden immer von *sînaj*, während 'E', Dtn und Dtr von *hōrēb* die Rede ist; ferner gibt es noch einen *har parʾān*, Dtn 33,2, der im Parallelismus mit Sinai und Seir steht, und Hab 3,3, wo er parallel zu *têmān* (wohl das heutige *ṭawīlān*, Koord. 197–191) in der Nähe von Petra ist.[35] Von hier aus eilte Jhwh in alten oder altertümlichen Texten seinem Volk in vorgeschichtlicher Zeit zu Hilfe. Nun ist eine derartige Fülle an Namen für denselben Berg in derselben Sprache etwas, was sonst nirgends vorkommt; für verschiedene Sprachen ist sie normal, vgl. in den Alpen den Cervin/Cervino mit dem Matterhorn.

7.9.2.1.6 Zum Schluß sei also bemerkt: die Überlieferung, welche den Sinai im südlichen Teil der Halbinsel lokalisiert, ist jung; sie stammt ferner nicht aus jüdischer, sondern aus christlicher Tradition. Dies ist aber an sich kein entscheidendes Argument: Ortsnamen neigen dazu, besonders wenn es sich um Heiligtümer handelt, an derselben Gegend zu haften.[36] Doch auch hier scheint man es eher mit späteren Historisierungsversuchen als mit alten Überlieferungen zu tun zu haben.

7.9.2.2 Eine Möglichkeit, wenigstens einige Etappen in der Wüstenwanderung zu identifizieren, bestünde darin, gewisse biblische Ortsnamen mit heutigen arabischen gleichzusetzen.[37] Es gibt aber ihrer wenige, bei denen dies gelingt, und sie sind alle umstritten: *pāʾrān*, byzantinisch φαράν, erscheint im arabischen *wādī firʾān*, Dtn 1,1; *joṭbātāh*, byzantinisch ἰωτάβη, ist vielleicht das arabische *ṭabah*, Koord. 139–879, der bis vor kurzem umstrittene Grenzort wenige Kilometer südlich von Elat, Num. 33,33f. und Dtn 10,7; *h*^{a}*ṣērôt* ist vielleicht das arabische *ʿein haḍra*, Koord. 098–814, Num 11,35; 12,16; 33,1f.; Dtn 1,1.

7.9.3 Daß es in historischer Zeit Wallfahrten zum Sinai gegeben habe, könnte auf Grund der Elia-Überlieferungen behauptet werden, wenn es sich I Reg 19 nicht um einen außerordentlichen Fall, den einer Flucht, handelte. Beerscheba soll eine der Etappen gewesen sein. Doch bilden „vierzig Tage und vierzig Nächte" 19,8 eine runde Zahl für „viele" und sind deswegen topographisch unbrauchbar.

7.9.4 Von Qadeš zum gelobten Land entfaltet sich der dritte Teil der Wüstenwanderung, die ferner durch Moab und Midian, also durch Transjordanien, läuft. Hier kommen die ersten Kontakte zum König von Moab und den Midianitern vor, Num Kap. 22–25 und 31.

7.9.4.1 Die Hauptschwierigkeit besteht darin, daß die Völker Transjordaniens nicht vor dem 12. Jh., ja vielleicht erst im 11. oder noch später, seßhaft wurden, was

[35] Siehe Anm. 33.
[36] Vgl. Aharoni, Y., oben zu Anm. 32.
[37] Aharoni, Y.**, The Land ..., 199–201.

auch für die, welche die grundsätzliche Historizität dieser Episoden annehmen, zu spät ist. Hier meint J. Bright*, 1981, 128f.: „Die Beweise sind mehrdeutig (und unvollständig), weswegen sie keine sichere Antwort zulassen. Auch sind die Überlieferungen schwer miteinander in Einklang zu bringen."

7.9.4.2 Num 33,1–49, ein Text, den einige Forscher keiner Pentateuchquelle zuteilen möchten, der aber wahrscheinlich zu 'P' gehört (Cortese 1972), wurde von M. Noth 1940 untersucht und neu gedeutet; seine Thesen wurden vor kurzem z. T. von Z. Kallai angenommen.

Literatur: Noth, M.: Der Wallfahrtsweg zum Sinai. In: PJb 36 (1940), 5–28, ABLAK 55–74; Vaux, R. de: L'itinéraire des Israélites de Cadès aux Plaines de Moab. In: Hommages à M. Dupont-Sommer. Paris 1971, 331–432; Coats, C. W., a. a. O. (zu 7.9.2.1.1); Mazar, B.: The Exodus and the Conquest. In: WHJP I, 3 (1971), 69–79; Cortese, E.: La terra di Canaan nella storia sacerdotale del Pentateuco. Brescia 1972; Haran, M., a. a. O. (zu 7.9); Kallai, Z.: The Wandering Traditions from Kadesh Barnea to Canaan: A Study in Biblical Historiography. In: JJS 33 (1982), 175–184; Har-El, M., a. a. O. (zu 7.9), 230ff. und 252ff., und Miller, J. M.: The Israelite Journey through (around) Moab and Moabite Toponymy. In: JBL 108 (1989), 577 bis 595.

7.9.4.2.1 Die Überschrift 33,1 bildet den Ausgangspunkt: „Dies sind die Lagerplätze (besser: „Etappen", hebr. *mas^eʿê*, Wurzel *nśʿ*, „reisen") der Israeliten, als sie aus Ägypten gezogen sind ..." Und in der Tat: der Text bietet eine Zusammenfassung der Etappen auf dem Reiseweg von *raʿamses* bis zu den „Gefilden Moabs", dem heutigen *ǵor el-kafrīn*, Koord. 202/210–140/144. Die Liste ist spät, wie aus der Tatsache, daß in ihr die verschiedenen Überlieferungen von Exodus, Numeri und Deuteronomium miteinander kombiniert werden, hervorgeht; sie setzt also den abgeschlossenen Pentateuch voraus. Ferner sind die aufgeführten Ortschaften ungefähr doppelt so viele, wie diejenigen, die in Exodus-Numeri erscheinen.[38] Nach M. Noth soll nun diese Liste aus einer von den Pentateuchtexten unabhängigen Quelle geschöpft haben. Endlich, immer nach Noth, wenn man die Liste von hinten nach vorne lese, ergebe sich der Pilgerweg von Kanaan zum Sinai, der viel mit dem traditionellen Wanderweg des Exodus gemeinsam hatte.

7.9.4.2.2 Dennoch ist die Sachlage komplizierter, als M. Noth seinerzeit voraussetzte. Zuerst einmal handelt es sich bei Num 33, wie gesehen, um einen späten Text, was ja auch von Noth selbst zugegeben wird; zweitens fehlt gerade die Reise zum und vom Sinai, und die von Noth dazu vorgeschlagene Erklärung überzeugt nicht. Es ist auch nicht einzusehen, wieso eine Pilgerroute erst durch Transjordanien, also nach Osten, gelaufen wäre (V. 41), um erst dann nach Süden und später nach Westen abzubiegen, in Richtung von *ʿărād* (Koord. 162–076 oder 152–069), und weshalb Elia durch Beerscheba gereist sein soll.

[38] Noth, M., a. a. O. 1940, 6/46; anders Aharoni**, The Land 1979 ..., 200f.

7.10 Moses

Der Exodus, die Wüstenwanderung und die Verkündigung der *tôrāh* am Berg Sinai werden von der Überlieferung untrennbar mit der Gestalt Mose, des Religionsstifters, des Gesetzgebers, des Propheten und des charismatischen Führers verbunden. Ihm gebührt also die Rolle einer Schlüsselfigur, was auch durch die Fülle der Literatur bestätigt wird.

Literatur: Rad, G. von: Moses. Neukirchen/Vluyn 1958; Cazelles, H.: Art. Moïse. In: DBS 5 (1957), 1308–1337; Buber, M.: Moses. New York 1946, Werke II. München 1964; Smend, R.: Das Mosebild von Ewald bis M. Noth. Tübingen 1959; Oßwald, E.: Das Bild des Mose. Berlin DDR 1962; Koch, K.: Der Tod des Religionsstifters. In: KuD 9 (1963), 100–123; Baumgärtel, F.: Der Tod des Religionsstifters. In: KuD 10 (1963), 223–233; Gunneweg, A. H. J.: Moses in Midian. In: ZThK 61 (1964), 1–9; Schmid, H.: Moses. Überlieferung und Geschichte. Berlin 1968; Campbell, E. F.: Moses and the Foundations of Israel. In: Inter 29 (1975), 141–154; ders.: Moses in Historical and Theological Perspective. In: Magnalia Dei ... Essays ... in Memoriam G. E. Wright. Garden City N. Y. 1976, 120–131; Geyer, B.: The Joseph and Moses Narratives: Folk Tale and History. In: JSOT 15 (1980), 51–56; Thompson, T. L.: History and Tradition. JSOT 15, 57–61; Sauer, G.: Vom Exoduserleben zur Landnahme. In: ZThK 80 (1983), 26–32; Coats, G. W.: Moses, Heroic Man and Man of God. Sheffield 1988; Garbini, G.: Le serpent d'airain et Moïse. In: ZAW 100 (1988), 264–267; ferner Donner, H.* 1984, 110–112, und Soggin, J. A.* 1984, 133–136. Über zwei Sonderelemente vgl. Perlitt, L.: Moses als Prophet. In: EvTh 31 (1971), 579 bis 588, und Aurelius, E.: Der Fürbitter im Alten Testament. Lund 1988, 99.

7.10.1 Die Gestalt des Mose erscheint als „die große Klammer“[39], die Personen und Gegebenheiten der letzten vier Bücher des Pentateuch zusammenhält.

7.10.2 Der Name ist ägyptischen Ursprungs, wie schon oben 7.1.3 erwähnt, auch wenn das ursprünglich wohl vorhandene, theophore Element ausgefallen ist. Die Erzählung von der Geburt ist, wie gesagt, tief in der altorientalischen Volkstradition verwurzelt (oben, 7.6.3) und besonders in der frühmesopotamischen; auch die Problematik seiner Begegnungen mit dem Pharao wurde untersucht (7.7.2.1). Und das Ergebnis dieser Untersuchungen ist immer wieder enttäuschend: schon M. Noth und G. von Rad[40] zeigten sich skeptisch über die Verwendbarkeit der Quellen für eine geschichtliche Rekonstruktion der Hauptbegebenheiten und der Biographie Mose. Ja, K. Koch, 1962, möchte sogar überhaupt seine Existenz bestreiten.

7.10.3 Diese in den Vereinigten Staaten früher manchmal als „Nihi-

[39] Noth, M., a. a. O. (Anm. 6), 177.

[40] Rad, G. von: Das formgeschichtliche Problem des Hexateuch. Stuttgart 1938, GSt I, 1 ff., und ders.: Theologie des Alten Testaments. München I 1957, 288 und [4]1964, 302; ferner Noth, M., a. a. O. (Anm. 6) und ders.: Geschichte* 1954, 127.

lismus“ bezeichnete Einstellung hat ihren Grund nicht nur in Komplexität und Spätdatierung der Quellen, sondern auch im Schweigen des größten Teils der biblischen Texte außerhalb des Pentateuchs. Angesichts des Gewichts seiner Person und der damit verbundenen Ereignisse würde man außerhalb des Pentateuchs eine ständige Bezugnahme auf ihn erwarten, so wie es z. B. im ganzen Neuen Testament, und nicht nur in den Evangelien, mit der Person Jesu geschieht. Das Gegenteil ist in der hebräischen Bibel bekanntlich der Fall, und die wenigen Stellen sind oft dtr.: Jos 9,24; 24,5; I Sam 12,6; I Reg 8,53. Die ihn in den Psalmen erwähnenden Texte sind alle exilisch oder nachexilisch: 77,21; 90,1 (nur die Überschrift); 103,7; 105,26; 106,16.23.32f. Nur in wenigen vorexilischen Texten kommt er vor: Jdc 1,16; 4,11 (in beiden Fällen mit einem unklaren Bezug auf seinen „Schwiegervater“ bzw. „Schwager“; vielleicht einfach als „Verwandter“ zu deuten); II Reg 18,4 (die Schlange, vgl. Num 21,4–9). Ja, es ist auf Grund dieses Tatbestandes, daß G. Garbini (1988) ihn als einen ursprünglich zu den Qenitern übergetretenen Ägypter bezeichnet, der als Kupferschmied zur Zeit Davids die eherne Schlange, die später von König Hiskia entfernt wurde, hergestellt haben soll. Auch in den Propheten gibt es nur drei, lauter späte Texte, welche von Moses reden: Mic 6,4; Jer 15,1 (dtr.?) und Jes 63,11f. Der Schluß liegt nahe, daß erst mit dem Exil seine Gestalt das heute übliche Gewicht erhielt, daß es also zwar auch vorher Überlieferungen über ihn gab, diese aber nicht als zentral angesehen wurden, wie M. Noth schon vor über vierzig Jahren[41] eindrucksvoll dargestellt hat.

7.10.4 Die Gültigkeit dieser These wurde aber in den Vereinigten Staaten seit 1956 bis heute von J. Bright*, 1981,[42] in Frage gestellt; sein Schluß lautet: „Man kann freilich ... nicht beweisen, daß Noth im Unrecht ist ..., doch auch nicht, daß er recht hat ...; aber die Beweislast gebührt M. Noth.“ Anders ausgedrückt: auch Bright weiß, daß die Quellen zu einer historischen Rekonstruktion nicht genügen; indessen, wie kann man dann von einer „Beweislast“ überhaupt reden?

7.10.5 Auch Moses' Rolle als Religionsstifter läßt sich nicht leicht festlegen. M. Noth[43] zögert, ihm diese wichtige Rolle zuzuschreiben, während J. Bright[44] wiederum bemerkt: „Vorfälle wie die des Exodus und des Sinai bedürfen geradezu einer großen Persönlichkeit. Und ein einzigartiger Glaube, wie der Israels, verlangt, ja fordert eine Gründergestalt, so wie der

[41] Noth, M.* 1954, 128. Ferner Cazelles, H.: Moïse ..., 1319.

[42] Bright, J.: Early Israel in Recent History Writing, London 1956, 19. 52 und 105ff.; das Zitat ist auf S. 109; und History* 1981, 126.

[43] Noth, M.* 1954, 128.

[44] A. a. O. Ähnlich Eichrodt, W.: Theologie des Alten Testaments. Göttingen I [8]1968, 190ff.

christliche Glaube – oder der Islam. Diese Rolle Moses abzusprechen würde uns dazu zwingen, die Gegenwart einer anderen Person desselben Namens zu postulieren!" Nun ist der Schluß dieses Satzes wohl mehr scherzhaft denn als Beweisführung aufzufassen, während der erste Teil einen klaren Zirkelschluß bildet.

7.10.6 Wenn man von der zentralen Stellung, welche Moses und die Exodus-Ereignisse von jeher im Kultus und in der Frömmigkeit Israels einnehmen, ausgeht, so kann man sich wohl fragen, was angesichts ihrer historischen Nichtbeweisbarkeit über sie gesagt werden kann. Und die Antwort ist, daß es sich um eine Art prophetische Parabel handelt, die den Exodus aus der babylonischen Gefangenschaft darstellen will. Diese Erklärung wird auch von gemäßigt konservativen Autoren wie W. H. Schmidt[45] angenommen. Die erst seit dem Dtn und dem Dtr wichtig gewordene Gestalt Mose als Religionsstifter, Gesetzgeber und Prophet ist der „Typus" großer, nachexilischer Gestalten im Rahmen der sogenannten Theokratie, wie unten (12.10) ausführlich behandelt werden wird.

[45] Schmidt, W. H.: Art. Gott II, AT. In: TRE 13 (1984), 608–626, 614f. Zur ganzen Problematik vgl. Diebner, B. J.: Rez. In: DBAT 20 (1984), 192–208, 200f.

8. DIE LANDNAHME- UND RICHTERZEIT

8.1 Israel landesfremd?

Die biblische Überlieferung scheint einstimmig zu behaupten, daß Israels und Judas Vorfahren nicht zur Urbevölkerung Kanaans gehörten, sondern in vorstaatlicher Zeit einwanderten und sich durch Eroberungskriege, bei denen Jhwhs Hilfe entscheidend war, den Besitz des Landes sicherten; dieser Gedanke hat den größten Teil der Forscher dazu gebracht, eine ausländische Herkunft der Stämme im Sinn der Tradition als selbstverständlich hinzunehmen: wer würde schon seine ursprüngliche Fremdheit dem Lande gegenüber, das er seine Heimat nennt und als solche gegen alle Widersacher verteidigt, behaupten?

8.1.1 Doch dieser Gedanke, wenn auch in der Bibel vorherrschend, ist nicht der einzige: nach der bald zu erwähnenden Studie Sarah Japhets, 1979, tritt in den Chronikbüchern die These hervor, nach der Israel und Juda seit jeher in Kanaan gewohnt haben.

8.1.2 Nun ist zwar das erste Argument suggestiv, aber gewiß nicht entscheidend: was könnte nämlich für die seit dem 6. Jh. zurückkehrenden Exilanten naheliegender sein, als ihre Ansprüche auf ein urgeschichtliches, von Gott unmittelbar eingeleitetes Ereignis zu stützen? Für die Tradenten des Chr stellte sich das Problem in solcher Schärfe nicht mehr, so daß sie es einfach übersehen konnten.

Literatur: Alt, A.: Die Landnahme der Israeliten in Palästina. Leipzig 1925, und ders.: Erwägungen über die Landnahme der Israeliten in Palästina. 1939, KS I, 89–125, 126–175; ders.: Josua, 1936, ibid. 176–192; Art. Israel. In: RGG 3, ²1929, 439 ff. und ³1959, 936 ff.; Albright, W. F.: The Israelite Conquest of Canaan in the Light of Archaeology. In: BASOR 74 (1939), 11–22; Vaux, R. de: Art. Israël, Histoire d'. In: DBS 4 (1949), 738–777; Rowley, H. H.: From Joseph to Joshua. London ²1951; Kaufmann, Y.: The Biblical Account of the Conquest of Palestine. Jerusalem ²1953; Wright, G. E.: Biblical Archaeology. Philadelphia–London ²1962, Kap. V; Mendenhall, G. E.: The Hebrew Conquest of Palestine. In: BA 25 (1962), 66–87; Weinfeld, M.: The Period of the Conquest and the Judges ... In: VT 17 (1967), 93–113; Lapp, P. W.: The Conquest of Palestine in the Light of Archaeology. In: Concordia Theological Monthly 38 (1967), 283–300; Weippert, M.: Die Landnahme israelitischer Stämme. Göttingen 1967; Franken, H. J. In: CAH II, 2, ³1975, 331 ff.; Coats, G. W.: Conquest Traditions on the Wilderness Theme. In: JBL 95 (1976), 177–190; Aharoni, Y.: Nothing Early and Nothing Late – Re-Writing Israel's Conquest. In: BA 39 (1976), 55–76; Miller, J. M.: Archaeology and the Israelite Conquest of Canaan: Some Methodological Observations. In: PEQ 109

(1977), 87–93; Hauser, A. J.: Israel's Conquest of Palestine: A Peasants' Rebellion? In: JSOT 7 (1978), 2–19; Thompson, T. L.: Historical Notes on "Israel's Conquest of Palestine. A Peasants' Rebellion" JSOT 7 (1978), 20–27; Weippert, M.: The Israelite "Conquest" and the Evidence from Transjordan. In: Symposia ... ASOR. Cambridge Mass. 1979, 15–34; Malamat, A.: Israelite Conduct of War, According to the Biblical Traditions. In: ibid., 35–55; Japhet, S.: Conquest and Settlement in Chronicles. In: JBL 98 (1979), 205–218; Gottwald, N. K.: The Tribes of Yahweh. Maryknoll N. Y./London 1979; Auld, A. G.: Joshua, Moses and the Land. Edinburgh 1980; Fritz, V.: Die kulturgeschichtliche Bedeutung der früheisenzeitlichen Siedlung auf dem *ḫirbet el-mšaš* und das Problem der Landnahme. In: ZDPV 96 (1980), 121–135; Prato, G.-L.: Le origini dell'antico Israele nell'analisi sociologica di N. K. Gottwald. In: Gr 62 (1981), 553–561; Kallai, Z.: Territorial Patterns, Biblical Historiography and Scribal Traditions – A Programmatic Survey. In: ZAW 93 (1981), 427–432; Lance, H. D.: The Old Testament for Archaeologists. Philadelphia 1981; Isserlin, B. S. J.: The Israelite Conquest of Canaan. A Comparative View of the Arguments Applicable. In: PEQ 115 (1983), 85–94; Halpern, B.: The Emergence of Israel in Canaan. Chico Cal. 1983; Schoors, A.: The Israelite Conquest: Textual Evidence in the Archaeological Argument. In: Lipiński, E. (Hrsg.), The Land of Israel. Löwen 1985, 77–92; Herrmann, S.: Basic Factors of Israelite Settlement in Canaan. In: Biran, A. (Hrsg.), Biblical Archaeology Today. Jerusalem 1985, 47–53; Coats, G. W.: An Exposition of the Conquest Theme. In: CBQ 47 (1985), 47–54; Sanmartín-Ascaso, J.: Geschichte und Erzählung im Alten Orient: I, Die Landnahme Israels. In: UF 17 (1985), 253–282; Callaway, J. A.: A New Perspective on the Hill Country Settlement of Canaan in the Iron Age I. In: Palestine in the Bronze and Iron Ages. In: Papers ... Olga Tufnell. London 1985; Fritz, V.: Conquest or Settlement? The Early Iron Age in Palestine. In: BA 50 (1987), 84–100; Eitan, O.: The Settlement of Nomadic Tribes in the Negeb Highlands in the 11th Century B. C. In: Heltzer, M., u. E. Lipiński (Hrsg.), Society and Economy in the Eastern Mediterranean (c. 1500–1000 B. C.), Löwen 1988, 313–340. Finkelstein, I.: The Archaeology of the Israelite Conquest. Jerusalem 1988; Thiel, W.: Vom revolutionären zum evolutionären Israel? In: ThLZ 113 (1988), 401–410; Weinfeld, M.: Historical Facts Behind the Israelite Settlement Pattern. In: VT 38 (1988), 324–356; Hauer, Ch.: From Alt to Anthropology: the Rise of the Israelite State. In: JSOT 36 (1986), 3–15; Callaway, J. A., bei Shanks, H.* 1988, Kap. 3; Weippert, H.** 1989, 267 ff., 356 ff. und 393 ff. *Sonderfragen*: Frick, F. S.: The Formation of the State in Ancient Israel. Sheffield 1985; Coote, R. B., u. K. W. Whitelam, The Emergence of Early Israel in Historical Perspective. Sheffield 1987; Stager, L. W.: Highland Village Life in Palestine Some Three Thousand Years Ago. In: The Oriental Institute Notes and News (69), Chicago 1981, 1 ff.; ders.: Archaeology of the Family in Ancient Israel. In: BASOR 260 (1985), 1–35; Soggin, J. A.: Jéricho – Anatomie d'une conquête. In: RHPhR 57 (1977), 1–17; The Conquest of Jericho through Battle. In: EI 16 (1982), 215*–217*. *Siehe ferner:* Kreuzer, S.: Die Frühgeschichte Israels in Bekenntnis und Verkündigung des Alten Testaments. Berlin 1989, und Whitelam, K. W.: Israel's Traditions of Origin: Reclaiming the Land. In: JSOT 44 (1989), 19–42. Nach dem soeben vorgetragenen, vgl. jetzt Kaswalder, P.: I nuovi dati archeologici e le origini d'Israele. In: LASBF 38 (1988), 211–226.

8.1.3 In der Bibel gibt es verschiedene Landnahmeberichte, die ich kurz aufzählen und dann detaillierter behandeln möchte. Der bekannteste ist wohl Jos Kap. 1–12. Es handelt sich offensichtlich um einen stark idealisierten und ideologisierten, z.T. theologisch und kultisch überarbeiteten Bericht, in dem die zwölf Stämme, auch die jenseits des Jordans, das Land zusammen erobern. Ein weiterer, jetzt als Fortsetzung des vorhergehenden gedachter Bericht findet sich in Jdc 1: er sieht die Landnahme als das Produkt der Versuche einzelner Stämme und Gruppen. Es gibt auch viele andere, manchmal fragmentarisch erhaltene, oft als Landnahmeberichte aufgefaßte Texte: der Zug von Simeon und Levi gegen Sichem, Gen 34; der Erkundungszug gegen die südliche Hochebene unter dem Befehl Kalebs, Num Kap. 13–14 und Dtn 1,22–23; der Zug gegen Arad und andere Ortschaften im Negeb, Num 21,1–3; Dans Eroberung seiner neuen Heimat im Norden, Jdc Kap. 17–18, vgl. Jos 19,47. Wichtig ist ferner das bis vor kurzem als sehr alt betrachtete, negative Eroberungsverzeichnis, Jdc 1, 27–35, mit Parallelfragmenten Jos 15,63; 16,9ff. und 17,11–18. Eine Besonderheit bilden Jos 8,30–35 und die Kap. 23 und 24, nach denen „Israel" sich friedlich in der Region Sichem befindet. Es handelt sich um größtenteils dtr Texte. II Sam 5,6–9 berichtet, wie seinerzeit erwähnt (oben, 4.4.2.3), von der Eroberung Jerusalems durch David, und nach I Reg 9,16f. erhielt Salomo die zerstörte Stadt Gezer (oben, 5.6.4) als Mitgift für die ägyptische Prinzessin. Besonders verwickelt ist das Problem der Niederlassung israelitischer und judäischer Gruppen östlich des Jordans, Num Kap. 32 und 34.

8.2 Überlieferungen

Aus diesen nicht immer miteinander in Einklang zu bringenden Berichten geht die Komplexität des durch die nicht einheitliche Überlieferung gestalteten Problems hervor. So verwickelt ist das Gesamtbild, daß man sich fragen darf, ob die Kap. 1–12 des Josuabuches nicht den späten Versuch darstellen, dieser Schwierigkeiten durch einen neuverfaßten Einheitsbericht Herr zu werden.

8.2.1 Dies ist der Überlieferung auch zu einem beträchtlichen Teil gelungen: bis vor kurzem wurde der Bericht Jos Kap. 1–12 besonders in den Vereinigten Staaten von vielen Forschern als vollkommen glaubwürdig, weil u. a. von der Archäologie bestätigt, empfunden; und noch heute fehlt es ihm nicht an Gefolgsleuten (z. B. Isserlin 1983), auch wenn A. Alt schon seit 1925 auf seine Künstlichkeit aufmerksam gemacht hatte. Nach dem Bericht Jos Kap. 1–12 haben die vereinten zwölf Stämme den Jordan bei Jericho überquert und bald die Stadt selbst (den heutigen *tell es-sulṭān*, Koord. 192–142, wenige Hunderte Meter nördlich des modernen Dorfes) erobert. Auch jene Stämme, die ihr Gebiet im Ostjordanland erhalten hatten (Ruben, Gad, Halbmanasse), halfen dabei „ihren Brüdern", Jos 1,18ff. (dtr), und kehrten nach vollbrachter Tat wieder heim, Jos 22,1ff. Hier hat man es wiederum mit der gesamtisraelitischen Ideologie zu tun, welche in nachexilischer Zeit, unter der Hierokratie, blühte.

8.2.2 Anderseits ist der geographische und topographische Ausblick dieser Kapitel, bei genauerem Zusehen, beschränkt: mit nur vier Ausnahmen (Jos 7,26; 8,30–35; 10,1ff. und 11,1–15) spielt sich die ganze Handlung im Gebiet Benjamins, des territorial gesehen geringsten Stammes, ab. Man hat deswegen auch vermutet, daß die Urfassung dieser Überlieferung hier entstanden sei, auch wenn es auf eine solche Frage keine eindeutige Antwort gibt.

8.2.3 Der Bericht Jdc 1 kennt hingegen eine Landnahme einzelner Stämme und Gruppen und scheint deswegen den Gegebenheiten näher zu stehen. Allerdings spricht auch er von einer Landnahme *manu militari*, ebenfalls mit Jericho als Ausgangspunkt.

Literatur: Die Richterkommentare; ferner: Auld, A.G.: Judges I and History: A Reconsideration. In: VT 25 (1975), 261–285; Rösel, N.H.: Die Überleitungen vom Josua- ins Richterbuch. In: VT 30 (1980), 342–350; Van Seters, J.: In Search of History. New Haven Conn. – London 1983, 337–342; Smend, R.: Das uneroberte Land. In: Strecker G. (Hrsg.), Das Land Israel in biblischer Zeit. Jerusalem Symposium 1981. Göttingen 1983, 91–102, GSt II, 217–228.

Hauptdarsteller sind diesmal erst Juda und Simeon in der südlichen, dann „Joseph" (also Ephraim und Manasse) in der zentralen Hochebene. Von diesen Gruppen wird eindeutig behauptet, es sei ihnen nicht gelungen, in die Ebenen vorzustoßen. Wichtig ist hier das sogenannte negative Besitzverzeichnis, 1,27–35, welches eine bis vor kurzem als alt angesehene Liste nicht eroberter Ortschaften und Gebiete in Benjamin, Ephraim, Manasse, Zabulon, Ašer und Nephtali bietet. Diese Ortschaften wurden erst später, „als ... Israel mächtiger wurde", 1,28 (was wohl auf David hindeutet), tributpflichtig gemacht. Doch neuerdings sind auch über das Alter dieses Verzeichnisses kritische Stimmen laut geworden, so R. Smend, 1983, der den Text in nachexilischer Zeit datieren möchte. Die erwähnten Ortschaften befinden sich alle in der Ebene Jesreel und an den Küsten; dort lebten in der Tat die Stadtstaaten ungestört für einige Zeit weiter.

8.2.4 Als Landnahmeversuch ist oft der Überfall auf Sichem, Gen 34, gedeutet worden.

Literatur: Die Genesiskommentare; ferner Noth, M.: Überlieferungsgeschichte des Pentateuch. Stuttgart 1948, 93–95; Lehming, S.: Überlieferungsgeschichte von Genesis 34. In: ZAW 70 (1958), 228–250; Pury, A. de: Genèse XXXIV et l'histoire. In: RB 76 (1969), 1–49; In der Smitten, W.T.: Genesis 34 – Ausdruck der Volksmeinung? In: BiOr 30 (1973), 7–9; Fensham, F.C.: Gen XXXIV and Mari. In: JNWSL 4 (1975), 87–90; Kevers, W.: Étude littéraire de Genèse XXXIV. In: RB 87 (1980), 38 bis 86; Diebner, B.J.: Gen 34 und Dinas Rolle bei der Definition „Israel". In: DBAT

19 (1984), 59–75; Blum, E.: Die Komposition der Vätergeschichte. Neukirchen/Vluyn 1984, 210–216; Caspi, M. M.: "And His Soul Clave unto Dinah" (Gen. 34). In: AJBI 11 (1985), 16–53.

Die Erzählung ist bekannt und braucht hier nicht neu untersucht zu werden. Sie weist viele, historisch negativ zu bewertende Seiten auf: eine hauptsächlich politische Angelegenheit wird wiederum als eine rein familiäre Sache behandelt, mit den Motiven von Eros und Thanatos; auch die Beschneidung als *conditio sine qua non* für die Verhandlung setzt Gen 17 ('P') voraus und weist auf die Problematik der Proselyten in spätnachexilischer Zeit hin, und nicht auf die Vorgeschichte. Es könnte höchstens eine alte Stammesüberlieferung gegeben haben, mit Motiven ähnlich denen des Trojanischen Kriegs.

8.2.5 Von einer aus dem Süden kommenden Expedition berichten die Kap. 13 und 14 von Numeri, vgl. Dtn 1,22f.

Literatur: Noth, M., a.a.O. (zu 8.2.4), 143–150; die Kommentare zu Numeri; ferner: Stolz, F.: Jahwes und Israels Kriege. Zürich 1972, 69–72; Cortese, E.: La terra di Canaan nella tradizione sacerdotale del Pentateuco. Brescia 1972, 27–35.

Der Text sieht jetzt in der Erzählung einen Kundschafterbericht über die südliche Hochebene, doch die z.T. parallelen Erzählungen Jos 14,6–15//Jdc 1,10–15, vgl. Jos 15,13–20, zeigen, daß hier ursprünglich ein Landnahmebericht verschlüsselt vorlag, und zwar der von der Kalebgruppe. Kaleb benimmt sich tapfer und erhält dafür die Belohnung.

8.2.6 Über einen Feldzug gegen *ʿărād* (Koord. 152–069 oder 162–076, je nachdem welcher Tell mit der Ortschaft identifiziert wird) berichten Num 21,1–3, vgl. Jdc 1,17. Die Kanaanäer werden bei *ḥormāh* (ein ätiologischer Name, gleich „die Gebannte") geschlagen, doch über die Folgen dieses Sieges erfährt man nichts.

8.2.7 Nach Kap. 17 und 18 des Richterbuches, vgl. Jos 19,47, hat Dan seinen Stammessitz im Norden, an der phönizischen Grenze, erobert; der Text setzt voraus, daß der Stamm ursprünglich versuchte, in einem mittelpalästinensischen, doch nicht genau umschriebenen Gebiet westlich von Benjamin Fuß zu fassen, was ihm aber nicht gelang. Die Absicht des Berichtes ist aber nicht so sehr historiographisch als kultpolemisch: sie zielt auf das Heiligtum Dan ab, das sich eines von Moses abstammenden Priestertums rühmte, 18,30f. Von Verbindungen zu dem von Jerobeam I. (wieder?) eingeführten Kult (unten, 9.3.5) erfährt man nichts. Allerdings kann der Text nicht vor der Eroberung der Gegend durch Tiglat Pileser III. um 733–732, 18,30 (II Reg 15,29 und ANET 283b, TUAT I, 373, unten, 10.2.8) entstanden sein, auch wenn man ihn wohl als vor-dtr beurteilen sollte: er beschreibt nämlich nur die Sünde der Daniten, nicht die Jerobeams.

8.2.8 Sichem ist, wie bis heute Nablus, die Hauptstadt der mittleren Hochebene; die biblische Ortschaft befindet sich aber auf dem *tell balāṭa* (Koord. 176–179), neben einem östlichen Vorort von Nablus. Nach Jos 8, 30–35 und Kap. 23, zwei dtr Texten, und Kap. 24, einem vom Dtr. stark überarbeiteten Text, befinden sich die Stadt und die Gegend in den Händen von „Israel". Wie dies geschah, darüber wird nichts berichtet. Auch über die Beziehungen zu den Ureinwohnern erfährt man nichts, und eine Verbindung dieser Texte zu Jdc 9 ist nicht möglich. Ob es sich um einen verschlüsselten Hinweis handelte auf die Notwendigkeit, daß diese, nunmehr zur Hauptstadt der Samaritaner gewordene Ortschaft, in den Zwölfstämmebund, also in den Schoß der judäischen Hierokratie, „zurückkehren" sollte?

8.2.9 Besonders kompliziert ist, wie schon erwähnt, die Frage nach den israelitischen und judäischen Siedlungen jenseits des Jordans. Das kommt auch davon, daß, abgesehen von den verschiedenen, schwer lösbaren textuellen, topographischen und chronologischen Problemen, die Besiedlung nicht kontinuierlich war. Die uns interessierende Zeitspanne umfaßt die letzten Jahre des 2. Jt. und die erste Hälfte des 1. Jt.; ferner die Makkabäerzeit.

Literatur: Glueck, N.: Explorations in Eastern Palestine I–IV, AASOR 14 (1934); 15 (1935); 18–19 (1939) und 25–28 (1951); Noth, M.: Das Land Gilead als Siedlungsgebiet israelitischer Sippen. In: PJb 37 (1941), 50–101; ders.: Israelitische Stämme zwischen Ammon und Moab. In: ZAW 60 (1944), 11–57; ders.: Die Nachbarn israelitischer Stämme im Ostjordanland. In: BBLAK (= ZDPV 68, 1946–51), 1–50; ders.: Gilead und Gad. In: ZDPV 75 (1959), 14–73, alle in: ABLAK 347–390, 391–433, 434–475, 489–543; ferner ders.: Josua. Tübingen [2]1953, 78–83; Wüst, M.: Untersuchungen zu den siedlungsgeographischen Texten des Alten Testaments, I: Ostjordanland. Wiesbaden 1975; Auld, A. G.: Joshua, Moses and the Land. Edinburgh 1980, 72ff.; Weippert, M., a. a. O. (zu 8.1), 1979; Kallai, Z.: Conquest and Settlement of Transjordan. In: ZDPV 99 (1983), 110–118; Sawyer, J. F. A. u. D. J. A. Cline (Hrsg.): Midian, Moab and Edom. Sheffield 1983; Boling, R. G.: The Early Biblical Community in Transjordan. Sheffield 1987; Dever, W. G.: The Contribution of Archaeology to the Study of Canaanite and Early Israelite Religion. In: Ancient Israelite Religion, Essays ... F. M. Cross. Philadelphia 1987, 209–247; Heer, L. G.: Tripartite Pillared Buildings and the Market Place in Iron Age Palestine. In: BASOR 272 (1988), 47–67; Gal, Z.: The Late Bronze Age in Galilee, ibid., 79–84; Schmitt, H.-Chr.: Das Hesbonlied Num. 21, 27 a$^{\beta}$b–30 und die Geschichte der Stadt Hesbon. In: ZDPV 104 (1988), 26–43; Timm, S.: Moab zwischen den Mächten. Wiesbaden 1989, konnte ich nicht mehr einsehen.

Die biblischen Texte sind Num 30, 1ff.//Dtn 3, 12–20; Jos 1, 12–18 (dtr); 13, 8–22 und 22, 1ff. Vgl. ferner die Meša'–Inschrift (oben, 3.7.7.5 und unten, 9.10.2.3), in der (Z.10) berichtet wird, daß „die Leute von Gad im Lande von *'ṭrt* seit jeher *(m'lm)* wohnten ...", vgl. Num 32, 34; es handelt sich um das biblische *'aṭārôt*, das heutige *ḫirbet 'aṭṭārus*, Koord. 213–109, östlich vom Toten Meer. Gad sollte also nicht weiter nördlich, d. h. im südlichen Teil des mittleren Ostjordanlandes angesiedelt werden, wie dies in einigen Bibelatlanten auf Grund von Num 32, 1 geschieht,[1] vgl. das erwähnte Num 32, 34, wo der Bericht von Mešaʿ bestätigt wird. Auch Ruben wird dort nach Num 32,1 angesiedelt, und zwar nördlich des moabitischen Gebiets.[2] Doch über Ruben erfährt man im allgemeinen sehr wenig: er wird noch im Deboralied, Jdc 5, 15–16, doch ohne genaue topographische Angaben, erwähnt. Und am Ende des 9. Jh. soll die Gegend, immer nach der Mešaʿ-Stele, ihre Unabhängigkeit wiedererlangt haben, vgl. unten 9.10.2.3, was dem biblischen Bericht II Reg 3 nicht zuwiderläuft.

8.2.9.1 Von dem im Ostjordanland seßhaften Teil Manasses erfährt man wiederum wenig: nur daß er vermutlich das Hauptopfer der aramäischen Kriege am Ende des 9. und am Anfang des 8. Jh. wurde, Am 1, 3–5 und 6, 13 f.[3] (unten, 9.8.2 und 9.14).

8.2.9.2 Über die Num 21, 21–31 vermerkten Kämpfe zwischen den „Israeliten" und *ṣîḥôn*, König von *ḥešbôn* (heute *ḥesbān*, Koord. 226–134) und die Eroberung von *jaʿzēr* (heute vielleicht *eṣ-ṣār*, Koord. 228–150)[4] weiß man nur wenig; es könnte sich um alte Überlieferungen handeln; leider ist der Schlüsselsatz, V.30, verdorben und kann nicht mehr restauriert werden, was das Verständnis des Ganzen erschwert. Doch jüngstens (H.-Chr. Schmitt, 1988) wurde auch hier, und aus guten Gründen, behauptet, daß dieser Text „auf einen theologischen Interpretationsvorgang der exilisch-nachexilischen Zeit zurückgeht".

8.2.9.3 Die Episode von *ʿôg*, König von Bašan, Num 21, 33–35 und Dtn 3, 1–17 (der dort, V.11, als „letzter der Rephaiten" erscheint), ist völlig legendär und hat keinen historischen Hintergrund.[5] Die Rephaiten sind eine mythische, mit den Totengeistern verbundene (wie aus den Texten Ugarits hervorgeht) Urbevölkerung Kanaans.[6]

[1] So z. B. Wright, G. E., u. F. L. Filson: The Westminster Historical Atlas to the Bible. Philadelphia/London ²1956, Karte VI, repr. bei Bright, J.* 1981, Karte IV, und Grollenberg, L. H.: Atlas of the Bible. London 1956, Karten 11, 14 und 17; wobei die Tendenz besteht, vielleicht auf Grund von Jdc 5, 17, Gad mit Gilʿad zu identifizieren.

[2] Auf Einzelheiten muß hier verzichtet werden; man vgl. Noth, M. 1941, 1944, 1959 und Wüst, M. 1975.

[3] Zu diesem Text vgl. mein: The Prophet Amos. London/Philadelphia 1987, z. St.

[4] Noth, M., 1959, 62 ff. und Aharoni, Y.: The Land** 1979, II, Kap. 1, Anm. 55.

[5] Vaux, R. de*, 1971, I, III.II.1–2.

[6] L'Heureux, C.: The Ugaritic and Biblical Rephaim. In: HThR 67 (1974), 265 bis 274; Moor, J. C. de: Rāpīʾūma – Rephaim. In: ZAW 88 (1976), 323–345; Dietrich, M., O. Loretz, J. Sanmartín: Die ugaritischen Totengeister *rpu(m)* und die biblischen Rephaim. In: UF 8 (1976), 45–52, und Heltzer, M.: The Rabbaʾum in Mari and the *rpi(m)* in Ugarit. In: OLoP 7 (1978), 5–20.

8.2.10 Da nun fast alle diese Texte Jahrhunderte später als die von ihnen beschriebenen Begebenheiten zu datieren sind, kann man auch nicht erwarten, daß sie dem Leser ein wahrheitsgemäßes Bild der damaligen Lage vermitteln. Interessanter sind diesbezüglich die Aussagen der Stammessprüche Gen 49,1–27: Dtn 33,1–29 und Jdc 5,14–18. Eine wichtige Arbeit wurde darüber neuerdings von H. Donner*, 1984, 130–145, begonnen.[7] Hier könnte sich altes Überlieferungsgut erhalten haben.

8.3 Landnahmebild nach den Quellen

Das aus den kritisch untersuchten Quellen hervorgehende Bild der Landnahme für das Ende des 2. Jt. sieht folgendermaßen aus, wenn wir vom Bericht Jos Kap. 1–12 absehen:

8.3.1 Die Siedlungen waren auf die Hochplateaus und die Steppen beschränkt.

8.3.2 Die Landnahme erfolgte immer in dünn- oder nichtbesiedelten Gegenden. Zu den dichtbesiedelten, intensiv bewirtschafteten und von den Stadtstaaten regierten Küsten und Ebenen fanden die „Israeliten" keinen Zugang.

8.3.3 Auf den Hochebenen und in den Steppen befanden sich nur wenige Stadtstaaten, mit entsprechend großen Gebieten; doch gegen Ende der Bronzezeit waren diese Gebiete zum größten Teil leer. Ihre Steppen, Büsche und Wälder eigneten sich gut für extensive, halbnomadische Viehzucht, besonders für Schafe und Ziegen. Der an sich späte Text Gen 34,23 dürfte die positive Einstellung der Ureinwohner solcher Gebiete diesen Gruppen gegenüber wiedergeben. Die Gebiete waren letztlich für eine intensive Landwirtschaft ungeeignet, da die Wasserversorgung hauptsächlich aus dem in Zisternen aufbewahrten Winterregen stammte. Es erklärt auch, weshalb die Hochebenen und die Steppen nicht fortdauernd besiedelt wurden[8] (oben, 2.4.2).

8.3.4 Es kommen also drei Siedlungsgebiete für die Stämme in Betracht: die südliche Hochebene und die benachbarten Steppen; die mittlere Hochebene und schließlich Obergaliläa. Diese drei Territorien waren allerdings voneinander getrennt: zwischen der südlichen und der zentralen Hochebene lag das Gebiet des Stadtstaates Jerusalem, gefolgt von einer Reihe von Ortschaften in Richtung Westen–Nordwesten. Zwischen Obergaliläa und der

[7] Dazu ders.: The Blessing of Issachar (Gen 49,14–15) as a Source for the Early History of Israel. In: Le origini d'Israele – Convegno dell'Accademia nazionale dei Lincei. Rom 1987, 53–63.

[8] Hierzu vgl. das Kap. 2 von Coote u. Whitelam, a. a. O. zu 2.1.

zentralen Hochebene lagen, wie schon erwähnt, die vielen Stadtstaaten der Ebene Jesreel.

8.3.5 Nun haben aber die neuesten archäologischen Forschungen erstens in den Hochebenen, später auch anderswo, einen merkwürdigen Tatbestand zutage gefördert: zuerst einmal gibt es keine Spuren der Ansiedlung einer fremden Bevölkerung. Die „Landnahme" erweist sich also als hauptsächlich innerpalästinensische Angelegenheit, wie G. E. Mendenhall schon seit 1962 und später N. K. Gottwald behauptet haben. Zweitens wurden in der Übergangsperiode von der Bronze- zur Eisenzeit Dutzende von kleineren, meistens nicht ummauerten Siedlungen in den Hochebenen und später in den südlichen Steppen gegründet. Diese lassen sich in zwei Arten aufteilen[9]:

8.3.5.1 Die von den Nordamerikanern L. E. Stager und J. A. Callaway erforschten, welche sich eindeutig von Westen nach Osten, seltener von Norden nach Süden, bewegen und von technisch fortgeschrittenen Elementen gegründet wurden, wie es sich aus der Terrassenbautechnik, der Herstellung von Zisternen mit komplizierten Filtrierungsanlagen, der Pflasterung von Wegen, dem Häuserbau und dergleichen zur Genüge zeigt. Ihre Bewohner müssen deswegen Bauern aus dem Kulturland, also aus den Gebieten der Stadtstaaten, und nicht Halbnomaden gewesen sein.

8.3.5.2 Eine weitere Reihe von Ortschaften lassen eher auf einen halbnomadischen Ursprung der Siedler schließen, was aus der Art des Wohnungsbaues und ihrer Situierung in den Dörfern hervorgeht, so H. Weippert**, 1988, 393ff., und I. Finkelstein, 1988. Diese seßhaft gewordenen Halbnomaden stammen aber vermutlich aus den Randgebieten der Gegend und bilden also keine fremde Bevölkerung.

Das Ganze geschah nicht vor dem 12. Jh., vielleicht sogar später.

8.3.5.3 In den Ebenen blieben die Stadtstaaten zum größten Teil weiterbestehen, und eventuelle Zerstörungen können kaum mit den Siedlern in den Hochebenen in Verbindung gebracht werden, vielleicht mit der einzigen Ausnahme von Hazor in Obergaliläa.

8.4 A. Alt bestätigt

Dies alles bildet eine eindeutige Bestätigung des größten Teils der von A. Alt seit 1925 vorgeschlagenen Thesen, wonach die „Landnahme" wenigstens in der ersten Phase in der Einwanderung in die Hochebenen und Steppen und einer friedlichen Be-

[9] Über die soziologischen Probleme vgl. die ausführliche Arbeit von Thiel, W.: Die Anfänge von Landwirtschaft und Bodenrecht in der Frühzeit Alt-Israels. In: AOF 7 (1980), 127–141; leider ist sie über die nordamerikanische Soziologie nicht genügend informiert.

siedlung dieser zumeist wenig bevölkerten Gegenden bestand, die oft sogar im Einvernehmen mit den Einwohnern erfolgte. Erst später, zur Zeit Sauls und Davids, also gegen Ende des 2. Jt., wäre es dann zu kriegerischen Auseinandersetzungen gekommen, welche aber hauptsächlich den im Südwesten angesiedelten Philistern galten. Die Art von friedlicher Ansiedlung ist übrigens die während Jahrtausenden allgemein übliche in der ganzen Region, und dies gilt für Syrien–Palästina, für das Zweistromland und für Ägypten. Nur die arabische Eroberung im 7. Jh. u. Z. bildet hier die Ausnahme, wie schon vor über dreißig Jahren von S. Moscati[10] bemerkt wurde. An einem Punkt hat sich hingegen die These Alts nicht bestätigt, nämlich, daß es sich um eine innerpalästinensische Erscheinung und nicht um die Landnahme einer fremden Bevölkerung handelt. Darüber im nächsten Abschnitt mehr.

8.5 „Soziologische" These über die Landnahme

Es ist das Verdienst der sogenannten „soziologischen" These, die zuerst von G. E. Mendenhall und später von N. K. Gottwald vorgetragen wurde, festgestellt zu haben, daß die „Landnahme" sich ganz innerhalb Kanaans abspielte, ohne erheblichen Beitrag ausländischer Elemente. Darin stehen beide Forscher im Gegensatz sowohl zu A. Alt und M. Noth in Deutschland als auch zu W. F. Albright und J. Bright in den Vereinigten Staaten. In der Erklärung der Ansiedlung der Ahnen Israels und Judas als innerpalästinensische Begebenheit findet sich das gültige Element ihrer sonst von manchen Gesichtspunkten aus anfechtbaren Aufstellung. Denn über die Einzelheiten kann nur wenig gesagt werden, und die von Mendenhall und Gottwald vorgeschlagene Rekonstruktion dessen, was sich abgespielt haben soll, vermag zum größten Teil nicht zu überzeugen.[11]

8.5.1 Nach Mendenhall und, mit einigen Varianten, Gottwald, hat es nicht nur keine massive Einwanderung von außen her gegeben, sondern die „Landnahme" erklärt sich als Produkt einer Revolte der durch die Sozialverfassung der Stadtstaaten unterdrückten und ausgebeuteten Landbevölkerung. Ähnliche Aufstände soll es schon zur Amarna-Zeit gegeben haben, was aber, wie oben (2.8.4 ff.) gesehen, nicht genau zutrifft. Nun sollen sich die rebellischen Bauern in einem Bund *(b^e^rît)* vereinigt haben (die vielleicht unbewußte Analogie zum Bundschuh des deutschen Bauernkriegs am Anfang der Reformation scheint mir offensichtlich), während die jahwistische,

[10] Moscati, S.: Chi furono i Semiti? In: MANL VIII, 8 (1957), 35 ff.

[11] Thiel, W.: Die soziale Entwicklung Israels in vorstaatlicher Zeit. Berlin DDR/ Neukirchen/Vluyn 1980, 90 ff., der diese Konzeption „als phantastisch" beurteilt, weitere Kritiken ibid. Anm. 10. Mendenhall hat sich neuerdings von einigen Thesen Gottwalds distanziert: Ancient Israel's Hyphenated History. In: Freedman, D. N., u. D. F. Graf (Hrsg.), Palestine in Transition. Sheffield 1983, 95–103.

auch als Bund, doch diesmal zwischen der Gottheit und dem Volk, verstandene Religion, ihnen das theologisch-ideologische Rückgrat verschaffte. Aus diesem Prozeß soll eine auf Gleichheit gegründete *(egalitarian)* Gesellschaft hervorgegangen sein, die aber später mit dem Königtum ihr Ende fand. Nach Gottwald hätte sich die aufständische Bevölkerung sogar zum Jahwismus „bekehrt" (er braucht das Wort *conversion*), und das so entstandene Volk wurde zu „Israel".[12] Der neue Glaube wäre also Ausdruck der neuen, sozialen Verhältnisse gewesen.[13] Daraus ließe sich endlich auch die Zerstörung verschiedener Ortschaften erklären.

8.5.2 Eine Kritik dieser These ist nicht schwer. Erstens einmal machen beide Forscher einen sehr konservativen Gebrauch der Texte: diesen wird eine Last aufgebürdet, die sie einfach nicht zu tragen vermögen. Zweitens gibt es, archäologisch gesehen, bis jetzt keine Belege für so etwas wie einen Bauernkrieg und für das Entstehen einer solchen Gesellschaft. Drittens gibt es keinen Beweis dafür, daß es schon in vorstaatlicher Zeit eine monotheistische Religion in „Israel" gegeben habe: darüber weiß man einfach nichts (Dever 1987), und es gehört nicht einmal zum Wahrscheinlichen. Und endlich hat es nie ein solches Israel gegeben, sondern höchstens Israel und Juda. Überhaupt, wenn man schon von Altisrael und -juda reden möchte, müßte auch bemerkt werden, daß die gewöhnlich mit „Stamm" übersetzten Wörter *šēbeṭ* und *maṭṭeh* soziologisch undurchsichtig und erst in relativ späten Texten belegt sind.[14]

8.5.3 Die nach den neuen Entdeckungen abgeänderte Hypothese A. Alts bleibt also bis jetzt die gültigste.

8.6 Levitische Städte – Asyl- bzw. Freistädte

Ein letztes Problem innerhalb der Landnahmeberichte bilden die Jos 21,1–42, vgl. Num 35,1–8 und I Chr. 6,39–66 als Levitenstädte bezeichneten 48 Ortschaften; sieben von ihnen werden auch als Asyl- oder Freistädte bezeichnet, Jos 20,1 ff.

Literatur: Wellhausen, J.: Prolegomena zur Geschichte Israels. Berlin 1886, 162 ff.; Löhr, M.: Das Asylwesen im Alten Testament. Halle 1930; Albright, W. F.: The List of Levitical Cities. In: Louis Ginzberg Jubilee Volume ... New York 1945, I, 49–73;

[12] Gottwald, N. K.: The Tribes ..., 555 ff. Der angebliche Gegensatz zwischen Stadt und Land wurde schon von Weber, M., 1917 und 1920, hervorgehoben; Einzelheiten bei Schäfer-Lichtenberger, C., a. a. O. (zu 8.9), 40 ff. Gottwald bekennt sich oft abhängig von M. Weber, der aber nie von einem Aufstand redet.

[13] A. a. O., 700 ff.

[14] Hierzu siehe Auld, A. G., unten (zu 8.8).

Noth, M.: Das Buch Josua. Tübingen [2]1953, 100ff.; Alt, A.: Festungen und Levitenorte im Lande Juda. 1952, KS II, 306–315; Mazar, M.: Cities of the Priests and of the Levites. In: VTS 7 (1959), 193–205; Haran, M.: Studies in the Account of the Levitical Cities. In: JBL 80 (1961), 45–54, 156–165; Cody, A.: A History of Old Testament Priesthood. Rom 1969, 139ff.; Vaux, R. de* 1971, I, III.II.2; Mettinger, T. N. D.: Solomonic State Officials. Lund 1971, 97ff.; Aharoni, Y.: The Land* 1979, Kap. III, 4; Auld, A. G.: Cities of Refuge in Israelite Tradition. In: JSOT 10 (1978), 26–40; ders.: The Levitical Cities – Text and History. In: ZAW 91 (1979), 194–206; ders.: Joshua, Moses and the Land. Edinburgh 1980, 79ff.; Peterson, J. L.: A Topographical Surface Survey of the Levitical Cities of Joshua 21 und I Chronicles 6, Diss. Chicago Institute for Advanced Theological Studies and Seabury Western Seminary. Evanston Ill. 1977; Vaulx, J. de: Art. Refuge, villes de. In: DBS 9 (1979), 1495–1498; Kallai, Z.: The System of Levitical Cities: A Historical – Geographical Study in Biblical Historiography. In: Zion 45 (1980), 12–34 (hebr., engl. Zusammenfassung); ders.: Historical Geography of the Bible, Jerusalem 1986, 447–476; Boling, R. G.: Levitical Cities: Archaeology and Texts. In: Biblical and Related Studies ... Samuel Iwry. Winona Lake, Ind., 1985, 23–32; Cortese, E.: Gios. 21 e Giud. 1 (TM o LXX?) e l'„abbottonatura" del „Tetrateuco" con l'„opera deuteronomistica". In: RivBib 33 (1985), 375–394. Man vgl. ferner die Kommentare.

8.6.1 Der Leitgedanke der Institution der Levitischen Städte ist, daß die Leviten, die kein eigenes Stammesgebiet erhielten, dafür einige Städte bekommen sollten, aus deren Ertrag sie leben konnten. Nach Num 35,1–8 sollte um jede Stadt ein Viereck von 2000 Ellen pro Seite gezogen werden, also von ungefähr 1000 m. Der Leitgedanke für die Asyl- bzw. Freistädte war, dem fahrlässigen Töter einen Ort zu gewähren, wo er vor der Rache der Angehörigen Zuflucht finden konnte. Da alle Asyl- oder Freistädte auch Levitenstädte waren, liegt es nahe, eine Beziehung zwischen den beiden zu vermuten.

8.6.2 Schon Wellhausen hat 1886 auf den künstlichen Charakter beider Institutionen aufmerksam gemacht: denn wo wäre es möglich, in einer hauptsächlich gebirgigen Gegend, ein Viereck von 1000 m pro Seite abzustecken? Nach anderen Autoren, wie M. Löhr, 1930, W. F. Albright, 1945, B. Mazar, 1957, T. D. N. Mettinger, 1971, Y. Aharoni: The Land** 1979 und Z. Kallai, 1980 u. 1986, sollten hingegen beide Institutionen in der Zeit des Großreiches gegründet worden sein. Nach anderen : A. Alt, 1952, M. Noth, 1953 und A. Cody, 1969 handelt es sich um eine viel jüngere Institution: in der nachexilischen Zeit oder frühestens unter König Josia (unten, 11.4), doch bestimmt nicht früher, könne man davon reden. Kein besonderes Datum erwähnen M. Haran und A. G. Auld, 1978; der letztere denkt aber an ein priesterliches, also implizit spätes System, wenn auch nicht auszuschließen ist, daß Leviten dort von alters her gewohnt haben; nicht unähnlich R. de Vaux*, 1971.

8.6.3 Bei diesen sich oft widersprechenden Thesen erscheinen die Ergebnisse der Oberflächenforschung *(survey)* von J.L. Peterson interessant. Eine Reihe von im Sommer 1971 durchgeführten Oberflächenstudien von nicht weniger als 71 von den mit den erwähnten Ortschaften verbundenen Tells (nur zwei in Syrien, zwei in Jordanien und einer im Libanon mußten wegen des Kriegszustandes ausfallen) hat zum Ergebnis geführt, daß weniger als die Hälfte der Ortschaften schon im 10. Jh., wenige im 9. Jh. existierten; der größte Teil erscheint erst seit dem 8. Jh. Und so gelangt man zum Schluß (auch wenn die Ergebnisse einer solchen Oberflächenforschung notwendigerweise provisorisch sind), daß die Institution nicht vor König Hiskia existieren konnte, während die Zeit König Josias ein ideales Datum darstellt.

8.7 Bildung der Stämme

Es gehört heute zu einer fast gesicherten Tatsache der orientalistischen und biblischen Wissenschaft, daß die Stämme als solche ihren Ursprung in Kanaan haben, sich also nach der „Landnahme" bildeten. Über den Werdegang sind wir allerdings nicht informiert.

8.7.1 Man weiß von der Existenz eines „Gebirges Juda" (die Hochebene von Jerusalem nach Süden) und einer „Wüste Juda", der Gegend des nördlichen Negeb in Richtung Totes Meer, Jos 11,21 und 20,7; 21,11 und II Chr 27,4; Jdc 1,16 und Ps 63,1. Ein Name wie „Bethlehem in Juda", Jdc 17,7, bezeichnet also die Gegend und nicht den Stamm.

8.7.2 Auf der zentralen Hochebene gab es ein „Gebirge Ephraim", Jos 20,7; 21,21, vgl. I Reg 4,8, wo ein Gau Salomos diesen Namen trägt. Er umfaßte vermutlich den größten Teil der Gegend.

8.7.3 In Galiläa gab es ein „Gebirge Naphtali", Jos 20,7 und I Reg 4,15, wo es sich wiederum um einen Gau Salomos handelt. So bezeichnet eine Namenbildung wie *qedeš naftālî*, Jdc 4,6, die Gegend und nicht den Stamm.

8.7.4 Es scheint deswegen logisch, anzunehmen, daß die Stämme ihren Namen von der betreffenden Gegend erhielten und nicht, wie man glauben könnte, umgekehrt. Eine Ausnahme bildet vielleicht Dan, von dessen Gegend gesagt wird, daß sie vor seiner Ansiedlung anders hieß, Jos 19,47 und Jdc Kap. 17–18.

8.8 Stammesbündnisse

Was, wenn überhaupt etwas, vereinte die Stämme Israels und Judas in vorstaatlicher Zeit? Diese Frage beschäftigt die Forschung schon seit Jahrzehnten. Und als Antwort wurde der Begriff des Zwölfstämmebundes, später unpassend auch Amphiktyonie genannt, vorgeschlagen.

Literatur: Noth, M.: Das System der zwölf Stämme Israels. Stuttgart 1930; ders.: Überlieferungsgeschichte des Pentateuch. Stuttgart 1948, *passim*; Geschichte* 1954,

83–104; Alt, A.: Die Staatenbildung der Israeliten in Palästina, 1925, KS II, 1–65; Buccellati, G.: Cities and Nations in Ancient Syria. Rom 1967, *passim*; Smend, R.: Zur Frage nach der israelitischen Amphiktyonie. In: EvTh 31 (1971), 613–630; Fohrer, G.: Altes Testament – „Amphiktyonie" und „Bund". In: ThLZ 91 (1966), 801–816, 893–904, Studien ..., 1969, 84–119; Mayes, A. D. H.: Israel in the Period of the Judges. London 1974, und bei Hayes, J. H. u. J. M. Miller* 1977, 297–308; Vaux, R. de* 1973, II, II; Fohrer, G.: Theologische Grundstrukturen des Alten Testaments. Berlin 1972, 211 f.; Weingreen, J.: The Theory of the Amphiktyony in Pre-Monarchial (sic!) Israel. In: JANESCU 5 (1973), 427–433; Weippert, H.: Das geographische System der Stämme Israels. In: VT 23 (1973), 76–89; Namiki, K.: Reconsideration of the Twelve-Tribes System of Israel. In: AJBI 2 (1976), 29–59; Lemche, N. P.: The Greek "Amphiktyony" – Could It Be a Prototype for the Israelite Society in the Period of the Judges? In: JSOT 4 (1977), 48–59; Geus, C. H. J. de: The Tribes of Israel. Assen 1976; Bächli, O.: Amphiktyonie im Alten Testament. Basel 1977; Crüsemann, F.: Der Widerstand gegen das Königtum. Neukirchen/Vluyn 1978, 201–208; Lindars, B.: The Israelite Tribes in Judges. In: VTS 30 (1979), 95–112; Meyers, C.: Of Seasons and Soldiers: A Topological Appraisal of the Premonarchical Tribes of Galilee. In: BASOR 252 (1983), 47–59; Lemche, N. P.: "Israel in the Period of the Judges." The Tribal League in Recent Research. In: StTh 38 (1984), 1–28; Gottwald, N. K.: The Participation of Free Agrarians in the Introduction of Monarchy to Ancient Israel. In: Semeia 37 (1986), 77–106; Auld, A. G.: Tribal Terminology in Joshua and Judges. In: Le origini d'Israele – Convegno dell'Accademia nazionale dei Lincei. Rom 1987, 87–98.

8.8.1 Schon Ernst Sellin sprach 1917 von einer „Jahwe-Koalition" bzw. „Genossenschaft"; ähnlich M. Weber: „Eidgenossenschaft" und ebenso A. Alt.[15] Doch die endgültige Darstellung des Begriffs verdankt man M. Noth, 1930. All diese Forscher waren sich des hypothetischen Charakters dieser Bezeichnungen völlig bewußt, was man von der späteren Forschung nicht immer behaupten kann. Inzwischen hat sich diese Arbeitshypothese nicht bewährt und muß heute fallengelassen werden.

8.8.2 Wie schon erwähnt (oben, 8.1.3), weist die biblische Hauptüberlieferung (Jos 1–12) ein einheitliches Bild der Landnahme auf, in dem die zwölf Stämme vereint das westjordanische Land erobern und unter sich verteilen, Jos Kap. 13–21. Auch das Richterbuch hat meistens eine Größe „Großisrael" vor Augen, auch wenn die Überlieferung wenige Male anderes berichtet: im Deboralied, Jdc 5 oder im Bericht über Gideon und seine 300 Abiezeriten, Kap. 6–8.

8.8.3 Auch die traditionelle, noch bei Paulus im Neuen Testament belegte (Röm 11,1 und Phil 3,5) Aufteilung in Stämme ist, wie schon erwähnt (oben, 8.5.2), soziologisch und ethnologisch unklar und lexikographisch spät anzusetzen. Das einzige,

[15] Sellin, E.: Gilgal. Leipzig 1917; Weber, M.* 1921, 82 ff. 90 ff., und Alt, A.: Eine galiläische Ortsliste in Jos 19. In: ZAW 45 (1929), 59–81; ferner Bächli, O.: Nachtrag zum Thema Amphiktyonie. In: ThZ 28 (1972), 356, und Geus, C. H. J. de, a. a. O. Der Begriff findet sich aber schon, worauf mich C. Schäfer-Lichtenberger aufmerksam macht, bei Wellhausen, J.* 1914, 25 f.

was man mit einiger Gewißheit sagen kann, ist, daß die Mitglieder desselben Stammes sich als Nachkommen eines gemeinsamen Ahnen, eines *heros eponymos*, betrachteten, daß also diese Mitgliedschaft weniger eine historische Tatsache als ein Statussymbol ausdrückte.

8.8.4 Der wichtigste Versuch einer Synthese zwischen biblischer Überlieferung und geschichtlicher Forschung ist gewiß der erwähnte und nie aufgegebene Versuch von M. Noth. Noch kurz vor seinem Tod 1968[16] meinte er, seine auf den aktuellen Forschungsstand gebrachte Hypothese neu vortragen zu können. Eine Darstellung davon erübrigt sich im Rahmen dieser Einführung: dafür sei auf das leicht zugängliche Werk M. Noths verwiesen. Sie hatte verschiedene Vorteile, was u. a. ihren lange andauernden Erfolg rechtfertigt:

8.8.4.1 Biblische Überlieferung und gegenwärtige Forschung wurden durch sie in einer großen Synthese zusammengefügt.

8.8.4.2 Das historische Problem einer fast unbekannten Epoche wurde auf diese Art glänzend gelöst.

8.8.4.3 Der Ursprung der älteren Quellen des Pentateuch und der historischen Bücher, ja vielleicht sogar des Urdeuteronomiums, bekam eine vernünftige Erklärung.

8.8.4.4 In diesem Zusammenhang mußte man auch nach dem Ursprung der Religion Israels, seines Monotheismus und seiner Gesetzgebung suchen.

8.8.4.5 Ja, für manche Forscher[17] bildete der Stämmebund die Struktur, welche den Übergang zur Staatenbildung einleitete.

8.8.5 Dennoch überwiegen die Nachteile:

8.8.5.1 Erstens war das Wort Amphiktyonie unangebracht: unklar schon in bezug auf die klassisch-antike Welt (Lemche, 1977), war es für die Vorgeschichte Israels überhaupt nicht zu verwenden.

8.8.5.2 Doch auch der Begriff eines Zwölfstämmebundes an sich zeigt sich, zweitens, als unannehmbar angesichts der Tatsache, daß Israel und Juda seit jeher getrennte Größen waren. So erscheinen z. B. Juda und die anderen Südstämme im Deboralied, Jdc 5, nicht,[18] eine Tatsache, die von den Verfechtern der Hypothese nie gründlich untersucht wurde.

8.8.5.3 Daß dadurch auf historischem Gebiet eine Leere entsteht, ist eine für viele peinliche, doch nicht zu leugnende Tatsache, wie immer man auch versuchen mag, diese Leere auszufüllen.[19]

[16] Bächli, O., a. a. O.

[17] Z. B. Buccellati, G.: Cities and Nations of Ancient Syria. Rom 1967, 111 ff.

[18] Soggin, J. A.: Juges/Judges ..., a. a. O., z. St. Für die Zahl zwölf vgl. de Geus, a. a. O., 117.

[19] Z. B. mit dem Verweis auf die „segmentären" Gesellschaften des nichtislamischen Afrikas heute; hierzu vgl.: Malamat, A.: Tribal Societies: Biblical Genealogies

8.9 Richter

Auf die Landnahme folgen im biblischen Kanon die Richter. Das hebräische Wort *šôfᵉṭîm* muß, allen entgegengesetzten Behauptungen zum Trotz, von der amorräischen und altkanaanäischen Wurzel *špṭ*, „regieren", „herrschen", „führen", davon die lateinische Transkription phönizisch-punischer *suffetes*, hergeleitet werden.[20] Denn die „Richter" „richten" ja nie, mit der einzigen Ausnahme Jdc 4,5, sondern „führen" das Volk in Zeiten größter Bedrohung. Es handelt sich dabei, freilich, nur um die sogenannten „großen" Richter.

Literatur: Ich verweise auf meinen Richterkommentar: Le livre des Juges. Genève 1987, englisch: Judges – A Commentary. London ²1987. Ferner: Tsevat, M.: The Old Testament Stories and Their Hittite Analogies. In: JAOS 103 (1983), 321–326; Schäfer-Lichtenberger, C.: Stadt und Eidgenossenschaft im Alten Testament. Berlin 1983, 225–227; Lemche, N. P.: Early Israel. Leiden 1985, II. Teil, Kap. 5.

Es gibt noch weitere Personen, die den Titel tragen; sie führen das Volk nicht und werden nur wegen gewisser pittoresker Eigenschaften erwähnt. Man bezeichnet sie gewöhnlich als die „kleinen" Richter. Was ihre politische Aufgabe gewesen ist, geht aus den Texten nicht hervor.[21]

8.9.1 Eine spätere, theologische Betrachtung hat aus den Großen Richtern so etwas wie charismatische Führer[22] machen wollen, indem sie sie mit der Begabung durch den Geist Gottes ausrüstete, Jdc 3,10; 6,34; 11,29; 13,25; 14,6.19; 15,14. Dadurch erhält ihr Amt eine theologische Bedeutung und wird immer mehr von der Politik losgelöst. Die einzige Möglichkeit auf historiographischem Gebiet ist die, daß diese Berichte in späteren Zeiten z. T. auf erhaltene Überlieferungen über alte Anführer- und Rettergestalten zurückgehen,[23] was an sich freilich nicht unmöglich wäre. Endlich wurden die (alten?) Berichte in einen dtr Rahmen eingefügt, nach dem das

and African Lineage System. In: Archives européens de sociologie 14 (1973), 126 bis 136; Crüsemann, F.: Der Widerstand gegen das Königtum. Neukirchen/Vluyn 1978, 200–208, und Schäfer-Lichtenberger, C., a. a. O., 333 ff. u. 425. Auf diese Probleme kann und soll hier nicht im einzelnen eingegangen werden.

[20] Für eine ausführliche Diskussion vgl. Vermeylen, J.* 1988, 59–63; ferner Orlinski, H. M.: The Tribal System and Related Groups in the Period of the Judges. In: OA 1 (1962), 11–20, bes. 13, Anm. 6. Für die Etymologie vgl. mein: Juges/Judges ..., 9 ff./1 ff., und Richter, W.: Zu den „Richtern Israels". In: ZAW 77 (1965), 40–72.

[21] Ich habe seinerzeit den Versuch unternommen, sie mit den assyrischen Eponymen zusammenzubringen: Das Amt der „kleinen Richter" in Israel. In: VT 30 (1980), 245–248; vgl. aber Tsevat, M., a. a. O. zu 8.9.

[22] Zum Begriff Charisma und dergleichen vgl. Weber, M.* 1921, 52 ff. und ders.: Wirtschaft und Gesellschaft. Tübingen ⁴1956, I, 140 ff. II, 662 ff.

[23] Zum letzteren Begriff vgl. Richter, W.: Traditionsgeschichtliche Untersuchungen zum Richterbuch. Bonn 1963, *passim*, bes. 319–343.

Volk sich immer wieder versündigt und von Jhwh seinen Feinden ausgeliefert wird; dann kehrt das Volk um, tut Buße, und Jhwh sendet ihm den Retter. Darauf folgt dann die betreffende Episode. Am Ende steht wiederum ein dtr Vermerk über die Jahre des Friedens, die darauf folgten. All diese, wenn auch aus verschiedenen Zeiten stammenden Elemente zeugen von mannigfachen Überlegungen, bei denen der Urbestand der Berichte immer wieder zugunsten einer theologischen Konstruktion verlorenging, auch wenn man, wie erwähnt, nicht *a priori* ausschließen kann, daß sich altes Material in den heutigen Berichten erhalten hat.

8.9.1.1 So wurde z.B. in den letzten Jahrzehnten von A.D.H. Mayes[24] die Schlacht am Bach Qišon (Jdc Kap. 4–5), die wohl geführt wurde, um die Verbindungen zwischen den galiläischen und mittelpalästinischen Stämmen durch die Jesreel-Ebene zu erhalten, aus ihrem hier unbestimmten Zusammenhang herausgerissen und in den der Kämpfe zwischen Israel und den Philistern eingefügt; diese Kämpfe endeten, bei anfänglichen Siegen, mit der Niederlage Israels vor den Philistern und der Besetzung von Teilen der mittleren Hochebene durch die Philister, I Sam 4.

8.9.1.2 Ferner könnte in den Kap. 6–8 die Erinnerung an Auseinandersetzungen zwischen den israelitischen Neubewohnern der Gegend von *ʿofrāh* (für die verschiedene Lokalisierungen vorgeschlagen werden) und Halbnomaden aus dem Ostjordanland, die diesseits des Flusses angeblich traditionelle Weiderechte hatten, vorliegen.

8.9.1.3 Auch könnte Jdc 9 die Reminiszenz an den gescheiterten Versuch des Königtums in Sichem festgehalten haben, während des Übergangs von der Bronze- zur Eisenzeit (dazu Soggin* 1984, 176–181, mit Lit.).

8.9.2 In all diesen Fällen gibt es chronologische Angaben, doch diese bestehen entweder aus stereotypen, dtr Zahlen (20, 40, 80) oder aus solchen, die sich nicht mit einer allgemeinen Chronologie in Zusammenhang bringen lassen, wodurch sie sich, historisch gesehen, faktisch als nutzlos erweisen.[25]

8.9.3 Eine Untersuchung der einzelnen Richter, der verschiedenen Episoden und ihrer Probleme erübrigt sich im Rahmen dieser Einführung; für Einzelheiten verweise ich auf Soggin* 1984, 174–185.

8.9.4 Der Gedanke, daß jeweils eine Einzelperson ein der Diktatur zur Zeit der Römischen Republik ähnliches Amt im vorgeschichtlichen „Israel" ausgeübt habe, scheitert wiederum an der Tatsache, daß es so ein „Ganzisrael" nie gegeben hat. Der Gedanke beruht, wie schon öfters erwähnt, auf der spät-dtr Rekonstruktion der Vorgeschichte, die in nachexilischer Zeit stattfand. Daß die erwähnten Helden und Retter sich ablösten in einer Art Sukzession, kann auch nicht bewiesen werden und scheint nicht sehr wahr-

[24] Mayes, A. D. H.: The Historical Context of the Battle against Sisera. In: VT 19 (1969), 353–360, und a. a. O. 1974, Kap. 3.

[25] Vgl. hierzu meine Aussagen in: Juges/Judges 13–17/6–12, auf Grund von Richter, W.: Die Bearbeitungen des „Retterbuches" in der deuteronomistischen Epoche. Bonn 1964, *passim*, bes. 132–141.

scheinlich. Ferner handelten sie oft, auch nach der Überlieferung (z.B. die 300 Abiezeriten mit Gideon), im Rahmen von kleinen, lokalen Gruppen. Ähnlich ist die Lage in den beiden Schlußepisoden, besonders im zweiten Bericht, Kap. 19–21: dort besteht die Möglichkeit, daß ursprünglich von einem Bürgerkrieg zwischen Ephraim–Manasse und Benjamin berichtet wurde,[26] nicht anders als 12,1–7 zwischen Ephraim und den im nördlichen Teil Transjordaniens ansässigen Gruppen; all dies erscheint heute aber in einem völlig anderen Zusammenhang.

[26] Daß die „Schandtat zu Gibea", Ri 19,11ff., nicht den wahren Grund für einen Krieg gebildet haben kann, sollte selbstverständlich sein: sie gehört zu der von A. Momigliano als „alberne Gründe" *(silly causes)* für einen Krieg bezeichneten Kategorie, vgl.: Some Observations on the Causes of War in Ancient Historiography, 1958. In: Secondo contributo alla storia degli studi classici. Rom 1984, 13–27. Weiteres in meinem Richterkommentar, 1987, z.St.

III. DIE BEIDEN KÖNIGREICHE

9. DIE BEIDEN KÖNIGREICHE BIS ZU DEN ASSYRISCHEN EINFÄLLEN

9.1 Auflösung des Großreiches

Das Großreich war von kurzer Dauer: nach Salomos Tod brach es auseinander, und die Gründe dafür sind leicht zu ermitteln: wirtschaftlich stand es dem Zusammenbruch nahe, und der Norden fühlte sich, anscheinend nicht zu Unrecht, unterdrückt und ausgebeutet (Noth*, 1954, 207). Salomos designierter Nachfolger erwies sich als seinen Aufgaben nicht gewachsen und vermochte nicht, die Lage zu meistern. Vom Großreich blieb allein die verklärte Erinnerung im Gedächtnis und in der Phantasie der späteren Geschlechter übrig, und an seiner Stelle verblieben nur die beiden zweitrangigen Staaten (Bright*, 1981, 229). Der Dualismus Israel–Juda war in der Tat nie überwunden, sondern nur zeitweise zum Schweigen gebracht worden.

9.2 Relative Chronologie

Seit der Reichstrennung gibt es in Israel und Juda eine relative Chronologie. Die Regierungszeit der einzelnen Könige eines der beiden Länder wird in bezug auf die Chronologie des betreffenden Königs des anderen Landes synchronisch berechnet.

9.2.1 Dies bringt aber mehr Schwierigkeiten mit sich, als man denkt, da die absoluten Zahlen unbekannt sind; auch weiß man nicht, ob die beiden Staaten denselben Kalender und dasselbe chronologische System angewandt haben (es gibt Indizien, daß dies nicht der Fall war); ferner, ob Regentschaften stattgefunden haben, so daß die Regierungszeiten zweier Könige sich manchmal überschneiden; auch, wie die Jahre eines als legitim betrachteten Königs in bezug auf die Jahre, in denen es einen Usurpator gab, berechnet wurden. Endlich ist die Möglichkeit nicht auszuschließen, daß einige Angaben irrtümlich oder überhaupt nicht überliefert wurden (Beispiele bei A. Laato, 1986).

9.2.2 Die Sache ist noch komplizierter: der Masoretische Text, die LXX und Josephus bieten nicht immer dieselben Zahlen. So muß es als eine Errungenschaft der historischen Wissenschaft gelten, daß man für den größten Teil der Könige Israels und Judas relativ sichere Zahlen erarbeiten konnte, mit Abweichungen, die in den meisten Fällen nicht über zehn Jahre hinauslaufen!

Literatur: Begrich, J.: Die Chronologie der Könige von Israel und Juda. Tübingen 1929; Jepsen, A., u. R. Hanhart: Untersuchungen zur israelitisch-jüdischen Chronologie. Berlin 1964; Finegan, J.: Handbook of Biblical Chronology. Princeton ²1964; Tadmor, H.: Art. Kronologia. In: EBB 4 (1962), 245–310, 301 ff. (hebr.); und ders.: The Chronology of the First Temple Period. In: WHJP IV,1 (Jerusalem/London 1979), 40–44, 319–320 (auch als App. II bei Soggin* 1984); Thiele, E. R.: The Mysterious Numbers of the Hebrew Kings. Grand Rapids Mich. ³1983; Laato, A.: New Viewpoints on the Chronology of the Kings of Judah and Israel. In: ZAW 98 (1986), 210–221 und Andersen, K. T.: Noch einmal die Chronologie der Könige Israels und Judas. In: SJOT 3 (1989, 1), 1–45. Ein vor kurzem erschienenes Werk: Hayes, J. H. u. P. K. Hooker: A New Chronology for the Kings of Israel and Judah and its Implications for Biblical History and Literature. Atlanta 1988, habe ich nicht mehr benützen können. Endlich die Geschichten Israels, die oft chronologische Tafeln bieten: Jagersma*, Gunneweg*, Vermeylen* 93 f. und auch Soggin, Introduction 569 ff. Das Problem ist, wie gesehen, alt, vgl. das rabbinische Traktat *sēder ʿôlām rabbāh* (Ende des 3. Jh. u. Z., oben, 3.8.1).

9.3 Quellen

Seit dem Tod Salomos (ca. 926 oder 922) blieben die beiden Staaten also bestehen, oft in Feindschaft zueinander, manchmal durch Bündnisse vereint. Der Gegensatz dauerte übrigens in nachexilischer und neutestamentlicher Zeit mit der Feindschaft zwischen Judäern und Samaritanern weiter und wird noch von den ältesten rabbinischen Quellen bezeugt.

Literatur: Alt, A.: Das Königtum in den Reichen Israel und Juda. In: VT 1 (1951), 2–22, KS II, 116–134; Soggin, J. A.: Das Königtum ..., 90 ff.; Buccellati, G.: Cities and Nations ... 204 ff.; Debus, J.: Die Sünde Jerobeams, Göttingen 1967; Gooding, D. W.: The Septuagint's Rival Version of Jerobeam's Rise to Power. In: VT 17 (1967), 173–179; ders.: Jerobeam's Rise to Power – A Rejoinder. In: JBL 91 (1972), 529–533; Seebaß, H.: Zur Königserhebung Jerobeams I. In: VT 17 (1967), 325–333; Conrad, J.: Die junge Generation im Alten Testament. Berlin DDR 1970; Herrmann, S.: Geschichte Israels – Möglichkeiten und Grenzen ihrer Darstellung. In: ThLZ 94 (1969), 644–650; Klein, R. W.: Jerobeam's Rise to Power. In: JBL 89 (1970), 217 f.; Lipiński, E.: Le récit I Rois XII 1–19 ... In: VT 24 (1974), 430–437; Trebolle-Barrera, J.: Salomón y Jeroboán. Salamanca 1980; Weinfeld, M.: The Counsel of the "Elders" to Rehoboam and its Implications. In: Maarav 3,1 (1982), 27–53; Cohn, R. L.: Literary Technique in the Jeroboam Narrative. In: ZAW 97 (1985), 23–35; Gerbrandt, G. E.: Kingship according to the Deuteronomistic History. Atlanta 1986; Catastini, A.: 1 Re 13:1–10 e la redazione delle tradizioni su Geroboamo I. In: Egitto e Vicino Oriente 10 (1987), 109–121; Walsh, J. T.: The Context of 1 Kings XIII. In: VT 39, 1989, 355–370. Zur Analyse des Textes vgl. ferner die Kommentare, besonders Montgomery, J. A., u. H. S. Gehman: ICC 1951, Noth, M.: BK IX,1 (1968); Gray, J.: OTL ²1970. Die These von Diebner, B. J.: Rez. In: DBAT 20 (1984), 192–208, 202, daß der Bericht auf die Trennung zwischen Judäern und Samaritanern (die er in das 2. Jh. v. u. Z. verlegt, vgl. unten, 13.4) Bezug nimmt, scheint mir übertrieben.

9.3.1 Die biblischen Quellen, die über die Auflösung des Großreiches berichten, finden sich in den Kap. 12–14 des I Königsbuches; der Paralleltext der Chronikbücher verzeichnet keine bemerkenswerten Varianten.

Um so verwickelter ist die Lage, sobald die LXX und Josephus, Ant 8, 212 in die Diskussion einbezogen werden: einerseits gibt es zu 12,24 bei LXX^A einen aus einer hebräischen Vorlage stammenden (Trebolle, 1980) langen, von a bis z numerierten Einschub; anderseits läßt LXX^A Jerobeam nicht von Anfang an bei dem Landtag zu Sichem dabeisein, wie bei MT V.3 und Josephus, sondern einfach nach dem Tod seines Widersachers Salomo in die Heimat zurückkehren (lies *wajjāšōb*!); erst zu V.20, nach dem Scheitern der Verhandlungen mit dem Thronnachfolger, soll er dann ausdrücklich zum Landtag eingeladen worden sein, was nach allen mir bekannten Kommentaren die richtige Folge bildet. Es ist nicht möglich, im Rahmen dieser Einführung mehr Einzelheiten zu bieten; dafür muß ich auf die Kommentare und auf die Aufsätze von J. Trebolle, 1980, R. L. Cohn, 1985 und A. Catastini, 1987 verweisen. Man sieht allerdings: die Überlieferung ist während der Jahrhunderte gewachsen und deswegen spät, und LXX^A bringt eine dem Urbericht wohl am nächsten stehende Fassung. Das Kap. 13, endlich, steht, wie Catastini 1987 überzeugend dargestellt hat, den Chronikbüchern nahe. Der Historiker wird also mindestens den masoretischen Bericht nach dem der LXX^A korrigieren müssen.

9.3.2 Während die Thronbesteigung Rehabeams in Juda keine nennenswerten Probleme verursachte, war die Lage in Israel anders. Der Norden scheint, erstens, das Recht behalten zu haben, den auf der Nachfolgeliste stehenden Anwärter zum Königtum in seinem Amt zu bestätigen oder zu verwerfen; zweitens soll er in diesem Fall von seinem Recht Gebrauch gemacht haben, und drittens gab es ernsthafte Gründe für eine Reihe von Beschwerden, Gründe, die auch das Dtr anerkennt. Ja, es soll die ungeschickte und unkluge Handlungsweise des *rex designatus* der unmittelbare Grund für die Reichstrennung gewesen sein.

9.3.3 So entstanden wiederum zwei politische Größen in der Gegend, mit dem Gebiet Benjamins z. T. zum Süden, z. T. zum Norden gehörig.

9.3.3.1 Juda konnte sich auf die Legitimität der Dynastie und des salomonischen Tempels berufen, war aber wirtschaftlich unbedeutend (es bestand größtenteils aus der südlichen Hochebene und den benachbarten Steppen) und deswegen politisch und militärisch nicht wichtig. Dies erklärt u. a. sein Überleben während anderthalb Jahrhunderten nach dem Fall des Nordens. Nur glaubensmäßig wurde es später wichtig.

9.3.3.2 Israel hingegen war wirtschaftlich, kulturell und strategisch viel stärker, ein Umstand, der geradezu zur Unterjochung, wenn nicht zur Eroberung, einlud; es war ferner politisch weniger stabil, was ihm bald zum Verhängnis wurde.

9.3.4 Der Süden scheint die Auflösung des Großreiches nie ganz verschmerzt zu haben, und hier und da findet man auch in außerdeuteronomistischen Texten Stellen, die sich eine Wiedervereinigung als Ziel setzen; so z. B.

Jes 9,1–6; Jer 3,1ff.; vgl. ferner Jer 23,5–6 und Kap. 31–33 (allerdings dtr); Ez 37,15–22 und andere mehr. Der Dtr nimmt hingegen eine ambivalente Stellung zum Nordreich ein: einerseits scheinen Texte wie I Reg 11,29–40; 12,21–24 und 14,1–8 (DtrP) so etwas wie eine göttliche Designierung Jerobeams I. vorauszusetzen und gewähren ihm auch göttlichen Schutz; anderseits redet der Dtr oft vom Norden mit dem Ausdruck „die Sünde Jerobeams". Diese doppeldeutige Einstellung tritt besonders nach der Zerstörung des Nordreiches hervor, als der Dtr die These vom Zwölfstämmebund für die Vorzeit zu einem seiner Leitmotive machte.

9.3.5 *Kultsagen*. Nach dem biblischen Bericht hat Jerobeam I. einen neuen Kult im Norden gegründet, I Reg 12,26ff., und zwar im alten Heiligtum *bêt'ēl* (heute *beitīn*, Koord. 172–143), wenige Kilometer nördlich vom heutigen Ramalla, und in Dan im nördlichen Teil des Landes (heute der *tell el-qādi*, Koord. 211–294).

Literatur: Weippert, M.: Gott und Stier. In: ZDPV 77 (1961), 93–117; Aberbach, M., u. L. Smolar: Aaron, Jeroboam and the Golden Calves. In: JBL 86 (1967), 129 bis 140; Soggin, J. A.: Der offiziell geförderte Synkretismus in Israel im 10. Jahrhundert. In: ZAW 78 (1966), 179–204; Donner, H.: „Hier sind deine Götter, Israel." In: Wort und Geschichte – FS K. Elliger, Kevelaer–Neukirchen/Vluyn 1973, 45–50; Mullen, E. T., Jr.: The Sin of Jeroboam. A Redactional Assessment. In: CBQ 49 (1987), 212 bis 232.

Den Gegenstand dieses Kultes soll das Standbild eines vergoldeten Stiers gebildet haben, das immer verächtlich „Kalb" genannt wird. Es handelt sich um ein in Kanaan wohlbekanntes Symbol für die männliche Geschlechtskraft, Attribut von Baal; doch nach den Texten scheint es eher ein Postament für den unsichtbaren Jhwh gewesen zu sein, so daß es als eine Art Parallele zur Jerusalemer Lade zu betrachten ist.

Dies wird auch durch die Einweihungsformel bestätigt, 12,28b: „Hier ist dein Gott, Israel, der dich aus Ägypten geführt hat." Meinem Aufsatz 1966 nach glaube ich noch immer, daß der Satz sich auf den einzigen Gott und nicht auf „deine Götter", was an sich grammatisch möglich ist, bezieht: die Einzahl ergibt sich aus dem Hinweis auf den Exodus, um so mehr, als in jedem Heiligtum nur ein Bild gestanden haben soll. Eine Legende über den Ursprung dieses Kultes findet sich wahrscheinlich im völlig sachlich, unpolemisch formulierten Bericht Ex 32,1–6; die Polemik fängt erst in 32,7ff. an.

9.4 Annektierte Gebiete

Die Texte berichten nicht über das Los der unter David annektierten Gebiete. Man weiß nur, wie schon erwähnt (oben, 5.7), daß einige davon sich schon unter Salomo vom Großreich losgelöst hatten. Es ist aber möglich, daß andere diesem Beispiel folgten. Aus I Reg 15,18–20//II Chr 16,2–6 (unten, 9.8.2) erfährt man, daß Damaskus für einige Zeit mit Israel durch einen Vertrag verbündet blieb, sich aber alsbald mit Juda gegen Israel vereinigte. Der im Text erwähnte Ben-(aram. Bar-)Hadad war wohl der erste dieses Namens. Am Ende des 9. Jh. melden sowohl II Reg 3 als auch die Mešaᶜ-Stele, daß es Moab gelang, seine Unabhängigkeit wiederzugewinnen (unten, 9.10.2.3). Auch Ammon soll um die Mitte des 9. Jh. wieder unabhängig geworden sein, so daß nur Edom unter Juda blieb.

9.5 Verwaltungsmaßnahmen Jerobeams I.

Über die von Jerobeam I. veranstalteten Maßnahmen im Verwaltungsgebiet (er mußte den größten Teil des Staatsapparats wiederaufbauen) erfährt man wiederum nichts.[1] Aus den Ostraka von Samarien (KAI 183, SSI I, 5 ff., ANET 321, TUAT I, 248 ff.; vgl. Soggin: Introduction, App. I, 4[2]) geht aber hervor, daß das Gau- und Steuersystem Salomos (oben, 5.8), das ja den Hauptgrund für die Auflösung des Großreiches bildete, paradoxerweise, jedoch nicht ohne Parallelen in der Geschichte, weiterbestanden haben soll.

9.6 Der ägyptische Feldzug

Literatur: Noth, M.: Die Schoschenkliste. In: ZDPV 61 (1939), 277–304, ABLAK II, 73–93; Mazar, B.: The Campaign of Pharao Shishak to Palestine. In: VTS 4 (1957), 57–66; Herrmann, S.: Operationen Pharaos Schoschenk I. im östlichen Ephraim. In: ZDPV 80 (1964), 55–79; Redford, B. D.: Studies in the Relationship between Palestine and Egypt during the First Millennium B. C.: II – The Twenty-Second Dynasty. In: JAOS 93 (1973), 3–17; Donner, H.* 1986, 245 ff. u. 291, Anm. 13; Miller, J. M. u. J. H. Hayes* 1988, 245 ff., und Garbini, G.* 1988, 28 ff. Topographisches noch bei Jirku, A.: Die ägyptischen Listen palästinensischer und syrischer Ortsnamen. Leipzig 1937, und Aḥituv, S.: Canaanite Toponyms in Ancient Egyptian Documents. Jerusalem 1984, 20 f. und *passim*.

Über Rehabeam berichten die dtr Texte verhältnismäßig wenig; doch in

[1] Wirtschafts- und Verwaltungstexte sind in der Bibel äußerst selten. Zu einem Versuch, die Materialien zu ordnen, vgl. mein: Ancient Israel: An Attempt at a Social and Economic Analysis of the Available Data. In: Text and Context ..., Studies for F. C. Fensham. Sheffield 1988, 201–208.

[2] Zu den Samaria-Ostraka vgl. neuerdings Rainey, A. F.: Towards a Precise Date for the Samaria Ostraca. In: BASOR 272 (1988), 69–74, der die Jahre 784–83, zwischen König Jehoaš und dem als Regent amtierenden, späteren Jerobeam II. vorschlägt.

I Reg 14,25–28//II Chr 12,2.9–11 steht ein wichtiger Bericht: der Einmarsch des Pharaos *šîšaq*, der ägyptische *šošenq* I., Gründer der 22. (libyschen) Dynastie, ca. 945–924, am Anfang seiner Regierung.

9.6.1 Die Expedition wurde mit vielen Einzelheiten auf einem großen Relief an der Südwand eines dem Tempel in Karnak angebauten Pavillons verewigt, mit einer Inschrift, die im 21. Jahr des Königs, also, nach der obigen Chronologie, 925 datiert wird (ANET 263f., Jirku 1937, 47f., noch nicht in TUAT). So muß der Feldzug einige Zeit vor der Inschrift stattgefunden haben (das von Kitchen, a.a.O., oben, 3.8, 74, angenommene 20. bzw. 21. Jahr der Regierung des Pharaos ist dann natürlich zu spät). Auf diese Art entsteht ein Unterschied zur biblischen Chronologie, nach der die Invasion „im 5. Jahr des Königs Rehabeam", 14,25, also um 922 oder 918 stattgefunden haben soll. Nun scheint aber die ägyptische Datierung, angesichts der Unsicherheit der biblischen Chronologie vor dem 8. Jh., vorzuziehen zu sein.

9.6.2 In diesem Zusammenhang hat nun G. Garbini*, 1988, auf einen merkwürdigen Tatbestand aufmerksam gemacht: der Mangel an einer absoluten Chronologie hat die Ägyptologen (zuletzt K. A. Kitchen) dazu genötigt, ihre Chronologie hauptsächlich an der biblischen zu verankern; den Alttestamentlern liegt hingegen daran, diesen Pharao mehr als Zeitgenossen Rehabeams und weniger Salomos darzustellen. Daß er letzteres aber gewesen ist, geht aus dem biblischen Bericht I Reg 11,40 deutlich hervor, nach dem Šošenq Jerobeam als Widersacher Salomos Asyl gewährte (Kitchen, 72f.). Garbini schlägt deshalb für den Pharao eine höhere Chronologie vor: die Jahre ca. 950–929; doch auch unter Beibehaltung der üblichen Chronologie sind beide Könige, Salomo und Šošenk, lange Zeitgenossen gewesen. Mit seinem Vorschlag möchte Garbini Šošenk nicht im 5. Regierungsjahr Rehabeams, sondern in einem der letzten Regierungsjahre Salomos in Kanaan eindringen lassen, so daß die Invasion einfach zu den Verfallserscheinungen des israelitischen Großreiches am Ende der Regierung Salomos gehört haben soll.

9.6.3 Doch dies ist nicht die einzige Möglichkeit, in diesem verwickelten Problem Ordnung zu schaffen. H. Donner, 1986, 246, behauptet nämlich: „Dieser Feldzug war kaum mehr als eine Machtdemonstration, die zeigen sollte, daß es mit Ägypten nach langer Pause wieder aufwärts ging. Schoschenk I. war nicht in der Lage, die Oberhoheit über Palästina praktisch auszuüben." Es gelang aber dem schon fest auf dem Thron sitzenden Rehabeam, die Gefahr abzuwenden, während Jerobeam I. „in arger Bedrängnis gewesen sein muß". In der Tat liest man, daß es Rehabeam gelang, die Ägypter von Juda fernzuhalten, auch wenn er dafür einen beträchtlichen Teil des Tempel- und Palastschatzes opfern mußte, I Reg 14,26f.//II Chr 12,9f. So erscheinen Juda und Jerusalem auf der Karnak-Inschrift überhaupt nicht, während Šošenk die die Jesreel-Ebene und Transjordanien, also die wirtschaftlich wichtigsten Gebiete des Nordens, brandschatzte. Ja, die Möglichkeit ist in Betracht zu ziehen, daß nach diesen Begebenheiten die Hauptstadt des Nordens von Sichem nach *tirṣāh* (dem heutigen *tell el-far'āh*, Koord. 182–188) verlegt wurde, vgl. H. Donner bei Hayes u. Miller*, 1977, 389, und 1986*, 245f.

9.6.4 Man weiß also nicht, was den Pharao nach Kanaan führte; es ist möglich, wie H. Donner behauptet, daß es ihm darum ging, seine Souveränität über die Gegend wenigstens theoretisch zu behaupten. Man kann aber auch vermuten, daß Jerobeam, während er als Flüchtling bei Šošenq weilte, ihm das Versprechen diesbezüglich gab, zwei Möglichkeiten, die einander nicht ausschließen.

9.6.5 Interessant ist endlich, daß hier die biblischen Texte zum ersten Mal einen ägyptischen Herrscher bei seinem Namen nennen und ihn einfach als König und nicht als Pharao bezeichnen.

9.7 Festungen Rehabeams

Nach II Chr 11,5–10 soll Rehabeam eine Reihe von Festungen erbaut haben, um Juda von Süden und von Westen zu schützen. Es besteht eine gewisse Einstimmigkeit unter den Forschern darüber, daß die Liste alt ist. Doch wie alt? Die beste Lösung ist die, sie in die Zeit des Hiskia, Ende des 8. Jh. (unten, 11.2.2) zu verlegen, wenn es auch nicht an Forschern fehlt, die den Text noch später datieren möchten.[3]

9.8 Kriege zwischen Israel und Juda

Literatur: Dupont-Sommer, A.: Les Araméens. Paris 1949, Kap. III; Unger, M. F.: Israel and the Aramaeans of Damascus. London 1957, Kap. 5 und 10; Miller, J. M: Geshur and Aram. In: JNES 28 (1969), 60 f. Ein bis jetzt hypothetischer Versuch einer Chronologie der altaramäischen Könige findet sich bei Cross, F. M.: The Stele Dedicated to Melcarth by Ben Hadad of Damascus. In: BASOR 205 (1972), 36–42; vgl. aber Lipiński, E.: Rez. In: VT 25 (1975), 553–561; Puech, É.: L'ivoire inscrit de Arslan Tash et les rois de Damas. In: RB 88 (1981), 544–562; Pitard, W. T.: The Identity of the Bir-Hadad of the Melqart Stela. In: BASOR 272 (1988) 3–21. Woude, A. S. van der: Zur Geschichte der Grenze zwischen Israel und Juda. In: OTS 25 (1989), 38–48.

[3] Welten, P.: Geschichte und Geschichtsdarstellung in den Chronikbüchern. Neukirchen/Vluyn 1973, 11–15; Fritz, V.: The "List of Rehoboam's Fortresses" in 2 Chr. 11,5–12 – A Document from the Time of Josiah. In: EI 15 (1981), 46*–53*. Daß die Liste spät anzusetzen ist, wurde schon von Beyer, G.: Beiträge zur Territorialgeschichte von Südwestpalästina im Altertum, I: Das Festungssystem Rehabeams. In: ZDPV 54 (1931), 113–134, behauptet. Weitere Vorschläge neuerdings bei Na'aman, N.: Hezekiah's Fortified Cities and the LMLK Stamps. In: BASOR 261 (1986), 5–22; dagegen Garfinkel, Y.: 2 Chr 11 : 5–10, Fortified City List and the LMLK Stamps. In: BASOR 271 (1988), 69–73, und Na'aman, N.: 2 Chronicles 11 : 5–10 – A Reply to Y. Garfinkel, ibid. 74 ff.

Während der ersten Jahrzehnte der Reichsteilung bekämpften sich die beiden Staaten. Der Hauptgrund dieser Kriege scheint die strategische Notwendigkeit Judas gewesen zu sein, seine Grenzen nach Norden auszudehnen, denn auch nach der Einverleibung eines Teils von Benjamin verlief die Grenze immer noch wenig nördlich von Jerusalem, in der Nähe der heutigen Ortschaften Ramalla und el-Bireh, Koord. 170–145.

9.8.1 Zuerst scheint der Norden, wie zu erwarten war, die Oberhand behalten zu haben. So ergab es sich, daß der Norden sich nach Süden und nicht der Süden sich nach Norden ausdehnen konnte. Die Feindseligkeiten dauerten während der Regierungen Rehabeams, Abijas und Asas im Süden, und Jerobeams I., Nadabs, Baešas im Norden an. Es scheint sogar, daß es den Truppen Israels gelang, bis *rāmāh*, heute *er-rām*, Koord. 172–140, 9 km nördlich von Jerusalem, vorzustoßen, I Reg 15,16f.//II Chr 16,1f.

9.8.2 Dieser dringenden Gefahr begegnete Asa von Juda, indem er, wie erwähnt, die Aramäer von Damaskus um Hilfe bat und ihnen einen beträchtlichen Betrag dafür zahlte. Der überraschende Angriff der Aramäer von Nordosten erlaubte es ihnen, in die israelitischen Gebiete einzudringen und einige Ortschaften zu erobern: *ʾābēl bêt ma^{ca}kāh*, heute *ʾabīl el-qamḥ*, Koord. 204–296, *ʿijôn*, heute *tell ed-dibbin*, Koord. 205–308, und Dan, heute *tell el-qāḍī*, Koord. 211–294. Ferner ist von „ganz *kinnerôt*", heute *ḫirbet el-ʿoreimeh*, Koord. 200–294 und dem „Land Naphtali" die Rede. Nach Y. Aharoni: The Land**, 1979, II, Kap. IV,3, ist auch I Chr 2,23 mit diesem Feldzug zu verbinden: nach diesem Text soll Israel auch *ḥawwôt jāʾīr* und *q^{e}nat* (heute *qanāwat*, Koord. 302–241) mit weiteren 60 Ortschaften verloren haben. Im ganzen handelte es sich um die restlichen Besitzungen im Ostjordanland. Es ist nicht bekannt, unter welchen Bedingungen die Aramäer die besetzten Gebiete wieder verließen.

9.8.3 So mußte Baeša von Israel Rama schnellstens räumen, unter Hinterlassung des Baumaterials, mit dem er es befestigen wollte. Asa von Juda konnte Rama wieder besetzen und verwendete das Baumaterial zur Befestigung von *miṣpāh*, heute *tell en-naṣbe*, Koord. 170–143, und *gebaʿ* von Benjamin, heute *ǧibaʿ*, Koord. 175–140. Mispa war ursprünglich als Festung gegen den Süden ausgebaut worden, doch die Ausgrabungen zeigen,[4] daß seine Befestigungen bald in die entgegengesetzte Richtung aufgestellt wurden.

9.8.4 Seitdem scheint die Grenze zwischen den beiden Staaten unverändert verlaufen und bald ein De-facto-Friede eingetreten zu sein. Der Süden hatte zwar seine Grenze berichtigt, doch den Krieg letzten Endes nicht gewonnen; danach darf man wohl, mit H. Donner bei Hayes u. Miller* 1977,

[4] Wright, G. E.: Biblical Archaeology. Philadelphia/London ²1962 (mit Bild), und H. Donner bei Hayes u. Miller* 1977, 391.

391, und 1986*, 250, „von einem verschleierten Vasallenverhältnis Judas gegenüber Israel ..." sprechen.

9.9 Asa von Juda und die Königinmutter

Die Texte I Reg 15,9–15//II Chr 14,1–4 berichten, Asa habe eine religiöse Reform eingeführt; es handelt sich aber um eine ganz im Rahmen des Dtn und des Dtr gehaltene Beschreibung, so daß man nicht feststellen kann, ob etwas, und gegebenenfalls was, tatsächlich geschehen sei.

9.9.1 Der Dtr beginnt hiermit ein literarisches Schema, in dem Reformen im Sinne des Dtn und des Dtr und synkretistische Gegenreformen sich ablösen, so daß man es eher mit einem theologisch-literarischen Topos als mit wirklichen Geschichtsberichten zu tun hat.[5]

9.9.2 Fast unbemerkt erhält man dabei einen weiteren wichtigen Hinweis: daß der König, im Rahmen seiner Reformbestrebungen, seine Mutter absetzte, I Reg 15,13–15//II Chr 16,16–19, und ihr den ihr zustehenden Titel *g^ebîrāh* wegnahm. Dieser Titel, den die Lutherübersetzung mit „Herrin" wiedergibt, wurde von der Königinmutter in ihrer offiziellen, allerdings nicht genau bestimmbaren Rolle getragen. Nach den Gepflogenheiten anderer altorientalischer Höfe soll sie u. a. als Regentin aufgetreten sein, im Fall, daß der König sein Amt irgendwie nicht ausüben konnte. Bald (unten, 9.13) werden wir einem Fall begegnen, dem der Königin Athalia, die als Regentin sogar einen Staatsstreich verübte.

9.10 Die Dynastie Omris von Israel

ʿomrî von Israel gründete eine Dynastie, die sich allerdings nicht lange zu halten vermochte.

Omri konnte den Thron erst nach ungefähr fünf Jahren der Unruhen besteigen, während derer einige Könige für kurze Zeit versuchten, ihr Amt auszuüben: *ʾēlāh, zimrî* und *ṭibnî*. Der erste wurde zusammen mit seinen Angehörigen vom zweiten getötet; der zweite nahm sich das Leben, während Omri ihn belagerte; darauf wählte ein Teil des Volkes („die Hälfte", nach den Texten) Tibni, der ungefähr vier Jahre lang regiert haben muß, I Reg 16,8–14.15–20.21–22.

Literatur: Miller, J. M.: "So Tibni Died" (I Kings XVI 22). In: VT 18 (1968), 392 bis 394; Soggin, J. A.: Tibnî, re d'Israele nella prima metà del IX sec. a. C. In: RSO 47

[5] Hierzu vgl. die grundlegende, doch wenig beachtete Arbeit von Hoffmann, H.-D.: Reform und Reformen, Zürich 1980.

(1972), 171–176, OTOS 50–55; Puech, É.: Athalie, fille d'Achab et la chronologie des rois d'Israël et de Juda. In: Salamanticensis 28 (1981), 117–138; 134 ff.

Tibni wurde von Omri, dem Anführer des Heeres, der nicht mit irgendeinem Stamm verbunden war (Lemche*, 1988, 147), getötet. Der Bericht ist darum interessant, da man hier ein Beispiel für die Überschneidung der Regierungsjahre verschiedener Herrscher hat (oben, 9.2.1).

9.10.1 Omri

Omri wurde bald zu Recht im alten Nahen Osten bekannt, doch über ihn und seinen Sohn *'aḥ'āb* weiß die Bibel nur Böses zu berichten. Daß die beiden jedoch politisch wichtige, ja vielleicht sogar große Herrscher gewesen sind, geht aus dem Urteil der assyrischen Annalen (unten, 9.10.3) hervor, vgl. ferner den Aufsatz von Cohen, M. A., 1975.

Literatur: Jepsen, A.: Israel und Damaskus. In: AfO 14 (1941–44), 153–172; Whitley, C. F.: The Deuteronomic Presentation of the House of Omri. In: VT 2 (1952), 137–152; Alt, A.: Der Stadtstaat Samaria. Leipzig/Berlin 1954, KS III, 258 bis 302; Katzenstein, H. J.: Who Were the Parents of Athalia? In: IEJ 5, 1955, 194–197; Astour, M. C.: Métamorphose de Baal – Les rivalités commerciales au IXe siècle. In: Évidences 10 (1959), Nr. 75, 34–40 u. 77, 54–58; Hallo, W. W.: From Qarqar to Carchemish. In: BA 23 (1960), 33–61; Mazar, B.: The Aramaean Empire and Its Relations with Israel. In: BA 25 (1962), 97–120; ders.: The Early Biblical Period, Jerusalem 1986, 151–172; Vaux, R. de: Tirzah. In: Thomas, D. W. (Hrsg.), Archaeology and Old Testament Study. London 1967, 371–383; Donner, H.: Adad-Nirari III. und die Vasallen des Westens. In: Archäologie und Altes Testament – FS K. Galling. Tübingen 1970, 49–59; Astour, M. C.: 841 B. C.: The First Assyrian Invasion of Israel. In: JAOS 91 (1971), 383–389; Lipiński, E.: Le Ben Hadad de la Bible et de l'histoire. In: Proceedings of the Fifth World Congress of Jewish Studies. Jerusalem 1969, Jerusalem 1973, I, 157–159; Elat, M.: The Campaign of Shalmanaser III against Aram and Israel. In: IEJ 25 (1975), 25–35; Tadmor, H.: Assyria and the West: the Ninth Century and its Aftermath. In: Goedicke, H., u. J. J. M. Roberts (Hrsg.), Unity and Diversity. Baltimore 1975, 36–48; Cohen, M. A.: In All Fairness to Ahab. In: EI 12 (1975), 87* bis 94*; Na'aman, N.: Two Notes on the Monolyth Inscription of Shalmanasser III from Kurkh. In: TA 3 (1976), 89–106; Brinkman, J. A.: A Further Note on the Date of the Battle of Qarqar and Neo-Assyrian Chronology. In: JCS 30 (1978), 173–175; Timm, S.: Die Dynastie Omri – Quellen und Untersuchungen zur Geschichte Israels im 9. Jahrhundert vor Christus. Göttingen 1982; Schäfer-Lichtenberger, C.: Stadt und Eidgenossenschaft im Alten Testament. Berlin 1983 (s. 9.3.1.2); Minokami, Y.: Die Revolution des Jehu, Göttingen 1989, ein Werk, das ich nicht mehr benützen konnte. *Für die Ausgrabungen* in Samaria vgl. Crowfoot, J. W. u. a.: Samaria-Sebaste I, II, III. London 1938–57, und Henessy, B.: Excavations at Samaria-Sebaste. In: Levant 2 (1970), 1–21. Eine Untersuchung der Festungen bietet Pienaar, D. N.: The Rôle of Fortified Cities in the Northern Kingdom during the Reign of the Omride Dynasty. In: JNWSL 9 (1981), 151–157.

9.10.1.1 Omri regierte nicht lange, doch mußte er sich mit einer Reihe von Problemen auseinandersetzen: die Wiederherstellung der öffentlichen

Ordnung nach fünf Jahren von Staatsstreichen und einem Bürgerkrieg; die endgültige Beilegung der Kriege mit Juda und mit den Aramäern, letztere seit Jahrzehnten eine große Bedrohung für das Reich. Dies alles soll aber nicht so schwer gewesen sein: der Krieg mit Juda stockte schon seit Jahren, und ein Bündnis konnte bald geschlossen und durch die Vermählung von Athalia, der Tochter oder vielleicht der Enkelin Omris, mit Joram von Juda, II Reg 8,26//II Chr 22,2 besiegelt werden (unten, 9.12.1). Auch dem Krieg mit Damaskus konnte ein günstiges Ende gemacht werden, mehr unten, 9.10.2.

9.10.1.2 Wichtig für die Regierungstätigkeit Omris ist die Gründung der neuen Hauptstadt Samaria, II Reg 16,24ff., im 6. Jahr seiner Regierung, also um 873 oder 871. Dadurch erhielt die Gegend einen ihrer Namen, in den assyrischen Annalen *samerina* oder *samirina*, und ebenso in nachexilischer Zeit die Samaritaner. Heute heißt der Ort *sebasṭīje*, Koord. 168–187, nach dem ihm durch Herodes (unten, 14.1.4) neu gegebenen Namen. Die Ausgrabungen sowohl in Samaria als auch auf dem Tell von Tirza bestätigen im großen ganzen den Bericht.

9.10.1.3 Der Zweck, den diese Neugründung verfolgte, ist nicht bekannt, denn die Quellen schweigen darüber. Nach A. Alt, 1954, vgl. heute noch H. Donner bei Hayes u. Miller* 1977, 402, und 1986*, 265f., bes. Anm. 34 (doch vgl. die skeptischen Äußerungen bei S. Timm, 1982, 143ff.), hätte man es hier mit einer Transaktion kanaanäischen Rechts zu tun; doch dies heißt, *obscura per obscuriora* zu erklären, da man vom kanaanäischen Recht wenig oder überhaupt nichts weiß (Schäfer-Lichtenberger, 1983, 396ff.). Ferner soll die neue Hauptstadt ein demjenigen von Jerusalem ähnliches Statut erhalten haben, eine Sonderstellung, die, wie gesagt (oben, 4.6.7.2–3) auch für Jerusalem von einem Teil der Forschung heute abgelehnt wird, auch wenn ich sie beibehalten möchte. So hätte also auch Samaria, wie Jerusalem, unter der unmittelbaren Herrschaft der Krone gestanden. Ja, Samaria soll die Hauptstadt für die kanaanäische Bevölkerung und *jizr*$^{e\text{ʿ}}$*ʾēl*, heute *zerʿin*, Koord. 181–218, die der israelitischen gewesen sein. Doch auch diese Erklärung erweist sich als nicht stichhaltig: von einer zweiten Hauptstadt, sei es in Israel, sei es in Juda, ist nie die Rede; ja, Jisreel erscheint eher als die königliche Residenz während gewisser Jahreszeiten. Auch das Beispiel Jerusalems ist ungültig, da es sich bei Samaria nicht um einen alten Stadtstaat, sondern um eine Neugründung handelte.

9.10.1.4 Die Dynastie Omri hat die vielleicht schon unter David, doch gewiß unter Salomo entstandenen (oben, 4.4.2.5–6, 5.2.2.1 und 5.6.3.1) Beziehungen zu den Phöniziern besonders gepflegt. Die Vermählung Ahabs mit der in den Texten *ʾizebel* genannten Tochter des Ittobaal von Tyrus (so nach Josephus, Ant 8,324 und nicht, mit I Reg 16,31, „der Sydonier") besiegelte diese Beziehungen.

9.10.2 Ahab – Befreiungskrieg Moabs

Literatur: Alt, A.: Das Gottesurteil auf dem Karmel. In: FS Georg Beer. Stuttgart 1935, 1–18, KS II, 135–139; Galling, K.: Der Gott Karmel und die Ächtung der fremden Götter. In: Geschichte und Altes Testament – FS A. Alt, Tübingen 1953, 105 bis 126; Eißfeldt, O.: Der Gott Karmel. Berlin DDR 1953; Rowley, H. H.: Elijah on Mount Carmel. In: BJRL 43 (1960–61), 190–219, ders.: Men of God, London 1963, 37–65; Baltzer, K.: Naboths Weinberg (I Kön 21) ... In: WuD 8 (1965), 73–78; Andersen, F. I.: The Socio-Juridical Background of the Naboth Incident. In: JBL 85 (1966), 46–57; Miller, J. M.: The Elisha-Cycle and the Accounts of the Omride Wars: ibid. 441–454; ders.: The Fall of the House of Ahab. In: VT 17 (1967), 307–324; ders.: The Rest of the Acts of Jehoachaz (I Kings 20.22, 1–38). In: ZAW 80 (1968), 337–342; Steck, O. H.: Überlieferung und Zeitgeschichte in den Elia-Erzählungen. Neukirchen/Vluyn 1968; Fohrer, G.: Elia, Zürich ²1968; Schmitt, H.-C.: Elisa ..., Gütersloh 1972; Welten, P.: Naboths Weinberg (I Kön. 21). In: EvTh 33 (1973), 18–32; Soggin, J. A.: Jezabel, oder die fremde Frau. In: Mélanges ... H. Cazelles. Kevelaer–Neukirchen/Vluyn 1981, 453–459; Weippert, H.: Ahab el Campeador? ... In: Bibl 69 (1988), 457–479; Cogan, M. u. H. Tadmor: II Kings, New York 1988, z. St.

Die Überlieferungen über Ahab sind in den Texten mit denen der Propheten Elia und Elischa vermischt, die als seine Widersacher beschrieben werden; für Elia vgl. I Reg Kap. 17, 18, 19, 21 und II Reg 1, 2–17; für Elischa I Reg 19, 18–21; II Reg 2, 1–25; 4, 1–8, 15 und 13, 14–21. Die angeblich nicht dtr. Kap. 20 und 22 schreiben Ahab noch zwei Feldzüge gegen die Aramäer zu. Endlich gibt es den Bericht über den Aufstand Jehus, II Reg 9, 1–10, 7 und eine Reihe von kleineren Notizen hier und da im Text. Die Hauptschwierigkeit für den Historiker besteht darin, daß das Dtr eigentlich nur an den beiden Propheten interessiert ist und vom König nur als ihrem Widersacher, also als einer in der Rolle des Bösewichtes auftretenden Nebenperson, redet. Die beiden ursprünglich wohl anonymen Kapitel über die angeblichen aramäischen Feldzüge Ahabs wurden vom Dtr anachronistisch mit seiner Gestalt in Zusammenhang gebracht (H. Donner bei Hayes u. Miller*, 1977, 400 und 1986*, 261): aus den assyrischen Annalen ist nämlich bekannt, daß unter Omri und Ahab die Beziehungen zwischen Israel und den Aramäern sich derartig verbesserten, daß es bald zu einem antiassyrischen Bündnis kam (unten, 9.10.3). Dies macht eine Unterbrechung eines solchen Bündnisses zugunsten von Lokalscharmützeln praktisch unmöglich, um so mehr, als Ahab nicht im Krieg fiel (so I Reg 22, 35//II Chr 18, 34), sondern, nach der annalenähnlichen Notiz I Reg 22, 39–40, friedlich starb. In welche Zeit die beiden Episoden zu datieren sind (und die zweite interessiert sich bekanntlich nicht so sehr für den König als für den Propheten Micha ben Jimla) und wer die ursprüngliche königliche Hauptperson war, kann nicht mehr festgestellt werden (vgl. unten, 9.10.7).

9.10.2.1 Dort, wo es gelingt, die Elia- und Elischaüberlieferungen aus ihrem folkloristischen und legendären Zusammenhang herauszuschälen, zeigt sich eine starke Spannung zwischen dem Hof und seiner religiösen Politik einerseits und den um die Propheten gescharten Gruppen anderseits. Es ist nicht leicht festzustellen, ob es tatsächlich solche Spannungen je gegeben hat; man könnte sie aber versuchsweise mit der monotheistischen Einstellung der beiden Propheten in Zusammenhang bringen. Nicht in Betracht zu kommen scheint hingegen die Möglichkeit eines Konfliktes zwischen Israeliten und Kanaanäern, wie er heute oft in Mehrvölkerstaaten vorkommt[6]: wenn es eine derartige Differenzierung beider Ethnien je gegeben hat, so sollte sie doch im 9. Jh. politisch bedeutungslos geworden sein. Es ist überhaupt schwer, etwas Sicheres über die Inhalte und die Riten der Religion Israels und Judas in vorexilischer Zeit zu ermitteln: das wenige, das man feststellen kann, läßt auf eine Religion schließen, die sich kaum von der kanaanäischen unterschied und nur von Gruppen wie den Jüngern von Elia und Elischa in Frage gestellt wurde. Ein wenig später, im 8. Jh., wurde dann die offizielle Religion durch die Propheten angegriffen, indem sie die Einzigkeit Jhwhs verkündeten. In diesem Sinn kann man wohl die Angabe I Reg 19, 18 deuten, daß es in Israel nur 7000 Leute gab, die sich nicht irgendwie mit dem kanaanäischen Kult kompromittiert hätten. So ist es möglich, daß damals jene Gruppe entstand, die Morton Smith[7] die „Partei ‚nur Jhwh'“ oder „‚Jhwh alleine'“ *(Yahvé alone)* nennt; sie widersetzte sich bald jeder Form von kanaanäischer Religion und gewann um die Exilswende die Oberhand.

9.10.2.2 So gibt es eine Reihe von prophetischen Legenden: über das Gottesurteil am Karmel I Reg 17, 1 ff. nach einer lang andauernden, katastrophalen Dürre; der Bericht könnte eine Überlieferung vom Übergang der Gegend von der Oberhoheit Tyrus' zu der Israels widerspiegeln, vielleicht anläßlich der Vermählung Ahabs mit der Tochter Ittobaals. Ein sozialer Bericht ist hingegen der über den Weinberg Naboths I Reg 21. Er ist stark novellistisch erweitert, so daß es schwer feststellbar ist, was tatsächlich geschah; die Parallele zu einem anderen, sagenhaften Bericht II Sam 11, 2–12, 5 ist offensichtlich: in beiden Fällen macht der König sich einer schweren Übertretung schuldig, wird aber von dem betreffenden Propheten gerügt, bereut sie auch, allerdings als das Opfer schon tot ist. Von einem Konflikt zwischen kanaanäischer und israelitischer Auffassung des Bodenrechts zu reden kommt nicht in Frage. Daß der Bericht in der jetzigen Fassung spät ist, geht aus der Erwähnung (V. 4) des als allgemein bekannt vorausgesetzten Gesetzes in Lev 25 ('P') hervor.[8]

[6] Entgegen dem, was ich 1984*, 206 noch behauptet habe.

[7] Smith, M.: Palestinian Parties and Politics That Shaped the Old Testament. New York 1971, London/Philadelphia ²1987, Kap. II. Von diesem Kapitel gibt es eine deutsche Übersetzung in Lang, B.: Der einzige Gott. München 1981, 9–46. Das wichtige Buch M. Smiths hat bis jetzt nicht die Beachtung gefunden, die es noch heute verdient.

[8] Hierzu neuerdings Rofè, A.: The Vineyard of Naboth – The Origin and Message of the Story. In: VT 38 (1988), 89–104 (Lit.!).

9.10.2.3 Unter Ahab hat wohl der Aufstand Moabs unter König Mešaʿ gegen die israelitische Herrschaft (oben 3.7.7.5) angefangen.

Literatur: Soggin, J. A.: Introduction, App. I, 3 (Lit.!); Garbini, G.* 1988, 33ff.; Donner, H.* 1986, 273f.; Miller u. Hayes* 1988, 282f., und Timm, S.: Die Dynastie Omris. Göttingen 1982, 158–180. Zuletzt Bartlett, J. R.: The "United" Campaign against Moab in 2 Kings 3:4–27. In: Sawyer, J. F. A. u. D. J. A. Cline (Hrsg.), Midian, Moab and Edom. Sheffield 1983, 135–146.

Es handelt sich um einen Befreiungskrieg, dessen Abwicklung und Ergebnisse von der am Ende des letzten Jahrhunderts gefundenen Stele Mešaʿs berichtet werden. Dort erfährt man, daß *dîbôn*, heute *dībān*, Koord. 224–101, Geburtsort und/oder Residenz des Königs, sich schon vor dem Aufstand in den Händen von Mešaʿ befand (Z. 2); die Z. 10 berichtet, wie erwähnt (oben, 8.2.9), daß „die Leute von Gad seit jeher in der Gegend von Atarot wohnten". Im Text erscheint Omri als der Wiedereroberer des Landes (Z. 7), und es ist auch von einem namenlosen „Sohn" die Rede. Der biblische Bericht, II Reg 3, besagt, daß Israel unter Joram die Belagerung von *qīr ḥeres* (auch *qīr ḥareset* genannt, heute *el-kerak*, Koord. 217–066) aufgeben und sich zurückziehen mußte, als Folge eines vom belagerten König dargebrachten Menschenopfers; dies kam wohl einer Niederlage gleich. Die beiden Texte bieten aber, wie schon lange bekannt, eine Reihe von Problemen. Der biblische Text ist nicht sehr genau (Garbini*), doch muß dies allerdings auch vom moabitischen gesagt werden: er berichtet nämlich nicht, wie lange Omri „Moab bedrückte" (Z. 4–5): auch sagt er nicht, wie der erwähnte Sohn Omris hieß; handelt es sich um Ahab, oder wird das Wort im erweiterten Sinn, also für Joram, den Enkel Omris, gebraucht (Z. 7–8)? In der Z. 8 erscheint die Zahl „vierzig", immer nur eine runde Zahl, und Z. 11 ist vom „König Israels", doch ohne seinen Namen zu nennen, die Rede, wenn man den Satz nicht pluralisch zu deuten hat: „Die Könige Israels seit jeher".

So wurde Moab wieder unabhängig.

9.10.3 Internationale Politik

Mit der Dynastie Omris trat Israel in die große internationale Politik ein, und besonders in die Assyriens.

Literatur: oben zu 9.10.2.

9.10.3.1 Assur Nazirpal II., ca. 884–858, gelangte bis zum Mittelmeer und unterjochte die Aramäer und die Phönizier. In den Annalen Šalman Ezers III., ca. 858 bis 824, wird Omri von Israel zum ersten Mal erwähnt. Ja, es ist dieser assyrische König, der sich in Feldzügen gegen den Westen, also Syrien, Phönizien und Palästina, sozusagen spezialisierte. Es sind ihrer mindestens sechs bekannt und sie fanden in den Jahren 6, 10, 11, 14, 18 und 21 seiner Regierung statt, also ungefähr in den Jahren 853, 849, 848, 845 und 837 v. u. Z. Die Texte sind in ANET 278–280 und TUAT I, 360–367 einzusehen.

9.10.3.2 Dieselben Annalen berichten über eine Koalition von Königen aus Syrien und Kanaan, durch die eine Schlacht gegen Assyrien bei Qarqar (heute *ḫirbet qerqūr*) am Orontes im Jahr 853 geschlagen wurde. Das Datum steht nach dem Aufsatz J. A. Brinkmans, 1978 (a. a. O. zu 9.10.1), endgültig fest. Als Mitglieder werden u.a. erwähnt: Hadad Ezer von Damaskus (assyr. *hadad-idri*, wohl *Ben/Bar-hadad* II, ca. 870–842 oder 875–843; die Jahre sind, wie erwähnt, rein mutmaßlich), Irḫuleni von Ḥamat und „Ahab der Israelit“. Die Assyrer beanspruchten den Sieg für sich, doch gelang es ihnen nicht, ihm politische oder territoriale Vorteile abzugewinnen. Šalman Ezer III. behauptet, er habe gegen dasselbe Bündnis noch in den Jahren 849, 848 und 845 gekämpft, ohne größere Erfolge.

9.10.3.3 Es ist also höchst wahrscheinlich, daß es Omri und Ahab gelungen ist, freundliche Beziehungen zu den Aramäern herzustellen, wenigstens so lange, wie die assyrische Gefahr sie alle bedrohte. Doch darüber erfährt man in der Bibel nichts, sondern nur aus den assyrischen Annalen.

9.10.4 Königin Isebel

Die biblischen Texte schreiben der phönizischen Frau Ahabs die Hauptschuld für die religiöse Politik Israels zu. Ihr Name, *ʾizebel*, „die Ruhmlose“, kann nicht ein wirklicher Personenname gewesen sein. Auch ihre verfassungsrechtlichen (wenn man so sagen darf) Befugnisse sind zumindest merkwürdig: sie greift unmittelbar in staatliche und kultische Angelegenheiten ein, schmiedet Ränke, um die Krone unrechtmäßig zu begünstigen, verfolgt die Anhänger Jhwhs und läßt sie zum Teil umbringen. Ist es möglich, daß es sich auch hier um eine literarische, mit einer anonymen phönizischen Frau Ahabs in Verbindung gebrachte Gestalt handelt, der man alle Art von Verbrechen zuschrieb? Vieles spricht dafür.

Ahab wird endlich der Bau eines Tempels für Baal in Samaria zur Last gelegt, I Reg 16,32, doch nach den theophoren Namen seiner beiden Söhne *ʾaḥazjāh* und *jôrām/jehôrām*, muß er hauptsächlich Jhwh-gläubig gewesen sein.

9.10.5 Nachfolger Ahabs

Ahabs Söhne, die aufeinander folgten, I Reg 22,52–54 und II Reg 3,1 ff. und 8,16 bis 24, werden als mittelmäßige Herrscher dargestellt. Unter dem zweiten soll, nach dem biblischen Bericht, Moab seine Unabhängigkeit wiedererlangt haben, oben, 9.10.2.3.

9.10.6 Joram von Israel und von Juda?

Das Schweigen der Mešaʿ-Stele über Joram und die allgemeine Knappheit der Berichte über ihn haben einen Forscher[9] dazu geführt, zu behaupten, Joram/Jehoram von Israel und Joram von Juda (und die Behauptung kann auch auf Amasja von Israel

[9] Strange, J.: Joram, King of Israel and Judah. In: VT 25 (1975), 191–201; vgl. noch Miller u. Hayes* 1987, 280–284, und Garbini, G.* 1988, 36 ff.

und Amasja von Juda ausgedehnt werden) seien ein und dieselbe Person gewesen, so daß, auch wenn die Herrscher jeweils in entgegengesetzter Ordnung auftreten, die beiden Länder vielleicht für eine kurze Zeit unter einem gemeinsamen König wiedervereinigt gewesen seien. Diese Möglichkeit sollte wenigstens in Erwägung gezogen werden, obwohl bis jetzt jede sichere Unterlage dafür (aber auch für die traditionelle Sicht) fehlt. Sie zeigt immerhin, wie verwickelt die Lage für den Historiker ist.

9.10.7 II Reg 6,8–23 spricht von einem weiteren Feldzug gegen die Aramäer; diesmal sind die Hauptpersonen anonym, während die Erwähnung der Ortschaften und des Propheten Elischa ziemlich genau sind. Nach den V. 24–31 hätten die Aramäer sogar Samaria belagert. Vielleicht handelt es sich um dieselbe, I Reg 20 Ahab zugeschriebene Episode, oben, 9.10.2.

9.11 Staatsstreich Jehus

Die Dynastie Omris wurde nach den biblischen Quellen von einem von Jehu, dem Kommandanten des nördlichen Heeres, ausgeführten Staatsstreich gestürzt; Jehu selbst trat die Thronnachfolge an. Interessant ist die Angabe, daß die Unruhen innerhalb der um Elia und Elischa gescharten, prophetischen Gruppen entstanden seien, I Reg 19,15–18 und II Reg 9, 1–10, und mit ähnlichen Unruhen in Damaskus verbunden waren. Dort wurde dann ein gewisser *ḥ^{a}zā'ēl* anstatt des regierenden Ben/Bar Hadad (III.? ca. 845?–843?) zum König ausgerufen.

9.11.1 Historisch gesehen erscheint der Bericht zuerst einmal völlig unsinnig. Es scheint nämlich unmöglich, daß ein in Damaskus stattfindender Staatsstreich auf prophetische Kreise in Israel zurückzuführen wäre, um so mehr, als Hasael ein wenig später Israel große Schwierigkeiten bereitet haben soll (unten, 9.11.4). Anderseits besteht kein Zweifel, daß Hasael an die Macht gelangte: der Tatbestand wird von einer assyrischen Inschrift (ANET 280, TUAT I, 366) bestätigt, ja, der neue König wird einmal als „Sohn eines Niemand", ein einem Usurpator zugedachter Titel, bezeichnet (ANET 280, TUAT I, 365), was wohl als Bestätigung des Staatsstreiches gedeutet werden muß.

9.11.2 Doch ist es vielleicht möglich, etwas mehr zu erfahren. M. C. Astour, 1959 und 1971 (oben zu 9.10.1), hat hier folgende, freilich rein hypothetische Rekonstruktion der Begebnisse vorgeschlagen, in der ein völlig neuer historisch-politischer Zusammenhang offenbar wird. An erster Stelle stünde nicht der religiöse Kampf zwischen dem Hof und den Propheten, sondern der geglückte Versuch Assyriens, die israelitisch-aramäische Koalition von innen auszuhöhlen und zu sprengen, indem in Samaria und Damaskus assyrienfreundliche Könige durch Staatsstreiche auf den Thron gebracht wurden. Die drei von Astour vorgetragenen Thesen sind:

9.11.2.1 Hos 10,14 erwähnt einen gewissen *šalmān*, den die meisten Forscher (bis heute M. Cogan u. H. Tadmor, 1988, 121, Anm. 10) mit Šalman Ezer III. identifizieren. Er führte, wie erwähnt, im Jahre 841 einen Feldzug nach Westen; während dieses Feldzuges belagerte er Damaskus, ohne es zu erobern, zerstörte verschiedene Ortschaften östlich des Jordans, unter denen Hosea *bêt ʾarbēl*, das heutige Irbid, Koord. 229–218, in Jordanien, erwähnt.

9.11.2.2 Von hier aus zog er, nach den assyrischen Annalen (ANET 280, TUAT I, 367), im 18. Jahr seiner Regierung, zu „den Bergen von *baʿli raʾsi*, einem Kap, das in das Meer hineinragt". Nach Astour handelt es sich um den Karmel, der als Grenze zwischen Israel und Tyrus diente, ja, nach Aharoni, Y.: The Land**, II, Kap. 14, 7, ist diese Identifizierung gewiß. Nun wird aber die Gleichsetzung mit dem Karmel durch den Fund des restlichen Teils der Inschrift unmöglich gemacht; dort steht nämlich: „... *baʿli raʾsi*, der in das Meer hineinragt und gegenüber Tyrus liegt." (TUAT ibid., noch nicht in ANET); dies weist wohl auf den *rāś en-naqūra/ rôʾš hanniqrāʾ*, Koord. 160–178 hin (M. Cogan u. H. Tadmor, 1988, 121, Anm. 11; dort weitere Literatur und andere Vorschläge), auch wenn nach R. Borger, dem Übersetzer für die TUAT, die Lage noch unklar ist (so auch M. Noth*, 1954, 226 und H. Donner*, 1986, 186 u. 280, die eine unbestimmte Ortschaft in Phönizien, vielleicht Tyrus, befürworten). Wenn aber der assyrische König nicht israelitisches Gebiet betrat, so wird diese ganze Argumentation für die These Astours unerheblich.

9.11.2.3 So wären also, nach Astour, beide Staatsstreiche, in Israel und in Damaskus, auf die Machenschaften proassyrischer Gruppen zurückzuführen, denen es gelang, den Widerstandswillen beider Hauptpartner der Koalition auszuschalten; eine Verbindung zwischen den beiden Bewegungen hätte in diesem Fall viel Wahrscheinliches für sich.

9.11.2.4 Doch H. Donner*, 1986, 280, Anm. 82, unterzieht die Thesen Astours einer scharfen, wenn auch ziemlich allgemein formulierten Kritik: „Die Auffassung ... hat keinerlei historische Wahrscheinlichkeit für sich. Sie beruht auf einer problematischen Chronologie und operiert mit nicht vertretbaren Textinterpretationen"; ähnlich M. Cogan u. H. Tadmor, 1988. Doch der wichtigste Einwand gegen den Vorschlag Astours scheint mir der, daß die Assyrer ausdrücklich behaupten, Hasael habe einige Male gegen sie gekämpft, sei aber geschlagen worden, ANET 280 und TUAT I, 336f. Dies läßt sich schlecht mit der Rolle eines durch eine proassyrische Partei auf den Thron gesetzten Herrschers vereinbaren. Ja, es rechtfertigt die Vermutung, daß auch Jehu die Politik der Omriden habe fortsetzen wollen, was auch seine assyrische Titulatur („Sohn" oder „aus dem Haus Omris") erklärt. Was Damaskus betrifft, so scheinen die assyrischen Texte nicht immer im klaren darüber zu sein, wer dort tatsächlich herrschte: Hadad-Ezer (Bar-Hadad) oder Hasael.

9.11.3 Nach II Reg 9 und 10 soll also der Befehlshaber des nördlichen Heeres zuerst die Residenz Jesreel besetzt haben, wo er während der Kämpfe Joram von Israel tötete und seinen Gast Ahasja von Juda tödlich verwundete; dann rottete er die ganze königliche Familie, zusammen mit Isebel, aus. Endlich marschierte er auf Samaria zu, deren Einwohner, II Reg 10, 1 ff., sich ergaben und Jehu die Köpfe weiterer Omriden überreicht haben sollen. Die restlichen Omriden ließ er töten.

9.11.4 Durch den Staatsstreich wurde nicht nur die antiassyrische Koalition aufgelöst, so daß die Kämpfe zwischen Israel und Damaskus wiederaufflammten; sondern es hörten auch die freundlichen Beziehungen zu den Phöniziern auf. Desgleichen soll auch die Versöhnung zwischen Israel und Juda aufgegeben worden sein. Dadurch scheint Israel seine Gebiete im nördlichen Ostjordanland wieder verloren zu haben, II Reg 10,32f. In diesem Zusammenhang erscheint Hasael als der Feind im wahren Sinn des Wortes, was auch aus späteren, prophetischen Texten wie Am 1,3–5 und Jes 9,11 hervorgeht. Die Aramäer scheinen sich sogar mit den Philistern gegen Juda verbündet zu haben, II Reg 12,18f. Ja, die Existenz der beiden Reiche verlief von da an „im Schatten des Machtkampfes in Syrien", Herrmann* 1980, 282. Die aramäischen Kriege müssen sowohl für Israel als auch für Juda starke Verluste an Menschen und Gütern verursacht haben; nur selten soll es den beiden Staaten gelungen sein, einen Sieg zu erringen, z.B. II Reg 13,4ff. 22ff., erst über Hasael, später über seinen in den assyrischen Annalen mit seinem aramäischen Titel *mari'* bezeichneten Nachfolger Ben/Bar Hadad III. oder IV. (ca. 806?–775?) (ANET 282, TUAT I, 368).

9.11.5 Am Ende des 9. Jh. marschierten die Assyrer unter Adad Nirari III., ca. 810–783, viermal nach Westen: in den Jahren 806, 805, 803 und 797 (ANET 281f., TUAT I, 367f.); und wahrscheinlich zwangen sie während des letzten Feldzuges zuerst Damaskus zur Unterwerfung; ein wenig später unterjochten sie es völlig (Stele von *tell er-rīmat*, TUAT I, 368, noch nicht in ANET[10]). Auch Joaš von Israel wird darin als „Samaritaner" erwähnt. Dadurch war die aramäische Gefahr auf Jahrzehnte gebannt.

9.12 Die Lage im Süden

In Juda wurden durch die Absonderung seines Gebietes von den großen Verkehrswegen, durch die klar gezogenen Grenzen und durch die viel stabilere, davidische Dynastie ständige Streitigkeiten mit dem Ausland und Staatsstreiche im Inland vermieden.

Literatur: Albright, W. F.: The Judicial Reform of Jehosaphat. In: Alexander Marx Jubilee Volume. New York 1950, 61–82; Rudolph, W.: Die Einheitlichkeit der Erzählung vom Sturz der Athalja (2 Kön 11), In: FS A. Bertholet, Tübingen 1950, 473–478; Alt, A.: Bemerkungen zu einigen judäischen Ortslisten des Alten Testaments. In: BBLAK (= ZDPV 68, 1949–51), 193–210, KS II, 289–305; Liverani, M.: L'histoire de Joas. In: VT 24 (1974), 438–453; Shea, W.: Adad-nirari III and Jehoash of Israel. In: JCS 30 (1978), 101–113; Puech, É.: Athalie, fille d'Achab et la chronologie des rois d'Israël et de Juda. In: Salamanticensis 28 (1981), 117–138; Levin, C.: Der Sturz der

[10] Page, S.: A Stela of Adad Nirari III and Nergal-ereš from Tell er-Rimah. In: Iraq 30 (1968), 139–163.

Königin Athalia. Stuttgart 1982; Trebolle-Barrera, J.: La coronación de Joás (2 Re. 11). In: EstB 41, 1983, 5–16. Vgl. ferner: Tadmor, H.: History and Ideology in the Assyrian Royal Inscriptions. In: Fales, F. M. (Hrsg.), Assyrian Royal Inscriptions – New Horizons. Rom 1981, 13–33, und ders.: Autobiographical Apology in the Royal Assyrian Literature. In: Tadmor, H., u. M. Weinfeld (Hrsg.), History, Historiography and Interpretation. Jerusalem 1983, 36–57, für die assyrischen Berichte. Für den *ʿam hāʾāreṣ* vgl. Würthwein, E.: Der *ʿamm haʾareṣ* im Alten Testament. Stuttgart 1936; Soggin, J. A.: Der judäische *ʿam hāʾāreṣ* und das Königreich in Juda. In: VT 13 (1963), 187–195; Vaux, R. de: Le sens de l'expression „peuple du pays" dans l'Ancien Testament et le rôle politique du peuple en Israël. In: RA 58 (1964), 167–172; Nicholson, E. W.: The Meaning of the Expression *ʿm hʾrṣ* in the Old Testament. In: JSS 10 (1965), 56–66; Talmon, S.: The Judaean *ʿam haʾareṣ* in Historical Perspective. In: Proceedings of the Fourth World Congress of Jewish Studies. Jerusalem 1965, Jerusalem 1967, I, 71–76, jetzt in: Gesellschaft und Literatur in der hebräischen Bibel. Neukirchen/Vluyn 1988, 80–91; Schäfer-Lichtenberger, C.: Stadt und Eidgenossenschaft ... 391 ff.; Gunneweg, A. H. J.: *ʿm hʾrṣ* – A Semantic Revolution. In: ZAW 95 (1983), 437–440.

9.12.1 Aus den Königs- und Chronikbüchern ist es möglich, ein Bild vom Reich Juda vom Ende des 10. bis zur Mitte des 8. Jh. zu entwerfen. Es wurde schon oben (9.8) erörtert, wie der Krieg mit Israel, der den Zweck verfolgte, Juda eine günstigere Nordgrenze zu sichern, nach einigen Niederlagen mit einem Halbsieg endete, auch wenn dies nur durch ein Bündnis mit den Aramäern gelang. Ein De-facto-Friede trat bald ein, und an der Nordgrenze Judas wurde nicht mehr gerüttelt; doch erst zur Zeit der Omriden gelang es Josaphat von Juda (ca. 873–847 oder 868–847), den Frieden auch formell zu schließen. Seitdem fand sich Juda in die Kriege Israels einbezogen: in I Reg 22,1–4; II Reg 3,4 ff.; 8,28 und 9,14 tritt Juda auf der Seite Israels auf. Joram, Sohn des Josaphat von Juda, bekam Athalia, Schwester (oder, vielleicht besser, Tochter, vgl. Noth*, 1954, 216, Anm. 3; H. Donner*, 1986, 251 und É. Puech, 1981) des Ahab zur Frau. Über das Problem der beiden Joram und Ahasja s. oben, 9.10.6.

9.12.2 Von Josaphat wird wenig berichtet, ähnlich über seine Nachfolger Joram (ca. 849–42 oder 847–45) und Ahasja (ca. 842 oder 845) II Reg 8,16–19.25–28//II Chr 22,1–6. I Reg 22,21–51//II Chr 20,21–31 erwähnt einen Versuch, zusammen mit Ahasja von Israel den Handel über das Rote Meer wiederzubeleben, was aber nicht gelang.

Aus denselben Texten erfährt man von einer von ihm versuchten religiösen Reform, I Reg 22,47; doch der Bericht besteht in hohem Maße aus dtr Formeln, so daß es nicht möglich ist, zu sagen, ob etwas, und eventuell was, eigentlich geschehen ist (ein ähnlicher Fall und Betrachtungen dazu oben, 9.9) (Donner bei Hayes u. Miller*, 1977, 391, 1986*, 251, Anm. 19). Nach II Chr 17,1–9 und 19,1–11 soll er ferner eine Reform des öffentlichen Verwaltungswesens, des Kultes, des Heeres und, nach W. F. Albright, 1950, auch der Justiz eingeleitet haben.

9.13 Königin Athalia von Juda

Nach dem Tod von König Ahasja, der nur kurz regiert hatte (oben, 9.11.3), blieb der Thron unbesetzt; legitimer Nachfolger wäre sein Sohn Joaš gewesen, der aber, wegen seines jungen Alters, den Thron noch nicht besteigen konnte und eines Regenten bedurfte. Die Regentschaft wurde von der Königin-Mutter (oben, 9.9) Athalia übernommen, die jedoch ihre Machtposition dazu ausnützte, alle möglichen Anwärter auf die Thronnachfolge zu beseitigen, II Reg 11,1 ff.//II Chr 22,9–23,21. Nur der Säugling Joaš wurde von einer Tante, der Schwester des gefallenen Ahasja, im Tempel versteckt, ohne daß die Königin es bemerkte. Sie konnte also ungefähr sechs Jahre lang, ca. 842–37 oder 845–40, regieren.

Eines Tags aber, während der Sabbathfeiern im Tempel, ließ der Priester Jehojada das Heiligtum von der Wache besetzen und den Jungen durch die Truppen und den *ʿam hāʾāreṣ* zum König akklamieren. Die inzwischen zum Tempel gelangte Königin wurde festgenommen, zum Palast gebracht und dort hingerichtet. Auf diese Weise wurde, nach den biblischen Berichten, die davidische Dynastie gerettet und die legitime Nachfolge ohne Unterbrechung erhalten.

9.13.1 Doch die von M. Liverani 1974 verfaßte Studie hat eine verwickeltere Lage aufgedeckt. Auf Grund altorientalischer, doch auch biblischer Parallelen hat er den „theatralischen" Aspekt der Berichte und der verschiedenen Szenen hervorgehoben, besonders was den jungen Thronnachfolger betrifft. Dessen legitime Wiedereinsetzung beabsichtigte zwar, die widerrechtliche Machtergreifung der Athalia zunichte zu machen; anderseits kommt das Motiv in der Volksüberlieferung und der Königspropaganda des alten Nahen Ostens häufig vor: der bekannteste Fall ist der von Idrimi von Alalaḫ; auch er ist „aus dem Nichts" hervorgetreten, um das ihm zustehende Königtum über die Heimatstadt zu beanspruchen. Ebenso entrinnt im Alten Testament der jüngste Sohn Jerubbaals dem Massenmord seiner Brüder, Jdc 9,1 ff., und erscheint, um den Sichemiten eine Rede zu halten. Wie letztendlich die Truppen und das Volk im Knaben den legitimen Nachfolger erkennen sollen, bleibt ein Rätsel: dafür konnten sie sich nur auf das Wort des Priesters verlassen. Es handelte sich dabei um eine Anerkennung im Amt, ohne den inzwischen sechs oder sieben Jahre alt gewordenen, ehemaligen Säugling richtig als Sohn des Ahasja wiedererkennen zu können! Es besteht also die Möglichkeit, daß die davidische Dynastie wenigstens einmal unterbrochen wurde.

9.13.2 Hier erscheint zum ersten Mal eine von den Quellen *ʿam hāʾāreṣ* benannte, politische Größe. Dieses „Volk vom Lande" ist scharf vom gleichen Ausdruck im Spätjudentum zu unterscheiden (unten, 13.12.3), wo es die Ungebildeten, zum Studium deswegen Unfähigen, bezeichnet. In vorexilischer Zeit wird er vom Dtr für eine Jhwh-treue Gruppe gebraucht, die oft als Stütze der Dynastie den Urhebern von Staatsstreichen entgegentritt, manchmal auch im Gegensatz zur Jerusalemer Bevölkerung. „Landadel" nennt ihn H. Donner*, 1986, 253.

9.13.3 Über die Regierung Joaš' wird wenig gemeldet, II Reg 12,1–22// II Chr 24,1–6.23–27. Da er immer noch ein Knabe war, wird der Staat wiederum von einem Verweser regiert worden sein, und II Chr 24,2–3.15–22 schreibt dieses Amt dem Priester Jehojada zu, was wahrscheinlich ist, H. Donner bei Hayes u. Miller*, 1977, 394 u. 1986*, 254f. Unter ihm wurde der Tempel gründlich restauriert, und zwar durch freiwillige Opfer; ferner sollen die Aramäer unter Hasael gegen Jerusalem gezogen sein, doch ihr Angriff konnte dank der Bezahlung einer großen Summe vermieden werden, II Reg 12, 18ff. Es scheint ihnen aber gelungen zu sein, Gat zu besetzen, vielleicht als Verbündete der Philister. Wenn der Bericht auf Tatsachen zurückgeht, was aber ungewiß ist, kann man daraus folgern, daß die assyrische Gefahr vorläufig gebannt war.

9.13.4 Nach II Reg 12,21f. wurde Joaš Opfer eines Attentats, und die Nachfolge trat sein Sohn Amasja (ca. 800–783 oder 801–787) an, der nach II Reg 14,7 einen Sieg über die Edomiter errang. Nur wenig änderte sich jedoch darauf in der Gegend.

Von ihm wird weiter berichtet, daß er eine Schlacht gegen Joaš von Israel in der Nähe von *bêt šemeš*, heute *tell er-rumeileh*, Koord. 147–128, verlor; er wurde gefangengenommen, jedoch nach Jerusalem entlassen; hier zerstörten die Israeliten einen Teil der Stadtmauern und plünderten den Tempel, II Reg 14,8–14//II Chr 25,17–24; doch der Bericht ist verdächtig (H. Donner bei Hayes u. Miller*, 1977, 395 und 1986*, 255), und es gelingt nicht, ihn irgendwo unterzubringen: schon lange herrschte nämlich Frieden zwischen den beiden Staaten. Auch Amasja fiel einer Verschwörung zum Opfer, II Reg 14,19ff.//II Chr 25,25–28, doch auch diesmal griff das „Volk vom Lande“ ein und setzte seinen, unter zwei Namen bekannten Sohn Ussia/Azarja auf den Thron.

9.14 Jerobeam II. von Israel

Literatur: Briend, J.: Jéroboam II, sauveur d'Israël. In: Mélanges ... H. Cazelles. Kevelaer–Neukirchen/Vluyn 1981, 41–49.

Jerobeam II., aus der Dynastie Jehus, ca. 786–46 oder 787–47, gelang es, aus der Ausschaltung von Damaskus den größten Nutzen zu ziehen. Unter ihm wurden die traditionell zu Israel gehörenden, von Israeliten besiedelten, ostjordanischen Gebiete, vom Toten Meer bis zum *m^{e}bô' ḥamat* (mit dem heutigen *lebwe*, Koord. 277–397 identifiziert), einschließlich *qarnajim* (heute *tell ʿaštāra*, Koord. 247–249), zurückerobert, II Reg 14,25; Am 6,13.[11] Völlig unwahrscheinlich ist hingegen der Bericht, nach dem er auch

[11] Hierzu vgl. meine: Amos VI,13–14 und I,3 auf dem Hintergrund der Beziehungen zwischen Israel und Damaskus im 9. und 8. Jahrhundert. In: Near Eastern Studies ... W. F. Albright. Baltimore/London 1971, 433–441, und ders.: The Prophet Amos. London/Philadelphia 1987, 3ff. und 109ff.

Damaskus besetzt habe, 14,28. Unter seiner Regierung soll es einen beträchtlichen wirtschaftlichen Aufschwung gegeben haben, auch wenn, nach dem Propheten Amos, der Reichtum unter den verschiedenen sozialen Schichten sehr unterschiedlich verteilt war.

9.15 Ussia / Asarja von Juda

ʿuzzîja(hû) und *ʿazarjā(hû)* von Juda (ca. 783–742 oder 787–736) ist ein jüngerer Zeitgenosse Jerobeams II. gewesen; die Chronologie dieser Epoche ist umstritten.

Literatur: Tadmor, H.: Azriyau of Yaudi. In: ScrHie 8 (1961), 232–271; Soggin, J. A.: Das Erdbeben von Amos 1,1 und die Chronologie der Könige Ussia und Jotham von Juda: In: ZAW 82 (1970), 117–121, und ders.: The Prophet Amos. London/ Philadelphia 1987, 5 u. 25ff.; Weippert, M.: Menahem von Israel und seine Zeitgenossen in einer Steleninschrift des assyrischen Königs Tiglatpileser III. aus dem Iran. In: ZDPV 89 (1973), 26–53; Na'aman, N.: Sennacherib's "Letter to God" on his Campaign to Judah. In: BASOR 214 (1974), 25–39; Zeron, A.: Die Anmaßung des Königs Ussia im Lichte von Jesajas Berufung. In: ThZ 33 (1977), 65–68; Gelio, R.: Fonti mesopotamiche relative al territorio palestinese (1000–500 a. C.). In: RivBib 32 (1984), 121–151: 135–138; Garbini, G.* 1988, 38ff.; Donner, H.* 1986, 256f. und 305.

9.15.1 Über den doppelt überlieferten Namen (die beiden Wörter sind nicht gleichbedeutend) hatte der nunmehr klassische Aufsatz von H. Tadmor, 1961, angeblich Klarheit geschaffen: man glaubte, das in Juda und Israel einzig dastehende Problem dadurch endgültig und befriedigend gelöst zu haben.[12] Nach den Ausführungen Tadmors wäre der König in einem Fragment der Annalen Tiglat Pilesers III. erwähnt; da dort aber nur der letzte Teil des Namens erscheint: ... *ja-u* ^{KUR}*ja-u-di*, wurde dieser seit Anfang unseres Jahrhunderts fast allgemein mit ^{I}*az-ri* ergänzt, was ^{I}*az-ri-ja-u* ergab, so daß man „Azarja vom Land Juda" übersetzen konnte (so ANET 282f., umstritten nach TUAT I, 370f.). Diese fast allgemein angenommene Lesart bot allerdings weitere Schwierigkeiten; H. Donner*, 1986, 305 bemerkt: man müßte sich dann den schon erkrankten (unten, 9.15.4) König in einer Hauptführerrolle vorstellen, was nicht gerade wahrscheinlich ist. Nun hat aber der Aufsatz von N. Na'aman, 1974, diese Korrektur und die darauf fußende Identifizierung fragwürdig gemacht: das erwähnte Fragment soll nämlich nicht zu den Annalen Tiglat Pilesers III., sondern zu denen des Sanherib, mehr als hundert Jahre später gehören, so daß man vielleicht den ersten Teil des Namens mit *ḫa-za-ki-* vervollständigen sollte, was „Hiskia" statt „Asarja" ergäbe. Vom letzten dieser Könige weiß man bestimmt, daß er an wenigstens einer antiassyrischen Koalition teilnahm (unten, 11.2.3). In den letzten Jahren hat sich die Fragestellung also geändert (Gelio 1984, 184). Noch komplizierter wird

[12] Die beiden Wurzeln wurden oft dadurch erklärt, daß es sich um *ʿāzaz* und *ʿāzar* handelt, deren Sinn in der Verherrlichung des Gottes Israels zusammenfließt; dies wird von Garbini, G.* 1988, 39, wohl mit Recht, scharf abgelehnt.

das Problem durch zwei von G. Garbini als gewiß nördlich bezeichnete Siegel zweier Beamten eines „König Ussias";[13] so wäre, nach Garbini, vielleicht Azarja von Juda auch König von Israel unter dem Namen Ussia gewesen, weswegen er so wichtig war, daß er in den assyrischen Annalen erwähnt wurde! Nach Garbini ist die späte Datierung des Fragments also ohne Folgen für das ganze Problem.

9.15.2 Wie dem auch sei, auch für Juda wurde für eine kurze Zeit ein gewisser Wohlstand wiederhergestellt, II Reg 15,1–7//II Chr 26,1–23. Die südliche Grenze wurde nochmals bis in das Rote Meer ausgedehnt (II Reg 14,22 wurde der Hafen *ʾêlat*, heute entweder *ʿaqāba* in Jordanien, Koord. 150 bis 882, oder, südlich vom heutigen israelischen Hafen *ʾêlat, ǧasirat al-farʿūn*, Koord. 133–871 erobert und wieder instand gesetzt). Nach den Chronikbüchern soll er des weiteren gegen die Philister und in Transjordanien gekämpft haben. In diese Zeit wird manchmal eine Reihe von Festungen datiert, freilich unter der Bedingung, daß der Bericht des Chronisten hier zuverlässig ist, vgl. oben, 9.7, II Chr 11,5–10.[14] Diese Festungen (die südlichste von ihnen ist *qādēš barne*^{ac}, heute *ʿein el-qudeirat*, Koord. 096–006) wurden von landwirtschaftlichen Siedlungen begleitet, die mit z.T. heute noch gültigen Methoden für Trockenkultur arbeiteten.

9.15.3 Die Beziehungen zwischen Ussia/Asarja und Jerobeam II. sind die besten gewesen: die Grenzen der beiden Länder näherten sich den für das davididsche Großreich traditionellen Grenzen, so daß G. Garbini*, 1988, 39ff., sogar vermuten kann, daß die Salomo zugeschriebenen Handelsunternehmungen im Roten Meer eigentlich unter diesen beiden Herrschern stattgefunden hätten.

9.15.4 Am Ende seines Lebens soll Ussia/Azarja eine meistens mit „Aussatz" übersetzte Krankheit bekommen haben und entsprechend isoliert worden sein, auch wenn die Einzelheiten unklar sind, II Reg 15,5//Chr 26,16–21. Es handelt sich allerdings nicht um Aussatz (*lepra*, die Hansen-Krankheit), sondern um eine unbekannte, ansteckende, wenn auch nicht tödliche Hautkrankheit.[15] So wurde der König unfähig, sich weiter mit den

[13] Garbini, G.: I sigilli del regno d'Israele. In: OrAnt 21 (1982), 163–176, und 1988*, 38ff.

[14] Noth, M.* 1954, 218, Anm. 2; Donner, H., bei Hayes u. Miller* 1977, 395 und 1986*, 256 zweifelhaft; Aharoni, Y.: The Land** 1979, 345 dafür. Für die Südgrenze Judas vgl. Meyers, C.: Kadesh Barnea: Juda's Last Outpost. In: BA 39 (1976), 148 bis 151.

[15] Über den sogenannten Aussatz vgl. jetzt Hulse, E. V.: The Nature of Biblical Leprosy. In: PEQ 107 (1975), 87–105 (die endgültige Studie über den medizinischen Aspekt der Krankheit). Zu den Texten vgl. Seidl, T.: Tora für den „Aussatz"fall. S. Ottlien 1982, und die verschiedenen Nachschlagewerke. Zum Problem in der Gegend vgl. Kinnier-Wilson, J. V.: Leprosy in Ancient Mesopotamia. In: RA 60 (1966), 47–58.

Staatsgeschäften zu befassen, und an seiner Stelle trat sein Sohn Jotham die Regentschaft an.

9.15.5 Als Regent wurde Jotham seinem Vater bis zu dessen Tod zur Seite gestellt. Die Chronologie ist, wie schon erwähnt, nicht in Ordnung: nach dem System der *American Schools* hätte die Regentschaft von ca. 750 bis 742 gedauert; nach Begrich und Jepsen hätte Ussia seinen Sohn überlebt, so daß sein Nachfolger *jô'āḥāz* oder Ahas selbst noch die Regentschaft ausgeübt hätte. Wiederum ein eindrucksvolles Beispiel für alle chronologischen Probleme, die der Forschung den Weg erschweren.

9.15.6 „In dem Jahr, da König Ussia starb ...", Jes 6,1, erlebte der Prophet Jesaja seine Vision. Kurz vorher und dann wenig später begegnet man den „Schriftpropheten", erst in Israel und dann in Juda.

10. DIE ASSYRISCHEN EINFÄLLE

10.1 Assyrische Großmacht

Die nach dem Staatsstreich Jehus in Israel und Hasaels in Damaskus einfallenden Heere Assyriens bilden nunmehr eine charakteristische Erscheinung am Ende des 9., während des 8. und am Anfang des 7. Jh. Durch sie wurde alsbald die ganze Gegend entweder in das assyrische Großreich einverleibt, oder von ihm zu Vasallen gemacht. Und während unter den Omriden von Israel sich antiassyrische Bündnisse gebildet hatten, durch welche es gelang, zwar nicht den Sieg auf dem Schlachtfeld zu erringen, doch immerhin den Vormarsch der Großmacht nach Westen aufzuhalten, wurde all dies durch die Thronbesteigung neuer Könige in Israel und in Damaskus ausgelöscht. Damit wurden auch Jahrzehnte eines mühsam errungenen, wenn auch seinem Zweck nach rein negativen Gleichgewichts in der internationalen Politik in kürzester Zeit zunichte gemacht; so wurde, schließlich, für wenige Jahre auch der alte Konflikt zwischen Israel und Damaskus wieder lebendig. Damit war der Weg der assyrischen Heere nach Westen endlich frei. Von einem organisch gestalteten Widerstand war nicht mehr die Rede: höchstens gab es an einzelnen Orten Versuche, der Übermacht standzuhalten; meistens blieben solche aber ganz aus, und einmal scheint sogar ein assyrischer Einfall auf Verlangen eines der Staaten erfolgt zu sein, unten, 10.2.7.

So wurde die ganze Gegend zum Schauplatz nicht nur reger diplomatischer, sondern oft auch militärischer Auseinandersetzungen zwischen einerseits Assyrien (und später Babylon) im Zweistromland und anderseits Ägypten, einer Nation, die nie auf ihre, wenn auch rein theoretische, Oberhoheit über Syrien und Kanaan verzichtet hatte. Für die beiden Großreiche bildeten sie ja seit jeher für den einen das Sprungbrett für den Angriff, für den anderen den unverzichtbaren Vorposten für die Verteidigung.

Literatur: Pfeiffer, R. H.: Assyria and Israel. In: RSO 32 (1957), 145–150; Tadmor, H.: The Campaigns of Sargon II. of Assur ... In: JCS 12 (1958), 22–40, 77–100; Hallo, W. W.: From Qarqar to Carchemish. In: BA 23 (1960), 33–61; Vogt, E.: Die Texte Tiglat-Pilesers III. über die Eroberung Palästinas. In: Bibl 45 (1964), 348–354; Redford, B. D.: Studies in the Relations between Palestine and Egypt during the First Millennium B. C., II: The Twenty-Second Dynasty. In: JAOS 93 (1973), 3–17; Oded, B.: The Historical Background of the Syro-Ephraimite War Reconsidered. In: CBQ 34 (1972), 153–165; ders.: The Phoenician Cities and the Assyrian Empire in the Time of Tiglath-Pileser III. In: ZDPV 38 (1974), 48–49; Tadmor, H.: Assyria and the West: The Ninth Century and its Aftermath. In: Goedicke, H., u. J. J. M. Roberts (Hrsg.), Unity and Diversity. Baltimore/London 1975, 36–48; Barth, H.: Israel und das Assyrerreich in den nicht-jesajanischen Texten des Proto-Jesaja. Diss. Theol. Hamburg 1974; ders.: Die Jesajaworte in der Josiazeit, Neukirchen/Vluyn 1977; Cazelles, H.: Problèmes de la guerre syro-ephraïmite. In: EI 14 (1978), 70*–78*; Tadmor, H., u. M. Cogan: Ahaz and Tiglath-Pileser in the Books of Kings. In: Bibl 60 (1979), 491 bis 508; Spieckermann, H.: Juda unter Assur in der Sargonidenzeit. Göttingen 1982. *Zu den Propheten in dieser Zeit:* Donner, H.: Israel unter den Völkern. Leiden 1964. *Über Assyrien und sein Heer:* Soden, W. von: Die Assyrer und der Krieg. In: Iraq 25 (1963), 131–144; Saggs, H. W. F.: Assyrian Warfare in the Sargonide Period: ibid. 145 bis 154; Vogt, E., a. a. O.; Cogan, M.: Imperialism and Religion. Assyria, Judah and Israel in the Eighth and Seventh Centuries B. C. Pittsburgh 1971; McKay, J.: Religion in Judah under the Assyrians. London 1973; Oded, B.: Mass Deportations and Deportees in the Neo-Assyrian Empire. Wiesbaden 1979; Tadmor, H., u. M. Cogan, a. a. O.; Borger, R., u. H. Tadmor: Zwei Beiträge zur alttestamentlichen Wissenschaft auf Grund der Inschriften Tiglatpilesers III. In: ZAW 94, 1982, 244–251; Malbran-Labat, F.: L'armée et l'organisation militaire de l'Assyrie. Paris 1982; Scharbert, J.: Zwangsumsiedlungen in Vorderasien zwischen dem 10. und dem 6. Jh. v. Chr. nach altorientalischen und biblischen Quellen. München 1988. *Zur Wiedergabe assyrischer Namen im Alten Testament* s. Millard, A. R.: Assyrian Royal Names in Biblical Hebrew, In: JSS 21 (1976), 1–14. Vgl. ferner die Geschichten von Donner, H.*, 1986, 287–303 und Miller, J. M., u. J. H. Hayes*, 1987, 316–323.

10.1.1 Es geschah also, daß zunächst die aramäischen und phönizischen Stadtstaaten, dann das Reich Israel in das assyrische Großreich einverleibt wurden und Juda zuerst zum Vasallen Assyriens und später Babylons wurde, bis zum endgültigen Verlust der Unabhängigkeit, 587/86, vgl. unten, 10.2.7 und 11.6.

10.1.2 Der kulturelle Mittelpunkt des Zweistromlandes war immer Babylon gewesen. Doch seit den letzten Jahren des 2. Jh. bis zum Ende des 7. Jh. war es Assyrien, die am nördlichen Tigris gelegene Region, die das Schicksal des ganzen Landes bestimmte. Zu dieser Lage kam es zwar stufenweise; „doch das Ergebnis war ein Großreich völlig neuer Art: ein beispielloses Machtgebilde, das die Geschichte des Vorderen Orients jahrhundertelang bestimmt hat"; so Donner, H. bei Hayes u. Miller*, 1977, 416 u. 1986*, 293. Dazu konnte es kommen dank einer straffen, zentralistischen Staatsführung, „eines schlagkräftigen, stehenden Heeres mit Streitwagenabteilungen und erstmalig auch mit Reiterei" (Donner*, ibid.) sowie einer vor keiner Grausamkeit zurückschreckenden Kriegführung, die im feindlichen Land wenig oder nichts übrigließ. Nach einigen Forschern (W. v. Soden und H. W. F. Saggs, 1963), könnte es sich hier allerdings mehr um Propaganda als um tatsächliche Geschehnisse gehandelt haben, um den Feind einzuschüchtern und zur Übergabe zu veranlassen; das Ergebnis war aber dasselbe.

10.1.3 Assyrien scheint immer eine gewisse Achtung vor Babylon bewahrt zu haben, von dem es sich intellektuell und allgemein kulturell abhängig fühlte. So beließ es dem unter Tiglat Pileser III. unterjochten Babylon eine gewisse Selbständigkeit durch eine Art von Personalunion, auch wenn der Gouverneur immer ein Assyrer königlichen Blutes war. Dennoch hinderte all dies die Assyrer nicht daran, gegen ihre *alma mater* aufs härteste vorzugehen, falls sie dies für nötig hielten. Bezüglich der Einzelheiten zum assyrischen Staat, seiner Verwaltung, seinem Imperialismus usw. besonders unter Tiglat Pileser III. muß ich auf H. Donner bei Hayes u. Miller*, 1977, 416ff. und 1986*, 295ff. verweisen.

10.1.4 Es ist das Verdienst H. Donners bei Hayes u. Miller*, 1977, 418 und 1986*, 297f., die verschiedenen Phasen des assyrischen Eingriffs in die Angelegenheiten fremder Nationen herausgearbeitet zu haben; während dieser wurde das Vasallentum immer mehr durch eine unmittelbare Einverleibung ersetzt.

10.1.4.1 Zuerst wurde dem betreffenden Land ein im traditionellen Sinn aufgefaßtes Vasallenverhältnis aufgezwungen, wobei ihm eine beschränkte Souveränität erhalten blieb; sie schloß allerdings jede Betätigung in der ganz von Assyrien geführten, internationalen Politik aus. Dies alles wurde von strengen Abgaben begleitet.

10.1.4.2 Bei den ersten Symptomen eines Aufstandes schritt man zum unmittelbaren militärischen Eingriff, und auf den Thron wurde ein assyrienfreundlicher, wenn möglich aus dem königlichen Haus stammender, Herrscher gesetzt. Meistens wurden diese Eingriffe von drastischen Grenzberichtigungen begleitet und die so gewonnenen Gebiete an treugebliebene Vasallen abgetreten.

10.1.4.3 Bei der geringsten Nachricht über weitere Widerstände wurde das Land besetzt und dem Großreich einverleibt, sein König durch einen assyrischen Gouverneur *(paḫātu)* ersetzt und die führenden Schichten in andere Gegenden verschleppt; oft wurden fremde Völkergruppen an ihrer Stelle angesiedelt. Dadurch wurden die wirtschaftlichen und die ethnischen Grundlagen des unterjochten Volkes zerstört (Lemche*, 1988, 154f.).

10.1.4.4 Typisch für dieses System ist endlich seine Wendigkeit: es wurde nie starrsinnig, dogmatisch angewandt, sondern immer den Gegebenheiten angepaßt. Dies machte es besonders wirksam.

10.1.5 Unter Assarhaddon (680–669) erreichte das Reich seine größte Ausdehnung, als es einen großen Teil Ägyptens besetzte. Doch handelte es sich um die letzte Herrlichkeit vor dem Niedergang: schon unter Assur-Banipal (669–627), dem Sardanapalos der griechischen Sage, Gründer jener Bibliothek, durch die der größte Teil der uns bekannten mesopotamischen Literatur erhalten blieb, wurde Assyrien in die Verteidigung gedrängt: unter Psammetich I. (663–609), dem Gründer der 26. Dynastie, gewann Ägypten um 650 seine Unabhängigkeit wieder; zwischen 652 und 648 gewann Assyrien zwar einen Krieg gegen Babylon, blieb aber sehr geschwächt. Nach dem

Tod dieses weisen und gebildeten Herrschers konnte sich das Großreich nur noch wenige Jahre halten. Weiteres unten, 11.3.3.

10.2 „Syro-ephraimitischer" Krieg

Während Tiglat Pileser III. über Assyrien regierte, hat nach den biblischen Texten der seit M. Luther „syro-ephraimitischer" Krieg genannte (obwohl auch Juda einbezogen war) Konflikt stattgefunden. Der Ablauf der Ereignisse kann nach verschiedenen assyrischen Inschriften (ANET 282–284 und TUAT I, 370 ff.) rekonstruiert werden, „auch wenn vieles von den Hintergründen, Einzelheiten und chronologischen Verhältnissen strittig bleibt", H. Donner*, 1986, 307 ff. Deren Interesse galt aber der Gegend nur nebenbei.

Literatur: Alt, A.: Hosea 5,8–6,6. Ein Krieg und seine Folgen in prophetischer Beleuchtung. In: NKZ 30 (1919), 537–568, KS II, 163–187; Begrich, J.: Der syro-ephraimitische Krieg und seine weltpolitischen Zusammenhänge. In: ZDMG 83 (1929), 213–237, GSt 99–120; Donner, H.: Israel unter den Völkern. Leiden 1964; Vogt, E.: Die Texte Tiglath-Pilesers III. über die Eroberung Palästinas. In: Bibl 45 (1964), 348 bis 354; Good, E. M.: Hosea 5,8–6,6: an Alternative to Alt. In: JBL 85 (1966), 273 bis 281; Ackroyd, P. R.: Historians and Prophets. In: SEÅ 33 (1968), 18–54; Oded, B., a. a. O. 1972 (zu 10.1); Levine, L. D.: Menahem and Tiglath-Pileser – A New Synchronism. In: BASOR 206 (1972), 40–42; Weippert, M.: Menahem von Israel und seine Zeitgenossen in einer Steleninschrift des assyrischen Königs Tiglathpileser III. aus dem Iran. In: ZDPV 89 (1973), 26–53; Vanel, A.: Tabe'el en Is VII 6 et le roi Tubaīl de Tyr. In: VTS 26 (1974), 17–24; Na'aman, N.: Sennacherib's „Letter to God" on His Campaign to Judah. In: BASOR 214 (1974), 25–39; Shea, W. H.: Menahem and Tiglath Pileser III. In: JNES 37 (1978), 43–49; Dietrich, W.: Jesaja und die Politik. München 1976; Herrmann, S.*, 1980, 305–309; Thompson, M. E. W.: Situation and Theology. Sheffield 1982; Bickert, R.: König Ahas und der Prophet Jesaja. Ein Beitrag zum Problem des syro-ephraimitischen Kriegs. In: ZAW 99 (1987), 361–383.

10.2.1 Der Krieg, der wie gesehen eine rein örtliche Angelegenheit blieb, könnte Folge eines Versuches sein, eine antiassyrische Koalition erneut aufzurichten, so wie dies über hundert Jahre vorher unter den Omriden mit gutem Erfolg geschehen war. Leider sind die biblischen Berichte: II Reg Kap. 16; Jes 7,1–7; 8,1–15; 10,27 und 17,1–11, Hos 5,1 ff.; 5,8 – 6,6; 8,7–10, widersprüchlich; ein weiteres Hindernis bietet die unbestimmte Chronologie, besonders was die letzten Jahre des Ahas, der Regentschaft Jothams und ferner die Thronbesteigung Hiskias betrifft. Endlich, wie bald erörtert werden wird, unten, 10.2.10, gibt es verschiedene Anzeichen dafür, daß ein derartiger Krieg überhaupt nicht stattgefunden hat (Bickert)!

10.2.2 In Israel folgte nach dem Tod Jerobeams II. (746 oder 747) sein Sohn Sacharja (ca. 746–45 oder 747), der von einem gewissen Šallum (745 oder 747) getötet wurde. Doch ein Mann namens Menahem (745–738 oder

747–738), ein Bürger der früheren Hauptstadt Tirsa, schaffte auch ihn aus dem Wege, II Reg 15,17–22. Es gelang ihm, unter harten Bedingungen, die innere Ordnung wiederherzustellen, 15,16, was auf die Kontrolle über die Armee schließen läßt. Doch Tiglat Pileser (in den biblischen Texten auch *pûl*, vom akkadischen *pūlu*, genannt) „kam ... ins Land“; er unterjochte Ḥamat (heute *ḥama* in Syrien, Koord. 312–503). Menachem, zusammen mit anderen Herrschern der Gegend, sandte ihm sofort eine beträchtliche Abgabe, ANET 283, TUAT I, 371, als Zeichen der Unterwerfung (nach II Reg 1000 Silbertalente). So geriet er in das erste Stadium der Unterwerfung, oben, 10.1.4.1.

In den assyrischen Annalen wird er zusammen mit dem König von Damaskus *raḫjānu*, dem biblischen *r^eṣîn*[1] erwähnt, auch er im ersten Unterwerfungsstadium; deren Namen erscheinen auf einer im Iran gefundenen assyrischen Stele.[2] Es gelang Menahem, nach den biblischen Quellen, die Summe durch eine Sonderbesteuerung der Grundbesitzer zu erheben: ein jeder soll 50 Silberschekel beigetragen haben, so daß, wenn man das gewöhnliche Talent berücksichtigt (das zur Steuerzahlung angewandte „königliche“ betrug 3600 Schekel), es an die 60000 wohlhabende Grundbesitzer gegeben haben muß;[3] dies natürlich im Fall, daß auch hier, wie anderswo, die Zahlen nicht übertrieben sind.

10.2.3 Tiglat Pileser III. scheint mit der Abgabe zufrieden gewesen zu sein, so daß Israel für einige Zeit in Ruhe gelassen wurde. Doch 734 erschienen die Assyrer wiederum in der Gegend zum Kampf gegen die Philister,[4] besonders gegen Gaza, dessen König nach Ägypten floh. Von dort soll er später zurückgekommen sein und wurde, ein außerordentlicher Fall, begnadigt. Die Assyrer gelangten bald an die Grenze mit Ägypten, damals wie heute der *wādī el-arīš* (der in der Bibel genannte „Strom Ägyptens“); damit konnten sie jeden Versuch der Ägypter, etwaigen Aufständischen Hilfe zu leisten, vereiteln. Der Feldzug hatte für Israel keine Folgen: von einer Annektierung israelitischer Gebiete erfährt man nichts. Einige Forscher vermuten zwar, daß die assyrische Provinz *dūʾru*, die um *dôr*, heute *ḫirbet el-burǧ*, Koord. 142–224, gelegene Küstengegend philistäischen Ursprungs, damals annektiert worden sei; doch man erfährt nichts Bestimmtes.

10.2.4 In Israel herrschte bald wiederum das politische Chaos: Pekachja, Sohn des Menahem (ca. 738–37 oder 737–36), II Reg 15,23–26, regierte nur

[1] Die Namen könnten dem der hebräischen und aramäischen Sprache unkundigen Leser als verschieden erscheinen; in Wirklichkeit spiegelt der Kehllaut in *raḫjan* das aramäische *ᶜajin* wider, das auf Hebräisch mit *ṣade* wiedergegeben wird.

[2] ANET 282f. und TUAT I, 370f.; vgl. noch Wiseman, D.J.; Two Historical Inscriptions from Nimrud. In.: Iraq 13(1951), 21–26.

[3] Noth*, M., 1954, 233, Anm. 3; Donner, H., bei Hayes u. Miller*, 1977, 424 und 1986*, 304f., und mein: Ancient Israel – An Attempt at a Social and Economic Analysis of the Available Data. In: Text and Context ..., Studies ... F.C. Fensham, Sheffield 1988, 201–208, 202f.

[4] Oben, Anm. 2.

wenige Monate und wurde von Pekach, dem Sohn des Remalja (737–32 oder 735–32) abgesetzt, II Reg 15,27–31, der den Thron bestieg.

10.2.5 Im Jahr 738 hatte Assyrien Israel und Damaskus zu seinen Vasallen in der ersten Phase gemacht, was beide Könige, man weiß nicht genau wann, von der Notwendigkeit eines neuen antiassyrischen Bündnisses überzeugt haben soll. Um die assyrischen Garnisonen an der ägyptischen Grenze zu neutralisieren, brauchten sie aber die Mitwirkung Judas; dies hätte auch andere Staaten der Gegend zum Beitritt zur Koalition veranlaßt.

10.2.5.1 Doch Ahaz von Juda willigte nicht ein, man kennt die Gründe wiederum nicht; man kann aber vermuten, daß er erstens kein Vasall Assyriens war und so nicht von Abgabepflichten bedrängt wurde; und zweitens, daß er sich nicht von Assyrien bedroht fühlte; und endlich, daß er die geringen Erfolgsmöglichkeiten des Bündnisses durchschaute.

10.2.5.2 Die anderen sollen darin einen Verrat an der gemeinsamen Sache gesehen haben, wodurch der südliche Flügel der Koalition geschwächt wurde; darauf unternahmen sie den Versuch, Ahaz durch einen Staatsstreich zu ersetzen, der einen ihnen günstig gesinnten König auf den Thron gebracht hätte; und die Wahl fiel auf einen als „Sohn des *ṭāb'ēl*“ (so ist wohl das *ṭāb'al* des masoretischen Textes, gleich „Taugenichts“, nach LXX und Esr 4,7 zu vokalisieren) bezeichneten Aramäer. Einige Forscher sehen in ihm ein Mitglied einer hochgestellten Familie, die vielleicht mit dem Königshaus verwandt und mit den nachexilischen Tobiaden, vgl. unten 13.2.3, im östlichen Jordanland zu verbinden sei.[5]

10.2.6 Die beiden Heere sollen auf Jerusalem marschiert sein, II Reg 16,5–18; Jes 7,1ff.; vgl. Hos 5,8ff. (nach der Alt'schen, durch E. M. Good nicht überholten Deutung). Ja, Jes 7,1ff., ein gewiß später Text, beschreibt voller Humor die Panik, die im Hof und unter der Regierung ausbrach, um so mehr, als gleichzeitig die Edomiter den Hafen von Elat am Roten Meer wiedererobert hatten, II Reg 16,6 (man lese aber *'ᵉdôm* anstatt *'ᵃrām*, Verwechselung von *reš* und *dalet*, und streiche dann *rᵉṣîn*), während nach II Chr 28,18 die Philister tief in den Südwesten des Landes eingedrungen waren (vgl. unten, 11.2.2).

10.2.7 Nach dem biblischen Text sollen Ahaz und seine Ratgeber völlig den Kopf verloren haben und gegen den ausdrücklichen Befehl des Propheten Jesaja die Assyrer um Hilfe gebeten haben. Von ihnen wurden die Unterwerfung und eine beträchtliche Abgabe verlangt, II Reg 16,7. Ahaz

[5] Hierzu vgl. Albright, W.F.: The Son of Tabel (Isaiah 7:6). In: BASOR 140 (1955), 34f., und Mazar, B.: The Tobiads. In: IEJ 7 (1957), 137–145. 229–238, eine von Aharoni, Y.: The Land** 1979, II, Kap. IV, 10 angenommene These; dorts. die wichtigsten Texte. Der Vorschlag von Vanel, A., 1975, ihn mit dem in einer assyrischen Liste unterjochter Könige genannten Tubail von Tyrus zu identifizieren, fand keine Gefolgschaft.

soll sich sogar persönlich zum assyrischen König begeben haben, an welchen Ort wird nicht erwähnt, und später im Jerusalemer Tempel einen im eroberten Damaskus gesehenen, nach assyrischem Muster erbauten Altar haben aufstellen lassen, was nach Ansicht der meisten Forscher nicht unter Zwang geschah, da es für Assyrien nicht üblich gewesen sein soll, ihren Vasallen religiöse Pflichten aufzudrängen (M. Cogan, 1971, L. McKay, 1973, doch *contra* Spieckermann, 1982, 322f.; zum Problem vgl. H. Donner*, 1986, 332), II Reg 16, 10. So wurde Juda aus eigener Initiative zum Vasallen Assyriens.

10.2.8 Die verbündeten Aramäer und Israeliten mußten ihre Truppen schleunigst zurückziehen, um sie gegen Assyrien aufstellen zu können; von einem Marsch auf Jerusalem konnte nicht mehr die Rede sein. Damaskus harrte bis 732 aus, wurde dann erobert und zur assyrischen Provinz gemacht. Israel verlor die Gebiete jenseits des Jordan und den größten Teil Galiläas.

10.2.9 Nochmals fiel Israel ins Chaos. Pekach wurde in einer Verschwörung getötet, II Reg 15, 30, die durch einen gewissen Hosea geleitet wurde. Dieser darf aber nicht mit dem Propheten verwechselt werden. Der neue König wurde sofort von Tiglat Pileser als Vasall anerkannt: Israel begab sich so in die zweite Phase der Unterwerfung.

10.2.10 Nun wurde aber dies auf Grund der biblischen Texte entworfene, traditionelle Bild des Krieges in der jüngsten Studie von R. Bickert, 1987, in Zweifel gezogen: die Forscher hätten die Arbeiten von B. Oded, 1972, und S. Herrmann*, 1980, nicht genügend berücksichtigt. Es gäbe nämlich keinerlei Beweise, daß der Krieg je erklärt und geführt worden sei; was auch geschehen sein möge, nichts scheint über die Absichten und eventuell die Pläne der Beteiligten hinausgegangen zu sein. Deswegen hat das Unheil, das Israel und Damaskus traf, nichts mit so einem Krieg zu tun. Jes 7, 1 ff. ist ja, wie schon erwähnt, bekanntlich ein später Text, und II Reg 16 interessiert sich hauptsächlich für einen anderen Gegenstand: die Aufstellung eines heidnischen Altars im Tempel von Jerusalem.

10.3 Ende des Reiches Israel

König Hosea regierte von ca. 732 bis 724, II Reg 17, 1–4. Anfänglich hielt er Assyrien die Treue und war immer pünktlich in der Darbringung der Abgaben (ANET 283f., TUAT I, 378, vgl. R. Borger u. H. Tadmor, a. a. O., zu 10.1).

Literatur: Tadmor, H., a. a. O., 1958, zu 10.1; Trebolle-Barrera, A.: La caída de Samaría. In: Salamanticense 28 (1981), 137–152; Talmon, S.; Polemics and Apology in Biblical Historiography – 2 Kings 12, 24–41. In: Friedman, R. E. (Hrsg.), The Creation of Sacred Literature. Berkeley Cal. 1981, 57–88; Kooij, A. van der: Zur Exegese von II Reg 17,2. In: ZAW 96 (1984), 109–112; Viviano, R. A.: 2 Kings 17: A Rhetorical and Form-Critical Analysis. In: CBQ 49 (1987), 548–559; Brettler, M.: Ideology, History and Theology in 2 Kings XVII 7–23. In: VT 39 (1989), 268–282; Timm, S.: Die Eroberung Israels (Samarias) 722 v. Chr. aus assyrisch-babylonischer Sicht. In: WO 20–21 (1989–90), 61–82. Über die *Neuordnung Samarias unter den Assyrern:* Alt, A.: Das System der assyrischen Provinzen auf dem Boden des Reiches Israel. In: ZDPV 52 (1929), 220–242, KS II, 188–205. Becking, B. E. J. H.: De ondergang van Samaria. Diss. Theol. Utrecht 1985, konnte ich nur teilweise benützen.

10.3.1 Nach einiger Zeit treuen Vasallentums entschied sich Hosea aber für den Aufstand gegen Assyrien, wo nunmehr Šalman Eser V. (726–722) regierte. Es ist möglich, daß, nach einer weitverbreiteten Praxis im alten Nahen Osten, die Rebellion anläßlich der Thronbesteigung des neuen Königs stattfand. Hosea verweigerte den Tribut und knüpfte Verhandlungen mit Ägypten an, was einem Vasallen jedenfalls untersagt war (oben, 10.1.4.1). Doch der Entschluß erwies sich als voreilig: in Ägypten herrschten noch Unruhen, während die 25. „äthiopische" Dynastie mühevoll versuchte, das unter vielen Herrschern aufgeteilte Land wieder zu vereinigen. Es ist deswegen möglich, daß Hosea nur zu einem, zwar uns unbekannten, Fürsten im Delta Beziehungen unterhielt. II Reg 17,4 erwähnt einen gewissen, von manchen als König, von anderen als General bezeichneten[6] *sô'*, vielleicht einfach (H. Donner bei Hayes u. Miller*, 1977, 433, 1986*, 314) die Transkription des ägyptischen *nśw.t*, „König" im allgemeinen.

10.3.2 Man weiß nicht, welche Überlegungen Hosea zu diesem mindestens unvorsichtigen Schritt trieben: wenn auch die ständigen Abgaben schwer zu ertragen waren, so wandte er sich doch gegen einen Feind, der sich auf der Höhe seiner politischen, wirtschaftlichen und militärischen Macht befand; und Ägypten konnte kaum viel Konkretes versprechen. Es gibt aber Indizien, nach welchen die ganze Gegend sich in Aufruhr befand, Josephus Ant 9, 277 ff., so daß Israel vielleicht nichts anderes tat, als sich den Aufständischen anzuschließen, Miller u. Hayes*, 1987, 334 ff.

10.3.3 Assyrien schlug ohne Zaudern zu. Ein letzter Versuch Hoseas, sich zu unterwerfen, wurde zurückgewiesen, weil Israel gleichzeitig seine Verhandlungen mit Ägypten fortsetzte. Šalman Eser ließ Hosea gefangennehmen, vielleicht während des Versuchs, sich zu unterwerfen. Die Hauptstadt Samaria wurde besetzt, noch unter Šalman Eser V.[7], II Reg 17,5–6 und 18,9–11. Kurz darauf, bei der Thronbesteigung Sargons II., 721–705, brach ein Aufstand aus, der aber vom neuen König niedergeschlagen wurde,

[6] Borger, R.: Das Ende des ägyptischen Feldherrn Sib'e = Sô'. In: JNES 19 (1960), 49–53; Goedicke, H.: The End of „So, King of Egypt". In: BASOR 171 (1963), 64 bis 66, und Krauß, R.: Sō, König von Ägypten – ein Deutungsvorschlag. In: MDOG 110 (1978), 49–54.

[7] Tadmor, H., a. a. O., 1958 (zu 10.1), schlägt rein hypothetisch vor, daß es zwei assyrische Feldzüge gegen Samaria gegeben haben könnte, der eine unter Šalman Eser V., 722 v. u. Z., der andere unter Sargon II., 720: dem letzteren wäre es dann gelungen, die Stadt endgültig zu erobern.

ANET 284 und TUAT I, 379. So die neueste Rekonstruktion der Begebenheiten durch Timm, S., 1989–90. Ein Teil der Oberschicht wurde verschleppt und durch Fremde ersetzt; die Gebiete des ehemaligen Reiches Israel wurden unter dem Namen *samerīna* (geschichtlich das erste Mal, daß das Wort nicht die Hauptstadt, sondern das ganze Land bezeichnet, Donner*, 1986, 315), zur assyrischen Provinz.

10.3.4 Wenig, ja fast nichts erfährt man über das Schicksal des Gebiets in den folgenden Jahren; nur, daß noch unter Asarhaddon, Esr 4,2, und unter Assurbanipal, Esr 4,10, weitere Fremde dort angesiedelt wurden (H. Donner*, 1986, 316; für das ganze Problem vgl. A. Alt, 1929). Nach II Reg 17,7–41, einem Text, der die Tragödie theologisch-dtr erklären will (und von M. Cogan u. H. Tadmor: II Kings. New York 1988, 203, zu Recht „eine Predigt über den Niedergang des Nordreiches" genannt wird), wurde ein beträchtlicher Teil der Bevölkerung durch Fremde ersetzt, die eine synkretistische Religion praktizierten: Jhwh wurde neben anderen Göttern verehrt. Der Bericht sollte gattungsmäßig nicht beim Wort genommen werden: er nimmt die nachexilische, antisamaritanische Polemik vorweg, wie später unten (13.4), behandelt werden wird; mehr bei Cogan u. Tadmor, 1988, 210f.

Aus den assyrischen Texten erfährt man, daß die Hauptstadt wiederaufgebaut und Sitz des assyrischen Gouverneurs wurde, ANET 284f., TUAT I, 378f.

11. DAS KÖNIGREICH JUDA BIS ZUM EXIL

11.1 Die letzten anderthalb Jahrhunderte

Das überlebende Juda hatte, wie schon erwähnt (oben, 9.3.3.1–2) nie ein großes politisches noch wirtschaftliches Gewicht gehabt; deswegen gelang es ihm weiterzubestehen, zunächst, für wenig mehr als anderthalb Jahrhunderte, als Vasall Assyriens, dann Ägyptens und endlich Babylons, auch wenn es ihm an Versuchen, sich zu befreien, nicht fehlte. Typisch für die judäische Politik in diesen Zeiten ist das Bemühen, sich zwischen den Großmächten durchzuschlängeln, was aber den erhofften Erfolg nicht mit sich brachte. War doch der politische Spielraum gering und richtig zu manövrieren nicht leicht.

Literatur: Wiseman, D. J.: Chronicles of the Chaldaean Kings. London 1956; Tadmor, H., a. a. O., zu 10.1; Hallo, W. W., a. a. O.; Gottwald, N. K.: All the Kingdoms of the Earth. New York 1964; Broshi, M.: The Expansion of Jerusalem in the Reigns of Hezekiah and Manasse. In: IEJ 24 (1974), 21–26; Stern, E.: Israel at the Close of the Monarchy. In: BA 38 (1975), 26–54; Grayson, A. K.: Assyrian and Babylonian Chronicles. Locust Valley 1975; Scharbert, J. a. a. O. zu 10.1.

11.1.1 Im letzten Viertel des 8. Jh. war Juda als eines der wenigen Länder im Gebiet übriggeblieben, die ihre Unabhängigkeit noch behalten hatten. Als Vasall in der ersten Phase (oben, 10.1.4.1), hatte es sich anderseits von der Vormundschaft des nördlichen Bruderstaates (oben, 9.8.4) befreit, auch wenn dessen Besetzung durch die assyrische Großmacht seine Projekte für eine eventuelle Wiedervereinigung zunichte machte. Andererseits konnte Juda sich jetzt mit einem gewissen Recht als einziger Erbe der israelitischen Tradition gebärden und nicht nur seiner eigenen, davidischen Staats- und Kulttheologie.

Es wird oft vermutet, daß einiges israelitische Überlieferungsgut in dieser Zeit nach Juda gebracht wurde, z. B. die Quelle 'E' des Pentateuch, die ältesten Bestandteile des Dtn, die Urtexte der Propheten Amos und Hosea; beweisen kann man dies allerdings nicht, und manches spricht dagegen. Wie dem auch sei, der Süden konnte sich nun als Vertreter „Ganzisraels" darstellen, was dann bald vom Dtr theologisch und geschichtlich durch den Begriff des in vorhistorischer Zeit existierenden Zwölfstämmebundes ausgearbeitet wurde. Immer noch hegte Juda Gedanken an eine Wiedervereinigung mit dem Norden und die Wiederherstellung des Großreiches; doch solches ging nie über das Wunschdenken hinaus: zuviel hing von Umständen ab, über die Juda keine Macht hatte; und in der Gegend gab es wohl kaum einen Platz für eine dritte Großmacht zwischen dem Zweistromland und Ägypten.

11.1.2 Als Pufferstaat zwischen den beiden Großmächten (Ägypten wurde gegen 650 wieder unabhängig, vgl. oben, 10.1.5) war Judas Lage schwierig (und der Spielraum, wie gesagt, gering), doch keineswegs ganz hoffnungslos. Die Tatsache, daß beide die Region als Vorposten resp. für den Angriff oder für die Verteidigung benötigten, gewährte einer geschickten Diplomatie gewisse Chancen; freilich, ein gefährliches Spiel, doch mit einem lohnenden Einsatz: die politische Unabhängigkeit und die eigene Souveränität, wie beschränkt diese auch sein mochten. Juda war indessen unfähig, dieses Spiel zu spielen, was endlich zur Katastrophe führte (unten, 11.6.1ff.).

11.1.3 Als Quellen gibt es wiederum die dtr Texte II Reg Kap. 18–25, die Parallelstellen Jes Kap. 36–39, einige Kapitel des Jeremiabuches und II Chr Kap. 28–32. Außerhalb Judas vgl. zuerst die assyrischen Annalen und dann die babylonischen Chroniken (ANET 287ff. und 560, TUAT I, 287ff. 401ff.; die letzteren auch in D. J. Wiseman, 1956).

11.1.4 Zuletzt noch eine Bemerkung. Im ganzen Nahen Osten ist das 7. Jh. eine Zeit des kulturellen Aufschwungs gewesen. Von Assurbanipal war oben, 10.1.5, die Rede; ähnliche Textsammlungen wurden ein wenig später von Nebukadnezzar II. von Babylon (605–561) vorgenommen (unten, 11.5.4), und auch in Ägypten, besonders unter der 26. Dynastie, wurden alte Schriftzeugnisse[1] gesammelt. In Phönizien soll ähnliches veranlaßt worden sein, wenn man dem allerdings immer aus zweiter oder sogar dritter Hand und deswegen angefochtenen Zeugnis eines gewissen Philo von Byblos (ca. 64–161 u. Z.) Glauben schenken darf, der seinerseits einen Sanchuniaton aus dem 7. Jh. zitiert. In diesem Zusammenhang scheint es nicht unwahrscheinlich, daß zu dieser Zeit auch die ältesten Bestandteile des Dtr verfaßt und andere, ältere Schriften gesammelt wurden.

11.2 König Hiskia

Literatur: Alt, A.: Neue assyrische Nachrichten über Palästina. In: ZDPV 67 (1945), 128–146, KS II, 226–241; Rowley, H. H.: Hezekiah's Reform and Rebellion. In: BJRL 44 (1961–62), 395–431, ders.: Men of God. London 1963, 98–132; Brinkman, J. A.: Merodach-Baladan II. In: Studies ... A. L. Oppenheim. Chicago 1964, 6–53; Moriarty, F. J.: The Chronicler's Account of Hezekiah's Reform. In: CBQ 27 (1965), 399–406; Leeuwen, C. van: Senachérib devant Jérusalem. In: OTS 14 (1965), 245–272; Horn, S. H.: Did Sennacherib Campaign Once or Twice against Hezekiah? In: AUSS 4 (1966), 1–28; Honor, I. L.: Sennacherib's Invasion of Palestine. New York 1966; Childs, B. S.: Isaiah and the Assyrian Crisis. London 1967; Kaiser, O.: Die Verkündigung des Propheten Jesaja im Jahre 701. In: ZAW 81 (1969), 304 bis

[1] Vgl. Wilson, J. A.: The Culture of Ancient Egypt. Chicago 1951, 294ff.

315; Welten, P.: Die Königs-Stempel. Ein Beitrag zur Militärpolitik Judas unter Hiskia und Josia. Wiesbaden 1969; Na'aman, N., a. a. O. zu 10.2; Zimmerli, W.: Jesaja und Hiskia. In: Wort und Geschichte – FS K. Elliger, Kevelaer–Neukirchen/Vluyn 1973, 199–208, GAuf II, 88–103; Levine, L. D.: The Second Campaign of Sennacherib. In: JNES 32 (1973), 312–317; Williamson, H. G. M.: Israel in the Book of Chronicles. Cambridge 1977; Otzen, B.: Israel under the Assyrians – Reflections on Imperial Policy in Palestine. ASThI 11 (1978), 96–110; Jenkins, A. K.: Hezekiah's Reform and Deuteronomic Tradition. In: HThR 72 (1979), 23–43; Hoffmann, H.-D., a. a. O. zu 9. 9, Anm. 5; Garbini, G.: Il bilinguismo dei Giudei. In: Vicino Oriente 3 (1981), 209–223; Smelik, K. A. D.: „Zeg toch tot Hizkia": een voorbeeld van prophetische geschiedenisschrijving. In: Amsterdamse Cahiers 2 (1981), 50–67; Tadmor, H., u. M. Cogan: Hezekiah's Fourteenth Year: the King's Illness and the Babylonian Embassy. In: EI 16 (1982), 198–201 (hebr., engl. Zusammenf.); Hutter, M.: Hiskia, König von Juda. Graz 1982, und ders.: Überlegungen zu Sanheribs Palästinafeldzug im Jahre 701 v. Chr. In: BN 19 (1982), 24–30; Catastini, A.: Il quattordicesimo anno del regno di Ezechia (II Re 18: 13). In: Hen 4 (1982), 257–263, und ders.: Le varianti greche di II Re 18–20. In: Egitto e Vicino Oriente 5 (1982), 75–91; Norin, S.: An important Kennicott Reading in 2 Kings XVIII 13. In: VT 32 (1982), 337 f.; Tadmor, H.: Rab-Saris and Rab-Shaqeh in 2 Kings 18. In: The Word of the Lord Shall Go Forth ..., Essays D. N. Freedman, Winona Lake, Ind. 1983, 279–285; Jong, S. de: Hiskia en Zedekia. In: Amsterdamse Cahiers 5 (1984), 135–146; Brinkman, J. A.: Prelude to Empire. Babylonian Society and Politics, 747–626 B. C. Philadelphia 1984, 57–60; Tadmor, H.: Sennacherib's Campaign to Judah: Historical and Historiographical Considerations. In: Zion 50 (1985), 65–80 (hebr., engl. Zusammenf.); Millard, A. R.: Sennacherib's Attack of Hezekiah. In: TynB 36 (1985), 61–77; Brueggemann, W.: II Kings 18–19: The Legitimation of Sectarian Hermeneutics. In: HorBibTh 7, 1 (1985), 1–42; Shea, W. H.: Sennacherib's Second Palestinian Campaign. In: JBL 104 (1985), 401–418; Liwak, R.: Die Rettung Jerusalems im Jahr 701 v. Chr. Zum Verhältnis und Verständnis historischer und theologischer Aussagen. In: ZThK 83 (1986), 137–166; Fewell, D. N.: Sennacherib's Defeat: Words at War in 2 Kings 18. 13 bis 19.39. In: JSOT 34 (1986), 79 bis 90; Kooij, A. van der: Das assyrische Heer vor den Mauern Jerusalems im Jahre 701 v. Chr. In: ZDPV 102 (1986), 93–109; Begg, C. T.: 2 Kings 20: 12–19 as an Element of the Deuteronomistic History. In: CBQ 48 (1986), 27–38; Gonçalves, F. J.: L'expédition de Sennachérib en Palestine dans la littérature hébraïque ancienne. Louvain l. N. 1986; Vogt, E.: Der Aufstand Hiskias und die Belagerung Jerusalems, 701 v. Chr. Rom 1986; Laato, A.: Hezekiah and the Assyrian Crisis in 701 B. C. In: SJOT 1, 2 (1987), 7–21; Handy, L. K.: Hezekiah's Unlikely Reform. In: ZAW 100 (1988), 111–115; Cogan, M., u. H. Tadmor: II Kings. New York 1988, z. St.; Dion, P. E.: Sennacherib's Expedition to Palestine. In: EeT 20 (1989), 5–25; Begg, C. T.: Hezekiah's Display – Another Parallel. In: BN 41 (1988), 7 f.; Garbini, G.,* 1986, 44 ff. *Über die Texte:* Orlinsky, H. M.: The Kings-Isaiah Recension of the Hezekiah Story. In: JQR 30 (1939–40), 33–39; die Kommentare zu den betr. Büchern; Catastini, A., a. a. O., 1982, Norin, S., a. a. O., 1982, und Dion, a. a. O., 1989. *Zum Tod Sanheribs:* Parpola, S.: The Murder of Sanherib. In: Alster, B. (Hrsg.), Death in Mesopotamia. Kopenhagen 1980, 171–182.

Die Gestalt des *ḥizqîjā(hû)* (ca. 715–687 oder 728/25–700; besser, nach H. Tadmor 727/26–700) bietet als erstes ein Problem der Chronologie, wie aus den soeben angeführten Zahlen hervorgeht.[2] Unter ihm haben, nach II Reg 18,4, drei wichtige Ereignisse stattgefunden: eine religiöse Reform, Kriege gegen die Philister und endlich einige Aufstände gegen die Assyrer; die letzteren endeten alle mit einer Niederlage. Nach den Dtr und dem Chr sei Hiskia, zusammen mit Josia, einer der größten Könige, die nach David in Juda regierten, gewesen. Ein politisches Urteil aber, das sich auf Tatsachen und Ergebnisse mehr als auf Absichten und theologische Betrachtungen stützt, muß viel strenger ausfallen: Hiskia hinterließ ein geteiltes und, mit Ausnahme der Hauptstadt, völlig heruntergekommenes Land, und dies mußte sich auch auf die Religion auswirken, was immer seine Reformbestrebungen gewesen sein mögen.

11.2.1 Nach II Reg 18,3–4 fing Hiskia seine Regierung mit einer *religiösen Reform* an: die Höhenheiligtümer und andere heidnische Kultorte wurden entfernt bzw. zerstört, so auch die eherne Schlange, die die Tradition auf Moses zurückführte (Num 21,6–9, vgl. oben, 7.10.3). An diesem letzteren Punkt könnte sich ein historischer Kern erhalten haben. Beim Chronisten, II Chr Kap. 29–31, werden zusätzliche Einzelheiten geboten: der König ließ den Tempel reinigen und restaurieren, Sühneopfer darbringen, das Passahfest feiern, den Kultus neu gestalten. Sogar der seit wenigen Jahren von Assyrien besetzte Norden soll miteinbezogen worden sein, 30,1. Diese Angaben zu überprüfen ist unmöglich: es könnte sich gut um Rückprojizierungen späterer Versuche handeln, um ihnen größeres Ansehen zu verleihen. Nach einigen Forschern[3] soll es sich hingegen um einleitende Maßnahmen für die Reform des Josias gehandelt haben, welche also nur den Abschluß eines ein Jahrhundert vorher begonnenen Prozesses bildete (unten, 11.4.2.1). Weitere Forscher sind aber viel vorsichtiger: die Glaubwürdigkeit dieser in dtr und chr. Phrasen formulierten Berichte ist zweifelhaft; nach H. Spieckermann, 1983, 174ff., ist das Ganze nur eine künstliche Konstruktion, die Hiskia als Vorläufer des Josia darstellen möchte, nach dem schon untersuchten Schema von Reform und Gegenreform (oben, 9.9), ähnlich heute L. K. Handy, 1988.[4] Immerhin, die ihm zugeschriebene, reformatorische Tätigkeit macht eine Identifizierung Hiskias, wenigstens in der Absicht des Erzählers, mit dem Jes 7,14 geweissagten und angedrohten Immanuel wahrscheinlich.

11.2.2 II Reg 18,8 berichtet, daß Hiskia *die Philister* bis Gaza schlug, wodurch es ihm gelang, einige unter Ahas verlorengegangene Gebiete zurückzuerobern, II Chr 28,18. Es könnte sein, daß I Chr 4,34–43, das über die Ausdehnung Simeons berichtet, damit zu verbinden sei (man lese aber dann mit LXX *gĕrār* anstatt mass.

[2] Albright*, W. F., 1957, 314ff.

[3] Aharoni, Y.: The Horned Altar of Beer Sheba. In: BA 37 (1974), 2–6, und Yadin, Y.: Beer Sheba: The High Place Destroyed by King Josiah. In: BASOR 222 (1976), 5–18.

[4] Ein interessanter Versuch, die Historizität der Reform Hiskias zu retten, findet sich bei Cogan, M. u. H. Tadmor, 1988, 219ff.

gēdôr in V. 39: Verwechselung von *dalet* mit *reš*), vgl. Oded bei Hayes u. Miller*, 444f. Dies wird angeblich auch von den assyrischen Annalen bestätigt, ANET 287, TUAT I, 389: hier wird nämlich berichtet, daß die Bevölkerung und die Notabeln von ᶜEqrôn (oben, 4.4.1.1) ihren König absetzten und ihn „an Hiskia, den Judäer" auslieferten; und aus dem „Brief an die Gottheit" von Sanherib erfährt man, daß eine philistäische Königsstadt von Hiskia besetzt wurde (Na'aman 1974).[5] Man könnte sich also vorstellen, daß Hiskia von den Feldzügen Tiglat Pilesers III. und Sargons II. (oben, 10.2.2) profitiert hätte.

11.2.3 Viel komplizierter ist hingegen *das Problem der Feldzüge Sargons* (721–705), eines durch einen Staatsstreich auf den Thron gelangten Königs, und *Sanheribs* (704–681) nach Palästina und des Verhaltens Hiskias im Rahmen der verschiedenen dort stattgefundenen Aufstände, wegen der Ungenauigkeit der Chronologie, der unklaren Reihenfolge der Episoden und der späten Redaktion des biblischen Materials.

11.2.3.1 Es kann kein Zweifel daran bestehen, daß Hiskia zuerst die assyrienfreundliche Politik seines Vaters Ahas (oben, 10.2.7) fortsetzte. So erscheint Juda nicht in der ersten, 721–20 zustande gekommenen, antiassyrischen Koalition, an der einige Stadtstaaten der Gegend – was vom Königreich Ḥamat und von Gaza übrigblieb – und auch die unterjochten Völker Samarias teilnahmen, vgl. das Schweigen der assyrischen Quellen, ANET 285, TUAT I, 378ff., und der biblischen Texte, außer vielleicht Jes 14,28–32. Die Verbündeten wurden geschlagen und die wenigen noch unabhängigen Staaten annektiert (Einzelheiten bei H. Donner*, 1986, 313).

11.2.3.2 Anders benahm sich Hiskia anläßlich des Aufstandes der Jahre 713–11, als sich, unter der Leitung der Philisterstadt 'Ašdôd (oben, 4.4.1.1), weitere philistäische Städte, Edom und Moab und, im Zweistromland, vielleicht Babylon, vgl. unten, 11.2.3.3, gegen Assyrien auflehnten. Auch diesmal wurden die Rebellen durch Ägypten unterstützt, wo seit ca. 716 die 25. „äthiopische" Dynastie herrschte, vielleicht schon unter Pharao Šabako (ungewissen Datums, vielleicht 716–702?). Auf diesen Aufstand sollen die Texte Jes 20,1–6 (anläßlich der Besetzung 'Ašdôds) und 18,1–8 (anläßlich der Entsendung einer Botschaft nach Ägypten) Bezug nehmen. Doch die philistäische Stadt wurde besetzt und annektiert; aber es gelang den anderen Mitgliedern der Koalition, rechtzeitig auszuscheiden und so das Schlimmste zu verhüten.

11.2.3.3 Im Todesjahr Sargons II., 705, mußte sich sein Nachfolger Sanherib mit einem das ganze Reich umfassenden Aufstand auseinandersetzen; es dauerte deshalb verhältnismäßig lange, bis er den Thron tatsächlich besteigen konnte. Es scheint, daß diesmal Hiskia die Initiative ergriff, ANET 287, TUAT I, 389f. Auch jetzt stützte sich das so zustande gekommene

[5] Vgl. Tadmor, H.: Philistia under Assyrian Rule. In: BA 29 (1966), 86–102.

Bündnis auf Ägypten, nach der Überlieferung gegen die Meinung des Propheten Jesaja, vgl. 30,1–5 und 31,1–3. Nach II Reg 20,12–19//Jes 39,1–8 und II Chr 32,25–39 (letztere Stelle wohl mit dem besseren Text) soll Hiskia sogar mit Babylon und dessen König Merodach Baladan (*Marduk apal Iddina* II., 721–710 und 704–703) verhandelt haben und in ein Bündnis getreten sein. Hierüber herrscht allerdings Uneinigkeit: nach J. A. Brinkman, 1984, soll dies in dessen letzter Regierungsperiode 704–703 geschehen sein; nach M. Cogan und H. Tadmor, 1988, 258, hingegen, und aus guten Gründen, eher gegen Ende der ersten Regierungsperiode, also während der Revolte 713–711. Ist es möglich, daß es einen zweiten Aufstand Babylons auch zu dieser Zeit gegeben habe? Wie dem auch sei, Babylon hatte sich einmal, ob nun 713–11 oder 704–03, gegen Assyrien aufgelehnt und seine Unabhängigkeit erklärt. So kämpfte ein beträchtlicher Teil des alten Nahen Ostens gegen Assyrien. Doch Sanherib wandte sich gegen den Westen, schlug zuerst die Philister, dann ein ägyptisches Heer in der Schlacht von *altāqu*, hebr. *ʾeltᵉqē*, heute vielleicht der *tell eš-šallāf*, Koord. 128–144, und griff dann Juda von Süden an. Nur Lakiš, wohl der *tell ed-duweir*, Koord. 135–108, und Jerusalem vermochten Widerstand zu leisten und wurden belagert; Lakiš fiel kurz danach (siehe die Reliefs von der Belagerung und Einnahme im British Museum zu London, ANEP 372ff.). Jerusalem hingegen, dessen Befestigungen und Wassersystem, II Reg 20,20; II Chr 32,1–4; Jes 22,9b und Sir 48,17,[6] kurz vorher neu ausgebaut worden waren, konnte weiter Widerstand leisten.

11.2.3.4 Nun sind aber die biblischen Berichte über die Belagerung, außer dem annalenhaften Text II Reg 18,13–16 (Cogan u. Tadmor 1988, 240ff.), zum größten Teil viel später verfaßt worden (Einzelheiten bei M. Cogan u. H. Tadmor, 1988, 229ff.), so daß sie nur in geringem Maße zu einer Rekonstruktion der Ereignisse verwendet werden können (Garbini 1981, Catastini 1982; optimistischer Cogan u. Tadmor 1988, 240ff., und P. E. Dion 1989). Nach J. de Jong, 1984, sollen die Verschleppten nach Babylon als Empfänger dieser Berichte gedacht worden sein, während Garbini sie noch später ansetzen möchte.

11.2.3.5 Über den Ausgang des Feldzuges gibt es verschiedene, sich oft widersprechende Berichte. Nach II Reg 18,13–19,39//Jes Kap. 36–39//II Chr 32,1–19, einer Reihe späterer, romanhafter Darstellungen, soll die Haupt-

[6] Über die Wasserversorgung im Jerusalemer Raum vgl. jetzt Wenning, R., u. E. Zenger: Die verschiedenen Systeme der Wassernutzung im südlichen Jerusalem und die Bezugnahme darauf in biblischen Texten. In: UF 14 (1982), 279–294 (Lit.). Die Identifizierung des *tell ed-duweir* mit dem biblischen Lakiš wurde jüngstens von Ahlström, G. W.: Tell ed-Duweir: Lachish or Libnah? In: PEQ 115 (1983), 103f. angegriffen.

stadt durch ein Wunder *in extremis* gerettet worden sein (Childs 1967, Garbini* 1988, 44–47). In den Annalen Sanheribs, ANET 288, TUAT I, 389, steht (die hier gebotene Übersetzung ist die meine): „Was Hiskia, den Judäer, betrifft, er hat sich meinem Joch nicht unterworfen. Sechsundvierzig seiner befestigten Ortschaften und unzählige Orte in der Umgebung habe ich belagert und erobert, indem ich Erdwälle baute, Belagerungsmaschinen einsetzte, Sturmtruppen benützte, Breschen in die Mauern schlug, Tunnel unter den Bastionen grub, mit dem Sturmbock angriff. Ihn persönlich habe ich in Jerusalem, seiner Residenz, wie einen Vogel in seinem Käfig, eingeschlossen!" Doch auch die assyrischen Quellen berichten nichts von einer Eroberung der Stadt. Es ist gut möglich, daß Sanherib sich damit begnügte, eine von Hiskia gesandte große Abgabe und seine Unterwerfung entgegenzunehmen, wie es in den Annalen, ANET 288, TUAT I, 390, steht: „Hiskia ..., von seinen besten und den irregulären Truppen verlassen, sandte mir später eine Abgabe nach Ninive ..."; es folgt eine detaillierte Beschreibung, die, mit Ausnahme weniger Einzelheiten, mit den Aussagen von II Reg 18,13–16 identisch ist (Cogan u. Tadmor 1988, 229)! Doch die Tatsache, daß Sanherib sich in Ninive befand und die Belagerung aufgegeben hatte (denn sonst hätten die Abgesandten Hiskias nicht mit den Abgaben die Stadt verlassen können), macht die Vermutung wahrscheinlich, daß andere Faktoren Sanherib zur Aufgabe der Belagerung und zur Rückkehr in die Heimat veranlaßten. Was tatsächlich geschah, kann nach dem heutigen Stand der Forschung nicht mehr ermittelt werden.

Es gelang Jerusalem also, die nationale Katastrophe unversehrt zu überleben; das ganze Land aber lag in Trümmern, und Jes 22,1–4 scheint die Freude der sich gerettet fühlenden Jerusalemiter scharf zu kritisieren.

11.2.3.6 Einige Forscher haben versucht, die verschiedenen Widersprüche in den Berichten dadurch zu glätten, daß sie zwei Feldzüge Sanheribs nach Palästina voraussetzen; sie wären dann von der Redaktion durcheinandergebracht worden. Der erste wäre 701 und mit der Abgabe und Unterwerfung Hiskias abgeschlossen worden, der zweite endete 688 mit der wunderbaren Befreiung.[7] Diese Erklärung würde manche

[7] Albright, W. F., seit den 30er Jahren: vgl.: The History of Palestine and Syria. In: JQR 24 (1933–34), 363–376, und ders.: The Biblical Period, from Abraham to Ezra. New York ²1973; so noch Bright*, J., 1981, 298f. Daß der Text ein späteres Stadium der Überlieferung widerspiegelt, zeigen die Kommentare von H. Wildberger und O. Kaiser und ferner G. Garbini, 1981. Ein letzter Versuch, die Glaubwürdigkeit des Berichtes zu retten, findet sich bei Kitchen, K. A.: Egypt, the Levant and Assyria in 701 B.C. In: Fontes atque Pontes, FS H. Brunner. Wiesbaden 1983, 243–250. Bei Bright*, J., a. a. O., Anm. 4, findet sich eine Liste von Verfechtern der Hypothese einer zweiten Expedition: E. W. Nicholson, R. de Vaux und S. Horn. J. Gray unterstützte die Hypothese in der ersten Auflage seines Kom-

Probleme lösen, doch sie stößt auf unüberbrückbare Schwierigkeiten: die erste, daß die assyrischen Annalen nur einen Feldzug gegen Juda, den von 701, kennen; die zweite, daß dann chronologische Schwierigkeiten mit den im Bericht erwähnten Pharaonen entstehen (was übrigens auch von J. Bright*, 1981, 309, einem Verfechter der Zwei-Feldzüge-These, ehrlich zugegeben wird); weitere Einzelheiten in den beiden Studien von M. Hutter, 1982, und bei M. Cogan u. H. Tadmor, 1988, 248ff. Viel wahrscheinlicher ist die Erklärung, daß die völlig unerwartete Annahme der Unterwerfung und der Abgabe Hiskias von späteren, sagenhaften Berichten durch das wunderbare, unmittelbare Eingreifen Gottes verklärt wurde (M. Noth*, 1954, 243, Anm. 3). Vorsichtig sollte man allenfalls rationalisierenden Erklärungen gegenübertreten, wovon die bekannteste wohl die einer Pest ist, die die Belagerungstruppen ergriffen und dezimiert hätte (sie stützt sich auf Herod. II, 141, nach dem Mäuse das Lager heimgesucht hätten, bekanntlich Träger der Pest)[8]; auch geht es nicht an, historisierende Erklärungen vorzuschlagen (z. B. daß neue, in Babylon entstandene Unruhen die Truppen zum Rückzug genötigt hätten).

11.2.3.7 Nach II Reg 19,37//Jes 37,38 wurde Sanherib in Ninive von zweien seiner Söhne in einem Tempel ermordet. Die Nachricht wird z. T. auch in den Annalen bestätigt (ANET 288f., TUAT I, 391f.); Einzelheiten bei Parpola 1980.

11.3 Manasse und Amon von Juda

Literatur: Fuller, L. W.: The Historical and Religious Significance of the Reign of Manasse. Leipzig 1912; Malamat, A.: The Historical Background of the Assassination of Amon, King of Judah. In: IEJ 3 (1953), 26–29; Ehrlich, E. L.: Der Aufenthalt des Königs Manasse in Babylon. In: ThZ 21 (1965), 281–286; Nielsen, E.: Political Conditions and Cultural Development in Israel and Judah during the Reign of Manasse. In: Proceedings of the Fourth World Congress of Jewish Studies, Jerusalem 1965, Jerusalem 1967, I, 103–106, ders.: Law, History and Tradition, Kopenhagen 1983, 125–137; McKay, J., a. a. O., zu 10.1; Broshi, M., a. a. O., zu 11.1; Cogan, M., a. a. O., zu 10.1; Spieckermann, H., a. a. O., zu 10.1, 307ff.

Der vom Dtr als das Urbild des gottlosen und ruchlosen Königs dargestellte Manasse (ca. 687–642) trat in seines Vaters Nachfolge ein schweres Erbe an. Die von Hiskia versuchte, doch gescheiterte Auflehnung gegen die

mentars 1964, doch nicht mehr in der zweiten 1970. Das Jahr 703/702 wurde jüngstens in Timm, S.: Moab zwischen den Mächten. Wiesbaden 1989, 355, vorgeschlagen. Ich habe dieses Datum, wie das ganze wichtige Werk, nicht mehr berücksichtigen können.

[8] So vor kurzem noch Soden, W. von: Sanherib vor Jerusalem, 701 v. Chr., in: Antike und Universalgeschichte, FS H. E. Strei. Münster 1972, 43–51, 45; ders.: Bibel und alter Orient, Berlin 1985, 149–157.

assyrische Herrschaft hatte das Land, mit Ausnahme der Hauptstadt, in Trümmer gelegt, die Wirtschaft ruiniert, sein Hoheitsgebiet stark reduziert und größtenteils unter fremder Besatzung zurückgelassen, II Reg 21,1–18// II Chr 33,1–20; die Lage wird plastisch Jes 1,7–9 beschrieben.

11.3.1 Seine Herrschaft soll 55 Jahre gedauert haben; nach der hier befolgten Chronologie können es aber nicht mehr als 45 Jahre gewesen sein; er bestieg den Thron bereits mit zwölf Jahren, so daß für die erste Regierungszeit eine Regenz vorausgesetzt werden muß. Die Grundlagen der von Dtr getadelten Religionspolitik werden wohl während dieser ersten Jahre gelegt worden sein. II Reg 21,16 scheint zu implizieren, daß, wer sich dieser Religionspolitik widersetzte, manchmal sogar mit seinem Leben dafür bezahlen mußte. Die von II Chr 33,11–17 berichtete Deportierung nach Babylon *(sic!)* durch die Assyrer, wo er eine Glaubenskrise mit Konversion[9] zum orthodoxen Glauben gehabt und später die Reinigung des Tempels der von ihm dort aufgestellten Götterbilder veranlaßt haben soll, beruht auf einer frommen, die lange Regierungszeit Manasses theologisch erklärenden Legende: nach den Annalen Assarhadons (ANET 291, TUAT I, 397) war er ein treuer Vasall; später, unter Assurbanipal (ANET 294, TUAT I, 397), reiste er sogar nach Ninive, um dort seine Abgaben persönlich zu entrichten, und erscheint dort auf einer Liste von Königen, die dasselbe taten; dieses Ereignis hat sich wohl mit einiger Regelmäßigkeit wiederholt, so daß von einer Deportierung nicht die Rede sein kann.

11.3.2 Aus dem geringen, oft problematischen Urkundenbestand geht hervor, daß Juda sich im letzten Stadium der Unterwerfung (oben, 10.1.4.3) befand. Der größte Teil des Landes war besetzt und z.T. an Assyriens Bundesgenossen verteilt worden (so, z.B., lag in Lakiš eine philistäische Garnison unter assyrischem Befehl), während nur Jerusalem und seine unmittelbare Umgebung verschont blieben (H. Donner*, 1986, kann sogar behaupten, „daß das alte ... Reich Juda ... durch die territorialpolitische Maßnahme Sanheribs zu bestehen aufgehört hatte", 327, Anm. 46 mit Lit.). Unter solchen Bedingungen ist es begreiflich, daß Manasse versuchte, sich mit der Besatzungsmacht zu verständigen. Und dies war zu einem großen Teil von Erfolg gekrönt, so daß es Juda gelang, einen beträchtlichen Teil seiner Gebiete zurückzuerhalten, man weiß allerdings nicht, unter welchen Bedingungen.

11.3.3 Ein wenig später, mit der Eroberung eines großen Teils Ägyptens, erlangte Assyrien, wie schon erwähnt (oben, 10.1.5), seine größte Ausdehnung: 671 schlug Assarhadon Pharao Tirhaqa und besetzte Memphis; 667 besiegte ihn sein Sohn Assurbanipal endgültig. Doch Ägyptens Widerstand wurde nie ganz überwunden, so daß die Assyrer immer weiter nach Süden marschieren mußten, bis sie endlich auch Theben besetzten. Dies soll in Juda einen großen Eindruck gemacht haben, und es

[9] Vgl. meine Introduction, Kap. 50; Ehrlich, E. L. u. J. Bright* 311, und Oded, B. bei Hayes u. Miller*, 1977, 454f.

wurde Nah 3,8–10 registriert. Unter solchen politischen Bedingungen blieb Manasse kein großer Spielraum übrig, und kein verantwortlicher Politiker hätte an Auflehnung oder auch nur an Widerstand denken können.

11.3.4 Manasses Sohn Amon (ca. 642–640) soll nach II Reg 21,12–26// II Chr 33,21–25 ganz in den Fußstapfen seines Vaters gewandelt sein. Er wurde durch eine, vielleicht von antiassyrischen Gruppen organisierte, Palastverschwörung (*ᶜabdê ʾāmôn*, „Amons Minister“, V. 23) ermordet (Malamat 1953), aber „das Volk vom Lande“ (oben, 9.13.2) bestrafte seine Mörder und setzte seinen achtjährigen, vom Dtr als der beste König nach David beurteilten Sohn Josia auf den Thron.

11.4 Josia

Nach dem Dtr ist Josia (ca. 640–609 oder 639–609, besser wohl, nach Tadmor, 639/38–609) der reformatorische Herrscher *par excellence* gewesen. Ja, nach seiner Reform wurden bekanntlich alle Könige von Juda und von Israel später beurteilt. Ihm soll es gelungen sein, die Botschaft der Propheten in ein juristisch-politisches Gebilde umzuwandeln.

Literatur: Alt, A.: Judas Gaue unter Josia. In: PJb 21 (1925), 100–116, KS II, 276 bis 288; Ginsberg, H. L.: Judah and the Transjordan States from 734–582. In: Alexander Marx Jubilee Volume. New York 1950, 347–368; Cross, F. M. u. D. N. Freedman: Josiah's Revolt against Assyria. In: JNES 12 (1953), 56–58; Wiseman, D. J., a. a. O., zu 11.1; Jepsen, A.: Die Reform des Josia. In: FS F. Baumgärtel. Erlangen 1959, 97–108, ders.: Der Herr ist Gott, GAuf, Berlin DDR 1978, 132–141; Cross, F. M., u. D. N. Freedman: Epigraphic Notes on the Hebrew Documents of the Eighth-Sixth Centuries B. C. In: BASOR 165 (1962), 34–46; Nicholson, E. W.: The Centralization of Cult in Deuteronomy. In: VT 13 (1963), 380–389; Weinfeld, M.: Cult Centralization in Israel in the Light of a Neo-Babylonian Analogy. In: JNES 23, 1964, 202–212; Tadmor, H.: Philistia under Assyrian Rule. In: BA 29 (1966), 86–102; Cazelles, H.: Sophonie, Jérémie et les Scytes en Palestine. In: RB 74 (1967), 24–44; Nicholson, E. W.: Deuteronomy and Tradition. Oxford 1967; Loersch, S.: Das Deuteronomium und seine Deutungen. Stuttgart 1967; Frost, S. B.: The Death of Josiah: A Conspiracy of Silence. In: JBL 87 (1968), 369–382; Welten, P., a. a. O., zu 11.2; Pfeifer, G.: Die Begegnung zwischen Pharao Necho und König Josia bei Megiddo. In: MIOF 16 (1969), 297–307; Nielsen, E., a. a. O., zu 11.3; Weinfeld, M.: Deuteronomy and the Deuteronomic School. Oxford 1972; Lance, H. D.: The Royal Stamps and the Kingdom of Josiah. In: HThR 64 (1971), 315–332; Vaggione, R. P.: Over All Asia? The Extent of the Scytian Domination in Herodotus. In: JBL 92 (1973), 523 bis 530; Claburn, W. E.: The Fiscal Basis of Josiah's Reform: ibid. 11–22; Malamat, A.: Josiah's Bid for Armageddon. In: JANESCU 5 (1973), 267–278; Würthwein, E.: Die josianische Reform und das Deuteronomium. In: ZThK 73 (1976), 395–423; Dietrich, W.: Josia und das Gesetzbuch: VT 27 (1977), 13–35; Rose, M.: Bemerkungen zum historischen Fundament des Josia-Bildes in II Reg 22f. In: ZAW 89 (1977), 50 bis 63; Ogden, G. S.: The Northern Extent of Josiah's Reforms. In: ABR 26 (1978), 26 bis 34; Hoffmann, H.-D., a. a. O., zu 9.9; Lohfink, N.: Kerygmata des Deuteronomistischen Geschichtswerks. In: Die Botschaft und die Boten – FS ... H. W. Wolff. Neukirchen/Vluyn 1981, 87–100; Williamson, H. G. M.: The Death of Josiah and the Continuing Development of Deuteronomic History. In: VT 32 (1982), 242–248; Delcor, M.: Reflexions sur la Pâque du temps de Josias d'après II Rois 23, 21–23. In: Hen 4 (1982), 205–219; Preuß, H. D.: Deuteronomium, Darmstadt 1982, Spieckermann, H., a. a. O., zu 10.1; Diebner, B. J., u. C. Nauerth: Die Invention des *sfr twrh* in 2 Kön 22 – Struktur, Intention und Funktion von Auffindungslegenden. In: DBAT 18 (1984), 95–118; Christensen, D. L.: Zephaniah 2: 4–15: A Theological Base for Josiah's Program of Political Expansion. In: CBQ 46 (1984), 669–682; Suzuki, Y.: Deuteronomic Reformation in view the Centralization of the Administration of Justice. In: AJBI 13 (1987), 22–58; Begg, C. T.: The Death of Josiah in Chronicles: Another View. In: VT 37 (1987), 1–8; Williamson, H. G. M.: Reliving the Death of Josiah. A Reply to T. C. Begg, ibid. 9–15; Lohfink, N.: The Cult Reform of Josiah of Judah: 2 Kings 22–23 as a Source for the History of Israelite Religion. In: Ancient Israelite Religion, Essays ... F. M. Cross. Philadelphia 1987, 459–475; Begg, C. T.: The Death of Josiah – Josephus and the Bible. In: EThL 64 (1988), 157–163; Cogan, M., u. H. Tadmor: II Kings, New York 1988; Eph'al, I., u. J. Naveh: Hazael's Booty Inscriptions. In: IEJ 39 (1989), 192, Talstra, E.: De hervorming van Josia, of de kunst van het beeldstormen. In: GThT 88 (1988), 143–161, und Tagliacarne, P.: „Keiner war wie er" – Untersuchung zur Struktur von 2 Könige 22–23, St. Ottilien 1989. Die beiden letzten Beiträge konnte ich nicht mehr benützen.

11.4.1 Politik

Nach den verfügbaren Quellen hat Josia nicht nur eine religiöse Reform eingeleitet, sondern die davidische Großreichideologie wieder in den Vordergrund gerückt, indem er versucht haben soll, während des Niedergangs Assyriens (unten, 11.4.1.1–2) die zur assyrischen Provinz gewordenen Gebiete des ehemaligen Israels (oben, 10.3.3–4) zurückzuerobern.

11.4.1.1 Das Reich Assyrien befand sich in Auflösung. Dazu einige Daten: 625 wird die Hauptstadt Ninive zum ersten Mal von den Medern unter Kyaxares (625 bis 585) belagert (ANET 303ff., nicht in TUAT), während Babylon unter Nabopolassar (625–605) wieder unabhängig wurde. Stämme aus den nördlichen Gebieten (Skyten nach Herod. I, 102 und *umman manda* genannte Gruppen) plünderten, zerstörten und unterbrachen die Verbindungen (Einzelheiten bei M. Cogan u. H. Tadmor 1988, 282f.). Unter dem konzentrischen Angriff der Meder, der Babylonier, der nördlichen Stämme und Ägyptens unter Psammetich I. (664–610) schrumpfte Assyrien bald auf ein Minimum zusammen. Der Gnadenstoß erfolgte 612, als die Hauptstadt unter dem Angriff der Meder und der Babylonier eingenommen wurde; Nah 2, 1 und 3, 19 (hierzu meine Introduction, Kap. 22, 1) spielen auf diese Begebenheiten an (Einzelheiten bei H. Donner*, 1986, 339ff.).

11.4.1.2 Die Gebiete des ehemaligen Königreiches Israel waren so zum

Niemandsland geworden, und es soll Josia gelungen sein, einen beträchtlichen Teil davon zurückzuerobern, II Chr 34,6, ohne daß es möglich ist, dies zu überprüfen (Ogden 1978). Es handelt sich um eine auch dtr These (Lemche* 1988, 169ff.), die vor kurzem von H. Spieckermann, 1982, 112ff. u. 150ff., aus guten Gründen angezweifelt wurde: es soll sich eher um ein Wunschdenken der dtr Bearbeiter und des Chronisten als um tatsächliche Geschehnisse gehandelt haben, fehlten doch Josia für ein derartiges Unternehmen die nötigen Truppen, worauf aus der bald darauffolgenden Niederlage bei Megiddo geschlossen werden kann. Auch archäologisch gibt es überhaupt keine Spuren einer Eroberung dieser Gebiete. Andererseits scheint die Tatsache, daß Josia Pharao Necho II. bei Megiddo (im Kampf?) begegnete (unten, 11.4.6–7), doch darauf zu deuten, daß ein gewisser Teil des Nordens tatsächlich von ihm besetzt worden war.

11.4.1.3 Die verschiedenen, in den peripheren Gebieten Judas durchgeführten Ausgrabungen weisen hingegen auf eine Ausbreitung der südlichen Grenze hin, und die Entdeckung der Ostraka von Tell Arad und von griechischer Keramik dort deuten auf vielleicht in ägyptischem Dienst stehende, doch von Juda ernährte und bezahlte, griechische Reisläufer hin (oben, 1.4), wie sie später von Xenophon in der Anabasis beschrieben werden.

11.4.1.4 Endlich wird diese Ausdehnung des Reiches unter Josia von der Liste der zwölf Gaue, Jos. 15,21–63, bestätigt. A. Alt, 1925, datiert sie in die Zeit König Josias; dies ist wohl bis jetzt die beste Erklärung dieses Textes. Auch Jerusalem wurde in dieser Zeit erheblich vergrößert, Broshi 1974 und Aharoni: The Land** 1979, II, Kap. V, II–III.

11.4.2 Leben Josias und religiöse Reform

Über das Leben Josias und seine religiöse Reform berichten II Reg Kap. 22–23 und II Chr 34,1–35,19.

11.4.2.1 Obwohl beide Texte sich auf dasselbe Ereignis beziehen, stimmen sie nicht überein und unterscheiden sich in mancher, nicht unwichtigen Hinsicht. Ihr gemeinsames Interesse gilt freilich der Reform, die sich nach II Reg auf die im Tempel stattgefundene Entdeckung des dort angeblich einmal versteckten „Buches der *tôrāh*“ stützt. Der hebräische Ausdruck erlaubt eine Übersetzung mit „ein Buch der ...“ nicht. Der Leser der Königsbücher erhält also den Eindruck, daß dieser Fund der auslösende Augenblick für die Reform und die damit verbundenen Maßnahmen bildete und daß all dies im 18. Jahr seiner Regierung stattgefunden habe. Zwischen den beiden soll also eine Beziehung von Ursache und Wirkung bestehen.

11.4.2.2 Nuancierter ist der Bericht des Chronisten: auch er stimmt zwar darin überein, daß Josia mit schon acht Jahren den Thron bestieg (was eine Regenz von ungefähr zehn Jahren unerläßlich machte); doch nach dem chronistischen Bild hat Josia schon im 8. Jahr seiner Regierung den Weg zu Gott gefunden und mit der Reform im 12. Jahr begonnen, also größtenteils noch unter der genannten Regenz. Das Buch der *tôrāh*, und darin stimmen beide Versionen überein, wurde im 18. Jahr seiner Regierung entdeckt. Ferner umfaßte nach dem Chronisten die Reform nicht nur Juda und Jerusalem, sondern das an die Philister verlorengegangene Gebiet Simeons und den größten Teil der Stämmegebiete des ehemaligen Nordreiches, 34,5–6. II Reg 23,19 redet hingegen allgemein von „den Städten Samarias", das erste Mal, daß die Gegend in einem biblischen Text so genannt wird.

11.4.2.3 Nach den Chronikbüchern hätte die Reform nichts mit der Entdeckung des Buches zu tun, sondern muß mit dem Wiedereroberungsversuch des Nordens in Verbindung gebracht werden. Nach ihnen steht also die Auffindung des Buches nicht am Anfang, sondern am Ende des ganzen Vorgangs![10]

11.4.3 Nach den biblischen Quellen sind die Hauptmerkmale dieser Reform ihre Radikalität und ihre Geschwindigkeit (Lohfink 1987, 467 ff.): jede Alternativmöglichkeit und jede Form eines Kompromisses scheinen von vornherein ausgeschlossen gewesen zu sein. Was es auch an Heidentum gab, mußte beseitigt, der Kultus im Tempel Jerusalems zentralisiert und von jeglicher mit heidnischen Kulten verbundenen Person und von allen derartigen Gegenständen gereinigt, alle Ortsheiligtümer zerstört und ihre Priester in Jerusalem konzentriert werden; und dies alles in kürzester Zeit. Daß so ein Programm auf Widerstand stoßen mußte und deswegen nicht leicht durchzuführen war, versteht sich von selbst und erklärt, wieso es nicht überall mit gleichem Eifer verwirklicht wurde, B. Oded bei J. H. Hayes u. J. M. Miller* 1977, 460 ff.). So verwundert es nicht, daß es weder aus dieser noch aus späterer Zeit an unzerstörten Heiligtümern fehlt.[11] Auch, daß all dies nicht auf einmal geschehen konnte, sondern viel Zeit beanspruchte, am Ende eines langen Prozesses stand, ist wahrscheinlicher als die von den Texten vorgetragene These.

11.4.4 Zu dem Problem des Inhalts des gefundenen Buches muß ich auf die Einleitungen in das Alte Testament verweisen; in meiner eigenen, Kap. 9,2 und 7, mache ich auf die Tatsache aufmerksam, daß es in der alten Welt sowohl im Osten als auch im Westen nicht selten war, das Ansehen und die Autorität eines Werkes oder die Rechtfertigung von sonst ungewöhnlichen Maßnahmen durch ihre wunderbare Entdeckung zu untermauern. Das erklärt auch, weswegen der ganze Fundbericht oft in der Vergangenheit als *pia fraus*, „frommer Betrug" bezeichnet wurde (dagegen aber schärfstens heute

[10] Soggin: Introduction, Kap. 9, 1, bes. 9, 4.

[11] Aharoni, Y.: Arad: Its Inscriptions and Temple. In: BA 21 (1968), 2–22, und ders.: In: Trial Excavations at the „Solar Shrine" at Lachish. In: IEJ 18 (1968), 157 bis 169, zeigen die Existenz eines aus der Zeit Salomos zu datierenden Tempels in Arad, während es in nachexilischer Zeit Tempel in Lakiš und Elephantine (Ägypten) gab; für Elephantine vgl. unten, 12.10.5.

H. Spieckermann, 1982, 158ff., vgl. noch M. Cogan u. H. Tadmor, 1988, 294f.). Auch ist es unmöglich festzustellen (Lohfink 1987), ob es schon vorher Teile des Buches gab, was aber unwahrscheinlich ist, da es einen künstlichen Eindruck macht und vieles darauf hindeutet, daß das mit dem gefundenen Buch z. T. identifizierte Deuteronomium in Tempel- bzw. Hofkreisen entstand (Soggin, a. a. O., und Diebner u. Nauerth 1984). Es sei endlich daran erinnert, daß die Studie von H.-D. Hoffmann (oben, 9.9) die Abwechslung von Reform und Gegenreform im Dtr herausgearbeitet hat, wodurch vielleicht auch dieser Bericht einfach zum selben literarischen Topos gehört. Und in seiner wegen seines vorzeitigen Todes nicht abgeschlossenen Dissertation am Päpstlichen Bibelinstitut in Rom macht F. Foresti[12] mit überzeugenden Argumenten darauf aufmerksam, daß die Forderung der Zentralisierung des Kultes nicht vor dem Exil aufkommen konnte, ja tatsächlich erst unter den Exilanten entstand.

11.4.5 Auch kann man nicht feststellen, ob die Liste von den aus dem Tempel entfernten Personen und Gegenständen und von abgeschafften Riten, II Reg 23,4–15//II Chr 34,3–5, sich auf Urkunden oder wenigstens auf authentische Überlieferungen stützt oder ob es sich einfach um eine Polemik handelt. Zur Religion Judas und Israels in vorexilischer Zeit wurde schon einiges oben, 9.10.2.1, gesagt, und dies macht es wahrscheinlich, daß solche Personen und Gegenstände tatsächlich im Tempel anwesend waren und daß solche Riten praktiziert wurden.

11.4.6 Tod Josias

Ein assyrischer Rumpfstaat überlebte noch in der Gegend von Karchemiš, heute *ǧerāblus*, am oberen Euphrat; und dahin begab sich ein ägyptisches Expeditionskorps unter Leitung von Pharao Necho II. (609–594), um ihm Hilfe zu leisten, ANET 305, TUAT I, 402f., Wiseman 62f. Ägypten wollte, daß es im Zweistromland zwei Staaten, und nicht ein für Ägypten wiederum gefährliches Großreich gäbe. Die betreffenden biblischen Texte sind II Chr 35,20–26 und II Reg 23,28; doch der letzte Text liest *ᶜal melek ʾaššûr* „*Gegen* den König Assyriens“, was aber falsch ist und nach der babylonischen Chronik, vgl. auch Josephus Ant 10, 74: „die Armee Ägyptens, die *zu seiner Hilfe* gekommen war“, richtiggestellt werden muß.

11.4.7 Doch mußte Necho, um nach Nordsyrien zu gelangen, durch die ehemaligen, von Josia angeblich zurückeroberten Gebiete des Reiches Israel ziehen. Und bei dem Versuch, Necho den Weg zu versperren, wurde Josia bei Megiddo (Koord. 167–221) geschlagen und getötet. Was genau geschah, kann nicht mehr festgestellt werden, ja man redet sogar von einer Zensur, S. B. Frost, 1968. II Reg 23,29 besagt: „Necho tötete ihn in Me-

[12] Foresti, F.: Storia della redazione di Dtn 16,18–18,22 e le sue connessioni con l'opera storica deuteronomistica. In: Teresianum 39 (1988), 1–199, 99ff., vgl. 104ff.

giddo, als er ihn sah"; II Chr 35,20–25 und ähnlich Josephus berichten erst über eine Botschaft Nechos an Josia, in der er ihn zur Unterwerfung aufforderte, vielleicht im Rahmen der Fortsetzung der Verhandlungen, durch die er das Durchgangsrecht erhalten wollte (Williamson 1982, doch vgl. die Diskussion zwischen Williamson und Begg, 1987); diese Botschaft wurde zurückgewiesen. Im Kampf (?) wurde Josia tödlich verwundet und nach Jerusalem gebracht; dort starb er bald darauf (H. Donner*, 1986, 356ff.).

11.4.8 Es ist aber nicht gewiß, ob so eine Schlacht je stattfand,[13] und manche Forscher behaupten, daß es Necho gelungen sei, Josia gefangenzunehmen und hinrichten zu lassen, sobald es ihm klarwurde, daß er sich nicht unterwerfen wollte.

11.5 Dämmerung

Die letzten Jahrzehnte des Reiches Juda, die A. Malamat, 1975, mit Recht als die „Dämmerjahre Judas" bezeichnet, verliefen unter der Regierung zweier Könige: *jôjāqîm* und *jôjākîn*, resp. 609–598 und 597, und eines Regenten, *ṣidqîjāhû*, 597–587/86. Leider ist auch über diese Periode nicht soviel bekannt, „als man sich wünschen möchte" (Donner* 1986, 371). Zweimal wurde die Hauptstadt belagert, eingenommen und ein Teil der Bevölkerung verschleppt. 587/86 hörte das Reich auf zu bestehen und gewann seine Unabhängigkeit erst während der Regierung der Hasmonäer für ungefähr ein Jahrhundert wieder, 165–63 v. u. Z. (unten, 13.11). Im Jahre 63 verlor Juda seine Unabhängigkeit für immer, bis fast zwei Jahrtausende später der Staat Israel gegründet wurde.

Literatur: Wiseman, D. J., a. a. O., zu 11.1; Tadmor, H.: Chronology of the Last Kings of Judah. In: JNES 15 (1956), 226–230; Greenberg, M.: Ezechiel 17 and the Policy of Psammetichus II. In: JBL 76 (1957), 304–309; Vogt, E.: Die neubabylonische Chronik über die Schlacht bei Karkemisch und die Einnahme Jerusalems. In: VTS 4 (1957), 67–96; Noth, M.: Die Einnahme von Jerusalem im Jahre 587 v. Chr. In: ZDPV 74 (1958), 133–157, ABLAK I, 111–132; Larsson, G.: When Did the Babylonian Captivity Begin? In: JThS N. S. 18 (1967), 417–423; Malamat, A.: The Last Kings of Judah and the Fall of Jerusalem. In: IEJ 18 (1968), 137–156; Freedy, K. S., u. D. B. Redford: The Dates of Ezechiel in Relation to Biblical, Babylonian and Egyptian Sources. In: JAOS 90, 1970, 462–485; Myers, J. M.: Edom and Judah in the Sixth-Fifth Centuries B. C. In: Near Eastern Studies ... W. F. Albright. Baltimore 1971, 377–392; Weinberg, S. S.: Post-Exilic Palestine: an Archaeological Report. In: IASHP 4 (1971), 78–97; Kutsch, E.: Das Jahr der Katastrophe: 587 v. Chr. In: Bibl 55 (1974), 520–545; Malamat, A., The Twilight of Judah: the Egyptian-Babylonian Maelstrom. In: VTS 28,

[13] Noth*, M., 1954, 251 s.; es zweifeln Herrmann*, S., 1980, 333f., und Gunneweg*, A. H. J., 1989, 121f.

1975, 123–145; Stern, E.: Israel at the Close of the Monarchy: an Archaeological Survey. In: BA 38 (1975), 26–54; Green, A. R.: The Fate of Jojakim. In: AUSS 20 (1982), 103–109; Schenker, A.: Nebukadnezzars Metamorphose – vom Unterjocher zum Gottesknecht. In: RB 89 (1982), 498–527; Fensham, F. C.: Nebukadnezzar in the Book of Jeremiah. In: JNWSL 10 (1982), 53–65; Cazelles, H.: 587 ou 586? In: The Word of the Lord Shall Go Forth: Essays ... D. N. Freedman. Philadelphia 1983, 427 bis 435; Jong, S. de: Hiskia en Zedekia. In: Amsterdamse Cahiers 5 (1984), 135–146; Worschech, U.: War Nebukadnezzar im Jahre 605 vor Jerusalem? In: BN 36 (1987), 57–60; Malamat, A.: The Kingdom of Judah between Egypt and Babylon ... In: Text and Context, ... Studies for F. C. Fensham. Sheffield 1988, 117–129. *Über Babylon:* Wiseman, D. J.: Nebukadnezzar and Babylon. London 1985, und Cagni, L.: Le fonti mesopotamiche dei periodi neobabilonese, achemenide e seleucide. In: RivBib 34, 1986, 11–53, 15 ff. *Für die Ostraka von Tell Arad* vgl. Aharoni, Y. (Hrsg.): Arad Inscriptions. Jerusalem 1975 (hebr.) und 1981 (engl.). Literatur bei Soggin: Introd., App. I, 10.

11.5.1 Vasallentum gegenüber Ägypten

Der Tod Josias vereitelte, nach dem Dtr, das Reformprogramm derer, die auf Grund der prophetischen Botschaft die Alleinherrschaft Jhwhs einführen wollten und politisch aus dem Zusammenbruch Assyriens und der Rivalität zwischen Ägypten und Babylon ihren Nutzen zu ziehen hofften. Juda wurde bei all diesem zuerst Vasall Ägyptens, dessen nördlichen Vorposten es bildete, und nachher Babylons, dessen südwestliches Bollwerk es war; und jeder Versuch, sich wechselnd auf den einen oder den anderen zu stützen, mißlang. Wie die Pläne diesbezüglich auch gewesen sein mögen, die Manövrierungsmöglichkeiten wurden immer beschränkter.

11.5.2 Necho II. war inzwischen nach Karchemiš weitermarschiert, und „das Volk vom Lande" hatte einen Sohn Josias, Joahas (doch bei Jeremia und I Chr 3, 15 auch Šallum genannt; im III Esr 1, 32 erscheint er als Jojakin[14]) zum König ausgerufen, II Reg 23, 30//II Chr 36, 1. Er konnte nur drei Monate regieren, wurde dann von Necho abgesetzt und durch einen weiteren Sohn Josias, *'eljāqîm*, der seinen Namen in Jojaqim umändern mußte, ersetzt, II Reg 23, 31–34//II Chr 36, 3–4; Jer 22, 10–12 und Ez 19, 4.

11.5.3 In der biblischen Überlieferung erscheint Jojaqim als ein Tyrann: er soll das Volk mit schweren Steuern bedrückt und sein Land ganz in das Fahrwasser Ägyptens gebracht haben, II Reg 23, 36–24, 7 und II Chr 36, 5–8, vgl. noch Jer 22, 13–19. Anderseits soll es ihm gelungen sein, für Juda die Gebiete, die es unter Manasse besaß, zurückzugewinnen (oben, 11.3.2). Die Steuerlast läßt sich aus der Notwendigkeit erklären, Ägypten die verlangten Abgaben zu zahlen (zu den zu entrichtenden, enormen Summen vgl. H. Donner*, 1986, 371). Nach Jer Kap. 7//26 soll es besonders gefährlich gewesen sein, die Politik des Königs zu kritisieren.

[14] Garbini*, G., 1988, 47 ff., stellt hier ein ziemliches Durcheinander fest.

11.5.4 Das Vasallentum gegenüber Ägypten dauerte bis zum Jahre 605, als Nebukadnezzar II. von Babylon (605–561; bei Jeremia erscheint er immer als Nebukadrezzar, vgl. das Akkadische *nabu-kudurri-uṣur*), Sohn des Nabopolassar, die Ägypter bei Karchemiš schlug und aus Syrien und Kanaan vertrieb. Auf diese Jer 46,2 erwähnte Schlacht folgte die babylonische Herrschaft über die ganze Gegend, vgl. noch den dtr Text Jer 25,1ff.; in diese Zeit datieren die Texte außerdem die Episode Jer 36,1ff.; vgl. ferner II Reg 24,1ff. und II Chr 36,5–8. In einem bei Saqqara (Ägypten) gefundenen, an den Pharao gerichteten Brief eines gewissen *ʾādôn* (für einige Autoren ein phönizischer, doch, wohl wahrscheinlicher, ein philistäischer König aus ʾAšqelon oder ʿEqron) und einiger weiterer Herrscher in der Gegend,[15] bitten die Absender den Pharao darum, er möge ihnen doch zu Hilfe kommen; was aber auch diesmal nicht geschah, vgl. Jer 47,5–7 und den Text in TUAT I, 633f.

11.5.5 Erste Belagerung und Eroberung Jerusalems

Jojaqim blieb ein treuer Vasall Babylons, vermutlich bis zum Jahre 601/600, als ein Feldzug Nebukadnezzars gegen Ägypten scheiterte (Wiseman, 70f., TUAT I, 403), Necho II. wiederum in Südjuda einfiel und Gaza besetzte.[16] Jojaqim scheint, entgegen den Ratschlägen des Propheten Jeremia, zu den Ägyptern übergetreten zu sein. Zu dieser Zeit sind die Ostraka von Tell Arad zu datieren, aus denen u. a. die Gegenwart griechischer Reisläufer *(kittîm)* in der Gegend hervorgeht. Nebukadnezzar sandte ein aus Babyloniern und verbündeten Ammonitern, Edomitern und Moabitern zusammengesetztes Heer erst im Jahr 598 und belagerte Jerusalem. Während der Belagerung starb Jojaqim, und sein auch *(jᵉ)konjā(hû)* genannter Sohn Jojakin trat die Nachfolge an, II Reg 24,8–17//IIChr 36,9–10, der sich aber, der babylonischen Chronik zufolge, sofort ergab, und zwar am 2. Adar (15. bis 16. März) 597 (ANET 564; TUAT I, 403f. ; Wiseman, 66–73). Jojakin wurde gefangengenommen und nach Babylon abgeführt, wo er jedoch mit Wohlwollen behandelt wurde.[17] An seiner Statt ernannte Nebukadnezzar einen

[15] Shea, W.H.: Adon's Letter and the Babylonian Chronicle. In: BASOR 223 (1976), 61–64, und Porten, B.: The Identity of King Adon. In: BA 44 (1981), 36–52.

[16] Lipiński, E.: The Egypto-Babylonian War in the Winter 601–600. In: AION 32 (1972), 235–241.

[17] Jojakin lebte am Hof mit einem persönlichen Gefolge und wurde anläßlich des Todes Nebukadnezzars begnadigt und rehabilitiert. Er blieb am Hof als Gast, durfte aber nicht in die Heimat zurückkehren. Die betreffenden babylonischen Texte wurden seinerzeit von Weidner, E.: Jojachin, König von Juda, in babylonischen Keilschrifttexten. In: Mélanges syriens offerts à M. René Dussaud. Paris 1939, II, 923 bis 935, untersucht.

weiteren Sohn Josias', Mattanja, den er in Zedekia umbenannte. Ein Teil der Oberschicht wurde verschleppt, unter ihr auch der zukünftige Prophet Hesekiel. Verschieden sind die überlieferten Zahlen: II Reg 24,14: 10000; 24,16: 8000, während Jer 52,28 von 3023 Personen die Rede ist. Es ist deswegen nicht mehr genau zu ermitteln, wie viele Personen deportiert wurden (Malamat, 1975). Juda trat so in das zweite Stadium des Vasallentums ein, Donner*, 1986, 373.

11.6 Die letzten Jahre – Als Vasall Babylons

Für den letzten König Zedekia war die Lage nicht leicht: einerseits lebte der legitime König noch, obwohl er an der Ausübung der Staatsgeschäfte verhindert war; deswegen erschien Zedekia nur als eine Art mit beschränkten Befugnissen ausgestatteter Reichsverweser. Ez 1,2 zählt deswegen die Jahre nach der Deportation Jojakins, und Jer 28,4 zeigt, daß seine Rückkehr innerhalb kurzer Zeit erwartet wurde. Anderseits gab es im Land Parteien, was die Ausübung der Macht erschwerte: eine proägyptische, die die von Jojaqim begonnene Politik, die das Land schon einmal zur Niederlage geführt hatte, fortsetzen wollte; eine philobabylonische, zu der der Dtr auch Jeremia gehören läßt, die, nach den Ansätzen des deportierten Jojakins, die Oberhoheit Nebukadnezzars anerkannte.

Aus den Texten geht weiter hervor, daß Zedekia weder die Charakterstärke noch die politische Geschicklichkeit besaß, die in einer so schwierigen Lage vonnöten gewesen wären. Nach Jer Kap. 37–38 soll er einerseits den schon gefangenen Propheten um Rat gebeten und ihm das Leben gerettet, anderseits nicht vermocht haben, ihn gebührend zu schützen. Auch gelang es ihm nicht, seine eigene, mit der des Propheten zum größten Teil übereinstimmende, politische Linie den verschiedenen Gruppen gegenüber durchzusetzen.

11.6.1 Aufstände

In den Jahren 594 und 593 bildete Zedekia mit anderen Herrschern der Gegend eine antibabylonische Koalition, dem sich aber der Prophet nach Jer 27–28 (doch lies 27,1 *ṣidqîjāhû* anstatt *j^ehōjāqîm*!) widersetzt haben soll. Hinter dem Bündnis soll wiederum Ägypten gestanden haben, das, unter der Führung von Psammetich II. (594–589), versuchte, zu einer Niederlassung in Asien zu gelangen. Aus Gründen, die nicht mehr zu ermitteln sind, wurde der Plan fallengelassen, und Zedekia unterwarf sich Babylon mittels einer Botschaft, Jer 29,3 und 51,59.

11.6.2 Abermals wurde ein Aufstand 589/88 geplant, und nochmals scheint Ägypten unter Pharao Hophra (589–570, griechisch Ἄπριες), dem Sohn Psammetichs II., hinter dem Unternehmen gestanden zu haben. Das

3. Ostrakon von Lakiš (ANET 322, TUAT I, 621, KAI N. 193) vermeldet den Durchgang durch die Festung eines nach Ägypten reisenden Botschafters. Josephus, cAp I, 154 ff., gibt an, daß auch Tyrus sich der Erhebung anschloß, ähnlich Ammon nach Ez 21, 24 f. Auch Edom scheint mitgemacht zu haben, doch bald zu den Siegern übergelaufen zu sein. Dazu bemerkt B. Oded bei Hayes u. Miller* 1977, 472, zu Recht: „Nebukadnezzar befand sich damals auf dem Gipfel seiner Macht und es war gewiß nicht ein Bündnis von zwei oder drei Königen, das die Herrschaft Babylons aus Phönizien und Judäa hätte vertreiben können!"

11.6.3 Zweite Belagerung und Eroberung Jerusalems

Nebukadnezzar schlug diesmal ohne Zögern zu, II Reg 25, 1 ff.//Jer 52, 1 ff.; vgl. II Chr 36, 14–21 und Jer 39, 1–14. Vermutlich schon im Dezember 588 oder 587 (das Datum ist ungewiß, s. unten, 11.6.4) fing die Belagerung an, und im August 587 oder 586 wurde die Stadt eingenommen. Wegen einer aus Ägypten heranmarschierenden Hilfstruppe, wurde die Belagerung für kurze Zeit aufgehoben, doch der Versuch, die Stadt zu entsetzen, wurde von Babylon vereitelt, vgl. Jer 37, 5. 11; Ez Kap. 17 und 29–32; Thr 4, 17.[18]

11.6.4 Wiederum, wie zur Zeit der assyrischen Einfälle, zog der Feind erst nach Süden, um sich dann, mittels einer Schwenkung, nach Norden zu wenden. So wurden zuerst Lakiš (vgl. das 4. Ostrakon, ANET 324, TUAT I, 622, KAI N. 194) und dann *ᶜᵃzēqāh* (*tell ez-zakarīje*, Koord. 144–123) angegriffen und erobert. In diesem Zusammenhang wird auch die Gefangennahme Jeremias verständlich: da er die probabylonische Partei unterstützte, war er des Verrats verdächtig; dennoch versuchte er, die Hauptstadt während der kurzen Unterbrechung der Belagerung zu verlassen, um sich auf seinen Landsitz zu begeben, was leicht als Einverständnis mit dem Feind und Fahnenflucht erklärt werden konnte, Jer 37, 11–15.

11.6.5 Nach 18monatiger Belagerung gelang es den Babyloniern, eine Bresche in die Mauern zu schlagen und die Stadt bald darauf zu erobern und zur Plünderung freizugeben; der Tempel wurde in Brand gesteckt, die Befestigungen wurden geschleift. Die Geräte des Tempels wurden nach Babylon abtransportiert und der König nach mißlungener Flucht gefangengenommen, geblendet (nachdem er dem Tod seiner Angehörigen beiwohnen mußte) und nach Babylon geführt, wo sich seine Spuren verlieren. Ähnlich erging es verschiedenen Ortschaften Judas. Im Süden scheint der nunmehr entvölkerte Negeb die von arabischen Stämmen aus dem Süden stark bedrängten Edomiter angelockt zu haben, und sie ließen sich dort nieder, vgl.

[18] Die verschiedenen Begebenheiten und die prophetischen Texte wurden synoptisch von Greenberg, M., 1957, Freedy, K. S., u. D. B. Redford, 1970, und Myers, J. M., 1971 untersucht.

Ez 25,12–14; Ob 19; Thr 4,21f. und Ps 137,7. Wiederum wurde ein Teil der Bevölkerung, besonders aus den oberen Schichten und der Handwerkerschaft, deportiert: Jer 52,28–30 redet von 832 Personen. Weitere 745 (s. unten, 11.7.7) sollen ihnen später gefolgt sein. Die Babylonier (anders als die Assyrer) ernannten einen aus dem Lokaladel stammenden Statthalter namens Gedalja, Jer 40,7 und II Reg 25,22ff., vielleicht einen Sohn jenes Aḥikam, der kurz vorher Jeremia das Leben gerettet hatte, Jer 26,24. Er hatte seinen Amtssitz in Miṣpah, Koord. 170–143.

11.6.6 Zuletzt begannen die Babylonier eine Politik der Neuansiedlung einheimischer Elemente: die Güter der Verschleppten wurden an Mitglieder des, wie man heute sagen würde, städtischen und ländlichen Subproletariats verteilt, Jer 39,10; II Reg 25,12//Jer 52,16, vgl. Ez 33,21–27. So wurde ein neuer, den Babyloniern zu unbedingter Treue verpflichteter sozialer Stand geschaffen, der den Babyloniern alles verdankte, was freilich einige Jahrzehnte später den Rückwanderern nicht geringe Schwierigkeiten bereiten sollte (unten, 12.9.8). Nach einem Siegel, auf dem zu lesen ist: „Gedalja, Vorsteher des Palastes“[19], ist es möglich, daß der Statthalter schon früher, zu Zeiten Sedekias, ein wichtiges Amt bekleidete.

11.7 Juda während des Exils

Während ungefähr eines halben Jahrhunderts verschwand Juda fast von der Erdoberfläche. Nur im babylonischen Exil lebte die selbstbewußte Elite des Volkes weiter.

Literatur: Alt, A.: Die Rolle Samarias bei der Entstehung des Judentums. In: FS Otto Procksch. Leipzig 1934, 5–28, KS II, 316–337; Wilkie, J.M.: Nabonidus and the Later Jewish Exiles. In: JThS N.S. 2 (1951), 36–44; Cardascia, G.: Les Archives de Murašu. Paris 1951; Ginsberg, H.L., a.a.O. 1950, zu 11.4; Janssen, B.: Juda in der Exilszeit. Göttingen 1956; Whitley, C.F.: The Exilic Age, London 1957; Thomas, D.W.: The Sixth Century B.C.: A Creative Epoch in the History of Israel. In: JSS 6 (1961), 33–46; Ackroyd, P.R.: Exile and Restoration. London 1968; Zenger, E.: Die deuteronomistische Interpretation der Rehabilitation Jojachins. In: BZ N.F. 12 (1968), 16–30; Weinberg, S.S., a.a.O., zu 11.5; Perlitt, L.: Anklage und Freispruch Gottes. In: ZThK 69 (1972), 290–303; Cogan, M.D.: Life in the Diaspora: Jews at Nippur in the Fifth Century B.C. In: BA 37 (1974), 6–12; Ackroyd, P.R.: An Interpretation of the Babylonian Exile. In: JThS N.S. 29 (1975), 171–180; Cogan, M.D.: West-Semitic Personal Names in the Murašu Documents. Cambridge Mass. 1976; Zadok, R.: The Jews in Babylon during the Chaldaean and Persian Periods. Tel Aviv 1976 (hebr.); ders.: Notes on the Early History of the Israelites and Judaeans in Mesopotamia. In: Or 51 (1982), 391–393, und in: CHJ I, 1984, 70–87; Klein, R.W.: Israel in

[19] Dazu Moscati, S.: L’epigrafia ebraica antica. Rom 1951, 61.

Exile. Philadelphia 1979; I. Eph^c^al, On the Political and Social Organization of the Jews in the Babylonian Exile. In: XXI Deutscher Orientalistentag 1980. Wiesbaden 1983, 106–112; Seitz, C. R.: The Crisis of Interpretation over the Meaning and Purpose of the Exile. In: VT 35 (1985), 78–97; Herrmann, W.: Das Aufleben des Mythos unter den Judäern während des babylonischen Zeitalters. In: BN 40 (1987), 97–129; Donner*, H., 1986, 383 ff., und Garbini*, G., 1988, 92 ff., bes. Anm. 5 (Lit).

11.7.1 Die Verschleppten hielten sich für den besten Teil Judas oder wurden von der exilischen und nachexilischen Geschichtsschreibung dafür gehalten: war es doch die führende Schicht, die abtransportiert worden war, und eine Identifizierung mit dem von einigen Propheten angesagten „Rest Israels“[20] war naheliegend. Sie hüteten die Überlieferungen des Volkes und gaben sie weiter. Daß unter ihnen ein wichtiger Teil des Dtr und wohl auch des Dtn entstanden sei, ist bis jetzt die überzeugendste Arbeitshypothese.

11.7.2 Wohin verschlug es die Deportierten? Die Babylonier zerstreuten die verschleppten Judäer nicht über das Großreich, wie dies die Assyrer mit ihren Deportierten zu tun pflegten. Sie siedelten sie hauptsächlich im Südosten des Landes an, in der Nähe des „großen Kanals“, der die Gewässer des Euphrat bei Babylon aufnahm, durch Nippur floß und sich bei Uruk (hebr. *'erek*, heute *warka*) mit dem Euphrat wieder vereinte. Auf Hebräisch heißt er *n^a^har k^e^bār*, Transkription des akkadischen ^naru^*kabāru*, vermutlich der heutige *šaṭṭ en-nīl*, vgl. Ez 1,1 ff.; Jer 29,5 ff. Esr 2,59//Neh 7,61 erwähnen weitere Ortsnamen. Die auf Hebräisch *ṯell 'abîb* genannte Ortschaft ist wohl die Entstellung eines nicht mehr zu identifizierenden babylonischen Namens. Dort durften sich die Deportierten nicht nur ansiedeln, sondern auch versammeln, Häuser bauen und Verbindungen mit der Heimat pflegen. Es entstand so das erste Glied der zukünftigen jüdischen Diaspora.

11.7.3 Alles deutet darauf hin, daß die Deportierten innerhalb einer verhältnismäßig kurzen Zeit einen gewissen Wohlstand erreichten. Aus den (doch erst aus dem 5. Jh. stammenden) während der Ausgrabungen der University of Pennsylvania gegen Ende des letzten Jahrhunderts entdeckten Archiven der Bank Murašu & Söhne finden sich unter der Kundschaft einige, nach ihrer Zusammensetzung mit Jhwh erkennbare, hebräische Namen, was auf einen gewissen Wohlstand schließen läßt; ja, nach einigen Autoren (zuletzt G. Garbini*, 1988, mit Lit.) wäre sogar eine ganze Bank, die des „Hauses Egibi“ (vielleicht die Entstellung der Wurzel *^c^qb*) judäisch gewesen.

11.7.4 Wie dem auch sei, das babylonische Exil wurde von Juda immer als einer der großen Risse, eine der schlimmsten Katastrophen in seiner ganzen Geschichte,

20 Diese in der Formulierung späte Konzeption hat aber höchstwahrscheinlich vorexilische Wurzeln, vgl. Carena, O.: Il resto d'Israele. Bologna 1985; zurückhaltend ist hingegen Hausmann, J.: Israels Rest. Stuttgart 1987.

empfunden.[21] Die einzige Hoffnung für das Volk war die einer baldigen Restauration in seiner Heimat, und in Hinsicht auf diese Möglichkeit arbeiteten die Propheten Jeremia und Hesekiel, besonders der letzte, in seinem Kap. 40–48 enthaltenen Entwurf für die Neugründung von Kult und Staat. Doch auch dort gibt es keinen König mehr, sondern einen *nāśīʾ*, „Fürst", der im Dienste des Kultes auftritt.[22] Die Theokratie, oder besser die Hierokratie, bahnte sich damit an.

11.7.5 Es wird oft vermutet, daß äußere Zeichen wie die Beschneidung, die Einhaltung des Sabbats und eines organischen Systems von Speisegeboten als auch für den Außenseiter sichtbare Zeichen des jüdischen Glaubens durch das Exil einen besonderen Wert erhielten (M. Noth*, 1954, 269). Auch die Synagoge soll nach einigen Forschern in dieser Zeit entstanden sein (unten, 12.10.4). Der babylonische Einfluß machte sich nunmehr stark bemerkbar: Der bis heute gebrauchte liturgische Kalender und ein großer Teil der Personennamen wurden übernommen. Die aramäische Sprache wurde immer mehr zur Umgangs- und Verkehrssprache der ganzen Gegend, und ihr Alphabet kam in Gebrauch und ist es bis heute geblieben, außer bei den Samaritanern (unten, 12.2.2). Das Hebräische überlebte als Sprache der Gelehrten und der Liturgie.[23]

11.7.6 Über das Los der im Lande Verbliebenen weiß man wenig.

Literatur: Buccellati, G.: Gli Israeliti di Palestina al tempo dell'esilio. In: BeO 2 (1960), 199–210; Müller, H.-P.: Phönizien und Juda in exilisch-nachexilischer Zeit. In: WO 6 (1970–71), 189–204, und die oben zu 11.7 genannten Werke von Janssen, E., 1956; Ginsberg, H. L., 1950; Whitley, C. F., 1957; Ackroyd, P. R., 1968.

Die Lage war bestimmt schlimm, auch wenn viele von ihnen durch die Landverteilungen begünstigt worden waren (oben, 11.6.6): fehlte es doch an jenen Strukturen, innerhalb derer die neuen Besitzer sich und ihr Besitztum hätten entwickeln können. Unter dem Statthalter Gedalja wurde ein Wiederaufbauprogramm begonnen, um wenigstens die Hauptschäden zu beseitigen.

11.7.7 Zu diesem Zweck konnte er aber nur im Einverständnis mit der Besatzungsmacht handeln, was ihm in nationalistischen Kreisen übelgenommen wurde. Seiner Politik wurde durch seine Ermordung ein jähes

[21] Hierzu vgl. meinen Aufsatz: Profezia ed apocalittica nel Giudaesimo postesilico. In: RivBib 30 (1982), 161–173.

[22] Zimmerli, W.: Planungen für den Wiederaufbau nach der Katastrophe von 587. In: VT 18 (1968), 229–255, ders.: GAuf II, 165–191, und Macholz, G. C.: Noch einmal: Planungen für den Wiederaufbau nach der Katastrophe von 587. In: VT 19 (1969), 322–352. Vgl. noch Greenberg, M.: The Design and Themes of Ezechiel's Program of Restoration. In: Int 38 (1984), 181–208, und Niditch, S.: Ezechiel 40–48 in a Visionary Context. In: CBQ 48 (1986), 208–224.

[23] Vgl. nochmals mein: Bilinguismo e trilinguismo nell'Ebraismo postesilico. In: Vicino Oriente 3 (1980), 199–207.

Ende bereitet, II Reg 25,25 ff.//Jer 40,11–41,10. Die Täter gehörten zu einer nach Jer 40,14 auf Geheiß von Baalis, dem König von Ammon, wirkenden Gruppe von Freischärlern. Aus diesem Anlaß scheint eine letzte, 582 durch Nebukadnezzar veranstaltete Deportation von 745 Personen stattgefunden zu haben, Jer 52,30. Die Aufständischen sollen nach Ägypten geflüchtet sein und Jeremia mit sich geführt haben, Kap. 42–43.

11.7.8 Die rechtliche Lage des Statthalters, von Gedalja bis zum Ende der persischen Zeit, ist bis heute nicht geklärt. Nach II Reg 25,22//Jer 40,7 ff. soll er Statthalter einer autonomen Provinz Judäa gewesen sein; aber er könnte ebensogut auch nur der Geschäftsträger für jüdische Angelegenheiten innerhalb der größeren, seit der assyrischen Besatzung Samaria genannten Provinz gewesen sein, der Judäa einfach einverleibt wurde. In diesem Fall wäre er nur ein vom Gouverneur in Samaria abhängiger hoher Beamter gewesen (so A. Alt, 1934, für die nachexilische Zeit und ähnlich Y. Aharoni: The Land** 1979, II, Kap. V. 4.1). Über diesen Tatbestand läßt sich leider nichts Genaues feststellen, vgl. noch unten, 12.6.4.3.

11.7.9 Über Transjordanien weiß man auch nur wenig: nach Josephus Ant 10,181 f. soll Nebukadnezzar im 18. Jahr seiner Regierung (also 582) auch die Königreiche Ammon und Moab, seine früheren Verbündeten, politisch ausgeschaltet haben. Es handelt sich um dasselbe Jahr, in dem weitere Judäer verschleppt wurden, oben, 11.7.7. Von babylonischer Seite bezieht sich darauf angeblich die Inschrift des *naḫr el-kalb* im Libanon, ANET 307, TUAT I, 405.

11.8 Lage in Judäa

Nach den babylonischen und biblischen Texten erhält man den Eindruck, daß das ganze Land in Trümmern lag, daß nur wenige Einwohner, besonders die durch die Landverteilungen begünstigten, dort verblieben und daß weitere von diesen es nach dem Tod Gedaljas freiwillig verließen. Archäologische Ausgrabungen zeugen von großen Verwüstungen, so daß W. F. Albright*, 1957, 322 f., behauptet hat, daß „archäologisch gesehen, das ganze Land *tabula rasa* war“[24], mit höchstens einigen wenigen, ärmlichen Landgemeinden.

11.8.1 Das trifft aber nicht ganz zu. Freilich, das Land war in seinen wirtschaftlichen, demographischen und politischen Grundstrukturen schwer angeschlagen; der Staat war nur in geringem Maße und an vielen Orten überhaupt nicht mehr vorhanden.

11.8.2 Doch gibt es einige Anzeichen dafür, daß die Zerstörung nicht total war. Ez 33,24 erwähnt zwar „die Bewohner jener Trümmer im Lande Israel“, doch Jer

[24] Albright, W. F.: The Biblical Period ... (oben zu Anm. 7) 110, Anm. 180; ähnlich Weinberg 1971, und Kenyon, K. M.: Jerusalem. London/New York 1967, 78–107.

41,5 spricht von einem Pilgerzug zum Tempel der Bewohner Sichems, Silos und Samarias, was darauf schließen läßt, daß im zerstörten Tempel ein, wenn auch reduzierter, Gottesdienst stattfand; lag es doch im Interesse Babylons, normale Zustände im Land so bald wie möglich wiederherzustellen und nur die eigenen Feinde zu vernichten.

11.8.3 Doch das geistige Schwergewicht von Juda und Jerusalem war nach Babylonien übergesiedelt, was Ez Kap. 10 mit dem Verlassen des Tempels durch die „Herrlichkeit Jhwhs" ausdrückt. Und es waren einige Jahrzehnte später die Rückwanderer aus Babylon, die den Ton angeben und den Inhalt und den Glauben der Restauration bestimmen sollten.

11.9 Begnadigung König Jojakins

Die biblischen Texte berichten schließlich über die Begnadigung Jojakins „im zweiunddreißigsten Jahr, nachdem er ... weggeführt war" durch Evil Merodach (*Amel Marduk*, 562–560), „im Jahr seiner Thronbesteigung" (so richtig Cogan u. Tadmor, 1988, 328ff. und andere), II Reg 25,27–30//Jer 52,21–34. Diesem Geschehen wurden oft theologische Folgen zugeschrieben, was aber von Cogan und Tadmor, wohl zu Recht, mit einer gewissen Skepsis quittiert wird.

IV. UNTER DEN ÖSTLICHEN UND WESTLICHEN GROSSREICHEN

12. UNTER DEM PERSISCHEN WELTREICH

12.1 Ende Babylons

Das Reich Babylon war von relativ kurzer Dauer: es währte weniger als ein Jahrhundert. Nach dem Tod Nebukadnezzars, dem es gelang, seine Grenzen zu erweitern, verfiel es rasch.

Literatur: Alt, A., a. a. O. zu 11.7, und ders.: Zur Geschichte der Grenzen zwischen Judäa und Samaria. In: PJb 31 (1935), 94–111, KS II, 346–362; Lenze, O.: Die Satrapienstellung in Syrien und im Zweistromlande von 520–320. Halle 1935; Galling, K.: Studien zur Geschichte Israels im persischen Zeitalter. Tübingen 1964; Bickerman, E.: The Edict of Cyrus in Ezra I. In: JBL 65 (1946), 249–275; Rudolph, W.: Esra und Nehemia. Tübingen 1949; Cook, S. A.: The Age of Zerubabel. In: Studies in Old Testament Prophecy ... Th. H. Robinson. Edinburgh 1950, 19–36; Myers, J. M.: Esra-Nehemiah. Garden City N. Y. 1965; Tuland, C. G.: Josephus – Antiquities Book IX. In: AUSS 16 (1966), 232–235; Dietrich, A., G. Widengren u. F. M. Heichelheim: Orientalistische Geschichte von Kyros bis Mohammed. Leiden 1966; Akarya, A. A.: The Chronology of the Return from the Babylonian Captivity. In: Tarbiz 37 (1967 bis 68), 329–337 (hebr., engl. Zus.); Ackroyd, P. R., a. a. O. zu 11.7; Mayer, R.: Das Achämenidische Weltreich und seine Bedeutung in der politischen und religiösen Geschichte des alten Orients. In: BZ N. F. 12 (1968), 1–16; Zimmerli, W.: Planungen für den Wiederaufbau nach der Katastrophe von 587. In: VT 18 (1968), 229–255, u. ders. in: GAuf II, 156–191; Cross, F. M.: Papyri from the Fourth Century B. C. from Dâliye ... In: Freedman, D. N., u. J. C. Greenfield (Hrsg.), New Directions in Biblical Archaeology. Garden City N. Y. 1969, 45–49; Rainey, A. F.: The Satrapy "Beyond the River". In: AJBI 1 (1969), 51–78; Berger, P. R.: Zu den Namen *ššbṣr* und *šn'ṣr*, In: ZAW 83 (1971), 98–100; Beyse, K.-M.: Zerubbabel und die Erwartungen der Propheten Haggai und Sacharia. Berlin DDR/Stuttgart 1972; Smitten, W. T. In der: Historische Probleme zum Kyrosedikt und zum Jerusalemer Tempelbau von 515. In: Persica 6 (1974), 167–178; Cross, F. M.: A Reconstruction of the Judaean Restoration. In: JBL 94, (1975), 4–18; Lapp, P. W. u. N.: Discoveries in *Wādī ed-Dāliye*. In: AASOR 41 (1976); McCullough, W. S.: The History and the Literature of the Palestinian Jews from Cyrus to Herod. Toronto 1976; Gowan, D. E.: Bridge between the Testaments: A Reappraisal of Judaism from the Exile to the Birth of Christianity. Pittsburgh 1976; Talmon, S.: Art. Ezra and Nehemiah (Books & Men). In: IDB-SV (1976), 317–238; Avigad, N.: Bullae and Seals from a Post-Exilic Judaean Archive. In: Qedem 4 (1976), 1 ff.; Widengren, G., bei Hayes, J. H., u. J. M. Miller*, 1977, Kap. 9; Kippenberg, H.-G.: Religion und Klassenbildung im antiken Judentum. Göttingen 1978, Kap. 3; Newsome, J. D.: By the Waters of Babylon. An Introduction to the History and the Theology of the Exile. Atlanta 1979; McEvenue, S. E.: The Political

Structure in Judah from Cyrus to Nehemiah. In: CBQ 43 (1981), 353–364; Reicke, B.: Neutestamentliche Zeitgeschichte. Berlin ³1982, I. Teil; Gunneweg, A. H. J.: Zur Interpretation der Bücher Esra–Nehemia. In: VTS 32 (1981), 146–161; ders.: Die aramäische und hebräische Erzählung über die nachexilische Restauration – Ein Vergleich. In: ZAW 94 (1982), 299–302; Japhet, S.: Sheshbazzar and Zerubbabel – Against the Background of the Historical and Religious Tendencies of Ezra-Nehemiah. In: ZAW ibid. 66–98, 219–229 u. 95 (1983) 218–229; Laperrousaz, E.-M.: Le régime théocratique juif a-t-il commencé à l'époque perse ou seulement à l'époque hellénistique? In: Sem 32 (1982), 93–96; Schottroff, W.: Zur Sozialgeschichte Israels in der Perserzeit. In: VuF 21,1 (1982), 46–68 (Lit.!); Stern, E.: Material Culture in the Land of the Bible in the Persian Period. Warminster 1982, und ders.: CHJ I, Kap. 4–5; Kuhrt, A. K.: The Cyrus Cylinder and Achaemenid Imperial Politics. In: JSOT 25 (1983), 83–97; Dion, P.-E.: *ššbṣr* and *ssnwry.* In: ZAW 95 (1983), 111 f.; I. Ephᶜal, On the Political and Social Organization of the Jews in Babylonian Exile. In: ZDMG 133 (1983), Suppl., 5, 106–112. Frei, P., u. K. Koch: Reichsidee und Reichsorganisation im Perserreich. Freiburg i. Br. 1984; Gunneweg, A. H. J.: Esra, Nehemia, Gütersloh 1985 und 1987; Cagni, L., a. a. O. zu 11.5; Lust, J.: The Identification of Zerubbabel with Sheshbazzar. In: EThL 63 (1987), 91–95; Meyers, E. M.: The Persian Period and the Judaean Restoration. In: Ancient Israelite Religion, Essays ... F. M. Cross, Philadelphia 1987, 509–521; Petit, T.: L'évolution sémantique des termes hébreux et araméens *pḥh* et *sgn* et accadiens *paḫātu* et *šaknu*. In: JBL 107 (1988), 53–67; Beaulieu, P.-A.: The Reign of Nabonidus, King of Babylon (556–539 B. C.). New Haven Conn. 1989; Williamson, H. G. M.: The Governors of Judah under the Persians. In: TynB 39 (1988), 59–82; Sæbø, M.: The Relation of Sheshbazzar and Zerubbabel Reconsidered: SEÅ 54 (1989), 168–177. *Für die Geschichte dieser ganzen Periode* ist besonders wichtig P. Sacchi*, oben 3.6.2.20. Zum Problem der *Beziehungen zwischen Esra und Nehemia* (und den betreffenden Büchern), III Esra und Josephus, vgl. Williamson, H. G. M.: Israel in the Book of Chronicles. Cambridge 1977 (Lit.), und Garbini*, G., 1988, Kap. 13. *Zur rechtlichen Lage der Judäer:* Meissner, M.: Die Achämenidenkönige und das Judentum. Berlin 1938, 6–32. Wichtiges über das nachexilische Zeitalter konnte ich mit meinem Mitarbeiter Dr. Francesco Bianchi, der über diese Periode seine Habilitationsschrift verfaßt, diskutieren.

12.1.1 Nach dem Tod Nebukadnezzars, dem sieben Jahre der Wirren folgten, bestieg Nabonid (*nabū-naʾīd*, 555–539) den Thron. Den babylonischen Quellen zufolge soll er ein Sonderling mit nur geringer Begabung für die Staatsgeschäfte gewesen sein (ANET 305 ff., TUAT I, 406 ff.). Hingegen in kultischen Angelegenheiten und in seiner persönlichen Frömmigkeit war er besonders eifrig; die letztere galt dem Mondgott Sin, dessen Heiligtümer er im ganzen Land instand setzen ließ und dessen Kult er, wo immer möglich, begünstigte und förderte. Dadurch zog er sich alsbald die Feindschaft der mächtigen Priesterschaft des Nationalgottes Marduk zu, von der wohl auch die negativen Berichte über ihn stammen. Während zehn Jahren soll er sich in die nordarabische Wüste zurückgezogen haben und die Reichsverwesung Belsazzar, der Hauptfigur der von Dan 5,1–6,1 berichteten Sagen, übertragen haben. Es handelte sich hingegen vermutlich um den Versuch, das Großreich gegen Süden zu verstärken und vielleicht sogar auszudehnen.

12.1.2 Nach außen mußte sich das Reich bald mit der wachsenden Macht Mediens messen, mit dessen Hilfe sich die Babylonier noch wenige Jahre vorher (oben, 11.4.1.1) gegen Assyrien gewandt hatten. Medien erweiterte langsam, aber sicher, seinen Besitz nach Westen, indem es sich nicht nur die von Assyrien Ende des 7. Jh. eroberten Gebiete, sondern auch Armenien und das östliche Kleinasien einverleibte. Im Südosten hatte es das von den Achämeniden, den Herrschern des alten Elam, regierte Persien unterjocht.

12.1.3 Nabonidus, der, wie begreiflich, in Sorge über die Ausdehnung der ehemaligen Verbündeten war, ging ein Bündnis mit den Achämeniden Persiens ein, dessen König, Kyros II. (559–530), Astiages, den Sohn des Xyaxares, des Besiegers Assyriens, gestürzt hatte und mit Hilfe des medischen Adels den Thron von Medien und Persien bestieg.

12.1.4 Doch an der Stelle des Medischen Königreiches war ein viel mächtigeres Großreich entstanden, dessen genialer und tüchtiger König die medische Ausdehnungspolitik gegen Westen und Osten fortsetzte. Umsonst verbündete sich Nabonidus mit Lydien und Ägypten: dem medisch-persischen Vormarsch war kein Einhalt mehr zu gebieten. So eroberte Kyros am Anfang der zweiten Hälfte des 6. Jh. Lydien, die westliche Hälfte Kleinasiens, dessen König, Kroesus, wegen seines großen, doch unnützen Reichtums in die griechische Sage eingegangen ist. Nach Osten eroberte Kyros das restliche Irān. So befand sich Babylon bald in einer Art Zange, die vom Südosten bis nach Nordwesten reichte; strategisch hatten die Perser einen weiteren Vorteil: sie beherrschten das mesopotamische Flachland von den Bergen und Hochebenen aus (H. Donner*, 1986, 391 ff.).

12.1.5 In diese Zeit datiert man allgemein den Verfasser der Botschaft der sonst anonymen, Deutero-Jesaja genannten Schrift, Jes Kap. 40–55, und besonders 40–48, der den verschleppten Judäern in einer unmißverständlich monotheistischen und universalistischen Botschaft verkündete, daß Jhwh, der Gott Israels, der einzige Gott, der Herr des Weltalls und der Geschichte ist, dessen Reich sich über alles erstreckt und Kyros von Persien als seinen Gesalbten *(māšîᵃh)* und Befreier seines exilierten Volkes erweckt hat, 44,28 und 45,1. Bei Josephus, Ant 11,5 wurde dies dann so ausgelegt, als sei der König durch Lesung und Meditation Jesajas auf den Gedanken gekommen und habe dann entsprechend gehandelt! Immerhin, die Befreiung stand bevor, denn Babylon würde bald fallen, 48,1.

12.1.6 Nur wenige Jahre ließ der endgültige Angriff des Kyros auf sich warten: 539 wurde das Heer Nabonids in der Schlacht bei Opis am Tigris geschlagen, und Kyros zog als Sieger und Befreier in Babylon ein.[1] Dort wurde er alsdann als König von Babylon ausgerufen, so daß Syrien und Palästina automatisch zum Persischen Reich gehörten. 525 eroberte Kambyses, der Nachfolger Kyros' (530–522), auch Ägypten, und das Persische Reich erreichte einen dem Assyriens in der ersten Hälfte des 7. Jh. vergleichbaren Umfang.

12.2 Persische Innenpolitik

Literatur: Die zu 12.1 vermerkte. Ferner: McEvenue, S.: The Political Structure in Judah from Cyrus to Nehemiah. In: CBQ 43 (1981), 353–364; Mikasa, T. (Hrsg.): Monarchies and Socio-Religious Traditions in the Ancient Near East. Wiesbaden 1984, darin besonders Cagni, L.: History, Administration and Culture of Achaemenid Mesopotamia, 55–62; Betlyon, J. W.: The Provincial Government of Persian Period Judaea and the *yehud* Coins. In: JBL 104 (1986), 633–642; Hanson, P. D.: Israelite Religion in the Early Postexilic Period. In: Ancient Israelite Religion, Essays ... F. M. Cross. Philadelphia 1987, 485–508; ferner die betreffenden Beiträge in der CHJ.

Gegenüber den von Babylon unterjochten und z. T. verschleppten Völkern wurde von den Königen von Medien und Persien eine neue, großzügige Politik eingeschlagen: niemand wurde mehr aus seinem Land verwiesen, es gab keine Versuche mehr, die Völker ethnisch und wirtschaftlich zu zerschlagen. Dies hatte zwar nichts mit Toleranz im modernen Sinn zu tun (M. Noth*, 1954, 273, vgl. H. Donner*, 1986, 393 f.), denn die persischen Funktionäre behielten die Macht in der Hand; es geschah eher aus Bequemlichkeit und Wirtschaftlichkeit: es war einfacher und deswegen billiger, die Mitarbeit der Völker des Reiches zu fördern, als ihnen mit Gewalt die eigene Oberhoheit aufzuzwingen. Diese Politik wird im „Kyros-Zylinder" (ANET 316 ff., TUAT I, 407 ff.) ausdrücklich vermerkt, auch wenn dort Judäa nicht erwähnt ist.

12.2.1 Das geht aus weiteren Königsinschriften hervor. Früher wurden sie immer in der Sprache des Eroberers verfaßt; nunmehr erschienen sie dreisprachig: auf persisch, auf elamitisch und auf babylonisch.

12.2.2 Doch im offiziellen Briefwechsel und in den Urkunden erscheint die persische Regierung noch großzügiger: hier wurden weitere Sprachen gestattet. In Syrien-Palästina und Ägypten herrschte nunmehr das Aramäische vor, eine westsemitische, seit dem 9. Jh. inschriftlich belegte und gegen das 7. Jh. zur *lingua franca* gewordene Sprache, vgl. den oben 11.5.4 und 11.7.5 erwähnten Brief des Adon. Während der Mitte des 6. Jh. hatte das Aramäi-

[1] Smith, S.: Babylonian Historical Texts Relating to the Capture and Downfall of Babylon. London 1924.

sche sowohl die verschiedenen kanaanäischen Sprachen und Dialekte wie auch das Hebräische zum größten Teil verdrängt, auch wenn letzteres nicht überall der Fall gewesen zu sein scheint.[2] So entstand eine neue Phase des Aramäischen: das Reichsaramäische.

12.3 Persische religiöse Politik

Die Großzügigkeit der persischen Regierung erwies sich auch in der religiösen Politik. Jedem Zwang von oben wurde ein Ende bereitet; was auch immer die religiöse Freiheit beeinträchtigte, wurde abgeschafft. Den Heiligtümern wurden die von den Babyloniern verschleppten Bilder und Geräte zurückerstattet. Auch unter Kambyses, der ein viel autoritärerer und weniger großzügiger Herrscher war und oft zu grausamen Repressivmaßnahmen schritt (Josephus, Ant 11,26 schildert ihn als „von Charakter jähzornig"), wurde dieselbe Politik im Reich und in Ägypten weitergeführt. Als großmütig erwies sich wiederum Darius I. Hystaspes (522–476) (unten, 12.6).

12.3.1 Zu den Quellen für diese Periode in Palästina gehören hauptsächlich die biblischen Bücher Esra und Nehemia,[3] die aber der Forschung viele unlösbare Probleme bereiten; ferner die Propheten Haggai, Sacharia, Trito-Jesaja und Malachi.[4] Eine wichtige Quelle ist auch das III Esrabuch,[5] wohl die Grundlage von Josephus', Ant. Buch 11; ferner noch II Chr 35,1 – Esr 10 und Neh 7,73–8,18. Endlich gibt es die aramäisch verfaßten Papyri von Elephantine[6] vom Ende des 5. Jh., die wichtige Einzelheiten über das religiöse Leben in der Kolonie und die Behörden in Jerusalem berichten. Weitere Texte unten, 12.6.5 und 12.7.1.2.

12.3.2 Aus diesen Quellen geht hervor, daß Kyros ein Edikt erlassen haben soll, das sich besonders mit Judäa befaßte: der Wiederaufbau des Tempels in Jerusalem wurde erlaubt, den Exilanten die Rückkehr in die Heimat gestattet. Von ihm gibt es aber zwei Fassungen:

12.3.2.1 Esr 5,6–6,12, auf Aramäisch überliefert, im Zusammenhang mit einer Korrespondenz zwischen dem persischen Hof und der Satrapie „Transeuphrat", deren Hauptstadt Damaskus[7] war, erhalten. Daraus entsteht ein Problem der Echt-

[2] Soggin, J. A.: Bilinguismo e trilinguismo nell'Ebraismo postesilico. In: Vicino Oriente 3 (1980), 199–207.

[3] Vgl. meine: Introd., Kap. 42 und 43; ferner Williamson.

[4] A. a. O., Kap. 26, 27, 28 und 30.

[5] A. a. O., Kap. 53,3, Williamson und Garbini* 1988, Kap. 13.

[6] A. a. O., App. II, 1–2.

[7] Auf die persische Verwaltung und allgemein auf die Organisation des Staates kann hier nicht eingegangen werden; vgl. Olmstead, A. T.: History of the Persian Empire. Chicago 1948 (Lit.!), und Bucci, O.: L'attività legislativa del sovrano ache-

heit, das nicht neu ist: es wurde schon am Ende des vorigen Jahrhunderts zwischen J. Wellhausen und Ed. Meyer debattiert. Heute befürwortet ein Teil der Forscher die Echtheit dieser Schriften, u. a. E. J. Bickerman, 1946, F. M. Cross, 1975, und S. Talmon, 1976, 321; doch schon A. H. J. Gunneweg*, 1984, 150, hegte begründete Zweifel und verneinte die Authentizität in seinem Kommentar 1985, 100ff. Und viele weitere Autoren sind heute gegen die Echtheit, da es in der Schrift viele Unstimmigkeiten gibt: so ist z. B. die Reihenfolge der Könige verworren. Ja, O. Kaiser[8] nimmt das strenge, von G. Hölscher schon 1923 formulierte Urteil auf: es handele sich um eine Fälschung, oder das Ganze sei „als Produkt des Erzählers" zu werten.

12.3.2.2 Die zweite Fassung des Erlasses erscheint in Esr 1, 2–4. Sie wird von fast allen Autoren (eine Ausnahme: E. J. Bickerman) für unecht erklärt. Im günstigsten Fall könnte es sich um eine vom Verfasser vorgenommene Paraphrase des Ediktes handeln.

12.3.2.3 Wie dem auch sei, es scheint nicht gerade wahrscheinlich, daß Kyros sich im ersten Jahr nach der Eroberung Babylons, also im Jahr 539/38, besonders um einen geringen und abgelegenen Teil seines Weltreiches, den er nie besuchte, gekümmert haben soll. Es ist aber auch möglich, daß der Erlaß den Text eines allgemein gültigen Formulars wiederholt, worin die zuständigen Stellen den Namen des jeweiligen Volkes bzw. Landes einsetzten; in so einem Fall wäre der Judäa und die Judäer betreffende Text nur Ausdruck der im Einzelfall durchgeführten, allgemeinen Praxis. Doch dies kann sich nur auf die erste Fassung beziehen.

12.3.2.4 Auch sind die chronologischen Angaben und die Reihenfolge der persischen Könige im Abschnitt Esr 4, 6–24 völlig in Unordnung, und Probleme, die sich nach Haggai und Zacharia und weiteren Quellen zur Zeit des Darius I. ergaben, werden in den Zeiten des Xerxes und des Artaxerxes I., also über ein halbes Jahrhundert später, datiert. Dies läßt auf eine späte und nicht immer sachkundige Redaktion schließen, dies auch, wenn drei noch undatierte (2.–1. Jh. v. u. Z.?) Esra-Fragmente (4Q 117, Kap. 4–5) in der 4. Höhle von Qumrân gefunden wurden. Daß so einem Bericht jegliche „historische Authentizität" abzusprechen ist, versteht sich von selbst, Gunneweg 1985, 85ff.

---

menide e gli archivi reali persiani. In: RIDA III, 25 (1978), 11–93. Es ist schade, daß dieser wichtige Aufsatz die biblischen Texte unkritisch behandelt.

[8] Kaiser, O.: Einleitung in das Alte Testament. Gütersloh [5]1984, 180, der Hölscher, G.: HSAT(K) II, Tübingen [4]1923, 491ff. zitiert. Vgl. noch unten, 12.9.2.2. Zu 4Q 117 siehe Ulrich, E.: The Biblical Manuscripts from Qumran, Cave 4. A Progress Report on Their Publication. In: RQ 14 (1989–90), 207–228, vgl. F. García Martínez: Lista de MSS procedentes de Qumran. In: Hen 11 (1989), 149–232, bes. 151 u. 187; ferner Blenkinsopp, J.: Ezra – Nehemiah. London/Philadelphia 1989, 71f. (ein Werk, das ich nur wenig benützen konnte). 4Q 117 bestätigt angeblich den MT gegen III Esra.

12.3.2.5 Immerhin, im Rahmen der Politik Kyros' gegenüber den verschiedenen Völkern müssen die ersten Ansätze zur Restauration auch der jüdischen Deportierten gesucht werden.

12.3.3 Und diese ersten Rückwanderer werden, was ihre Zahl betrifft, nicht viele gewesen sein: das seit Jahrzehnten entvölkerte und z. T. zerstörte Land konnte selbstverständlich keine großen Massen von Leuten in kürzester Zeit aufnehmen. Weitere Deportierte kamen überhaupt nicht zurück, „weil sie ihr Besitztum nicht verlassen wollten" (Josephus, Ant 11,8). Zu all diesem gesellt sich die interessante, wenn auch wenig beobachtete These von A.A. Akarya, 1968 (vgl. noch H. Donner*, 1986, 409ff., und J.M. Miller u. J.H. Hayes*, 1987, 446), nach dem die Rückwanderung nicht unter Kyros, sondern ungefähr zwanzig Jahre später, am Ende der Herrschaft Kambyses' oder sogar unter Darius I. erfolgte, da die Texte nichts über eine frühere Rückwanderung berichten.

12.4 Judäische hohe Beamte

Literatur: Zu 12.1.

Nach den Texten soll ein gewisser *šešbaṣṣār* vom persischen Hof beauftragt worden sein, die von Nebukadnezzar aus dem Tempel entfernten Geräte zurückzuerstatten, Esr 5,15, vgl. 1.8.11.

12.4.1 Von diesem Beamten ist außer dem Namen nichts bekannt, und sogar der Name wurde nicht eindeutig überliefert: von der LXX, dem III Esra und Josephus wird er verschieden wiedergegeben. Doch scheint es unwahrscheinlich, daß er, wie aus dem Namen zu schließen wäre, ein Babylonier gewesen sei und als solcher als hoher persischer Beamter auftreten konnte; er wird vermutlich einer der deportierten Judäer gewesen sein. W.F. Albright,[9] gefolgt von J.M. Myers, 1965, F.M. Cross, 1975, N. Avigad, 1976 und Y. Aharoni: The Land** … 1979, II, Kap. V,4,2, hat immer behauptet, daß dieser Šešbaṣṣar dieselbe Person meine wie den I Chr 3,17 erwähnten Großsohn Jojaqims *šen*ᵉʾ*āṣār*, den III Esra als Σαναβάσσας und Josephus als Σαραβανάσσας bezeichnen; alle diese Namen sind aus der Transkription des (allerdings nirgends belegten) babylonischen Namens *sin-ab-uṣur* oder, vielleicht besser nach S. Herrmann*, 1980, 372, *šamaš-apla-uṣur* herzuleiten. Wenn man nun diesen Vorschlag als Arbeitshypothese annimmt, wird der erwähnte Beamte ein Onkel Zerubbabels, und es lösen sich die meisten Probleme von selbst. Doch dagegen siehe P.R. Berger, 1971 (nach dem der erste Name, wie erwähnt, nicht belegt ist, und der zweite hebräisch anders transkribiert werden sollte), P.-E. Dion, 1983 (der sich Berger anschließt), und jetzt H. Donner*, 1986, 410, Anm. 21, der die Identifizierung

[9] Albright, W.F.: The Date and the Personality of the Chronicler: In: JBL 40 (1921), 104–124, 108ff.; der Vorschlag ist aber älter und geht auf Meyer, E.: Die Entstehung des Judenthums. Halle 1896, 77, zurück.

als „aus der Luft gegriffen" betrachtet. Eine weitere Möglichkeit wurde jüngstens von M. Sæbø, 1989, vorgeschlagen: Šešbaṣṣar sei mit Zerubbabel zu identifizieren.

12.4.2 Weiter wird Šešbaṣṣar der Titel *peḥah* zugeschrieben, was üblicherweise mit „Satrap" übersetzt wird: doch die genaue Bedeutung des Wortes ist bis jetzt nicht gesichert,[10] unten, 12.6.4.3.

12.4.3 Und da man nicht genau weiß, was *peḥah* bedeutet, ist es nicht möglich, zu ermitteln, was für eine Stellung Šešbaṣṣar in der persischen Bürokratie innehatte: war er z. B. Gouverneur oder Statthalter einer mehr oder weniger selbständigen Provinz Judäa? Oder hing diese über Samaria und Damaskus von der Satrapie „Transeuphrat" ab? Er könnte auch nur der Beauftragte zur Ablieferung der zurückerstatteten Tempelgeräte gewesen sein und sein Titel sich auf ein andernorts ausgeübtes Amt bezogen haben. Nach den von N. Avigad 1976 veröffentlichten Fundstücken (unten, 12.6.5) wäre vielleicht die erste Möglichkeit vorzuziehen, doch das Problem ist bis jetzt alles andere als gelöst. H. Donner*, 1986, 411 (Lit.!), bezeichnet ihn einfach als „Repatriierungskommissar".

12.4.4 Auch kann die Echtheit der Liste der zurückerstatteten Tempelgeräte, Esr 1,7–11, und jener der ersten Rückwanderer, Esr 2,1–70//Neh 7,6 bis 72, nicht bewiesen werden.

12.5 Rückwanderer

Es ist jedenfalls eindeutig, daß alle diese Begebenheiten nicht mehr als die Rückwanderung einer kleineren Gruppe (im günstigsten Fall! vgl. oben 12.3.3) bewirkten; diese brachte es fertig, den Unterbau des Tempels zu restaurieren, Esr 3,6ff.; 5,16 und Sach 4,9; vgl. Hag 1,1–11.

12.5.1 Die Quellen schreiben dieses Unternehmen sowohl Šešbaṣṣar als auch Zerubabel zu, ohne sich für einen der beiden zu entscheiden, so daß es möglich ist, daß sie, wie bei Josephus, Ant 11,13, manchmal verwechselt werden. Nach anderen Forschern sind die beiden tatsächlich ein und dieselbe Person, vgl. die Diskussion bei S. Talmon, 1976, 319ff.

12.5.2 Diese letzte Möglichkeit ist aber unwahrscheinlich; wahrscheinlicher ist, daß Šešbaṣṣar mit der Arbeit begann und sie für eine kurze Zeit weiterführte; daß er

[10] Über *peḥah* siehe Alt, A., 1934, 24/333, Anm. 2. Wie verwickelt die Lage ist, geht auch aus einem jüngst erschienenen Aufsatz hervor, vgl. Sacchi, P.: L'esilio e la fine della monarchia davidica: Hen 11, 1989, 131–148: nach ihm soll eine Art Königtum in frühnachexilischer Zeit weiterbestanden haben und Šešbaṣṣar und Zerubbabel sollen sowohl Könige als auch Gouverneure gewesen sein; sie wurden dann durch ein von der Priesterschaft veranlaßtes Komplott, vielleicht sogar nach einem Bürgerkrieg (nach Sach 12) abgesetzt, dies unter dem Reich Darius' I. Diese These hat manches für sich.

dann von Zerubbabel abgelöst wurde, der sie zu Ende brachte. Dabei sollte der Tatsache Rechnung getragen werden, daß, wie die semantisch ähnliche Wurzel *bānāh*, auch *jāsad*, in der Bauterminologie gewöhnlich „die Grundmauer legen", auch einfach „restaurieren" bedeuten kann (oben, 5.1.3.3), Andersen, 1958 und Gelston, 1966: es braucht sich also nicht um einen völligen Neubau zu handeln.

12.5.3 Doch die Quellen geben triftige Gründe dafür an, daß die Arbeit nicht recht vorwärtsging: eine durch Dürre und Heuschrecken verschlimmerte Wirtschaftskrise, Schwierigkeiten mit der örtlichen Bevölkerung, Esr 3,3 (die Josephus Ant. 11,114 anachronistisch „Samaritaner" nennt; oder meinte er vielleicht einfach „die Bewohner Samarias"?), vielleicht einfach diejenigen, die von Nebukadnezzar Güter erhalten hatten und die den Rückkehrern ihre Hilfe anboten, die jedoch abgeschlagen wurde.

12.5.4 Weitere Schwierigkeiten entstanden aus den bald ausgebrochenen Unruhen (an denen Judäa aber nicht teilnahm, Aharoni: The Land** ..., 1979, II, Kap. V.4.2; vgl. unten 12.6), wodurch die Rückwanderer zur Vorsicht gemahnt wurden (M. Noth*, 1954, 280).

12.6 Unruhen im Weltreich

Beim Tod Kambyses' 522, der ohne Thronnachfolger starb, brachen Unruhen im ganzen Reich aus, die nach Haggai und Sacharia als Vorzeichen des bald eintretenden Gottesreichs gedeutet wurden.

12.6.1 Die Erbfolge ging zwar auf Darius I. Histaspes über, der aus einem anderen Zweig der Achämeniden stammte, doch sie mußte zuerst anerkannt werden, was im alten Nahen Osten oft nicht problemlos war. So mußte sich Darius zunächst mit verschiedenen, im ganzen Reich ausgebrochenen, Aufständen auseinandersetzen.

12.6.2 Es gelang ihm aber, nach zwei Jahren nicht immer siegreicher Kämpfe, seine Widersacher zu schlagen und 521 den Thron zu besteigen. Seine Taten wurden auf dem Fels von Behistūn in Persien, in der Nähe der heutigen Straße Baġdād–Teherān (ANEP N. 249; der Text in TUAT I, 419–450), verewigt und von der Inschrift gibt es verschiedene Übersetzungen, auch eine auf aramäisch.

12.6.3 Diese Geschehnisse im Jahr 522–21 scheinen das Weltreich in seinen Grundlagen erschüttert zu haben und verursachten, wie schon angedeutet, in Judäa den Eindruck, daß der schon aus Am 5,18 als bekannt vorausgesetzte „Tag Jhwhs"[11] und das Ende der Welt bevorstanden. Deswegen erschien es unerläßlich und dringend, sich zum Empfang des bald kommenden Herrn vorzubereiten; und was wäre da schon besser gewesen, als den Tempel wieder instand zu setzen? Haggai informiert über die Anfänge der Unruhen, Sacharia über ihr Ende.

[11] Hierzu vgl. mein: The Prophet Amos. London 1987, 93ff.

12.6.4 Durch Esr Kap. 3–5, Haggai und Sacharia erhält man ferner wichtige Nachrichten über die Gemeinde der Rückwanderer.[12]

12.6.4.1 Das Priestertum gehörte ausschließlich „den levitischen Priestern, den Söhnen von Zadoq“, wie es Ez 44,15 vorschreibt, an, und der Ahne Zadoq wird nunmehr durch eine künstliche Überlieferung (I Chr 6,34ff.) mit Aaron genealogisch verbunden. In solchen Fällen ist es nicht immer leicht, für oder gegen ihre Echtheit zu entscheiden; doch diesmal bemüht sich die Genealogie, Zadoq durch Elemente aus der Genealogie von dem durch Salomo I Reg 2,26ff. abgesetzten Priester Abjathar (oben, 4.7.1 und 5.2.2.5.1) von Aaron abzuleiten, so daß der Verdacht der Unechtheit zum Zweck der Legitimation naheliegt.

12.6.4.2 Neben dem Hohenpriester hätte es auch noch, nach Ez 45,7, das weltliche Amt des *nāśîʾ*, des „Fürsten“, geben sollen, und es ist gut möglich, daß Zerubbabel sich in dieser Rolle sah, als er neben dem Hohenpriester auftrat (s.o. Anm. 10). Wenn so ein Amt je existiert hat, so war es immerhin von kurzer Dauer.

12.6.4.3 Nach wenigen Jahren verschwand Zerubbabel spurlos. Auch diesmal ist es nicht leicht festzustellen, worin genau sein Amt bestand. Das hebräisch-aramäische *peḥah* wird, wie oben 12.4.3 erwähnt, gewöhnlich mit „Satrap“ übersetzt. Nun ist aber die Bedeutung dieses Titels assyrischen Ursprungs (oben, 10.1.4.3) nicht klar umschrieben und kann für jede Art von hohem Beamten bis zum Statthalter und zum Gouverneur gebraucht werden, vgl. hierzu die jüngste Studie von T. Petit, 1988 (oben, zu 12.1): hier wird hervorgehoben, daß die Bedeutung des Titels erst durch die Beschreibung des betreffenden Gebiets dargestellt wird; so war ein *peḥah* desto höher gestellt, je größer und wichtiger das von ihm verwaltete Territorium war. Nach Josephus Ant 11,32 soll Zerubbabel ferner ein persönlicher Günstling Darius' I. gewesen sein, in welchem Fall er unmittelbar mit dem König und nicht hierarchisch durch die Satrapie „Transeuphrat“ und das Gouvernement Samaria verkehren konnte, was freilich das Problem seines offiziellen Auftrags ungelöst läßt. War er z.B. der mit dem Wiederaufbau des Tempels betraute Beamte (so K. Galling, 1937, und H. Donner*, 1986, 410) oder der mit der Neuansiedlung der Rückwanderer betraute Kommissar (Sacchi*, 1976)[13]? Wenn die von N. Avigad, 1976 veröffentlichten Materialien zu gebrauchen sind (unten, 12.6.5), dann kann auch dieses Problem befriedigend gelöst werden.

12.6.4.4 Doch, wie gesagt, Zerubbabel verschwand plötzlich. Er könnte zwar nach ausgeführtem Auftrag einfach an den Hof zurückgekehrt sein,

[12] Vgl. meine Introd., Kap. 26 und 27.

[13] Im III Esra liest man, daß er προστάτης τής 'Ιουδαίας war, was Sacchi* 1976 mit προστάτης τῶν 'Ιουδαῖων korrigieren möchte, vgl. Josephus 11,31, der ihn Ιουδαῖων ἡγεμῶν nennt, und Esr 6,7, wo von *peḥah jᵉhûdaijēʾ* die Rede ist, was nicht, wie häufig geschieht, korrigiert werden sollte. Doch vgl. P. Sacchi 1989, oben Anm. 10.

und man sieht eigentlich nicht ein, weshalb dies nicht der Fall gewesen sein soll. Doch andere Autoren (die Diskussion bei J. Bright*, 1981, 371) wittern Schlimmeres: er soll diskret beseitigt worden sein, um dem Aufkommen eines neuen, um den Davididen gescharten, jüdischen Nationalismus zuvorzukommen. Auch diese These ist freilich nicht *a priori* auszuschließen, obwohl es an jedem Beweis fehlt;[14] ja, beide Deutungen schließen einander eigentlich nicht aus, da die Rückberufung stattgefunden haben kann, um nationalistische Bestrebungen, und daraus erwachsende Unruhen, im Keim zu ersticken. Wie dem auch sei, Sach 6,9–15, ein Text den P. Sacchi*, 1976, 32, richtig als „eine sehr alte und gewollte Korrektur" bezeichnet, erwähnt „zwei Kronen", ursprünglich wohl die eine für den Hohenpriester, die andere für Zerubbabel; nach dem jetzigen Text sollte hingegen der Hohenpriester Josua beide zugleich aufsetzen![15] Vgl. aber P. Sacchi 1989 (oben, Anm. 10).

12.6.4.5 Immerhin scheint kein Davidide mehr als Satrap ernannt worden zu sein: I Chr 3,19–24 gibt eine Folge der Davididen. Die Liste kann bis in das letzte Viertel des 5. Jh. verfolgt werden, und in den von N. Avigad, 1976, veröffentlichten Fundstücken (unten, 12.6.5), welche angeblich die Namen der Statthalter bis zum letzten Viertel des 4. Jh. aufzeichnen, erscheint kein Davidide mehr.[16] Auch ob die weiteren Statthalter je den Titel *nāśî'* geführt haben, Ez 45,7 ff., kann nicht mehr festgestellt werden; doch scheint es unwahrscheinlich, da er nach Hesekiel für den Davididen bestimmt war. Trifft dies alles zu, dann müßte der Dualismus Hohenpriester–Statthalter bis zum Ende des persischen Zeitalters fortgedauert haben, also bis zum Anfang des 3. Jh., entgegen dem, was bis jetzt fast allgemein behauptet wurde (Sacchi* 1976, 32 und 47); ja, E. M. Laperrousaz, 1982, meint, die von Josephus als Theokratie (besser wohl Hierokratie) bezeichnete Institution sei viel später anzusetzen, vgl. unten, 13.7.4.13.

12.6.5 Das führt uns nun zu den oft erwähnten, von *N. Avigad 1976 veröffentlichten Fundstücken.* Durch sie wäre es möglich, so manche Probleme über die Geschichte dieses dunklen Zeitalters zu lösen, freilich vorausgesetzt, daß ihre Zuverlässigkeit über jeden Verdacht erhaben ist. Dies scheint aber nicht der Fall zu sein.

12.6.5.1 In diesen aus Siegeln, Krugstempeln und Tonbullen *(bullae)* bestehenden Materialien tragen die von den Persern eingesetzten Statthalter den aramäischen Titel *pḥw'* (eine 1969 von F. M. Cross vorgeschlagene

[14] Olmstead, A. T., a. a. O. (Anm. 7), 142; vgl. zuletzt Woude, A. S. van der: Serubbabel und die messianischen Erwartungen des Propheten Sacharja. In: ZAW 100 (1988 Suppl.), 138–156. Vgl. noch oben, Anm. 10, zu P. Sacchi.

[15] Vgl. meine Introd., Kap. 27, 2–3.

[16] Dagegen Hanson, P. D.: The Dawn of Apocalyptic. Philadelphia 1975, 348–352, der aber das von N. Avigad veröffentlichte Material noch nicht kannte.

Lesart *pḥr*ʾ, der „Töpfer", scheint nicht mehr in Frage zu kommen) oder das hebräische *pḥh*. Häufig sind, ferner, die mit *jhwd*, also *jᵉhûd* beinschrifteten Stempel. Dies würde mit dem von Esra und Nehemia getragenen Titel übereinstimmen: *peḥah* und *hattiršatāʾ* (nur Esr 2,63; Neh 7,65.70; 8,9 und 10,2), der zweite, ein persischer Titel, vgl. auch die Bezeichnung des Landes in beiden Büchern als hebr. *mᵉdînāh*, aram. *mᵉdînātāʾ*, was auf ein verwaltungsmäßig selbständiges Gebiet deutet. Dies würde freilich die von A. Alt, 1934, zuerst vorgetragene und heute von den meisten Forschern angenommene These,[17] nach welcher Judäa an Samaria angeschlossen wurde und beide zu „Transeuphrat" gehörten, daß Šešbaṣṣar und auch Zerubbabel tatsächlich nur mit einem Sonderauftrag dahin gesandt wurden und nur Nehemia Statthalter gewesen wäre, schwer haltbar machen. Dagegen ginge aus den Avigad-Funden hervor, daß sowohl Šešbaṣṣar als auch Zerubbabel tatsächlich Statthalter waren und daß der Zerubbabel von den Texten zugeschriebene Titel *paḥat jᵉhûdāh* durchaus den Tatsachen entsprach, auch wenn das von ihm verwaltete Gebiet gering war, wie J. Bright*, 1981, 383 f., richtig bemerkt. Weiteres bei Williamson 1988.

12.6.5.2 Nun wurde aber die Echtheit dieser Materialien von G. Garbini[18] mit interessanten Argumenten in Zweifel gezogen: die Fundstücke sollen der Schrift nach aus mindestens zwei verschiedenen Epochen stammen und sind also unterschiedlich zu datieren; doch die eine Epoche wäre zu früh, die andere zu spät, um Elemente aus dem 6., 5. und 4. Jh. wiederzugeben; man erfährt ferner nichts über den vom Herausgeber als „Archiv" bezeichneten Fundort. Auch der Israeli E. Stern, wohl einer der größten heute lebenden Fachleute in Fragen des frühnachexilischen Judentums, und J. D. Purvis bezeichnen, unabhängig von Garbini und voneinander, diese Materialien als problematisch, ohne allerdings auf Einzelheiten einzugehen. Es sei schließlich bemerkt, daß weder Esras noch Nehemias Namen unter den angeblichen Statthaltern erscheinen.

12.6.5.3 Über diese von den meisten Forschern einfach übergangenen Probleme (z. B. P. R. Ackroyd. In: CHJ I, 157, H. Donner*, 1986, und

[17] Zur Kritik vgl. schon Noth*, M., 1954, 310, und Smith, M.: Palestinian Parties and Politics that Shaped the Old Testament, New York 1971, 193 ff. Zur jetzt nicht mehr möglichen Lesart *pḥr*ʾ, „Töpfer", vgl. Cross, F. M.: Judaean Stamps. In: EI 9 (1969), 20*–27*; dazu Williamson 1988, 71, Anm. 40.

[18] Zu diesen Siegeln und Stempeln vgl. Garbini, G.: Nuovi documenti epigrafici dalla Palestina. In: Hen 1 (1979), 396–400, und ders.: La „storia d' Israele". In: Hen 5 (1983), 243–255, 250; Stern E., a. a. O. 1982 zu 12.1, 245–248, vgl. CHJ I, 72; Purvis, J. D., bei H. Shanks*, 1988, 254, Anm. 33, und jüngstens Blenkinsopp, J.: Ezra – Nehemiah. London/Philadelphia 1989, der die Ungewißheit der vorgeschlagenen Daten hervorhebt. Doch siehe schon McEvenue, S., a. a. O. (zu 12.2), 361 ff.

H. Weippert**, 1988, 722) müßte nach ungefähr fünfzehn Jahren Klarheit geschaffen werden, damit diese, wenn echt, äußerst wichtigen Materialien der Forschung endlich freigegeben würden.

12.6.6 Am 23. Adar des 6. Jahres des Darius I., also am 12. März 515, war der Wiederaufbau des Tempels beendet. Deswegen wird diese Zeit von jüdischen und anderen Autoren als „Die Epoche des zweiten Tempels" bezeichnet.

12.7 Esra und Nehemia

Zwischen dem Wiederaufbau des Tempels 515 und der Mitte des 5. Jh. gibt es kaum Nachrichten über Judäa und Jerusalem. Die I Chr 3, 19–24 erhaltene Liste von Davididen und die von einigen wegen Zweifeln an ihrer Echtheit angefochtene, von N. Avigad 1976 veröffentlichte Reihe von Statthaltern sind die einzigen Dokumente.

Literatur: Hoonacker, A. van: Néhémie et Esdras: une nouvelle hypothèse sur la chronologie de l'époque de la restauration. In: Mus 9 (1890), 151–184, 317–351, 389 bis 401; Winckler, H.: Altorientalische Forschungen, Leipzig II, 2 1899; II, 3 1901 und III, 1/2, 1902; Torrey, C. C.: Ezra Studies. Chicago 1910; Alt, A., a. a. O., zu 12.1; Noth, M.: Überlieferungsgeschichtliche Studien I. Halle 1943, 110–179; Morgenstern, J.: Jerusalem – 485 B. C. In: HUCA 27 (1956), 101–179; 28 (1957), 15–47; 31 (1960), 1–29, und ders.: A Further Light from the Book of Isaiah on the Catastrophe of 485 B. C. In: HUCA 37 (1966), 1–28; Mazar, B.: The Tobiads. In: IEJ 7 (1957), 137 bis 145, 229–238; Pavlovský, A.: Die Chronologie der Tätigkeit Esdras – Versuch einer Lösung. In: Bibl 38 (1957), 275–305, 428–456; Mowinckel, S.: Studien zu den Büchern Esra-Nehemia. Oslo 1964–65; Galling, K., a. a. O., zu 12.1; Kellermann, U.: Nehemia, Quellen, Überlieferung und Geschichte. Berlin 1967; Ackroyd, P. R., a. a. O., zu 12.1; North, R.: Civil Authority in Ezra. In: Studi in onore di Edoardo Volterra. Mailand 1972, VI, 377–404; Smitten, W. T. In der: Nehemias Parteigänger. In: BiOr 29 (1972), 155–157, und ders.: Esra: Quellen, Überlieferung und Geschichte. Assen 1963; Tuland, C. G.: Ezra-Nehemiah or Nehemiah-Ezra? In: AUSS 12 (1974), 47–62; Cross, F. M., a. a. O., zu 12.1; Talmon, S., ibid.; Sacchi, P.*, 1976, Kap. 3; Klein, R. W.: Ezra and Nehemiah in Recent Studies. In: Magnalia Dei ..., Essays ... G. E. Wright. Garden City N. Y. 1976, 361–376; Avigad, N., a. a. O., zu 12.1; Saley, R. J.: The Date of Nehemiah Reconsidered. In: Biblical and Near Eastern Studies ... W. S. LaSor, Grand Rapids Mich. 1978, 159–165; Kippenberg, H.-G.: Religion und Klassenbildung im antiken Judentum, Göttingen 1978, Kap. 4; Gunneweg, A. H. J., a. a. O., 1981 und die Kommentare, zu 12.1; Zadok, R.: Remarks on Ezra and Nehemiah. In: ZAW 94 (1982), 296–299; Clines, D. J. A.: Ezra, Nehemiah and Esther. Grand Rapids Mich. – London 1984; Williamson, H. G. M.: Ezra & Nehemiah. Sheffield 1987; Baltzer, K.: Liberation from Debt Slavery after the Exile in Second Isaiah and Nehemiah. In: Ancient Israelite Religion, Essays ... F. M. Cross. Philadelphia 1987, 477–484.

12.7.1 Während der 80er Jahre des 5. Jh. ereilte Jerusalem eine neue Katastrophe, von der man allerdings keine genaue Kenntnis hat. Vermutlich wurde ein Teil der Stadt, vielleicht sogar des Tempels, zerstört, wie J. Morgenstern, in der Gefolgschaft von H. Winckler, in seinen 1956 ff. erschienenen Artikeln dargestellt hat.

12.7.1.1 Die Nachricht davon erreichte Susa, Hauptstadt des persischen Reiches, im Monat Kislev (November–Dezember) des 20. Jahrs des Artaxerxes I. Longimanus (464–423, also 445 v. u. Z.); nach Josephus, Ant. 11,159 ff. soll es sich um Xerxes I. 486–464 gehandelt haben. Die Nachricht wird von Josephus mit vielen Einzelheiten ausgeschmückt. Es kann aber nur dieser Artaxerxes gewesen sein und kein anderer desselben Namens: Artaxerxes II. Memnon, 404–360, oder Artaxerxes III. Ochus, 360–339, und auch nicht der von Josephus erwähnte Xerxes I., denn nach den Elephantine Papyri (Cowley 30)[19] werden für das Jahr 408 die Söhne Sanballats, „des Statthalters Samarias", gewiß des Widersachers Nehemias', Neh 2,10. 19 und anderswo erwähnt.

12.7.1.2 In den im *wādī ed-dalīje* in den 60er Jahren entdeckten, sogenannten Samaria-Papyri, von denen bis jetzt nur zwei veröffentlicht sind (Cross, 1969 und 1975, oben, 12.1), erscheint die Dynastie der Sanballatiden bis zum Ende des persischen Zeitalters (Cross 1975, Talmon 1976).

12.7.2 Die Botschaft von Jerusalem berichtete: „Die Entronnenen, die zurückgekehrt sind aus der Gefangenschaft, sind dort im Lande in großem Unglück und Schmach; die Mauern von Jerusalem liegen gebrochen und seine Tore sind mit Feuer verbrannt!", Neh 1,1–3. Was geschehen sein könnte, weiß man, wie gesagt, nicht; nur daß der Text bestimmt nicht auf die von den Babyloniern 587/86 hinterlassenen Trümmer Bezug nimmt, denn dies wäre ja offenkundig gewesen; es muß sich also um die jüngsten Ereignisse gehandelt haben, was durch die Worte Nehemias bestätigt wird. Ferner müssen die Schäden gering gewesen sein, wenn Nehemia sie in 52 Tagen ausmessen und beheben konnte, 6, 15. P. Sacchi*, 1976, 42, bemerkt richtig, daß es sich um ein zweitrangiges Ereignis gehandelt haben muß, weil jede Kunde davon fehlt; es könnte im Zusammenhang mit den nach dem Tod Darius' I. 483 ausgebrochenen Unruhen (Y. Aharoni: The Land** ... 1979, II, Kap. V. 4. 2) und den darauf folgenden Aufständen anläßlich der persischen Feldzüge gegen Griechenland, stehen.

12.7.3 Im Buch Maleachi,[20] das wahrscheinlich Zustände kurz vor der Ankunft Nehemias' widerspiegelt, erscheint eine Reihe von Begebenheiten, die die orthodoxe Richtung in Judäa als Nachlässigkeiten oder sogar als Übertretungen gegenüber dem

[19] Der Papyrus ist in ANET 492 und TUAT I, 255 veröffentlicht.

[20] Soggin: Introd. Kap. 30.

Kult und dem Gesetz bezeichnen konnte. Das war ein weiterer, diesmal aus dem Inneren der Gemeinde stammender Grund, daß jemand eingreifen sollte.

12.8 Entsendung Nehemias

Im Jahre 445 begab sich Nehemia, im Auftrag des Königs Artaxerxes I., als dessen Mundschenk er dargestellt wird, zum ersten Mal nach Judäa.

12.8.1 Es ist aber ungewiß, ob es sich hier um einen Versuch des Persischen Hofes handelte, Ordnung in einer für die Beherrschung Ägyptens wichtigen Gegend zu schaffen, oder ob es sich hier hauptsächlich um einen Eingriff der strengen und gegenüber der einheimischen Bevölkerung unnachgiebigen babylonischen Diaspora in die inneren Angelegenheiten der viel realpolitischer eingestellten und deswegen zum Ausgleich bereiten judäischen Gemeinde (so P. Sacchi, 1976*, 41 ff.) handelte: die beiden Möglichkeiten schließen einander nicht aus, auch wenn es wiederum verdächtig ist, daß der Großkönig in einer krisenreichen Zeit sich gerade um die inneren Probleme einer kleinen Gruppe in einer abgelegenen Gegend kümmern sollte.

12.8.2 Auch sind die biblischen Texte eher zurückhaltend in Sachen der offiziellen Beauftragung Nehemias:

12.8.2.1 Neh 5, 14 erscheint er mit dem Titel *peḥam*, ein unbekanntes Wort, falls es sich nicht einfach um die Korruption von *peḥah* handelt, einem Wort, das 12, 26 erscheint. So glaubt R. North, 1972, daß er überhaupt keinen offiziellen Auftrag erhalten habe.

12.8.2.2 Doch nach den 1976 von N. Avigad veröffentlichten Materialien (oben, 12.6.5.1–3) bestünde die Möglichkeit, daß der allerdings in den Siegeln nicht erwähnte Nehemia Satrap im oben 12.6.4.3 erwähnten Sinn gewesen sei.

12.8.2.3 Nach den Quellen soll er zwölf Jahre in Jerusalem verblieben sein, also bis 433, 5, 12 und 13, 6. An dieser Chronologie bestehen, nach dem heutigen Stand der Forschung, keine berechtigten Zweifel.

12.8.3 Ob nun offiziell im Land oder nicht, ein solches mit Vollmachten ausgestattetes und dem König anscheinend unmittelbar unterstelltes Amt an eine Person, die bisher nur ein Page gewesen war (allerdings ein nicht unwichtiges Amt, so daß Sacchi* 1976 ihn als einen „mächtigen Minister des Kaisers" bezeichnet), übersprang in der Tat die zuständigen Behörden der Satrapie „Transeuphrat" und der Statthalterschaft an Ort und Stelle. Es ist also verständlich, daß diese ihm feindselig gegenüberstanden, auch weil sie meistens mit Personen ohne Rang und Macht zu verhandeln gewohnt waren.

12.8.3.1 Neh 2, 10 erwähnt „Sanballat den Horoniter", den der oben, 12.7.1.1, zitierte Text aus Elephantine als Statthalter von Samaria bezeichnet und der wohl jahwistischen Glaubens war, da seine beiden Söhne mit Jhwh gebildete Namen tragen.

12.8.3.2 Ferner gibt es noch einen „Tobias, den ammonitischen Knecht", also auch Träger eines mit Jhwh gebildeten Namens; man sollte aber wohl besser das hebräische *ᶜebed* mit „hoher Beamter", vielleicht sogar mit „Minister", anstatt mit „Knecht" übersetzen.[21]

12.8.3.3 Die Abneigung der örtlichen Behörden ist also begreiflich.

In 2,19 und 6,1–6 kommt noch eine dritte Person zu den Erwähnten hinzu: „*gešem*, der Araber", den einige Autoren mit dem Vater eines gewissen *qjn*, König von Qedar und Besitzer eines mit einer Inschrift versehenen, bestimmt vor dem Jahr 400 zu datierenden Bechers, auf dem die beiden erwähnt werden, identifizieren möchten.[22] Und die Rückwirkung dieser Feindschaft ließ nicht auf sich warten: Esr 4,11 erwähnt einen an Artaxerxes gerichteten Brief, in dem die Judäer des versuchten Umsturzes angeklagt wurden; es folgte darauf der Befehl, die Arbeiten einzustellen. Immerhin war es Nehemia gelungen, die Mauern in Hinsicht auf ihren Wiederaufbau untersuchen zu lassen.

12.9 Aussendung Esras

Das Problem des an Esra ergangenen Auftrags ist viel verwickelter und beim heutigen Stand der Forschung kaum zu lösen, wenn nicht auf radikal negative Art. Eine gute Darstellung der Problematik bringt J. Bright*, 1981, 391–402.[23]

Literatur: Schraeder, H. H.: Esra der Schreiber. Tübingen 1930; Cazelles, H.: La mission d'Esdras. In: VT 4 (1954), 113–140; Kellermann, U.: Erwägungen zum Esragesetz. In: ZAW 80 (1968), 373–385; Pohlmann, K. F.: Studien zum Dritten Esra, Göttingen 1970; Mowinckel, S., a. a. O., zu 12.1, Bd. III; Kock, K.: Esra and the Origins of Judaism. In: JSS 19 (1974), 173–197; Widengren, G., bei Hayes u. Miller* 1977, 514 ff.; Houtman, C.: Esra and the Law. In: OTS 21 (1981) 91–115; Wacholder, B.-Z.: The Dawn of Qumran. The Sectarian Torah and the Teacher of Righteousness. Cincinnati 1983; Williamson, H. G. M.: The Composition of Ezra I–VI. In: JThS N. S. 33 (1983), 1–30; Rendtorff, R.: Esra und das Gesetz. In: ZAW 96 (1984), 165–184; vgl. noch die zu 12.7 genannte Literatur.

[21] Albright, W. F., hat seinerzeit die Lesart *ṭôbîjāh wᵉᶜebed hāᶜammônî* vorgeschlagen, also „Tobias und ʿEbed, der Ammoniter", in: Dedan. In: Geschichte und Altes Testament – FS A. Alt. Tübingen 1953, 1–12, 4 ff., und denkt an einen weiteren, persischen Statthalter in Transjordanien, was aber unwahrscheinlich ist, auch wenn Cross, F. M., 1975, den Vorschlag noch „sehr verlockend" nennt. Tobias stammte also aus einer Jhwh-treuen Familie und war Statthalter von Ammon.

[22] Vgl. Rabinowitz, I.: Aramaic Inscriptions of the Fifth Century B. C. from a North-Arabian Shrine in Egypt. In: JNES 15 (1956), 1–9, und Dumbrell, W. J.: The Tell Maskhuta Bowl and the „Kingdom of Qedar in the Persian Period". In: BASOR 203 (1971), 33–44.

[23] Vgl. meine Introd., Kap. 43,3, und Fohrer*, G., 1982, 208 ff.

12.9.1 Esr 7,12 steht, daß Esra, von dem 7,1–5 eine auf Aaron zurückreichende Genealogie geboten und der 7,6 als „ein Schriftgelehrter, kundig im Gesetz Mose" erwähnt wird, zusammen mit einer Gruppe von ehemaligen Deportierten auf Geheiß von Artaxerxes in dessen siebtem Jahr nach Judäa fuhr. Nun ist aber die Genealogie verdächtig, denn I Chr 5,27–41 und Neh 12,10–22 bieten eine vollständige Liste der Hohenpriester, von Levi bis Jaddûaʿ (unten, 13.4.1), zu der die von Esra z. T. identisch ist; nur, daß Esra als Sohn des Seraja dargestellt wird, der I Chr 5,40 als Hoherpriester erscheint, dessen Nachfolger Jehoṣadaq heißt. Es scheint also, daß die Genealogie Esras auf Grund der Hohenpriesterliste I Chr 5,27ff. und Neh. 12,10ff. verfaßt wurde, so daß Esra nicht nur aus priesterlichem, sondern sogar hohenpriesterlichem Geschlecht ist: „sekundäre Kurzfassung von 1 Chr 5,27–41" nennt sie A. H. J. Gunneweg*, 1985, 120! Nun, während bei Nehemia, einem Pagen des Königs, eine persönliche Bekanntschaft mit dem Herrscher anzunehmen ist, ist dies bei Esra nicht der Fall, denn bei ihm weiß der Text nur, 7,6: „der König gab ihm alles, was er erbat, weil die Hand Gottes, des Herren, seines Gottes, über ihm war." Der Text erklärt also seine Erfolge bei Hofe mit theologischen, wohl späteren Überlegungen, läßt aber die Art, auf die der Auftrag verliehen wurde, völlig im dunkeln. Auch hier scheinen die Quellen Artaxerxes I. ins Auge zu fassen, weswegen die Reise im Jahr 458 angefangen haben muß.

12.9.2 Diese, traditionell genannte, These enthält aber solche Schwierigkeiten, daß S. Talmon, 1976, 320, sie als „verwirrend" bezeichnet.

12.9.2.1 Es ist hier nicht möglich, dem Problem der Datierung Esras im einzelnen nachzugehen; dafür sei auf die Einleitungen in das Alte Testament (meine eigene, Kap. 43,3) verwiesen. Es genügt festzustellen, daß die traditionelle These heute noch von A. F. Rainey (in Y. Aharoni: The Land** ... 1979, II, Kap. V,4,12, Anm. 105), D. Kellermann und F. M. Cross befürwortet wird. Für eine Ankunft Esras nach Nehemia, in welchem Fall der König Artaxerxes II. Memnon, 404–360 und dessen 7. Jahr 398 ist, sind heute die meisten Gelehrten.[24] Ein dritter Vorschlag wurde 1957 von A. Pavlovský gemacht: Esra soll nicht im 7., sondern im 37. Jahr des Artaxerxes I., also 428, nach Jerusalem gekommen sein; dafür setzt Pavlovský einen Fehler im Text voraus. Dazu fehlt es jedoch an Hinweisen im Text, und deswegen fand der Vorschlag keine Zustimmung.[25]

12.9.3 Eine grundsätzliche Frage stellt sich angesichts dieser Problematik: kann man überhaupt vom historischen Esra etwas ermitteln? Ja, einige Autoren fragen sich sogar, ob Esra je existiert habe oder eine Schöp-

[24] Soggin: Introd. Kap. 43; ferner Widengren, G., bei Hayes u. Miller*, 1977, 535, und Fohrer*, G., 1982, 211f.

[25] Dazu Emerton, J. A.: Did Ezra Go to Jerusalem in 428 B. C.? In: JThS N. S. 17 (1966), 1–19.

fung des spätnachexilischen, jüdischen Schriftstellertums sei, und ein derartiger Vorschlag wurde m. W. zuerst von E. Renan, 1893[26], später von C. C. Torrey, 1896, und endgültig 1910 gemacht[27] und wenige Jahre später von G. Hölscher[28] wiederaufgenommen. Diese Beantwortung der alten Fragestellung wurde neuerdings von G. Garbini*, 1988, Kap. 13, wiederaufgerollt (dort auch weitere Literatur): Esra soll eine Neuschöpfung der Verfasser bzw. Redakteure beider Bücher gewesen sein, zum Zweck der Legitimierung dessen, was sie für die richtige Zusammensetzung und Organisation und den wahren Glauben der neuen Gemeinde hielten: keine Heirat mit nichtjüdischen Frauen, Esra 9, 1–10, 17 (unten, 12.9.10.2), Auferlegung des Gesetzes als persönliche Verpflichtung von seiten eines jeden Mitglieds der Gemeinde, Neh 8, 1–9 und seine Sanktionierung als Gesetz des Staates. Und das Esrabuch an sich wäre einige Jahrhunderte später zu datieren, wie manche Ungenauigkeiten in der persischen und sonstigen Chronologie zeigen. Ja, nach Garbini spiegele Esras Reform nicht eine im 5. Jh., sondern eine im 2. Jh. vom Hohenpriester Alkimos gegen 159, nach I Makk 9, 54–56 eingeleitete und im III (I) Esrabuch z. T. beschriebene Reform wider. In diesem Zusammenhang wäre also Esra der Schriftgelehrte als neuer Moses erschaffen worden, und dort soll, immer nach Garbini, auch das „Judentum" im engsten Sinn entstanden und der erfundene Name die hebräisch-aramäische Fassung des griechischen Namens Alkimos gewesen sein: Ἄλκιμος = „der Tapfere", „der Held". Darüber mehr unten, 13.10.9.

12.9.4 Endlich wird Esra vom Sir 49, 13, der nur Nehemia erwähnt, völlig verschwiegen.[29]

12.9.5 Diese radikale Lösung eines Problems, an dessen Existenz und Verworrenheit es keine Zweifel gibt, stützt sich gewiß auf beachtenswerte Elemente. Ob diese allerdings die schwere Last, die ihnen aufgebürdet wird, einen wichtigen Teil der Überlieferung einfach aus dem Wege zu schaffen, tragen können, bleibt noch zu beweisen. Eher scheint es, daß „die Erzählung … primär als theologische Deutung der Mission Esras verstanden (wird) und nicht zu historischen Rekonstruktionen auf ihrem Boden ein(lädt)" (O. Kaiser, Einl. [5]1984, 181).

12.9.6 Wie dem auch sei, es scheint, daß um die Mitte des 5. Jh. nach einer wenige Jahre vorher stattgefundenen, doch in ihrem Wesen unbe-

[26] Renan, E.: Histoire du peuple d'Israël, IV. Paris 1893, 96–106.

[27] Torrey, C. C.: The Composition and Historical Value of Ezra–Nehemiah. Gießen 1896, und die zitierten Ezra Studies, 1910.

[28] Hölscher, G.: Geschichte der israelitisch-jüdischen Religion. Gießen 1922.

[29] Höffken, P.: Warum schwieg Jesus Sirach über Esra? In: ZAW 87 (1975), 184 bis 202; kritisch über ihn und über Garbini ist Begg, C. T.: Ben-Sirach's Non-Mention of Ezra. In: BN 42 (1988), 14–18.

stimmten Katastrophe, die Gemeinde in Jerusalem durch eine rigoristische Reform ging, die von einem aus Babylon kommenden, mit dem persischen Hof verbundenen Funktionär namens Nehemia veranlaßt wurde; jeder Kompromiß in Sachen des Glaubens und der Praxis, jede Vereinbarung mit der örtlichen und benachbarten Bevölkerung wurden abgelehnt, Neh 10,29 (P. Sacchi, 1976*, 38 ff.); die Reform erfaßte nicht nur den Glauben und die Praxis, sondern auch den Kult. Über Esra hingegen kann eigentlich nur das gesagt werden, was unten 12.9.9 vorgetragen wird.

12.9.7 Aus der Reform gingen neue Impulse für das religiöse und das nationale Leben hervor: die Stadtmauern wurden aufgebaut, Neh 2,11–3,32, was unter dem Schutz der Waffen geschehen mußte. Die Stadt wurde durch Zuwanderung und Ansiedlung neuer Bewohner wieder bevölkert, 7,4–5 und 11,1–2. Die Einweihung der Mauer fand nach 12,27 ff. bald statt.

12.9.8 Eine wichtige Maßnahme war der Erlaß der Schulden, Neh 5,1–13. Dies scheint sich nicht auf die gewöhnlichen Schulden beschränkt zu haben (z. B. auf die des Landwirts zur Aussaat, die dann nach der Ernte zurückgezahlt werden); wie schon oben, 11.6.6 erwähnt, deutet der feierliche Stil des Textes auf Wichtigeres. Eine mögliche Erklärung wäre die, daß durch den Erlaß jeder Streit um die von den Deportierten verlassenen, von Nebukadnezzar an andere vergebenen und von den Rückkehrenden zurückgeforderten Grundstücke durch Machtbefugnis von oben abgeschlossen wurde (vgl. schon M. Noth*, 1954, 294 f.), durch Absage an den *status quo ante bellum*. Solche Streitigkeiten drohten die neuentstandene Gemeinde zu vernichten; sie wurden in dem Sinn abgeschlossen, daß die Grundstücke weiter jenen gehören sollten, die sie über ein Jahrhundert lang bestellt hatten.

12.9.9 Ein weiteres, wichtiges Element: im sogenannten Erlaß des Artaxerxes, Esr 7,12 ff., über dessen Echtheit allerdings ähnliche Diskussionen wie über den Kyros-Erlaß stattfinden, steht im Abschluß ein wichtiger Vermerk: die *tôrāh* wird zum Staatsgesetz für Judäa, und mit Hilfe des Staates wird ihr Geltung verschafft, Esr 7,25–26. Seitdem wird das hebräische Wort, das eigentlich „Weisung", „Lehre" und dergleichen heißt, auf griechisch mit νόμος, „Gesetz", wiedergegeben (unten, 13.12.5.3–5); im Tempel wurden Gebete „für den König" und Opfer auf Staatskosten dargebracht, Esr 6,10; vgl. aber unten, 14.4.4.

12.9.10 *Zweite Aussendung Nehemias.* Warum kehrte Nehemia 432 nach Judäa zurück? Darüber ist wiederum nichts Genaues bekannt.

12.9.10.1 Ein Grund hierfür könnte die Tatsache gewesen sein, daß der Hohepriester Eliašib eine eigene Politik verfolgte, welche wiederum auf das Einvernehmen mit und nicht auf die Absonderung von den anderen Statthaltern und den Völkern der Gegend hinarbeitete. Nach den Texten stand dieser Hohepriester in der Tat Tobias nahe, was wohl auf eine Art von Verwandtschaft hindeutet; verwandt war er gewiß mit Sanballat, dessen Tochter einen seiner Neffen geheiratet hatte, Neh 13,28. Ja, der Hohepriester soll Tobias (unten, 13.7.4.13) sogar einen Raum im Tempelbezirk überlassen haben, 13,7, man weiß nicht zu welchem Zweck und aus welchem Grund.

12.9.10.2 Weitere Gründe zur Rückkehr werden wohl Übergriffe, die er während seines ersten Aufenthaltes nicht zu beseitigen vermocht hatte, gewesen sein: Priester, die ihr Amt vernachlässigten, 13,10, vgl. Mal 1,6ff.; Zehnte, die nicht oder ungenügend bezahlt wurden, 13,12ff.; vgl. Mal 3,6ff.; Nichtbeachtung des Sabbats, 13,15ff.; Heiraten mit fremden Frauen, 13,23, vgl. Mal 2,10ff., ein Mißbrauch, der sogar, wie erwähnt, vor den Verwandten des Hohenpriesters nicht haltmachte.[30]

Von dieser Zeit an, bis zu der Alexanders des Großen, fehlen die Quellen, und H. Donner*, 1986, 433, nennt es mit Recht „das dunkle Jahrhundert".

12.10 Aufkommen, Befugnisse und Macht des Priestertums

Die Zentralisierung des Kults im Jerusalemer Tempel, nach dem Dtr das Werk der Reform des Königs Josias im letzten Viertel des 7. Jh., und die in nachexilischer Zeit hervorgegangene, vom zadokitischen Priestertum begleitete Gestalt des Hohenpriesters bilden die ersten Merkmale der nachexilischen Religion in Judäa. Einige Elemente können aus der Quelle 'P' des Pentateuchs und später aus dem Chronisten ermittelt werden. Und auch wenn man, ausgehend von den von N. Avigad veröffentlichten Siegeln und Stempeln (oben, 12.6.5.1–3), die Gegenwart eines persischen Statthalters jüdischer Nationalität (die einzige Ausnahme bildet der Perser Bagohi zur Zeit der Elephantine-Papyri) bis zur mazedonischen Zeit annehmen sollte, so scheinen doch das Ansehen und deswegen der Einfluß und die Macht des Priestertums ständig im Wachsen begriffen gewesen zu sein. Denn erstens vertrat der Statthalter, auch wenn er ein Judäer war, zuerst ausschließlich die persische und dann später die Regierung der betreffenden Besatzungsmacht, der er allein Rechenschaft schuldete; und zweitens bildete der Tempel den einzigen Ort, an dem Juda noch irgendeine, wenn auch sehr beschränkte, Art der Selbstbestimmung ausüben konnte. Der Tempel gewann übrigens auch immer mehr Gewicht als wirtschaftliche Institution, wegen der Beiträge der Diaspora und der Ausübung von bank- und sparkassenähnlichen Funktionen (unten, 13.7.2). Es verwundert also nicht, daß neben den politischen Behörden die religiöse Autorität immer wichtiger wurde, sowohl im Glauben und im Kult als auch im täglichen Leben.

12.10.1 Das Gebiet Judäas

All dies trotz des geringen *Umfangs des Gebietes*, auf dem die judäische Gemeinde lebte. Gegen Norden verlief die Grenze in der Nähe von Bet'el

[30] Eine Erklärung dieses Verbots, das keinesfalls ethnisch-rassistisch aufgefaßt werden sollte, bei Soggin: Introd. Kap. 30,2.c.

(Koord. 172–148) und *ba^{c}al ḥāṣôr* (heute *tell ʿaṣur*, Koord. 177–153); gegen Osten reichte sie bis zum Jordan und dem Toten Meer, einschließlich *^{c}ên g^{e}dî* (Koord. 187–097); gegen Süden verlief sie bis *bêt ṣûr* (*ḥirbet eṭ-ṭubīqe*, Koord. 159–110), gegen Westen bis *^{ca}zēqāh* (*tell zakarīje*, Koord. 144–123), *gezer* (Koord. 142–140) und *ʾônô* (Koord. 137–159), Y. Aharoni: The Land** ... 1979, Karte 34.

Literatur: Collins, J. J.: Between Athens and Jerusalem. New York 1983; Delling, G.: Die Bewältigung der Diasporasituation durch das hellenistische Judentum. Berlin DDR 1987.

12.10.2 Die „Diaspora“

Doch „Israel“ reichte weit über diese ärmlichen Grenzen hinaus: in einem großen Teil Kanaans wohnte eine Bevölkerung, die Jerusalem die Treue hielt, mit Ausnahme Samarias. Die Hauptstadt war ferner nicht nur die Mitte einer unbedeutenden Provinz des Weltreiches: als Sitz des Tempels bildete sie das Zentrum einer weitverbreiteten Diaspora (lit. „Zerstreuung“), besonders in Babylon, aus dem Rückwanderer und finanzielle Hilfe kamen, Sach 6,9–10, und die, wie im Fall Nehemias, oft in die innersten Angelegenheiten eingriff. Später (unten, 12.10.5 und 13.2.2) dehnte sich die Diaspora bis nach Ägypten und noch später nach Westen aus.

12.10.3 Der Kult

Über die Art, die Form und den Inhalt des Kultes und des Glaubens ist hingegen fast nichts bekannt. Darauf kann also nur geschlossen und mit Vermutungen gearbeitet werden.

12.10.3.1 Der nach dem Dtr unter Josia angefangene Erneuerungsprozeß muß, besonders durch den Eingriff Nehemias, radikal fortgesetzt worden sein. Was es an Ackerbaufesten kanaanäischen Ursprungs noch gab, wurde umgedeutet und historisiert: dadurch erhielt jede Feierlichkeit eine Verbindung mit Ereignissen der traditionellen und der vom Dtr ausgearbeiteten Heilsgeschichte. Zu diesem Zweck bildete das vor kurzem beendete, göttliche Urteil des Exils einen der Schlüsselbegriffe zur Deutung der Vergangenheit (M. Noth*, 1954, 307). Daraus erwuchsen nunmehr die Furcht, die göttlichen Gebote wiederum zu übertreten, und der ständige Wunsch nach Reinheit und Redlichkeit vor Gott. So erklärt sich das Gewicht, das nunmehr Reinigungsritualen beigelegt wurde, unter denen das wichtigste wohl der „große Sühnetag“ *(jôm kippûr)* am 10. Tišri (September–Oktober), Lev 23,27–32 und 29,9ff., war. Der Tag ist freilich schon viel früher, in vorexilischer Zeit, Lev Kap. 16, belegt.

12.10.3.2 Bis vor wenigen Jahren wurde die These vertreten, daß Esra die Quelle ‘P’ des Pentateuch aus Susa (?) nach Jerusalem gebracht hätte; ja, daß damals der Pentateuch auf der Grundlage von ‘P’ abgeschlossen worden sei. Andere denken eher an eine Fassung des Dtn (H. Cazelles, 1956, P. Sacchi*, 1976, 44). Die erste These ist unhaltbar: nirgends erfährt man, daß Esra eine besondere, mit einer der Quellen des Pentateuch identifizierbare Urkunde bei sich trug (M. Noth*, 1954, 303; über den Gegenstand vgl. D. Kellermann, 1968, 374f.). Die zweite These ist wahrscheinlicher, auch wenn man sie nicht beweisen kann. Immerhin könnte der aramäische Satz *dātā' dî-'elah šemaijā*, Esr 7, 12.21, den schon fertigen Pentateuch bezeichnen, also das erste und wichtigste Element der im Werden begriffenen hebräischen Bibel. Es wäre demnach möglich, daß der Pentateuch von da an seine kanonische Laufbahn als zu studierende und zu meditierende Lebens- und Verhaltungsnorm und gleichzeitig als Staatsgesetz für Judäa angetreten hätte, durch die er bald zur Schrift *par excellence* wurde; dies sowohl für die Judäer als auch für die Samaritaner (unten, 13.4).[31] Doch eine weitere Möglichkeit, die einiges für sich hat, ist, daß das sogenannte Gesetz Esras im großen ganzen mit der in Qumrân gefundenen Tempelrolle (11QT oder 11Q19–20) identisch ist; dazu vgl. die Aufsätze von C. Houtman, 1981, und B.-Z. Wacholder, 1983, und den lobenden Kommentar von G. Garbini*, 1988, 168f.

12.10.4 Die Synagoge

Angesichts der Entfernung der Diaspora und vieler palästinensischer Ortschaften vom nunmehr einzigen Heiligtum von Jerusalem wurde die Notwendigkeit eines dezentralisierten Gottesdienstes nach der Abschaffung der Lokalheiligtümer immer dringender.

Literatur: Lifschitz, B.: Donateurs et fondateurs dans les synagogues juives. Paris 1967; L. I. R(abinowitz): Art. Synagogue. In: EJ 15 (1971), 579–584; Hruby, K.: Die Synagoge – geschichtliche Entwicklung einer Institution. Zürich 1971; Swetnam, J.: Why Was Jeremiah's New Covenant New? In: VTS 26 (1974), 111–115; Myers, E. M.: Art. Synagogue. In: IDB-SV (1976), 842–844; Hüttenmeister, F. u. K. Galling: Art. Synagoge. In: BRL ²1977, 327–332; Shanks, H.: Judaism in Stone. New York 1979; Griffith, J. C.: Egypt and the Rise of the Synagogue. In: JThS N. S. 37 (1987), 1–15.

12.10.4.1 Es ist wahrscheinlich, daß in der Zeit zwischen der persischen Eroberung und der Ankunft Nehemias' die für das jüdische Gemeindeleben so charakteristische Institution der Synagoge, hebr. *bêt kenesset*, „Haus der Versammlung", entstand. Dort wurde gebetet, die Schrift vorgelesen und studiert, gesungen; dort spielte sich auch das restliche Gemeindeleben ab.

12.10.4.2 Es ist nicht mehr feststellbar, wann und wo die erste Synagoge gegründet wurde; es ist aber gewiß, daß die Einrichtung sich schnell an allen jenen Orten verbreitete, wo es eine jüdische Gruppe gab, dies auch, wie gesehen, im Heiligen Land in abgelegenen Ortschaften. I. L. Rabinowitz, 1971, sieht Anzeichen für ihre Gründung in der Erwähnung vom „geringen Heiligtum" Ez 11, 16 (meine Übersetzung; der Text ist aber ungewiß), und

[31] Dazu Soggin, a. a. O., Kap. 2.

J. Swetnam, 1974, im Text vom „neuen Bund", Jer 31, 31 ff. Gewiß ist, daß im 1. Jh. v. u. Z. Synagogen belegt sind, ja, in Ägypten vielleicht schon im 3. Jh. v. u. Z. (Shanks, 1979). Es dürfte also als gesichert gelten, daß es Synagogen schon lange vor der Zerstörung des Tempels, 70 u. Z., gab.

12.10.5 Die Gemeinde von Elephantine

Über einen kleinen Sektor der südägyptischen Diaspora ist man verhältnismäßig gut orientiert: die jüdische Militärkolonie von Elephantine, einer Nil-Insel in der Nähe der heutigen Grenze zwischen Ägypten und dem Sudān, auf der Höhe der ersten Katarakte und des heutigen Asswān-Damms.

Literatur: Die Texte sind kritisch herausgegeben von Cowley, A. E.: Aramaic Papyri of the Fifth Century B. C., Oxford 1923, und Kraeling, E. G.: The Brooklyn Aramaic Papyri. New York 1953; vgl. noch ANET 491 ff. und TUAT I, 254–262. Ferner Vincent, A.: La religion des judéo-araméens d'Éléphantine, Paris 1937; Porten, B.: Archives from Elephantine, Berkeley Cal. 1968; Contini, R.: I documenti aramaici dell'Egitto persiano e tolemaico. In: RivBib 34 (1986), 73–109, bes. 83 ff. u. 93 ff.: vgl. noch Widengren, G. bei Hayes u. Miller*, 1977, 523–525, und meine: Introd., App. II, 1–2 (Lit.!).

12.10.5.1 Es ist nicht mehr feststellbar, wann, wie und durch wen diese jüdische Militärkolonie gegründet wurde: eine erste Möglichkeit wäre die Zeit der persischen Eroberung unter Kambyses, also um 525 v. u. Z. (oben 12.1.6); doch es muß schon vorher Judäer und einen Tempel dort gegeben haben, denn Pap. Cowley 30, Z. 13, behaupten die im Jahr 408 nach Jerusalem berichtenden Priester, daß „unsere Väter zur Zeit der Könige Ägyptens diesen Tempel in der Festung Jeb (= Elephantine) erbaut hatten", so daß Kambyses ihn bei der Eroberung vorgefunden haben muß (M. Smith, in: CHJ I, 219); dies deutet auf eine Zeit vor der persischen Eroberung hin. Vom Archiv der Gemeinde und Kolonie ist ein großer Teil erhalten; der älteste Brief stammt von 495, der letzte von 398; und es ist wahrscheinlich, daß die Kolonie kurz darauf, während eines der vielen Aufstände gegen Persien, aufgerieben wurde.

12.10.5.2 Die Gemeinde besaß, wie schon erwähnt, einen eigenen Tempel, in dem ein vollständiger Gottesdienst mit Opfern gefeiert wurde. Doch gab es dort verschiedene Götter: den immer *jhw* geschriebenen Gott Israels, und ferner zwei *ʿnt bṯʾl* und *ʾšm bṯʾl* genannte Gottheiten, die zweite vielleicht schon Am 8, 14 erwähnt.[32] Es besteht deswegen die Möglichkeit, daß die Gemeinde vor der dtn Reform gegründet und von den Maßnahmen Nehemias nicht berührt wurde.

12.10.5.3 Eine weitere Eigentümlichkeit ist, daß, gegen jede Erwartung,

[32] Dazu Soggin, a. a. O. (oben, Anm. 11), 140 ff.

die Beziehungen zu den Priestern in Jerusalem häufig und gut waren. Ja, es wäre zu erwägen, ob, nach G. Fohrer*, 1982, 224ff., eine der Aufgaben Esras (oder, möchte ich vorschlagen, besser der zweiten Entsendung Nehemias, oben, 12.9.10), die war, solchen „Mißbräuchen" ein Ende zu bereiten.

12.11 Ende des persischen Weltreiches

Literatur: Kaiser, O.: Zwischen den Fronten – Palästina in den Auseinandersetzungen zwischen Perserreich und Ägypten in der ersten Hälfte des 4. Jahrhunderts. In: FS Joseph Ziegler. Würzburg 1972, II, 197–206 (Lit.!).

Das Persische Reich dauerte ein wenig mehr als zwei Jahrhunderte: die Niederlagen in den Feldzügen gegen Griechenland hatten dem politischen und militärischen Ansehen des Weltreiches einen schweren Schlag versetzt und den Grund für verschiedene Aufstände gegeben. So befand sich Ägypten bald in fortdauerndem Aufruhr und konnte seine Unabhängigkeit für lange Perioden behaupten. Auch die phönizischen Stadtstaaten, die die Flotten für den Kampf zur See gegen Griechenland bereitgestellt hatten, rebellierten verschiedentlich, und dasselbe geschah in den meisten Satrapien, besonders zwischen den Jahren 368 und 360.

Artaxerxes III. Ochus, 360–339, gelang es zwar, die Macht wieder an sich zu reißen, doch nur für kurze Zeit: 345 unterjochte er die phönizischen Städte wieder, 341 eroberte er Ägypten zurück; es gelang ihm ferner, die persische Macht überall zu verstärken. Doch er wurde ermordet, und mit seinem Tod endete die letzte Phase des Reiches: bis zum endgültigen Untergang vergingen nur wenige Jahre.

13. UNTER DEN MAZEDONIERN UND DEN DIADOCHEN

13.1 Das Mazedonische Reich

In der Schlacht von Issus, 333, in der Nähe des heutigen Alexandrette, schlug Alexander, Sohn des Philippus II. von Mazedonien, das persische Heer unter Darius III. Kodomannus (335–332); 332 besetzte er Syrien und Palästina und marschierte auf Ägypten. Tyrus leistete sieben Monate lang Widerstand, Gaza zwei. Die später so genannten Samaritaner empfingen Alexander freundlich, während Jerusalem, nach Josephus, Ant 11,317, ihm zuerst Widerstand leistete, sich dann aber doch unterwarf. Auf dem Rückweg von Ägypten durchquerte Alexander nochmals die Gegend, diesmal ungestört, und wandte sich in Richtung des Zweistromlandes; dort schlug er, zu Gaugamela bei Arbela, das restliche persische Heer endgültig. Samaria, Sitz der Satrapie, rebellierte kurz im Jahr 331, C. Rufus bei Stern I, 448f., und während des Aufstandes ist vermutlich eine Gruppe aus der Stadt in das Jordantal geflüchtet; mit ihr verbindet man die im *wādī ed-dalīje* gefundenen Papyri, oben, 12.7.1.2. Samaria wurde mit der Ansiedlung einer mazedonischen Kolonie bestraft.

Literatur: Abel, F.-M.: Histoire de la Palestine depuis la conquète d'Alexandre jusqu'à l'invasion arabe. Paris 1952; Tcherikover, V.: Hellenistic Civilization and the Jews. Jerusalem 1960; Mazar, B.: The Tobiads. In: IEJ 7 (1957), 137–145, 229–238; Plöger, O.: Theokratie und Eschatologie. Neukirchen/Vluyn 1960; Eddy, S. K.: The King Is Dead. Nebraska 1961; Zeitlin, S.: The Rise and the Fall of the Judaean State. Philadelphia 1962–1978; Bickerman, E.: From Ezra to the Last of Maccabees – Foundations of Post-Biblical Judaism. New York 1962; Russell, D. S., The Jews from Alexander to Herod. London 1967; Steck, O. H.: Das Problem theologischer Strömungen in nachexilischer Zeit. In: EvTh 28 (1968), 445–458; Smith, M.: Palestinian Parties and Politics that Shaped the Old Testament. New York, 1971, London ²1988; Hengel, M.: Judentum und Hellenismus. Tübingen ²1973; Hanhart, R.: Zum Wesen der makedonisch-hellenistischen Zeit Israels. In: FS J. Ziegler. Würzburg 1972, I, 49–58; Plöger, O.: Aus der Spätzeit des Alten Testaments. Göttingen 1971; Delling, G.: Perspektiven der Erforschung des hellenistischen Judentums. In: HUCA 45 (1974), 133 bis 176; Kaiser, O.: Judentum und Hellenismus. In: VuF 27,1 (1982), 68–88 (Lit.!); Schäfer, P.: Die Juden in der Antike – Geschichte des Judentums von Alexander dem Großen bis zur arabischen Eroberung Palästinas. Tübingen 1982; Saulnier, C., u. Ch. Perrot: Histoire d'Israël. III, De la conquête d'Alexandre à la destruction du Temple (331 a. C. – 135 a. D.). Paris 1985; Cohen, S. D. J.: From the Maccabees to the Mishnah. Philadelphia 1987. *Zeitfragen und Chronologien:* Hanhart, R.: Zur Zeitrechnung des I und II Makkabäerbuches. Berlin 1964; Matthiae, K.: Chronologische Übersichten und Karten zur spätjüdischen und urchristlichen Zeit. Berlin DDR/ Stuttgart 1978; Fischer, T.: Seleukiden und Makkabäer. Bochum 1980. *Zu Sach 9, 1 bis 8:* Elliger, K.: Ein Zeugnis der jüdischen Gemeinde im Alexanderjahr 332 v. Chr. In: ZAW 62 (1949–50), 63–115 (nicht in KS); Delcor, M.: Les allusions à Alexandre le Grand dans Zach IX 1–8. In: VT 1 (1951), 110–124. *Für die Zenon Papyri* (nicht in M. Stern, Authors): Tcherikover, V., u. A. Fuks, Corpus Papyrorum Judaicorum, I, Cambridge Mass. 1957. *Zu den verschiedenen Bewegungen und Gruppen:* Kippenberg, H. G.: Religion und Klassenbildung im antiken Judentum, Göttingen 1978, Kap. 5, 6, 7; Thoma, C.: Christliche Theologie des Judentums. Aschaffenburg 1978, und Delling, G.: Alexander der Große als Bekenner des jüdischen Glaubens. In: JSJ 12 (1981), 1–51. Für die wichtigsten, klassischen Texte in Übersetzung vgl. Baghall, R. S. u. P. Derow (Hrsg.): Greek Historical Documents – The Hellenistic Period. Atlanta 1981.

13.1.1 Die mazedonische Eroberung unterschied sich beträchtlich von den früheren, als eine orientalische Macht eine andere Nation aus demselben Gebiet unterjochte: damals blieb man, sozusagen, unter sich. Mit der Eroberung durch die hellenistische Großmacht änderte sich dies grundlegend: der Westen brach mit ganz neuen Sitten und einer neuen Weltanschauung in den Osten ein. Es begann so ein Prozeß der Hellenisierung, der unter den Diadochen, Rom und Byzanz fortgesetzt und dem erst durch die islamische Eroberung im 7. Jh. u. Z. Einhalt geboten wurde. Dieser Prozeß stieß anfänglich überall auf einen gewissen Widerstand, doch dieser wurde bald gebrochen, und zwar mehr durch Verführung als durch Gewalt: ein Beispiel dafür sei die Tatsache, daß, am Anfang des 2. Jh. u. Z., die ultranationalistische Bewegung der zweiten jüdischen Revolte unter Bar Kochba sich in ihrer Korrespondenz oft der griechischen Sprache bediente (unten, 14.7.4.1).

13.1.2 Über dieses auch für Judäa so wichtige Zeitalter wird weder in der kanonischen Bibel, noch in den deuterokanonischen noch in den apokryphen Schriften berichtet: die Chronikbücher reichen nicht über die persische Zeit hinaus, die Bücher der Makkabäer berichten nur ganz allgemein über die Anfänge des Hellenismus in der Gegend; ganz summarisch ist auch das 12. Buch von Josephus, Ant. Einige wenige klassische Autoren vermitteln Einzelheiten, und ihre Texte sind in der von M. Stern ausgearbeiteten Anthologie zusammengetragen (oben, 3.7.5.2). Nach K. Elliger und M. Delcor soll Sach 9, 1–8 auf den Durchzug Alexanders Bezug nehmen.

13.1.3 Aus Josephus, Ant 11, 337 f., erfährt man, daß Alexander die von den Persern bis dahin verfolgte Politik der religiösen Toleranz fortführte. Judäa und Samaria wurden in Ruhe gelassen und ihre Bewohner durften weiter nach der *tôrāh* leben; und es ist wahrscheinlich, daß diese, wenigstens in Judäa, Staatsgesetz blieb.

13.1.4 Man weiß nicht, was mit der von den Persern eingeführten Statthalterschaft (freilich nur, wenn die Avigad-Dokumente echt und deswegen verwendbar sind, oben, 12.6.5.1–3) geschah. Nach den Avigad-Materialien soll der letzte belegbare Statthalter ein gewisser *jḥzqjh*, also *j^e^ḥezqîjāh*, gewesen sein, der um 330 sein Amt bekleidete. Demnach war er ein Zeitgenosse des Hohenpriesters Onias I. Daraus kann geschlossen werden, daß das Statthalteramt auch während der mazedonischen Zeit erhalten blieb, so daß der Übergang von der einen Oberhoheit zur anderen reibungslos stattgefunden haben muß. Darüber, was später geschah, gibt es wiederum keine Nachrichten, auch wenn Anzeichen dafür vorhanden sind, daß dieses Amt erhalten blieb. Wahrscheinlich gelang es den Tobiaden jenseits des Jordans (unten, 13.2.3), das Statthalteramt während verschiedener Generationen zu behalten, bis der Hohepriester Onias III. sie am Anfang des 2. Jh. aus dem Lande verwies (unten, 13.7.4.10–13), jedenfalls gelangte der Hohepriester, und mit ihm die religiöse Behörde im allgemeinen, durch das Ansehen des Tempels zu einer großen Machtstellung, parallel zu derjenigen der zivilen Behörde.

13.2 Auflösung des Reiches

Alexander starb im Jahr 323 und hinterließ zwei minderjährige Söhne; der eine entstammte seiner Ehe, der andere war unehelich. Die Regentschaft wurde von den Generälen ausgeübt, die inzwischen ein jeder in einer Region zum Gouverneur geworden waren und später als „Diadochen", „Nachfolger", bezeichnet wurden. Die verschiedenen Gebiete waren: in Europa Mazedonien, Griechenland und Thrazien; außerhalb Europas Ägypten, Kleinasien und Babylon. Syrien und Palästina wurden zuerst Ägypten zugeteilt, wurden aber bald, nach uraltem Schema, zum Zankapfel zwischen Ägypten und Babylon.

13.2.1 Doch die Söhne Alexanders starben, vermutlich durch Mord, in den Jahren 310 und 309, wodurch die bis jetzt *de facto* ausgeübte Herrschaft der Diadochen auch *de jure* legitimiert wurde, indem ein jeder das behielt, was er besaß, als König ausgerufen wurde, eine Dynastie gründete und gleichzeitig seine Gebiete auf Kosten der anderen zu erweitern versuchte.

13.2.2 *Unter den Ptolemäern Ägyptens.* Palästina fiel beinahe sofort unter die Ptolemäer-Lagiden Ägyptens. Ptolomäus I. Soter, der ehemalige General Alexanders und sein Gouverneur mit Sitz in der von Alexander westlich des Nildeltas gegründeten Hauptstadt Alexandrien, besetzte Palästina und Phönizien und entriß sie damit den Seleukiden Babylons; 312 besetzte er Jerusalem. Über das Los der jüdischen Gemeinde erfährt man wiederum nichts, nur daß, nach Josephus, Ant 12,7, viele Jerusalemer nach Alexandrien deportiert wurden; ja, die alexandrinische Diaspora wuchs schnell durch die ständige Einwanderung. Die Beziehungen der Juden Alexandriens zu den Ptolomäern waren immer die besten, und unter Ptolomäus II. Philadelphos (285–246) soll die griechische Übersetzung des Pentateuch,

Grundlage für die ganze LXX, begonnen worden sein (vgl. hierzu die Einleitungen; meine Kap. 2,6). Diese Übersetzung zeugt vom hohen Grad der Assimilierung und Hellenisierung des alexandrinischen Judentums wenigstens auf dem Gebiet der Sprache, was durch Zulauf nicht weniger Proselyten gefördert wurde.

13.2.3 Soweit bekannt, erfreute sich die Gegend unter den Ptolomäern eines gewissen, wenn auch durch eine hohe Besteuerung beeinträchtigten Wohlstands. Darüber berichten die Zenon-Papyri, so genannt nach einem ägyptischen hohen Beamten, der Palästina und Transjordanien zwischen 260 und 258, also zur Zeit Ptolomäus' II., bereiste und dessen Bericht z. T. erhalten geblieben ist. Zenon unterhielt keinerlei Beziehungen zur religiösen Behörde, sondern verkehrte ausschließlich mit Tobias, der nach Josephus Ant 12,160 das Statthalteramt innehatte. Er gehörte, wie erwähnt, zu einem bekannten Geschlecht, von dem ein Mitglied schon Sach 6,9–14, also gegen 520–515, von Babylon nach Judäa reiste; ein weiterer erscheint als Widersacher Nehemias (oben, 12.8.3.2), und nach B. Mazar soll das Haus von jenem Jes 7,6 (text. emend.) erwähnten *ṭab'ēl* abstammen (oben, 10.2.5.2). Seine Erwähnung in den Papyri setzt voraus, daß er keine Privatperson, sondern Statthalter im Auftrag Ägyptens war. Eine Reihenfolge der Tobiaden läßt sich beim heutigen Stand der Forschung nicht eindeutig bestimmen.

13.3 Unter den Seleukiden

Nach einigen kriegerischen Wechselfällen kamen Syrien und Palästina endgültig von den Ptolemäern Ägyptens zu den Seleukiden Syriens, einer durch Seleukos I. Monophtalmos, Nikanor genannten, 312 gegründeten Dynastie.

13.3.1 Unter Antiochos III. dem Großen (232–187), dem Verbündeten Philippus' V. von Mazedonien und Freund Hannibals (dem er an seinem Hof nach der Schlacht von Zama, 202 v. u. Z., Asyl gewährte), breitete sich das Seleukidische Reich bis Kleinasien und zu den ionischen Städten aus, was aber zum Konflikt mit Rom führte. Zuerst war es allerdings Antiochos 198 gelungen, Syrien und Palästina zu besetzen, indem er in der Schlacht von Paneas (oder Paneius, heute *banjas*, Koord. 215–295, in neutestamentlicher Zeit Caesarea Philippi) Ptolomäus V. Epiphanes schlug und vertrieb.

13.3.2 Der Konflikt mit Rom, dessen Macht Antiochos unterschätzt hatte, endete mit der Schlacht von Magnesia (zwischen Sardis und Smyrna, in Kleinasien), 190, in der er verheerend geschlagen wurde. Antiochos mußte um Frieden bitten und erhielt ihn unter harten Bedingungen: er mußte ganz Kleinasien mit den griechischen Städten räumen, Rom eine schwere Entschädigung entrichten und Geiseln nach Rom entsenden, unter ihnen seine beiden Söhne Antiochos und Demetrios. Endlich sollte er seine ganze Kriegsflotte und die Kriegselefanten übergeben und Hannibal ausliefern, dem aber die Flucht gelang. Antiochos wurde während des Versuchs getötet, einen Tempel zu plündern zur Beschaffung der benötigten Gelder für die Begleichung seiner Kriegsschuld.

Die an Rom zu entrichtende Entschädigung und die daraus erwachsende Verschuldung bilden für die nächsten Jahrzehnte einen grundlegenden Faktor, welcher die seleukidische Politik bedingte.

13.3.3 Der Übergang zur seleukidischen Herrschaft muß anfänglich keine Probleme verursacht haben; es scheint sogar, daß die jüdische Gemeinde ihn, wegen der Habgier der Ptolemäer, zuerst begrüßte, auch wenn Judäa auf diese Weise von der ägyptischen Diaspora jäh abgetrennt wurde. Ja, Josephus, Ant 12, 138–144, berichtet über einige den Juden günstige Edikte Antiochos' III.

13.3.4 Auf Antiochos folgte sein Sohn Seleukos IV. Philopator (187–179), ein angeblich nicht sehr begabter, doch geschickter Herrscher, dem es z. T. gelang, sich aus der ihm vom Vater hinterlassenen schwierigen Lage herauszuziehen. Auch er wurde allerdings durch die Schuld gegenüber Rom bedrängt und versuchte, Gelder u. a. auch aus dem Tempel in Jerusalem zu entnehmen. Sonst scheint er aber den Juden eher günstig gesinnt gewesen zu sein: Josephus, Ant 12, 119 ff., berichtet, daß er aus der Privatschatulle Beiträge zum Kult leistete. Es gelang ihm auch, einige Geiseln, die sein Vater nach Rom hatte entsenden müssen, loszukaufen, darunter seinen Bruder Antiochos, nicht aber den anderen Bruder Demetrios (unten, 13.10.6). Seleukos wurde ermordet, und die Nachfolge ging an den sich auf der Reise von Rom in die Heimat befindlichen Antiochos über.

13.4 Die Samaritaner

Nach Josephus, Ant 11, 304 ff., soll der Bruch der Bevölkerung des ehemaligen Nordreiches mit Jerusalem in Verbindung mit den durch Nehemia durchgesetzten, strengen religiösen Maßnahmen stehen.

Literatur: Rowley, H. H.: Sanballat and the Samaritan Temple. In: BJRL 38 (1955 bis 56), 166–198, ders.: Men of God, London 1963, 246–276; ders.: The Samaritan Schism in Legend and History. In: Israel's Prophetic Heritage – FS J. Muilenburg. New York 1962, 208–222; Macdonald, J.: The Theology of the Samaritans. London 1964; Wright, G. E.: The Samaritans at Shechem. In: Shechem. New York 1965, 170 bis 189; Cross, F. M.: Aspects of Samaritan and Jewish History in the Persian and Hellenistic Time. In: HThR 59 (1966), 201–211; Purvis, J. D.: The Samaritan Pentateuch and the Origins of the Samaritan Sect. Cambridge Mass. 1968; Sacchi, P.: Studi samaritani. In: RSLR 5 (1969), 413–440; Smith, M., a. a. O., zu 13.1, 148–192; Kippenberg, H. G.: Garizim und Synagoge. Traditionsgeschichtliche Untersuchungen zur samaritanischen Religion der aramäischen Periode. Berlin 1971; Ay. L.(oewenstamm): Art. Samaritans. In: EJ 14 (1971), 725–757; Coggins, R. J.: Samaritans and Jews. The Origins of the Samaritans Reconsidered. Oxford 1975; Cross, F. M., a. a. O., 1975, zu 12.1; Purvis, J. D.: Art. Samaritans. In: IDB-SV 1976, 770–771; Talmon, S., a. a. O., 1976, zu 12.1; Tadmor, H.: Some Aspects of the History of Samaria during the Biblical

Period. In: The Jerusalem Cathedra 3, 1983, 1–11; Egger, R.: Josephus Flavius und die Samaritaner. Freiburg i. Ü. 1986; Hausmann, J.: Israels Rest. Stuttgart 1987, 5 bis 23; Cogan, M.: "For We, Like You, Worship Your God". In: VT 38 (1988), 286–292; Crown, A. E. (Hrsg.): The Samaritans. Tübingen 1989. In diesem Band besonders Mor, M.: The Persian, Hellenistic and Hasmonaean Period, 1–18; Schur, N.: History of the Samaritans. Frankfurt a. M. 1989.

13.4.1 Ein gewisser Manasses, Bruder des Neh 12, 11. 22 erwähnten Hohenpriesters Jaddûaʿ, eines Zeitgenossen des in der Elephantine-Korrespondenz (oben, 12. 10.5.1–2) belegten und gegen Ende des 5. Jh. lebenden Statthalters Bagohi (nach Josephus, Ant. 11, 304 hingegen des Darius III. Kodomannus, des letzten persischen Königs), hatte, gegen den Wunsch seines Bruders, eine nichtjüdische Frau geheiratet. Der Fall ist dem Neh 13, 28 vermeldeten ähnlich, wo einer der Söhne des Hohenpriesters Jôjādaʿ eine Tochter Sanballats (vermutlich des zweiten dieses Namens) (oben, 13.2.3) zur Frau genommen hatte. Es handelt sich hier um den Statthalter Samarias und den Enkel des Widersachers Nehemias. Nach einigen Autoren, z. B. P. Sacchi*, 1976, Kap. 4, soll es sich um ein und denselben Fall gehandelt haben. Nun soll dieser Manasse nach Samaria zu Sanballat II. geflüchtet sein, um dort der Strenge der Jerusalemer Orthodoxie zu entrinnen. Ich ziehe hierbei die von S. Talmon 1976 vorgeschlagene Chronologie vgl. noch P. Sacchi, der von F. M. Cross, 1975, 5 ff., vor, der sich Josephus anschließt und an den gegen 332, also zur Zeit der mazedonischen Eroberung gestorbenen Sanballat III. denkt.

13.4.2 In Samaria wäre auf diese Art eine jüdische, mit einer sadoqitischen Priesterschaft versehene Gemeinde entstanden, mit Sitz in Sichem. Nach P. Sacchi*, 1976, 54 f., soll Esra während einer gewissen Zeit Beziehungen zu dieser Gemeinde unterhalten haben; sie wurden aber bald wegen der Unvereinbarkeit der jeweiligen Einstellungen abgebrochen.

13.4.3 Es ist nicht von vornherein auszuschließen, daß die Trennung zwischen Judäern und Samaritanern als Folge von Konflikten zwischen den Rigoristen in Jerusalem und den weniger Rigoristen in Samaria stattfand; so ist es auch nicht auszuschließen, daß der Norden bald zu einem Sammelort für diejenigen wurde, die mit der in Jerusalem stattfindenden Entwicklung unzufrieden waren (Purvis, 1976). All dies kann deswegen als Arbeitshypothese angenommen werden, um so mehr als der Norden aus einer Jhwh-treuen, sich nicht zu Unrecht als legitimen Erben des Nordreiches betrachtenden Bevölkerung bestand. Das wird auch von den bis zu uns gelangten samaritanischen Überlieferungen bestätigt: daß die von Nehemia (und Esra) veranlaßten Maßnahmen die Grundlage für die endgültige Trennung bildeten (G. Widengren bei J. H. Hayes u. J. M. Miller*, 1977, 511). Allerdings sollte auch der seit jeher bestehenden, ethnischen, politischen und wohl auch religiösen Verschiedenheit beider Gruppen Rechnung getragen werden (oben, 1.1)!

13.4.4 Politisch gesehen bestand bei den Sanballatiden, den Statthaltern Samarias für Persien, eine gewisse Feindseligkeit gegenüber Judäa, besonders nach den von Nehemia (und Esra) veranlaßten Maßnahmen (oben, 12.8.3), was dieser Trennung die Neutralität, wenn nicht sogar die Zustimmung der örtlichen Behörde zusicherte. Dazu kam noch die politische Geschicklichkeit der Sanballatiden, denen es gelang, das Statthalteramt für mindestens sechs Generationen (und wer weiß, für wie viele mehr!) innerhalb der Familie zu behalten.

13.4.5 Judäa schloß sich durch die Reformen Nehemias (und Esras) in die Orthodoxie ein; dies erwies sich aber, paradoxerweise, als das geeignetste Mittel, die Grundwerte und das Charakteristikum des Judentums unversehrt zu erhalten, jene Bestandteile, die es ihm erlaubten, durch Jahrtausende zu überleben. Anders erging es den Samaritanern: die aus Drang nach Freiheit entstandene Gemeinde fand sich alsbald, genauso paradox, in die konservative Rolle gedrängt. Sie blieb an einer angeblich traditionellen Form von Religiosität hängen, die nicht durch die Propheten und die dtr Reform gegangen und deswegen „in einem frühen Stadium der religiösen Entwicklung" (G. Widengren bei Hayes u. Miller*) verblieben war.

13.4.6 Es ist nicht mehr feststellbar, ob der Bruch zwischen den beiden Gemeinden auf einmal stattfand (was unwahrscheinlich ist) oder ob er einfach aus dem langsamen Auseinanderwachsen der beiden zustande kam und wann dies zur vollendeten Tatsache wurde. Ja, nach R. J. Coggins, 1975, 164, gefolgt von Widengren, a. a. O., wurden diese Beziehungen zunächst offiziell nie ganz abgebrochen und der Bruch wurde erst viel später endgültig.

13.4.6.1 Der auslösende Grund dafür könnte mit dem Bau des samaritanischen Tempels auf dem heiligen Berg Garizim (*ǧebel eṭ-ṭūr*, Koord. 176 bis 179, südlich vom heutigen Nāblus) zusammenhängen, indem sich dieser als Alternativheiligtum zum Zion stellte. Der Bau dieses Tempels kann mit einer gewissen Sicherheit an den Anfang der mazedonischen Herrschaft datiert werden: die Perser bevorzugten immer Jerusalem und Judäa und erteilen den Samaritanern keine Erlaubnis zum Bau; diese wurde ihnen aber unter Alexander sofort gewährt.

13.4.6.2 Allerdings sollte das Argument des Alternativheiligtums nicht zu sehr betont werden, weiß man doch aus dem Beispiel Elephantines (oben, 12.10.5), daß die Jerusalemer Priesterschaft es mit ihrem Ausschließlichkeitsanspruch nicht so genau nahm.

13.4.7 In der Tat: nach Josephus Ant 11, 321–324 (M. Noth*, 1954, 319, gegen J. Bright*, 1981, 409 ff.) sollen die Samaritaner sich Alexander sofort unterworfen (oben, 13.1) und als Gegenleistung die Erlaubnis, einen Tempel zu bauen, erhalten haben. Jerusalem war aber den Persern anfänglich treu geblieben, Josephus, Ant 11, 325, wodurch es einfach die Bestätigung seines früheren Status und nichts Weiteres erhielt. Daß es in der ersten Hälfte des 2. Jh. einen solchen Tempel auf dem Garizim gab und daß er zusammen mit dem Jerusalemer Tempel erwähnt wird, II Makk 6, 2, bestätigt nicht nur seine Existenz, sondern auch, daß dies schon seit einiger Zeit der Fall war.

13.4.8 Jerusalem hat die Gemeinde und den Kult der Samaritaner als illegitim empfunden. Das Chronistische Werk,[1] wie schon früher das Dtr, meint, wenn von „Israel" die Rede ist, immer den Süden *und* den Norden, die es vereinigt sehen möchte. Anderseits ist der Chronist im allgemeinen gegenüber den Samaritanern nicht so polemisch eingestellt (Hausmann 1987), wie man es erwarten könnte. In seiner Theologie steht freilich der Jerusalemer Tempel im Zentrum der geistigen Geschichte des Volkes, und das als Vorfahre der Samaritaner betrachtete Nordreich wird nie günstig erwähnt. Der Deuteronomist, und besonders DtrN, II Reg 17,24–41, betrachtet die Bevölkerung des ehemaligen Nordreiches als ethnisches und religiöses Gemisch, II Reg 17,7ff. (oben, 10.3.4); dafür, daß es tatsächlich so war, fehlt jeder Beweis, so daß es als reine Polemik aufgefaßt werden muß. Ja, II Reg 17 ist nicht der einzige Text, der die Samaritaner erwähnt: nach Esr 4,1–5 bieten sie (oder, besser, ihre Vorfahren) ihre Hilfe für den Wiederaufbau, als Anbeter desselben Gottes an, und nach II Chr 30 sollen sie sogar, unter Hiskia, das Passahfest zusammen mit Juda gefeiert haben. Also nicht alle Bewertungen der Gruppe sind so negativ wie beim Dtr (M. Cogan, 1988). Polemisch erscheint hingegen wiederum das Neue Testament, vgl. Joh 4,22.

13.4.9 Durch die Jahrhunderte hindurch sind die Samaritaner eine wichtige, zweite jüdische Gemeinde gewesen. Doch mit der islamischen Eroberung scheint ein gewisser Zerfall eingesetzt zu haben. Heute überleben einige Hunderte von ihnen in der Nähe von Nāblus, unter dem heiligen Berg Garizim, und in Ḥolon, einer südöstlichen Vorstadt Tel Avivs.

13.5 Apokalyptik

Während der letzten Jahre des Perserreiches und des Anfangs der hellenistischen Herrschaft hört die nachexilische Prophetie auf und eine neue Bewegung tritt als Folge in Erscheinung: die Apokalyptik.[2] Es handelt sich um ein hochspekulatives, esoterisches Gebilde mit stark mythischem Inhalt.

Literatur: Die *Texte in Übersetzung* sind geboten bei Kautzsch, E.: Die Apokryphen und Pseudoepigraphen des Alten Testaments. Tübingen 1900 (und Neudrucke); Charles, R.H.: The Apocrypha of the Old Testament. Oxford 1913 (und Neudrucke); Rießler, P.: Altjüdisches Schrifttum außerhalb der Bibel. Augsburg 1928 (Neudruck Heidelberg 1966, eine praktische Ausgabe); Kümmel, W. G. (Hrsg.): Jüdische Schriften aus hellenistisch-römischer Zeit. Gütersloh 1973ff.; Charlesworth, J.H. (Hrsg.), The Old Testament Pseudoepigrapha. Garden City N.Y./London 1983–85.

[1] Vgl. meine Introd., Kap. 42,1.

[2] Ibid. Kap. 17.

Weitere Ausgaben auf Französisch, Italienisch und Spanisch. *Über den Gegenstand:* Schürer, E.: Geschichte des israelitisch-jüdischen Volkes im Zeitalter Jesu Christi. Leipzig 1910–11 (das klassische Werk, jetzt in einer englischen Übersetzung und von verschiedenen Forschern auf den Stand der Forschung gebracht, hrsg. von Vermes, G., F. Millar u. M. Black, Edinburgh 1973–87); Rowley, H. H.: The Relevance of Apocalyptic. London 1947; Plöger, O., a. a. O., zu 13.1; Russell, D. S.: The Method and Message of Jewish Apocalyptic. London 1964; Charles, R. H.: Eschatology. Neudr. New York 1963; Bousset, W.: Die Religion des Judentums. Neufassung hrsg. von Greßmann, H., u. E. Lohse. Tübingen [3]1966; Osten-Sacken, P. von der: Die Apokalyptik in ihrem Verhältnis zur Prophetie und zur Weisheit. München 1969; Schmidt, J. M.: Die jüdische Apokalyptik. Neukirchen/Vluyn 1969; Schreiner, J.: Alttestamentlich-jüdische Apokalyptik – Eine Einführung. München 1969; Koch, K.: Ratlos vor der Apokalyptik. Gütersloh 1970; Rost, L.: Einleitung in die alttestamentlichen Apokryphen und Pseudoepigraphen. Heidelberg 1971; Gese, H.: Anfang und Ende der Apokalyptik, dargestellt am Sacharjabuch. In: ZThK 70 (1973), 20–49, ders.: Vom Sinai zum Sion. München [2]1983, 202–230; Unnik, W. C. van (Hrsg.): La littérature juive entre Tenach et Mishna. Leiden 1974; Hanson, P. D.: The Dawn of Apocalyptic. Philadelphia 1975; Soggin, J. A.: Profezia ed apocalittica nel Giudaesimo postesilico. In: RivBib 30 (1982), 161–173; Rowland, C.: The Open Heaven. London 1982; Sacchi, P.: Riflessioni sull'essenza dell'apocalittica. In: Hen 5 (1983), 33–61; Boccaccini, G.: È Daniele un testo apocalittico? ... In: Hen 9 (1987), 267–302; Gowan, D. E.: Eschatology in the Old Testament. Philadelphia 1987; Sacchi, P.: Esquisse du développement du messianisme juif à la lumière du texte qumranien 11QMelch. In: ZAW 100 (1988 Suppl.), 202–214; Hellholm, D. (Hrsg.): Apocalypticism in the Mediterranean World and the Near East. Tübingen [2]1989.

13.5.1 Die aus dem babylonischen Exil Rückwandernden wurden von Propheten wie Haggai und Sacharia, Trito-Jesaja und Maleachi unterstützt, ja, oft gerügt. Zwei weitere, Joel und Deutero-Sacharia, predigten in einem unbestimmten, doch nicht früher als das 4. Jh. zu datierenden Zeitalter. Die Botschaft der nachexilischen Propheten wird aber meistens als der ihrer vorexilischen Kollegen qualitativ unterlegen empfunden, was sich auch aus der Tatsache erklären läßt, daß durch den Verlust der politischen Unabhängigkeit die ganze politische und soziale Thematik von selbst ausfiel und hauptsächlich kultische, rituelle und gesetzliche Fragen behandelt wurden. Nach diesen Figuren gibt es keine Nachrichten mehr über irgendeine Form von Prophetentum außer im Neuen Testament Johannes der Täufer.

13.5.2 Auf das Erlöschen der Prophetie folgte eine Bewegung, deren Ansätze schon bei Hesekiel und Deutero-Sacharia zu finden sind, die einerseits unmittelbar von den Propheten hergeleitet wird, anderseits teilweise aber eher auf eine nur indirekte Abstammung deutet: die Apokalyptik. Dieses Wort und die daraus abgeleiteten Begriffe, dessen Texte sich in den sogenannten pseudoepigraphischen Büchern des Alten Testaments finden (die Bezeichnung kommt daher, daß ihre angeblichen Verfasser Helden der Vorgeschichte und der alten Geschichte Israels gewesen sind, was auf keinen

Fall zutreffen kann), werden oft mit „Offenbarung(en)" und dergleichen übersetzt, z. B. auf Englisch; sie bedeuten aber eher „Enthüllung(en)". Die Terminologie wird auch von der Forschung nicht immer konsequent und klar umrissen verwendet, oft mit „Eschatologie" und Derivaten verwechselt und als Sammelbegriff für verschiedene, nicht immer miteinander verwandte Konzepte gebraucht. Im Alten Testament werden nur das Buch Daniel (und besonders der zweite Teil) und Sektionen in den prophetischen Büchern (z. B. Jes Kap. 24–27) als „Apokalypsen" bezeichnet, was aber nicht allgemein angenommen wird, vgl. zuletzt Sacchi, 1983, und Boccaccini, 1987.

13.5.3 Die Apokalyptiker haben mit den Schriftpropheten vieles gemeinsam, wodurch ihre Abstammung von ihnen bestätigt wird: der Glaube an den Gott Israels als den Herrn und Lenker der Geschichte, der sie also zu deren Ende führt; als den Erwähler Israels zu seinem Volk und als Instrument für die Ausführung seiner Pläne; ferner die Erwählung Israels als Gottesvolk, doch nicht als Privileg, als Bevorzugung, sondern als verantwortlicher Auftrag; die Gewißheit, daß das Exil ein Urteil über das untreue Volk, doch auch einen Typus des Gerichts für die Zukunft darstellt.

13.5.4 Es gibt aber auch grundlegende Unterschiede, so daß die eben festgestellte Abstammung nicht in allen Fällen zutrifft: zuerst einmal den geheimen Charakter der dem Empfänger anvertrauten und erst „am Ende der Zeit(en)" zu verkündenden Botschaft. Der Apokalyptiker ist also, entgegen den Propheten, kein Prediger, sondern ein Verwahrer geheimer Lehren, Visionen und Botschaften. Auch die Erwählung, für die eine Art *numerus clausus* gilt (z. B. Apk 7,6–8: die 144000 Gerechten), erscheint als etwas, das vor aller Zeit stattgefunden hat und als individuelle, anderen verwehrte Gabe. Was über das Ende der Zeit, die Endkatastrophe und das kommende Reich gesagt wird, ist zeitlos, unhistorisch, mit überwiegend mythischem Einschlag. Es erscheinen endlich neue Lehren, wie die der Ur- und Erbsünde, es entsteht eine Hierarchie von Engeln und Dämonen. Die ganze Fragestellung ist intellektualistisch, so daß G. von Rad,[3] übrigens zu Unrecht, die Apokalyptik von der Weisheit herzuleiten versuchte.

13.5.5 Die Katastrophen der Jahre 70 und 134 u. Z. (unten, 14.4 und 7) brachten die Apokalyptik in Verruf: nicht das Gottesreich, sondern Zerstörung und Zerstreuung waren auf die „endzeitlichen Wehen" gefolgt. So verschwand die Bewegung, und von ihr bleiben nur einige Spuren im Rabbinismus und mehrere im Neuen Testament übrig. Mehr Erfolg hatte sie durch die Jahrtausende hindurch in sektiererischen, christlichen Gruppen.

[3] Rad, G. von: Theologie des Alten Testaments, II. München ^{4}1965, 314 ff.

13.6 Antiochos IV. Epiphanes

Antiochos IV (175–164), Bruder des getöteten Seleukos IV. und ehemals Geisel in Rom, bestieg nun den Thron; er nahm den Titel Epiphanes, „offenbarter Gott“ an, von dem es nicht bekannt ist, ob er in seiner tatsächlichen Bedeutung oder nur als rhetorisches Kennzeichen aufgefaßt wurde. Er konnte aber in den orthodoxen und apokalyptischen Kreisen des Judentums leicht als Herausforderung aufgefaßt werden. Wie sein Vater Antiochos III. scheint er ein begabter und bedeutender Herrscher gewesen zu sein, auch wenn, nach den Biographen, seine genialen Eigenschaften von einer gewissen Überspanntheit (er liebte den Prunk und verschwendete viel Geld) und Unbeständigkeit (er soll rasch philosophische Schulen gewechselt haben) eingeschränkt wurden. Doch dies waren nicht die Probleme, die seine Herrschaft beeinträchtigen sollten. Übrigens ist sein Zeitalter nur wenig, aus klassischen und hauptsächlich jüdischen Schriften, bekannt; die letzteren sind ihm ausnahmslos feindlich gesinnt.

13.6.1 Er fand sich bald in einen Streit mit Ägypten verwickelt, das, wie seit jeher, Syrien und besonders Palästina für sich beanspruchte, eine Gegend, die tatsächlich, wenigstens was Palästina betrifft, bis Ende des 3. Jh. unter seiner Oberhoheit gestanden hatte.

13.6.1.1 Die Streitigkeiten arteten in einen Krieg aus; 169 fiel Antiochos in Ägypten ein, zur Zeit als Rom mit dem Krieg mit Perseus von Mazedonien anderswo beschäftigt war. Es gelang ihm, das Nildelta zu besetzen, doch im Bewußtsein, daß er das große Land nicht zu beherrschen vermochte, unterstützte er Ptolomäus VI. im Kampf gegen seinen Bruder, den späteren Ptolomäus VII. Er hoffte also, einen ihm günstig gesinnten König in Ägypten auf den Thron zu setzen. Doch der Plan schlug fehl: die beiden Brüder einigten sich auf Kosten des Eindringlings.

13.6.1.2 Im folgenden Jahr, 168, drang Antiochos abermals in Ägypten ein, doch diesmal griff Rom zu. Rom hatte den Krieg mit Perseus siegreich beendet und befahl Antiochos durch seinen Legaten, sich sofort und bedingungslos aus Ägypten zurückzuziehen. Zum Schaden des unterbrochenen Feldzuges fügte sich die Demütigung hinzu, feststellen zu müssen, daß ein römischer Legat eine größere Macht als die seine hatte. Und man darf sich wohl fragen, ob das protokollarisch nicht gerade korrekte Verhalten Roms nicht vorsätzlich war: Rom schien Antiochos demütigen zu wollen!

13.6.2 Da ihm jede Ausdehnungsmöglichkeit nach Westen und Süden versagt blieb, richtete sich Antiochos nach Osten, nach Armenien und das von den Parthern beherrschte Persien, und dort fand er im Jahre 164/63 den Tod; nach I Makk 6,8ff. und II Makk 9,5ff. als Folge einer schweren Krankheit; auch soll er nicht mehr ganz zurechnungsfähig gewesen sein, was z. T.

auch von klassischen Autoren bestätigt wird (Prato, 1989, s. Lit. im nächsten Abschnitt).

13.7 Antiochos IV. und das Judentum

Antiochos' Politik gegenüber seinen Untertanen jüdischen Glaubens und jüdischer Nationalität wurde im klassischen Altertum, innerhalb einer eher toleranten Gesellschaft, zum Beispiel der religiösen Verfolgung. In der jüdischen, besonders der apokalyptischen Literatur erscheint er als das Modell der Entfesselung der Mächte des Bösen gegen die Gerechten, vgl. Dan 7,25; im urchristlichen Schrifttum wird er zum Typus des Antichrist. Über die Verfolgung und die darauffolgenden Kriege gibt es bei nichtjüdischen, klassischen Schriftstellern überhaupt keine Berichte (Saulnier-Perrot, 1985, 123); man besitzt nur die natürlich stark projüdischen Schriften I–II Makkabäer und die Geschichtswerke Josephus'. Doch zwischen diesen Werken sind in den Einzelheiten derartig große Unterschiede, ja manchmal sogar Spannungen vorhanden, daß jeder Versuch, diese auszugleichen bis jetzt fehlgeschlagen ist (G.-L. Prato, 1989). So ist man gezwungen, mit stark tendenziösen und nicht immer übereinstimmenden Quellen zu arbeiten.

Literatur: Schürer, E., a. a. O., zu 13.1; Bonsirven, J.: Le Judaïsme palestinien au temps de Jésus-Christ. Paris 1934; Bickermann, E.: Der Gott der Makkabäer – Untersuchungen über den Sinn und den Ursprung der makkabäischen Erhebung. Berlin 1937, und ders.: From Ezra to the Last of Maccabees, New York 1949; Rowley, H. H.: Menelaus and the Abomination of Desolation. In: Studia Orientalia ... J. Pedersen ... dicata. Kopenhagen 1953, 303–315; Delcor, M.: Le temple d'Onias en Égypte. In: RB 75 (1968), 188–203; Tcherikover, V.: Hellenistic Civilization and the Jews, Philadelphia 1966, 175–203, 470–479; Hanhart, R., a. a. O., zu 13.1; Hengel, M., ibid.; Tsafrir, Y.: The Location of the Seleucid Akkra in Jerusalem. In: Yadin, Y. (Hrsg.), Jerusalem Revealed. Jerusalem 1975, 85–89; Bunge, J. G.: Zur Geschichte und Chronologie des Untergangs der Oniaden und des Aufstiegs der Hasmonäer. In: JSJ 6 (1975), 1–46; Soggin, J. A.: I manoscritti del Mar Morto. Roma 1978; Bringmann, K.: Hellenistische Reform und religiöse Verfolgung in Judäa. Eine Untersuchung zur jüdisch-hellenistischen Geschichte. In: AGWG.PH (1983), 120–140; Harrington, D. J.: The Maccabean Revolt: Anatomy of a Biblical Revolution. Wilmington De. 1988; Prato, G.-L.: La persecuzione religiosa nell'ermeneutica maccabaica: l'Ellenismo come paganesimo. In: Ricerche storico-bibliche 1 (1989), 99–122; Bar-Kochva, B.: Judas Maccabaeus. Cambridge 1989. Ferner die Kommentare über I–II Makkabäer. *Über Antiochos IV.:* Mørkholm, O.: Antiochus IV of Syria, Kopenhagen 1976; Abos Padilla, R.: Plädoyer für Antiochus IV. Epiphanes. Frankfurt a. M. 1984; Keil, V.: Onias III – Märtyrer oder Tempelgründer? In: ZAW 97 (1985), 221–233; Nodet, E.: La dédicace, les Maccabées et le Messie. In: RB 93 (1986), 321–375; Schmitt, H. H.: Untersuchungen zur Geschichte Antiochus' des Großen und seiner Zeit. Wiesbaden 1964. *Über die Beziehungen der Makkabäer zu Rom:* Wirgin, W.: Judah Maccabee's Embassy to Rome and the Jewish-Roman Treaty. In: PEQ 101 (1969), 15–20; Liebman-Frankfort, T.: Rome et le conflict judéo-syrien (164–161 av. n. ère). In: L'antiquité classique 38 (1969), 101–120; Giovannini-Müller, A.: Die Beziehungen zwischen Rom und den Juden im 2. Jh. v. Chr. In: Museum Helveticum 28 (1971), 156 bis 171; Piattelli, D.: Ricerche intorno alle relazioni politiche tra Roma e l' ἔθνος τῶν Ἰουδαῖων dal 161 a. C. al 4 a. C. In: Bullettino dell'Istituto di Diritto romano „Vittorio Scialoja" III, 13 (1971), 217–347; Fischer, T.: Zu den Beziehungen zwischen Rom und den Juden im 2. Jh. v. Chr. In: ZAW 86 (1974), 90–93; Timpe, D.: Der römische Vertrag mit den Juden 161 v. Chr. In: Chiron 4 (1974), 133–154; Flusser, D.: The Kingdom of Rome in the Eyes of the Hasmonaeans and as Seen by the Essenes. In: Zion 48 (1983), 149–176 (hebr., engl. Zusammenf.).

13.7.1 Dazu nun einige Überlegungen.

13.7.1.1 So wichtig der religiöse Faktor bei dieser Auseinandersetzung auch scheint, man muß sich vom Vorurteil freimachen, daß es sich um den wenn nicht einzigen, so doch wohl wichtigsten Grund gehandelt habe. Politische und wirtschaftliche Faktoren spielten eine viel größere Rolle, als man sich bei einer ersten Lesung der Quellen denken könnte. Nur, sie äußerten sich hauptsächlich auf dem religiösen Gebiet, wo Israel etwas Besonderes bildete. Eine Darstellung der verschiedenen Erklärungsversuche findet sich bei G.-L. Prato, 1989. Doch auch das Vorhandensein großer Spannungen auf sozialem Gebiet innerhalb des Judentums sollte nicht unterschätzt werden: besonders schwerwiegend sind die zwischen den um den Tempel und das Priestertum gescharten oberen Schichten und den mittleren Ständen, deren Ausdruck später die Pharisäer (unten, 13.12.3) wurden. Es gab dann noch die untersten Schichten, zu denen der sogenannte *ʿam hāʾāreṣ* (unten, 13.12.3.1) gehörte. Es wäre deswegen verlockend, den ganzen Aufstand unter dem Gesichtspunkt eines Klassenkampfs zu behandeln, der in religiösen Kategorien seinen Ausdruck fand!

13.7.1.2 Ein politisches Element wurde schon oben, 13.3.1, erwähnt: Judäa und die Jerusalemer Gemeinde waren seit dem Wechsel von den Ptolemäern zu den Seleukiden von der Diaspora in Alexandrien getrennt, die bis dahin zu den ersteren gute Beziehungen unterhielten. Nach Ausbruch der Feindseligkeiten war jede Beziehung zwischen den beiden den Seleukiden automatisch verdächtig.

13.7.1.3 Wirtschaftlich bildeten die Versuche der Seleukiden, an die Gelder des Jerusalemer Tempels heranzukommen, einen weiteren Grund für Spannungen. Es handelt sich hier nicht einfach um Diebstahlsversuche, die verschlimmert wurden durch ihre gotteslästerliche Art. Auch Seleukos IV., ein sonst den Juden gutgesinnter Herrscher (oben, 13.3.2), hatte einmal dasselbe versucht. Nein, die Seleukiden standen alle unter der Bedrängnis der seit Antiochos III. an Rom zu zahlenden Schuld.

13.7.1.4 Wegen der beiden gescheiterten Feldzüge gegen Ägypten hatte sich die wirtschaftliche Lage Antiochos' IV. erheblich verschlechtert. So sind die Versuche, Gelder aus dem Tempelschatz abzuheben, gewiß kultfrevlerische, doch auch (und vielleicht hauptsächlich) wirtschaftspolitische Maßnahmen. Mit einer besonderen Geringschätzung des jüdischen Glaubens oder des Kultus, ja, mit einer allgemeinen religiösen Intoleranz hatten sie nichts zu tun: Antiochos hatte, wenn es um Geld ging, vor den Heiligtümern heidnischer Götter keine größere Achtung (M. Noth*, 1954, 326, wo er Polyb 30, 26 fin. zitiert), sofern sie große Reichtümer verwahrten.

13.7.2 Der Tempel in Jerusalem bildete die wichtigste finanzielle Institution im Lande und war, wie schon angedeutet, gleichzeitig das, was man heute eine Bank, eine Sparkasse und ein Leihhaus nennen würde. Was also allen als Gotteslästerung erschien, war eigentlich nur eine Art Zwangsanleihe, ein guter Ausweg, um die leeren Staatskassen zu füllen.

13.7.3 Ein erster Versuch, auf den wir bald zurückkommen werden (unten, 13.7.4.10–11), stieß auf den Widerstand des Hohenpriesters Onias III. und des Volkes, II Makk 3, wo auch von einem rettenden Wunder berichtet wird. Hier soll es sich aber eher um die Übertretung der Befugnisse von seiten eines Funktionärs gehandelt haben.

13.7.4 Doch ein weiterer, störender Faktor wird von den Quellen vermerkt: Unter Antiochos IV. scheint sich die Grundeinstellung des Hofes gegenüber den jüdischen Untertanen verschlechtert zu haben, und dies aus folgenden Gründen:

13.7.4.1 Unter Antiochos IV. soll eine zusammenhängende und konsequente Hellenisierung des Landes stattgefunden haben, die sogar mit Gewalt durchgesetzt wurde, sobald die Überredung nicht mehr genügte.

13.7.4.2 Die vom König geförderte Hellenisierungspolitik war aber nicht aus der Luft gegriffen: sie stützte sich auf eine philohellenistische Partei innerhalb der jüdischen Oberschicht. Mitglied derselben war ein gewisser Jason (Hellenisierung von Josua), Bruder des amtierenden Hohenpriesters Onias III., doch mit diesem seit langem im Streit. Und Jason versprach, um die Unterstützung des Hofes für seine Kandidatur zum Hohenpriesteramt zu gewinnen, Antiochos große, dem Tempelschatz zu entnehmende Geldsummen für die Reichskasse, II Makk 4,8, und seine Unterstützung bei der Hellenisierung.

13.7.4.3 Nun scheint es ziemlich eindeutig, daß es gerade der Druck dieser prohellenistischen Gruppe war, der Antiochos in seiner Linie bestärkte. Mit anderen Worten, wie richtig von einigen Autoren vorausgesetzt wird: ohne Zutun der Philohellenisten innerhalb des Judentums hätte der König sich wohl vorsichtiger, ja diskreter verhalten (Bickermann 1937, Hengel 1974, J. Bright*, 1981, 419). Nur die Gewißheit, eine qualifizierte, jüdische Partei als Verbündete zu haben, ließ Antiochos diese Politik verfolgen. Auch P. Sacchi*, 1976, 96 ff. meint: „Es ist wenig wahrscheinlich, daß Antiochos eine Verfolgung des Judentums als Religion beabsichtigte; er mußte hauptsächlich aus Jerusalem eine so weit wie möglich zuverlässige Stadt machen“, und zwar vom militärischen Gesichtspunkt aus, im Hinblick auf die Feindseligkeiten mit Ägypten.

13.7.4.4 Auch die Philohellenisten wollten sich ihrerseits nicht vom Judentum loslösen; ihnen lag vielmehr daran, nur die strenge Orthodoxie Nehemias und Esras zu beseitigen. Die These Tcherikovers, 1959, 191 u. 196, daß die jüdische Revolte noch vor der wirklichen Verfolgung anfing und sich nicht so sehr gegen den seleukidischen Staat als gegen die jüdischen Hellenisten richtete, wird auf diese Art verständlich, vgl. noch P. Schäfer bei J. H. Hayes, u. J. M. Miller*, 1977, 562ff. Man hätte es also mit einem Streit zu tun, der ursprünglich zwischen hellenistischen und orthodoxen Juden ausbrach, und der erst später, nachdem das syrische Heer die ersteren unterstützte, zu einem nationalen Befreiungskampf ausartete (Sacchi*, 106)!

13.7.4.5 Ein Projekt wie das des Antiochos, ein Land zwangsmäßig zu hellenisieren, mag dem heutigen Leser vollkommen widersinnig erscheinen, handelte es sich doch gerade beim Hellenismus um eine weltoffene und religiös-tolerante Bewegung, bei der solche Maßnahmen gegen die eigene Weltanschauung verstießen.

13.7.4.6 Doch wiederum zeigt sich die Lage verwickelter, als es zunächst den Anschein haben mag. Im Osten sowie im Westen gegenüber Rom stellte der Hellenismus sich als *die* Kultur und deswegen als Alternative zu jeder anderen dar. Dies galt allen Völkern der Gegend und nicht nur dem Judentum. Der einzige Unterschied zwischen dem Judentum und den anderen Religionen war sein Monotheismus, wodurch es sich nicht in die allgemein verbreitete, polytheistische Weltanschauung einordnen ließ. Für den Hellenismus waren ferner die anderen Völker „Barbaren", ursprünglich nicht ein Schimpfwort, sondern eine ironisch-onomatopäische Art, die für ihn unverständlichen Klänge wiederzugeben; langsam wurde die Bezeichnung aber zum Schimpfwort, das den anderen disqualifizierte: Barbar war derjenige, der eine unbegreifliche, schlecht klingende Sprache spricht, der verschiedene und verwirrende Sitten hat, merkwürdige, oft widerliche Speisen ißt. Das Griechische behauptete sich immer mehr als die universale Kultursprache, denn universal erschienen die von ihm vertretene Philosophie, die Wissenschaft, die Literatur, das Rechtsleben, die bildenden und musikalischen Künste. Ja, im Westen hatte man im allgemeinen sehr dürftige, oft phantastische Kenntnisse vom Osten, und vom Judentum wußte man fast nichts.[4] Schwer ist es, Menschen zu schätzen und zu achten, die man kaum oder überhaupt nicht kennt und deswegen als kulturell minderwertig betrachtet.

13.7.4.7 Vom jüdischen Standpunkt aus gesehen: schon früher war Israel Gewalt angetan worden, doch dies wurde immer als Prüfung oder Urteil seines Gottes verstanden; dadurch wurde der Glaube nicht in Frage gestellt, und die Religion und die Gedankenwelt des jeweiligen Verfolgers erwiesen sich als größtenteils unerheblich. Der Hellenismus stellte sich hingegen als eine neue, alternative Weltanschauung dar, und man mußte eine Entscheidung treffen: die, Jude zu bleiben oder zum neuen Glauben überzutreten. Die philohellenistischen Juden, soweit sie im guten Glauben waren, hofften auf die Möglichkeit, das eine tun zu können ohne das andere zu lassen; nach den orthodoxen Auffassungen hatten sie sich hingegen für den Hellenismus gegen das Judentum entschieden.

[4] Vgl. Auscher, D.: Les relation entre la Grèce et la Palestine avant la conquête d'Alexandre. In: VT 17 (1967), 8–30. Als Belege lese man die von M. Stern zusammengetragenen Texte.

13.7.4.8 Auf der entgegengesetzten Seite des Hellenismus befand sich also der ernste, orthodoxe jüdische Glaube: ohne Bilder und deswegen mit geringer Förderung der bildenden Künste, seit Deutero-Jesaja (oben, 12.1.5) auch universalistisch ausgerichtet, wenn auch nur durch die Vermittlung des theologischen Begriffs des Gottesvolkes, im Besitz von sozialen Gesetzen ohnegleichen im Altertum: die sabbatische Arbeitsruhe für Mensch und Tier, die Freilassung der Schuldsklaven nach einigen Jahren Dienst. Sein ethisches Niveau muß auch dem heutigen Leser über jeden Vergleich erhaben erscheinen, mit einem einfachen, direkten, undoktrinären, doch wirksamen Rechtssystem, bei dem es keine grausamen Strafen gab oder solche, die die Menschenwürde verletzten. All dies stand im Gegensatz zu einer Gesellschaft, die hinter der tadellosen Fassade Korruption und Reichtum, der sich auf der Ausbeutung der Lohnarbeiter und der Sklaven aufbaute, aufwies.

13.7.4.9 Ja, das Judentum war sogar zum Gegenangriff geschritten, indem es, wenigstens in jenen Gruppen, aus denen später die Pharisäer entstehen sollten, eine unmißverständlich missionarische Tätigkeit entwickelte, vgl. die Jesus zugeschriebene, kritische Bemerkung Mt 23,15, ein Text, aus dem man auf das Alter dieser Tätigkeit schließen kann.

13.7.4.10 Doch wenn es auch leicht ist, die Korruption der hellenistischen Gesellschaft zu brandmarken, so war das Verhalten der höheren, jüdischen Klassen nach den Quellen alles andere als einwandfrei; und es handelte sich gerade um diejenigen, die sich am meisten für den Hellenismus einsetzten. Die Lage hatte sich schon unter Seleukos IV. derartig verschlechtert, daß P. Sacchi, 1976*, 93 von „Zersetzungssymptomen" sprechen kann.

13.7.4.11 II Makk 3,4 berichtet, daß „... ein gewisser Simon, von der Priesterklasse Bilgas[5], Oberaufseher (προστάτης) des Tempels geworden war". Er befand sich alsbald im Konflikt mit dem Hohenpriester Onias III. über eine mit der Verwaltung der Märkte zusammenhängende Angelegenheit. Der allem Anschein nach unwichtige Grund verbarg aber einen Machtkampf: Simon stand in Verbindung mit den oben, 13.1.4, erwähnten Tobiaden. Da es ihm nicht gelang, mit Onias fertigzuwerden, begab sich Simon nach Tarsus zum Generalgouverneur, den er über das Vorhandensein großer, in keinem Verhältnis zu den Bedürfnissen des Kultus stehender Reichtümer im Tempelschatz informierte. Er führte dem Gouverneur auch die Möglichkeit einer entsprechenden Belohnung vor Augen für den Fall, daß er, Simon, anstatt des Onias zum Hohenpriester ernannt würde. Eine Inspektion wurde nach Jerusalem entsandt, doch Onias konnte sie mit überzeugenden Argumenten abweisen. Ein Versuch, ein Inventar der im Tempel befindlichen Schätze zu machen, scheiterte allerdings am Widerstand der Priester und der Bevölkerung; er wurde von wunderbaren Erscheinungen begleitet (oben 13.7.3).

13.7.4.12 Auch diesmal kann von einer religiösen Verfolgung nicht die Rede sein: es hatte eine regelrechte Anzeige gegeben, und darauf war die Entsendung einer

[5] Mit VetLat und Arm., nach Abel, F.M.: BJ; der Text hat „Benjamin", was aber auch wenn *lectio difficilior* bestimmt falsch ist, da er dann ein Laie gewesen wäre. Für Bilga als priesterliches Geschlecht siehe I Chr 24,14.

Inspektion angeordnet worden. Einmal festgestellt, daß die Anzeige grundlos war, wurde das Verfahren eingestellt. Nur im Versuch, ein Inventar aufzunehmen, kann man einen Übergriff erblicken, doch auch dieser scheiterte am Widerstand. Was hingegen eine schwerwiegende Entwicklung einleitete, war das Angebot von Geldern aus dem Tempelschatz, um die Ernennung des Hohenpriesters durch staatliche Organe zu bewirken (Sacchi*, 1976), indem man von den Geldnöten des Reiches profitierte.

13.7.4.13 In diese Zeit sollte man die Ausweisung der Tobiaden, der Statthalter Ammons und Judäas (oben, 13.1.4) aus Jerusalem datieren. Dadurch wurde der Hohepriester der einzige Herr im Land, Josephus, Bell 1,31, und die Hierokratie im engsten Sinn begann.

13.7.5 Indem er eine noch höhere Summe als die von Simon angebotene versprach, wurde Jason (oben, 13.7.4.2) zum Hohenpriester ernannt und Onias III. abgesetzt, was wohl auch mit Zutun der ausgewiesenen Tobiaden geschah, II Makk 4,7. Zu den von Jason gegebenen Versprechen zählte auch das, in Jerusalem ein γυμνάσιον und ein ἐφεβεῖον einzurichten. Im Jahr 175–74 wurde Onias offiziell abgesetzt und in die Gegend von Antiochien verbannt; an seine Stelle kam Jason, der die beiden Institutionen sofort einführte, auch zur Freude mancher Priester, die ihr Amt zu deren Gunsten vernachlässigten, 4,11 ff. Ja, einige Priester sollen sich sogar einer plastischen Operation unterzogen haben, um die Beschneidung zu verbergen, I Makk 1,15 und Josephus, Ant 12,241; vgl. II Makk 4,16. Einmal hatte Jason durch Mittelsmänner Beiträge aus dem Tempelschatz sogar für Opfer an heidnische Gottheiten anläßlich der Spiele in Tyrus gesandt.

13.8 Antiochos IV. und die Hohenpriester

Zum ersten Mal soll sich Antiochos während einer Reise durch die Gegend (vielleicht auf dem Rückweg aus Ägypten, 169, doch die Chronologie ist auch an diesem Punkt durcheinander) kurz in Jerusalem aufgehalten haben, wo man ihn mit Ehrungen empfing, II Makk 4,21 f. Der Aufenthalt war aber zu kurz, um ihm die Möglichkeit zu geben, sich genau Rechenschaft über die Lage zu verschaffen.

13.8.1 Drei Jahre nach seiner Ernennung sandte Jason einen gewissen Menelaus (nach Josephus die Hellenisierung von Onias; oder vielleicht von Menahem?) zum König, den Bruder jenes Simon (oben, 13.7.4.11), der als erster den Prozeß eingeleitet hatte, durch den der Hohepriester vom Staat gegen eine Geldsumme ernannt werden sollte. Wenn die oben 13.7.4.10, Anm. 5 vorgeschlagene Lesart für II Makk 3,4 richtig ist, gehörten Simon und Menelaus der Priesterschaft an, entgegen einer anderslautenden, häufigen Behauptung, auch wenn sie keine Sadoqiten waren, vgl. G. Widengren bei Hayes u. Miller*, 1977, 582, und Soggin, 1978, 71. Anstatt seinen Auftrag zu erfüllen, bot Menelaus hingegen dem König eine noch größere Summe an, um anstelle Jasons als Hohepriester ernannt zu werden, II Makk 4,23ff. Sein Plan gelang, Jason mußte sich verstecken, und so wurde die sadoqitische Hohepriesterlinie unterbrochen. Doch es scheint Menelaus nicht gelungen zu sein, das dem König gegebene Versprechen zu halten, was II Makk 4,27b sich festzustellen begnügt, ohne Gründe anzugeben. Hatte er sich vielleicht verrechnet? Das wäre eine Möglichkeit, denn unbeschränkt konnte ja auch der Hohepriester nicht aus dem Tempelschatz abheben. Doch ein weiterer, möglicher Grund wäre der: II Makk 4,28ff. behauptet, daß sich auf der „Akropolis" (wohl der Tempelkomplex) ein königlicher Beamter niedergelassen hatte, der die Staatssteuern unmittelbar einnahm, ohne die Vermittlung des Tempelschatzes. Auch dies könnte Menelaus Schwierigkeiten verursacht haben.

13.8.2 Währenddessen hatte Onias aus der Verbannung Menelaus den Kampf angesagt: er brandmarkte u.a. dessen Korruption. So machte Menelaus von der Abwesenheit des Königs, der sich auf einem Feldzug befand, Gebrauch, um den Gouverneur zu überreden, Onias ermorden zu lassen, II Makk 4,30ff. Die Tat soll 171–70 stattgefunden haben und als unerhört betrachtet worden sein; ja, wahrscheinlich nimmt Dan 9,26 auf sie Bezug: „Und nach 62 Wochen wird ein Gesalbter ermordet werden und nicht mehr sein ..." (Text aber unsicher; ein Korrekturvorschlag lautet: „Ohne daß Schuld bei ihm wäre ..."), vgl. noch 11,22: „... und vernichtet werden, dazu auch der Fürst des Bundes" (auch diesmal ist der Text unsicher). Sogar Antiochos soll über diese hinter seinem Rücken begangene Tat entsetzt gewesen sein und den Gouverneur zum Tode verurteilt haben.

13.8.3 Soweit die Überlieferung, an der man bis vor kurzem nicht zweifelte. Doch auch in diesem Fall bestehen am ganzen Tatbestand wichtige und berechtigte Zweifel, die schon von Josephus, Bell 7,420ff. (vgl. auch 1,33; aber vgl. Ant. 13,62 und 20,235f., beide Texte für die traditionelle These) vorgetragen wurden: Onias III. soll gar nicht in der Nähe von Antiochien verbannt und später getötet worden, sondern nach Ägypten geflüchtet sein, wo er einen jüdischen Tempel in Leontopolis (nördlich von Memphis, heute *tell el-jehudīje*) baute. Um diese nach späteren Begriffen unorthodoxe Tat zu verheimlichen, wäre dann die Legende vom Märtyrertod erfunden worden (V. Keil, 1985, doch vgl. schon M. Delcor, 1968) und die Gestalt des Onias IV., dem der Tempelbau zugeschrieben wurde, eingeführt worden (dazu unten, 13.10.16); aber einen Onias IV. soll es nie gegeben haben. Zu diesem Gegenstand vgl. noch den Kommentar von M. Stern: Authors, I, 405ff., der aber die Überlieferung verteidigt.

13.9 Endgültiger Bruch

Die Beziehungen zwischen dem König und der jüdischen Gemeinde verschlechterten sich zusehends, auch wenn es nicht möglich ist, wegen der Unordnung der Chronologie, ein diachronisches Bild der Begebenheiten zu entwerfen. Die hier dargestellte Aufzählung der Tatsachen ist deswegen rein mutmaßlich, obwohl die Einzelheiten nach I Makk 1,20–23; II Makk 5,1 bis 26; Dan 11,28–31; Josephus Bell. 1,31ff. und Ant. 12,239–250 bekannt sind, vgl. die Diskussion bei P. Schäfer in Hayes-Miller*, 1977, 564–568.

13.9.1 Während des ersten Feldzuges Antiochos' IV. im Jahr 169 (oben 13.6.1.1) wurden frevelhafte Diebstähle am Tempelschatz entdeckt. Lysimachos, ein Bruder des Menelaus, wurde der Tat bezichtigt und vom Volk getötet, II Makk 4,39ff. Soweit hätte es kaum Probleme gegeben, da auf der Gotteslästerung die Todesstrafe stand. Doch die Ältesten in Jerusalem reichten eine Beschwerde bei Antiochos ein, in der sie u. a. Menelaus der Mittäterschaft anklagten. Dieser übersandte aber dem König eine große Summe Geldes und wurde daraufhin freigesprochen, während man die Mitglieder der Abordnung hinrichten ließ.

13.9.2 Während des zweiten Feldzuges gegen Ägypten, 168 (oben, 13.6.1.2), verbreitete sich auf einmal das Gerücht, von Zeichen und Wundern begleitet, daß der König gestorben sei, II Makk 5,1ff. Jason verließ sofort sein Versteck und griff Menelaus und seine Anhänger mit etlichen Tausenden Leuten an. Nach anfänglichem Erfolg und der Tötung vieler Kollaborateure lief das Unternehmen fehl, und Jason mußte abermals flüchten.

13.9.3 Nun bot aber dieser nicht gegen die Syrer gerichtete Aufstand Antiochos den Vorwand zum unmittelbaren Eingreifen. Der König betrachtete das Geschehen nicht als innerjüdische Angelegenheit, sondern als Hochverrat im Krieg. Mit seinen aus Ägypten zurückkehrenden Truppen belagerte und eroberte er Jerusalem und rächte an dessen Bevölkerung die ihm in Ägypten zugestoßene Schmach. Er ließ u. a. den Tempel plündern unter der sachkundigen Führung Menelaus', I Makk 1,21ff.; II Makk 5,15ff., und kehrte dann nach Antiochien zurück.

13.9.4 Im Jahr darauf, 167, veröffentlichte er eine Reihe von Erlassen, nach denen eine Zwangshellenisierung stattfinden sollte, und sandte gleichzeitig ein Heer nach Judäa unter dem Befehl eines gewissen Apollonius, um die Erlasse durchzusetzen, I Makk 1,29; II Makk 5,24. Diesem gelang es wiederum, die Hauptstadt, diesmal durch eine Kriegslist, zu besetzen; er ließ sie plündern, viele ihrer Bewohner töten oder verkaufen und einen Teil der Mauern schleifen; aus den Trümmern baute er eine Festung, die Akkra, deren Lokalisierung noch ungewiß ist, vielleicht nördlich des Tempels, wo später die Antonia stand (unten, 14.1.3), wie es einige Autoren vorschlagen; nach anderen hingegen an einem unbekannten Ort östlich des Tempels (die

Diskussion bei P. Schäfer, in: Hayes u. Miller*, 1977, 554 ff.). Gewiß ist, daß sich die Festung in der Nähe des Tempels, den sie zu überwachen beabsichtigte, befinden mußte. I Makk 1,33 f. beschreibt die Garnison als bestehend aus „sündigen, gesetzlosen Leuten", also aus heidnischen Truppen: die Stadt befand sich, mit anderen Worten, unter militärischer Besatzung.

13.9.5 Nach der Erledigung der militärischen Aufgaben erschienen die mit der Hellenisierung beauftragten Beamten; ihnen oblag, u. a., die Kontrolle, ob jeder den neuen Göttern die vorgeschriebenen Opfer dargebracht hatte. Sie arbeiteten in Ausschüssen, und es gelang ihnen, das ganze Land unter ihre Kontrolle zu bringen. Der jüdische Gottesdienst, auch im häuslichen Raum, war verboten; der Tempel wurde Zeus Olympios geweiht. Dies wird bei Dan 11,31 und 12,11 als „der Greuel der Verwüstung", vgl. im Neuen Testament Mk 13,14 und Parall., erwähnt. Die Weihe fand am 15. Dezember 167 statt, und am 25. Dezember wurden dem an dem Tag auferstehenden *Sol invictus*, einer vielleicht mit Antiochos selbst identifizierten Gottheit, Opfer dargebracht. Die Einhaltung des Sabbats und der anderen Feiertage und ferner die Beschneidung wurden verboten, die heiligen Schriften vernichtet, die seit der Perserzeit immer erneuerten Privilegien abgeschafft. Ähnlich erging es den Samaritanern, deren Tempel auf dem Berg Garizim Zeus Xenios geweiht wurde.

13.9.6 Viele Juden widersetzten sich diesen Maßnahmen nicht, doch einige wählten den Tod, „anstatt ein gotteslästerliches Leben zu führen". II Makk 6,18–19 und 7,1 bieten zwei Geschichten von Bewohnern, die den Märtyrertod wählten, anstatt sich zu verunreinigen. Bei all diesem soll Antiochos selbst zugegen gewesen sein, was aber nicht gerade wahrscheinlich ist. Auf diese Episode nimmt vermutlich auch Hebr 11,35 Bezug. Andere zogen es vor, in die Berge und Wüsten zu flüchten, I Makk 2,29 ff., von wo sie hier und da einen Widerstand zu organisieren versuchten. Eines der Probleme, mit denen der Widerstand sich bald auseinandersetzen mußte, war das der Sabbatruhe, I Makk 2,29–41: von dieser Sitte machten die Syrer Gebrauch, um die Widerstandskämpfer anzugreifen und zu vernichten. Man entschied, daß der Kriegszustand der Lebensgefahr gleichkam, in welchem Fall die Übertretung der Sabbatruhe erlaubt ist (unten, 13.12.5.3). Aus diesen vereinzelten Gruppen sollte bald der geschlossene Widerstand erwachsen.

13.9.7 Bei denen, die sich in unbewohnte Gebiete begaben, I Makk 2,29, sollte man zwei Gruppen unterscheiden: diejenigen, die einfach vor der Verfolgung flüchteten und anderswo versuchten, ihr Leben nach dem Gesetz zu gestalten (darunter vielleicht auch die Essener von Qumrân[6], unten, 13.12.3.6), und jene, die zur Waffe griffen, um die Unterdrücker bei jeder günstigen Gelegenheit anzugreifen.

13.9.8 Der Hellenismus verfiel im Siegesrausch dem Irrtum, dem so mancher Sieger anheimgefallen ist, seinen Feind zu unterschätzen: es gelang ihm, in den Städten zu siegen, was übrigens sein Hauptziel war, aber er vernachlässigte die Steppen und das Gebirge, teils wegen der objektiven Schwierigkeit, dort Feldzüge durchzuführen, teils weil er deren strategische Bedeutung nicht erfaßte (G. Ricciotti*, 1932, II, § 252). Doch, wie oft in be-

[6] Vgl. hierzu mein: Qumranbuch 1978, 73 ff.

setzten Gebieten, brach auch damals der Widerstand gerade in diesen Gegenden aus, die sich für den Partisanenkrieg besonders eigneten; und von dort breitete er sich bald über das ganze Land aus. Die Widerstandskämpfer nannten sich „die Frommen“, „die Treuen“, hebr. *ḥassîdîm*, auf Griechisch ’Ασιδαῖοι. Es brauchte nur noch wenig, um den größten Teil der jüdischen Bevölkerung mit einzubeziehen.

13.9.9 Der Anlaß dazu war bald gegeben. In *môdîn*, einer am Rande der Šephelah gelegenen Ortschaft, auf der Höhe des heutigen Ramla, Koord. 148–148, lebte die vom I Chr 9,10 und 24,7 erwähnten *jᵉhôjārîb* abstammende, priesterliche Familie der Hasmonäer, deren Haupt der alte Mattathias war. Er hatte Jerusalem und den Tempel, wo er sein Amt nicht mehr ausüben konnte, verlassen, begleitet von seinen fünf Söhnen Johannes, Simon, Judas (auch „Makkabäer“, = „der Hämmerer“[?] genannt, Josephus Ant. 12,265 ff.), Elazar und Jonathan. Eines Tages, nach I Makk 2,15 im Jahr 167–66, wohl im Sommer, da sich die ganze Handlung im Freien abspielt, „kamen die Abgesandten des Königs, deren Aufgabe es war, zum Abfall und zur Darbringung von Opfern zu zwingen, nach Modin“. Verschiedene Juden unterwarfen sich, während andere, um Mattathias geschart, sich abseits hielten. Sie weigerten sich nachzugeben, und, sobald sie einen Juden erblickten, der im Begriff stand zu opfern, töteten sie ihn zusammen mit dem königlichen Beamten und zerstörten den Altar. Darauf floh Mattathias mit seinen Söhnen in die Berge, und sie verließen alles, was sie besaßen, I Makk 2,28.

13.9.10 Um sie scharten sich sowohl diejenigen, die sich bis dahin nur passiv widersetzt hatten, als auch jene, die den aktiven Widerstand gewählt hatten. Mattathias starb im Jahr darauf, und Judas wurde zum Anführer ernannt, I Makk 3,1.

13.10 Feldzüge der Hasmonäer

Es erübrigt sich, die verschiedenen Feldzüge der Hasmonäer zu verfolgen; es genügt zu sagen, daß es ihnen gelang, nach fast dreißigjährigem Kampf den Sieg zu erringen. Man sehe für Einzelheiten die sorgfältigen Analysen von G. Ricciotti*, 1932, II, § 252 ff., M. Noth*, 1954, § 29, P. Schäfer bei Hayes u. Miller*, 1977, 585–597, wo auch in die Probleme der Quellen Einsicht geboten wird. Ich werde mich darauf beschränken, einige Hauptpunkte darzustellen.

13.10.1 Nach einigen – doch nicht entscheidenden – Siegen die aber den Juden zeigten, daß sie dem Feind gewachsen waren und den Kämpfenden die nötigen, vom Feind erbeuteten Waffen verschafften, gelang es Judas, einen erheblichen Teil Judäas zu erobern, auch weil der im Krieg im Osten beschäftigte Antiochos nicht seine ganze militärische Macht gegen die Aufständischen richten konnte. Seine Truppen waren den jüdischen natürlich qualitativ, quantitativ und technisch überlegen, doch die Aufständischen waren beweglicher, kannten das Terrain und hatten die Vorzüge des Angreifenden. Sie waren schließlich viel stärker motiviert und deuteten jeden Sieg als einen Beweis göttlicher Gnade.

13.10.2 Der Feldzug gipfelte in der Eroberung Jerusalems, außer der Akkra, wo sich die noch vorhandenen Truppen und die Kollaborateure einschlossen. Daraufhin reinigte und restaurierte Judas den Tempel, in den er sadoqitische, doch nicht mit den Syrern kompromittierte Priester einsetzte. Was alles mit dem heidnischen, während drei Jahre dort gefeierten Kult zusammenhing, wurde weggeschafft und der Altar neu aufgebaut. Am 25. Kislev (November–Dezember) 164, drei Jahre nach seiner Entweihung, wurde der Tempel feierlich wieder eingeweiht (das bis heute gefeierte *ḥ^a^nukkāh*-Fest).

13.10.3 Der Tod Antiochos' im Osten im Frühling 164–63 befreite Israel zwar von seinem Feind, doch weder von den von ihm erlassenen Gesetzen noch von der in der Akkra verbliebenen Garnison; auch blieb die seleukidische Politik innerhalb und außerhalb Judäas unverändert. Um dem Einhalt zu gebieten, entfesselte Judas eine Reihe von Feldzügen, besonders in Richtung jener Gegenden, in denen jerusalemtreue Juden wohnten, d. h. in Galiläa und Transjordanien. Und da er wegen Truppenmangels diese Länder nicht besetzt halten konnte, evakuierte er die jüdische Bevölkerung nach Judäa. Um jedem Übergriff gegen Judäa zuvorzukommen, kämpfte er auch gegen den seit 587/86 von Edomitern besetzten und Idumäa genannten Süden (oben, 11.6.5) und gegen die Philister. Darauf belagerte er die Akkra, deren Garnison den noch unter der Vormundschaft des Generals Lysias stehenden Nachfolger Antiochos' IV., Antiochos V. Eupator (164–61), um Hilfe bat. Lysias hatte sich unabhängig gemacht und zum Reichsverweser ernannt, gegen den Willen Antiochos' IV., der einen gewissen Philippus für dieses Amt vorgesehen hatte.

13.10.4 Lysias und Antiochus V. griffen Judäa von Süden an mit den aus dem abgeschlossenen Ostfeldzug freigewordenen Truppen. Deren quantitative und qualitative Übermacht war von verheerender Wirkung. Judas verlor verschiedene Schlachten, mußte die Belagerung der Akkra aufgeben und wurde endlich bei *bêt z^e^karjāh* (heute *el-ʿāzar*, Koord. 118–163, ungefähr 10 km südwestlich von Jerusalem) mit seinen Truppen vernichtend geschlagen. Bald danach belagerten die Syrer die Hauptstadt wiederum.

13.10.5 Durch einen Zufall gelang es Judas, die Katastrophe abzuwenden: Philippus, der von Antiochus IV. designierte, doch von Antiochus V. und Lysias nicht anerkannte Reichsverweser, erschien mit einem Heer vor Antiochien, um die Macht an sich zu reißen; und so mußten Lysias und Antiochos V., um ihm gegenüberzutreten, Truppen von der judäischen Front abziehen. Judas Makkabäus erhielt ein ehrenhaftes und günstiges Friedensangebot, in dem u. a. die Religions- und Gewissensfreiheit völlig gewährleistet wurden. Es blieb ihm nichts anderes übrig, als das Angebot anzunehmen, denn der Zweck des Aufstandes war erreicht. Lysias und Antiochus V. hatten inzwischen Menelaus töten lassen, was ein weiteres Hindernis für die Verständigung aus dem Weg schaffte.

13.10.6 Doch in Antiochien war inzwischen eine neue Gestalt in Erscheinung getreten: Demetrios, der zweite Sohn des Seleukos IV. (oben, 13.3.2 und 4), der aus der römischen Geiselhaft fliehen konnte, vielleicht sogar mit Beihilfe der Römer, die immer bemüht waren, den Seleukiden Schwierigkeiten zu verursachen (Gunneweg*, 1989, 166ff.). Er veranlaßte die Truppen, sowohl Lysias als auch Antiochos V. zu beseitigen, und bestieg den Thron als Demetrios I. Soter (161–150).

13.10.7 Vor dem neugekrönten König erschien sofort eine Abordnung der Judäo-Hellenisten, mit der Bitte, das Hohepriestertum ihrem Kandidaten zu gewähren. Es war dies ein gewisser Alkimos, vielleicht die Hellenisierung von Eljaqim. Nach erfolgter Ernennung begab sich der neue Hohepriester nach Jerusalem unter dem Schutz eines syrischen, von einem Befehlshaber namens Bacchides angeführten Heeres.

13.10.8 Durch die neue Situation entstand eine Spaltung unter den Rebellen: ein pazifistischer Flügel glaubte, der Zweck der Revolte sei erreicht (oben, 13.10.5), und es ginge nicht an, weiteres zu verlangen; dem schlossen sich auch die Hellenisten an, wenn auch, wie begreiflich, aus anderen Gründen. Die hasmonäische Gruppe blieb hingegen mißtrauisch: wenn nun alles in Ordnung sein sollte, warum erschien der neue Hohepriester in Begleitung eines feindlichen Heeres? G. Ricciotti*, 1932, II, § 259, bemerkt dazu richtig: es war naiv zu glauben, daß orthodoxe und hellenistische Juden, Asidäer und Kollaborateure, Mitglieder des Widerstandes und syrische Truppen auf einmal miteinander auskommen und friedlich zusammenleben würden; und die Gegenwart des Heeres zerstörte, was auch immer an Vertrauen noch vorhanden war. Auch Alkimos befand sich bald in Schwierigkeiten und griff zu Unterdrückungsmaßnahmen, wobei Dutzende von orthodoxen Juden ums Leben kamen. Dabei bediente er sich der syrischen Truppen und intrigierte ständig beim König gegen die gesetzestreuen Judäer.

13.10.9 I Makk 9,54–56 wird berichtet, daß Alkimos im Jahr 160 die im inneren Hof des Tempels befindliche Mauer abreißen ließ.[7] Es kann sich nicht um die Mauer handeln, die die Heiden von den Juden trennte, was auf eine religiöse Reform schließen lassen könnte. Dies wird nun von G. Garbini*, 1988, 160 so gedeutet, daß die Reform die innerhalb des Judentums existierende Trennung zwischen Priestern und Laien abschaffte; und diese Reform sollte, immer nach Garbini, im pseudoepigraphischen III Esra, Kap. 8–9, beschrieben sein; sie wurde dann auf das 5. Jh. rückdatiert und Esra, dessen Gestalt hier entstand, zugeschrieben (oben, 12.9.3). Die

[7] Garbini, G.*, 1988, 164f., erwähnt noch Meg.Taʿan. 8, zitiert bei Fitzmyer, J. A.: A Manual of Palestinian Aramaic Texts. Rom 1978, Nr 150 (S. 181–187 und 248f.).

Mauer wurde auch später, unter Herodes, nicht mehr aufgebaut. Die Reform setzte nach Garbini eine in den Chronikbüchern bezeugte Linie fort, die später von den Pharisäern angenommen, aber sowohl von den Asidäern als auch von einem Teil der Sadoqiten abgelehnt wurde. Einige unter diesen letzteren begaben sich darauf in die Wüste und gründeten, in der Nähe des nordwestlichen Ufers des Toten Meeres, die Qumrân-Gemeinde (s. unten 13.12.4). Der Vorschlag ist interessant und verdient Beachtung; doch ich zweifle daran, daß man so vieles und so wichtiges den Texten I Makk 9, 54–56; III Esr Kap. 8–9 und dem weiteren, von Garbini erwähnten Text Meg.Ta^can. abgewinnen kann, um so mehr, als es schwierig scheint, daß der außer von den Hellenisten von allen angefochtene und bald verstorbene Alkimos eine so grundlegende und später gerade von den Pharisäern angenommene Reform hätte einleiten können.

13.10.10 Es folgten einige kriegerische Auseinandersetzungen, bis Judäa abermals schwer geschlagen wurde und Judas im Kampf fiel. Wiederum schienen die Hellenisten gesiegt zu haben, und die Asidäer mußten sich unter Jonathan, dem Bruder und Nachfolger Judas', zurückziehen. Doch der Kampf ging weiter, und manchmal gelang es den Rebellen, eine Schlacht zu gewinnen; doch Aussichten auf einen Endsieg gab es wegen der Stärke des Feindes keine mehr. Immerhin, der 159 erfolgte Tod Alkimos' beraubte Bacchides der zu schützenden und zu unterstützenden Person. Das Amt des Hohenpriesters blieb darauf sieben Jahre unbesetzt.

13.10.11 Kurz vor seinem Tod soll Judas Makkabäus Verhandlungen mit Rom, dem Erzfeind der Seleukiden, aufgenommen haben. Dies brachte zwar keine sofortigen Vorteile, stellte aber den Aufstand in den Rahmen der großen internationalen Politik.

13.10.12 Wie schon andere Male erwuchs Israel eine Hilfe aus den inneren Streitigkeiten unter den Seleukiden.

13.10.12.1 Im Jahre 153 brach ein Krieg aus zwischen Demetrios I. und Alexander Balas (150–145), einem Thronanwärter, der sich als unehelicher Sohn Antiochos' IV., dem er ähnlich sah, ausgab. Bacchides wurde sofort in die Heimat zurückbefohlen, und Demetrios bot Jonathan günstige Friedensbedingungen an. Die Syrer zogen sich fast überall zurück, nur auf der Akkra und in Bêt Ṣûr (oben, 12.10.1) ließen sie Garnisonen zurück.

13.10.12.2 Doch auch Alexander Balas versuchte, sich Jonathan anzunähern und bot ihm das Hohepriesteramt an. Im Herbst 152 wurde Jonathan, obwohl nicht sadoqitischen Geschlechts, geweiht und im Tempel eingesetzt.

13.10.12.3 Alexander gewann einen vollkommenen Sieg über Demetrios und ließ Jonathan praktisch an der Regierung teilnehmen. Auf diese Art vereinte Jonathan das geistliche und das weltliche Amt in seiner Person, etwas Unannehmbares in den Augen der Orthodoxie, doch wirksam in der Praxis.

13.10.13 Der Bund zwischen den beiden währte einige Jahre, bis Demetrios, ein Sohn Demetrios' I., sich 147 gegen Alexander Balas erhob im Versuch, den Thron an sich zu reißen. Jonathan nützte die Gelegenheit, die Akkra wieder zu belagern und den größten Teil Samarias zu erobern.

13.10.14 Demetrios siegte und wurde als Demetrios II. Nikanor (145–138 und 129–125) König. Jonathan gelang es, sein Anliegen geschickt vorzutragen, und so erhielt er die Bestätigung sowohl seiner eigenen Stellung als auch der alten, dem jüdischen Kult gewährten Privilegien und für die jüdische Gemeinde die Befreiung von verschiedenen Steuern. Ferner kamen drei Distrikte Samarias, deren Bevölkerung Jerusalem die Treue hielt, zu Judäa. Jonathan mußte aber die Belagerung der Akkra aufgeben.

13.10.15 Jonathans politische Gewandtheit wurde ihm aber zum Verhängnis (Noth*, 1954, 339): als Demetrios II. sich weigerte, seine Truppen aus der Akkra und Bêt Ṣûr zurückzuziehen, verbündete er sich mit dem soundsovielsten Thronanwärter, diesmal Antiochos, einem durch den General Diodatos Tryphon unterstützten Sohn Alexander Balas'. Der General wollte aber das Reich für sich haben und den Thronanwärter nur als Strohmann gebrauchen; er war sich sofort der Macht Jonathans bewußt und ließ ihn 143 durch eine List beseitigen. Zuvor hatte Jonathan die Beziehungen zu Rom wiederaufgenommen und sogar neue mit Sparta angeknüpft.

13.10.16 Die Hasmonäer wählten Simon, den Bruder Judas' und Jonathans, zum Nachfolger. Er knüpfte die Beziehungen zu Demetrios II. wieder an, der die Hilfe Judäas brauchte, um den Nebenbuhler und Tryphon zu beseitigen, und als Entgelt erhielt Judäa eine De-facto-Unabhängigkeit. 141 gelang es Simon, die Akkra zu besetzen; er fuhr fort, die Beziehungen zu Rom und zu Sparta zu pflegen und erweiterte die Grenzen Judäas durch eine Reihe von Feldzügen. Auch er erhielt die Ernennung zum Hohenpriester, und seine ungesetzliche Lage konnte dadurch beglichen werden, daß das Geschlecht Onias' III., dessen Sohn, der Überlieferung nach (doch siehe oben, 13.8.3!), sich der Sukzession durch die Gründung eines Tempels in Leontopolis in Ägypten unwürdig gemacht hatte, seiner Rechte verlustig erklärt wurde. Er konnte aber nicht durchsetzen, als König anerkannt zu werden, da er nicht aus der davidischen Linie stammte, obgleich er den Titel führte.

13.10.17 Die Beziehungen zu Rom blieben bestehen; davon zeugen die I Makk Kap. 12, 15 und 15 und Josephus Ant 13, 259ff. erhaltenen, doch vom Gesichtspunkt der Echtheit angefochtenen Unterlagen. 139 geriet Demetrios II. in Gefangenschaft von Mithridates, König von Ponthus, und sein Bruder Antiochos VII. Sidetes wurde Reichsverweser, I Makk 14,1–3 und Josephus, Ant. 13, 184ff. Simon erlag, zusammen mit zweien seiner Söhne, 134 in Jericho einem von seinem Schwiegersohn verübten Anschlag. Nach einigen Forschern soll dies auf Geheiß des Antiochos, des Reichsverwesers für den gefangenen Demetrios, geschehen sein, I Makk 16,11–24.

13.11 Die hasmonäischen Könige

Mit Johannes Hyrkanos I. (134–104), dem dritten Sohn Simons, wurde eine hasmonäische Dynastie gegründet. Mit der Zeit entfernten sich aber ihre Vertreter immer mehr von den Idealen der Gründer und wurden immer grausamer, mit Anzeichen der Dekadenz. Die Quellen bestehen ausschließlich aus den Schriften Josephus' und klassischer Autoren.

13.11.1 Johannes nahm die Verbindungen mit Rom wieder auf, und Josephus, Ant. 13,259–266 und 14,247–255 bringt dazu wichtiges, wenn auch wiederum angefochtenes Beweismaterial. Zuerst mußte er sich mit Antiochos VII. auseinandersetzen, der in das Land eingefallen war und Jerusalem belagerte. Das Jahr vorher war ein Jubiläumsjahr gewesen, währenddessen die Äcker nicht bestellt wurden, und Judäa befand sich deswegen bald in Ernährungsschwierigkeiten. Johannes wurde gezwungen, sich zu ergeben, so daß, auch wenn ihm Antiochos annehmbare Bedingungen stellte, das Land nochmals in die Hände der Seleukiden fiel. Doch diese gerieten wiederum in einen Krieg gegen die Parther und wurden geschlagen. Antiochos VII. starb 129, und derselbe inzwischen aus der Gefangenschaft zurückgekehrte Demetrios II. bestieg abermals den Thron. Er wurde 125 ermordet.

13.11.2 Auf diese Art von der Überwachung durch die Syrer befreit, widmete sich Johannes der Ausdehnung seines Reiches. Er eroberte Samaria und zerstörte den Tempel auf dem Berg Garizim (oben, 13.4.6.1ff.); 108 eroberte er die Hauptstadt. Später zwang er die Idumäer, die sich seit 587/86 aus ihrer Urheimat in Edom, östlich des Toten Meeres, in Südjudäa, im Negeb, angesiedelt hatten, zum Übertritt zum Judentum und zur Beschneidung. Er war zuerst ein Schüler der Pharisäer (unten, 13.12.3), wechselte aber später zu den Sadduzäern über. Das geschah vermutlich, weil erstere die Vereinigung des geistlichen und des weltlichen Regiments in ein und derselben Person verwarfen und seine Grausamkeit, die eher zu einem hellenistischen Tyrannen als zu einem jüdischen Priester paßte, tadelten, Josephus Ant. 13,288ff. Einige seiner Handlungen ließen sich ferner nicht mit dem jüdischen Glauben vereinbaren: der Versuch, den Königstitel auch formell an sich zu reißen, und die Anstellung heidnischer Reisläufer.

13.11.3 Auf ihn folgte Aristobulos I. (104–103), der seine Mutter, die die Regentschaft hätte übernehmen sollen, und seinen Bruder Antigonos ermorden ließ. Seine übrigen Brüder, darunter Alexander Jannäus, ließ er gefangennehmen. Er empfand sich dermaßen als Hellenist, daß er einen Namen annahm, der seinem eigenen, Judas, nicht einmal klangmäßig ähnlich war. Josephus, Ant. 13,318, nennt ihn deswegen „philohellen". Durch ihn wurden die Bewohner von Ituräa, einer Gegend im Norden Galiläas oder im Süden Libanons, zum Übertritt zum Judentum gezwungen, Josephus Ant. 13,338.

13.11.4 Auf ihn folgte sein Bruder Alexander Jannäus (103–76). Er griff die Eroberungspolitik seiner Vorgänger wieder auf und geriet aus ähnlichen Gründen in Feindschaft mit den Pharisäern, die er so weit bedrängte, daß sie ein Eingreifen der Syrer erbaten. Diese kamen bald ins Land unter dem Befehl Demetrios' III. Eukarios (94–88) und schlugen die Truppen Alexanders bei Sichem. Doch auch die Pharisäer wollten nicht wieder unter die syrische Oberhoheit zurückkehren und lösten das Bündnis mit ihnen auf. Daraufhin mußten sie, die nunmehr ohne Schutz geblieben waren, die volle Wucht der Rache Alexanders erdulden: nach Josephus Ant. 13,377–382 sollen einige Hunderte von ihnen gekreuzigt und ihre Angehörigen vor ihren Augen getötet worden sein. Es war dies das erste Mal, daß diese Art Todesstrafe von Juden auf andere Juden angewandt wurde, was große Bestürzung unter der Bevölkerung hervorrief. Der Kommentar auf Nahum 2,12f. aus Qumrân (4QpNah = 4Q 169, I,1ff.) nimmt vermutlich unmittelbar darauf Bezug. Alexander war und blieb, nach G. Ricciotti*, 1932, § 305, „ein grober, hellenistischer Soldat" im negativsten Sinn und nichts mehr. Er geriet in einen Krieg nach dem anderen, doch die Ergebnisse seiner Feldzüge blieben, im Verhältnis zu den angewandten Mitteln, eher gering. Es gelang ihm immerhin, die von den früheren Hasmonäern eroberten Gebiete zu behalten und sie in Transjordanien auf Kosten der Nabatäer abzurunden. Er starb an einer Krankheit.[8]

13.11.5 Auf ihn folgte seine Witwe, Alexandra Salome (76–67), der Alexander kurz vor seinem Tod ans Herz gelegt hatte, sich mit den Pharisäern, die sich der Volksgunst erfreuten, zu versöhnen, Josephus Ant. 13,403. Sie gab ihnen die volle Anerkennung wieder.

13.11.6 Alexander Jannäus hinterließ zwei Söhne, erstens den trägen Hyrkanos II., zweitens den tüchtigen und strebsamen Aristobulos II. Hyrkanos wurde Hoherpriester, Aristobulos Oberbefehlshaber des Heeres. Nach dem Tod Alexandras bestieg Hyrkanos den Thron, doch dankte er nach drei Monaten zugunsten seines Bruders Aristobulos ab, und dieser wurde König (67–63).

13.11.7 Das Reich machte von außen wohl einen soliden Eindruck, trug aber die Keime der Auflösung in sich. Antipater, Statthalter Idumäas, unterstützt von den Nabatäern Transjordaniens (die ehemalige Hauptstadt, Petra, Koord. 210–020, ist bis heute weltbekannt), denen er die Wiedergabe der ihnen von Alexander Jannäus genommenen Gebiete versprochen haben soll, versuchte, Hyrkanos als Mittel zu seinem Zweck zu gebrauchen, indem er ihn u. a. überredete, seine Abdankung rückgängig zu machen. Er errang einige Siege und belagerte Jerusalem. Hinter dem Konflikt stand aber wiederum der Streit zwischen Pharisäern und Sadduzäern; erstere unterstützten Hyrkanos, letztere Aristobulos. Da keiner von ihnen den Sieg davontragen konnte, appellierten sie an Rom als Schiedsrichter, das 64–63 Syrien erobert hatte. Der Entscheid war Aristobulos günstig, und dem anderen wurde verordnet, sich zurückzuziehen.

[8] Rabin, C.: Alexander Jannaeus and the Pharisees. In: JJS 7 (1956), 3–11.

13.11.8 Doch Hyrkanos wandte sich unmittelbar an Pompejus, der 63 in Damaskus eingetroffen war; gleichzeitig erreichte diesen eine Abordnung aus Jerusalem, die Rom bat, dem Regiment der unfähigen, korrupten und grausamen Hasmonäer ein Ende zu machen. Sie schlug ferner vor, das weltliche Regiment über Judäa den Römern, das geistliche der Tempelpriesterschaft zu unterstellen.

13.11.9 Pompejus war an sich Aristobulos günstig gesinnt, doch dieser ließ ihn im Stich und suchte Zuflucht in seinen Festungen; später bat er dennoch um den Frieden. Er erhielt ihn zu schweren Bedingungen: Übergabe der Festungen und der Hauptstadt an Rom. Letztere weigerte sich, wurde belagert und nach drei Monaten eingenommen. Die Römer betraten den Tempel und Pompejus selbst besuchte das Allerheiligste, das nur der Hohepriester einmal im Jahr betreten durfte. Im Allerheiligsten fand er nichts: Tacitus, Hist. 5,9 (M. Stern, II, Nr. 281) behauptet, seit Pompejus sei es bekannt, daß es dort *„nulla intus deum effigie vacuam sedem et inania arcana“* („daß es dort kein Gottesbild, sondern nur einen leeren Raum und keine heiligen Gegenstände“) gab.

13.11.10 Hyrkanos wurde zum Hohenpriester und „Ethnarchen“ ernannt, mußte aber auf den Königstitel verzichten. Aristobulos wurde nach Rom geführt und gezwungen, dort dem Triumphzug des Pompejus zu folgen. Der geschickte Idumäer Antipater scheint als wahrer Sieger aus diesem Kampf hervorgegangen zu sein; von seinen Nachkommen wird noch die Rede sein, unten, 14.1.1 ff. Wenn auch teilweise noch unter Herrschern, die sich mehr oder weniger als unabhängig betrachteten, befand sich das Land nunmehr unter römischer Oberhoheit und blieb es auch während der nächsten Jahrhunderte.

13.12 Judäa: Gruppen und Gedankenwelt

In den letzten Jahrhunderten des 1. Jt., nach den Reformen des Josias und Nehemias-Esras, durch die Leiden des Exils, der fremden Besatzung und des Kampfes gegen den Hellenismus geläutert, beginnt das Judentum gewisse Eigenschaften zu entwickeln, die es bis heute von den anderen Glaubensarten unterscheiden.

13.12.1 Allgemeines

Freilich handelt es sich noch nicht um das Judentum, wie man es heute kennt; denn dieses wurde noch von weiteren Leiden geprägt: die Zerstörung des Tempels, 70 u. Z., am Ende der ersten antirömischen Revolte; der Fehlschlag der zweiten antirömischen Revolte, 134 u. Z., die jahrhundertelange Diaspora, die Ausweisungen und blutigen Verfolgungen in vielen Ländern. Von zentraler Bedeutung war damals noch der Tempel: „Auf drei Dingen ruht die Welt: auf der *tôrāh*, auf dem Gottesdienst (im Tempel) und auf den milden Werken der 'Gerechten'", wie Simon I., der Gerechte, es um 300 v. u. Z. ausdrückte, *Mišnah*, ʾAbôt I, 2. In Richtung des Tempels betete der Fromme, Dan 6, 11; vgl. I Reg 8, 44 u. 48; dorthin pilgerte er regelmäßig, vgl. Tob 1, 6, und die Evangelien. Wichtig war das Heiligtum auch, wie schon erwähnt (oben, 13.7.2), als wirtschaftliche Größe. Doch abgesehen vom Tempel bilden sich schon damals einige Grundelemente der jüdischen Gedankenwelt und Praxis. Auch hier gibt es allerdings Schwierigkeiten mit den Quellen, die zwar in nicht geringem Maße vorhanden, doch unsystematisch überliefert sind.

13.12.2 Die Sadduzäer

Die Sadduzäer übten ihr Amt als Priester im Tempel aus. Sie behaupteten, von Sadoq abzustammen, oben 4.7.1 und 4.7.1.1.3, und hießen auf Griechisch Σαδδουκαῖοι; unter diesem Namen erscheinen sie im Neuen Testament.

Literatur: Sundberg, A. C.: Art. Sadducees. In: IDB 4 (1962), 160–162; Schubert, K.: Die jüdischen Religionsparteien im neutestamentlichen Zeitalter. Stuttgart 1970, 48ff.; LeMoyne, J.: Les Sadducéens. Paris 1972; Bammel, E.: Saduzäer und Sadokiten. In: EThL 55 (1979), 105–115; Saldarini, A. J.: Pharisees, Scribes and Sadducees in Palestinian Society. Wilmington Del. 1988.

13.12.2.1 Typisch für die Sadduzäer ist einerseits die Traditionsgebundenheit in Glaubensfragen, wie es bei konservativen Gruppen üblich ist; anderseits die Bereitschaft zum Kompromiß auf praktischem Gebiet, was manchmal zu unerfreulichen Situationen führen konnte. Freilich stützt sich diese Wertung hauptsächlich auf die wohl eher voreingenommenen Berichte von I – II Makkabäer, während sie in Wirklichkeit eher religiöse Liberale, im Sinn der Widersacher Nehemias und Esras, waren (oben, 12.8–9), vgl. P. Sacchi*, 1976, 96ff.

13.12.2.2 Es scheint dennoch festzustehen, daß gewisse Sadduzäer Einstellungen vertraten, die weit über einen religiösen und ethischen Liberalismus hinausgingen, und Bräuche, Gedanken und anderes von der heidnischen Welt einfach übernahmen. So duldeten sie auch, daß der Hof den Meistbietenden zum Hohenpriester ernannte. Anderseits muß hervorgehoben werden, daß sich dies nur auf eine geringe Schicht und nicht auf die ganze Priesterschaft bezog: ein großer Teil von ihnen hatte die Hauptstadt und den Tempel verlassen und lebte im freiwilligen Exil, um ihren Glauben rein zu erhalten und nicht in dem entweihten Tempel weiter amtieren zu müssen; dies geschah meistens unter hohen persönlichen und wirtschaftlichen Opfern.

13.12.2.3 So findet man häufig Sadduzäer, die mit der jeweiligen Macht kompromittiert waren: erst mit den Seleukiden, dann mit den Hasmonäern und endlich mit den Römern; und was im unten 14.3.1 noch zu behandelnden Prozeß Jesu festzustehen scheint, ist, daß sie rege, wenn auch nicht gerade freundliche Beziehungen zum römischen Prokurator unterhielten, die sich in häufiger Mitarbeit äußerten.

13.12.2.4 Doch in Fragen des Glaubens führte ihre traditionelle Einstellung zur Ablehnung aller in der hebräischen Bibel nicht oder nur selten bezeugten Lehren: die in wenigen und späten Texten belegte Auferstehung der Toten, Jes 26,14; Dan 12,2–4 und II Makk 12,44f.; die ausgebaute Engellehre, ein Kennzeichen des Judaismus zwischen den Testamenten und besonders der Apokalyptik.

13.12.2.5 Mit der Zerstörung des Tempels, 70 u. Z., verloren die Sadduzäer nicht nur ihre wirtschaftliche Grundlage, sondern auch ihren religiösen und sozialen Auftrag; und damit endete ihr Amt. Da der Tempel nicht wiederaufgebaut wurde, gab es in Israel keine Priesterklasse mehr, auch wenn Familiennamen wie Kohen und Levi bis heute von der Abstammung ihrer Träger zeugen. Sie müssen sich heute noch bestimmten Reinheitsritualen unterziehen und segnen die versammelte Gemeinde bei besonderen Anlässen.

13.12.3 Die Pharisäer

Das Problem der Ursprünge der Pharisäer ist viel weniger eindeutig. Doch eines ist fast gewiß: daß sie sich als Erben der Asidäer (oben, 13.9.8) betrachteten. Josephus Ant. 13,171 setzt ihren Ursprung zur Zeit Jonathans (160–143) an. Von den Asidäern sollen sie sich aber unter Johannes Hyrkanos (134–104) getrennt haben, Josephus Ant. 13,288, und oben, 13.11.1–2.

Literatur: Beilner, W.: Der Ursprung des Pharisäertums. In: BZ N.F. 3 (1959), 235–251; Roth, C.: The Pharisees in the Jewish Revolution of 66–73. In: JSS 7 (1962), 63–80; Finkelstein, L.: The Pharisees. Philadelphia ³1962; Michel, A. u. J. LeMoyne: Art. Pharisiens. In: DBS 7 (1966), 1022–1115; Schubert, K., a. a. O., zu 13.12.2, 22 bis 47; Neusner, J.: The Rabbinic Traditions about the Pharisees before 70. Leiden 1971; Man.(soor), M.: Art. Pharisees. In: EJ 13 (1971), 363–366; Rivkin, E.: Art. Pharisees. In: IDB-SV (1976), 657–663; Weiß, H.-F.: Pharisaismus und Hellenismus. In: OLZ 74 (1979), 421–433; Baumgarten, A. I.: The name of the Pharisees. In: JBL 102 (1983), 411–428; Saldarini, A. J., a. a. O., zu 13.12.2.

13.12.3.1 Es scheint, daß der Name vom hebr. *pᵉrûšîm*, „die Getrennten", herzuleiten ist: die Pharisäer hielten sich mit Absicht vom einfachen, ungebildeten Volk, vom *ᶜam hāʾāreṣ*, fern. Dieser Ausdruck, der während der Königszeit die traditions- und königstreuen Gruppen bezeichnete (oben, 9.13.2), bedeutete nunmehr die am wenigsten gebildeten, z. T. analphabetischen Massen, denen das Studium und deswegen die Praxis der *tôrāh* verwehrt war.

13.12.3.2 Typisch für die pharisäische Frömmigkeit ist die Strenge und eifrige Befolgung der *tôrāh* (unten, 12.12.5.2–3), bei der sie keine Ausnahmen und Zugeständnisse machten. Sie standen also in der unmittelbaren Nachfolge Nehemias und Esras (Beilner 1959, Sacchi*, 1976, 96ff.) und verweigerten konsequenterweise jede Beziehung zu den Heiden, die nicht zum

Judentum überzutreten beabsichtigten. Das Gesetz sollte präzise befolgt werden, und noch Paulus, Phil. 3,5–6, erinnert an seine eigenen, pharisäischen Ursprünge und an den Eifer, mit dem er in seinem früheren Leben die verschiedenen Gebote befolgte.

13.12.3.3 In ihrer Lehre waren sie hingegen viel weltoffener als die Sadduzäer: sie verweigerten das Gespräch mit den Apokalyptikern (oben, 13.5) nicht prinzipiell, auch wenn sie den größten Teil der Lehren derselben verwarfen. Für die Pharisäer bestand die Eschatologie darin, daß man das Gesetz hielt, denn nur die Sünde verhindert das Kommen des Reiches Gottes, *Mišnah*, ʾAbôt III,15. Nicht jede neue Lehre wurde *a priori* abgelehnt: die Auferstehung der Toten, gefolgt von einem Weltgericht, der Ausbau der Engel- und Dämonenlehre, lauter aus der Apokalyptik stammende Elemente, wurden von ihnen übernommen.

13.12.3.4 Und neben der schriftlichen, im Pentateuch überlieferten *tôrāh* entwickelte sich eine mündliche, in der die Ergebnisse der verschiedenen Debatten, die Auslegungen und die Vervollständigungen der biblischen Überlieferungen festgehalten wurden. Es handelt sich um jene Materialien, aus denen sich seit dem 2. Jh. u. Z. die Mišnah entwickelte. Auf diese, nach ihren Sammlern auch bis Mose am Sinai zurückgehende, mündliche *tôrāh* scheint Jesus Mt 15,3 und Parall. polemisch Bezug zu nehmen.

13.12.3.5 Das Volk scheint die Pharisäer wegen ihrer Strenge, aber auch wegen ihrer Offenheit besonders geschätzt, ja geliebt zu haben und ihnen immer gefolgt zu sein. Ja, sie wurden bald die geistigen und weltlichen Anführer, besonders nachdem die Katastrophen von 67–74 und 132–134 u. Z. die Priesterschaft als Stand und Institution zerstört und die Apokalyptiker in Verruf gebracht hatten. Die Pharisäer waren es, die dem Judentum nach der Zerstörung des Tempels und dem Verlust der Heimat den biblischen Kanon und die Sammlung traditioneller Normen zur Bibelexegese und zum täglichen Verhalten übermittelten und dadurch das Judentum bis zum heutigen Tag geprägt haben. Dank ihnen gelang es Israel, während fast zwei Jahrtausenden zu überleben.

13.12.3.6 Die im Neuen Testament fast allgemein negative Einschätzung des Pharisäertums ist also nicht als objektive Analyse, sondern als Produkt zuerst der innerjüdischen Polemik zwischen Parteien und Gruppen zu werten; sie wurde dann vom Urchristentum im allgemein antijüdischen Sinn weitergeführt. So waren z. B. auch die Essener von Qumrân (unten, 13.12.4.2) gegen die Pharisäer gerichtet. Die in die christliche Tradition eingegangenen Schimpfwörter „Pharisäer" und „pharisäisch" sind also philologisch und historisch völlig unberechtigt.

13.12.3.7 Die von den Pharisäern dem Volk übermittelten Gebote können in einem Grundprinzip zusammengefaßt werden: nicht nur die im Tempel amtierenden Priester, sondern das ganze Volk soll „heilig" sein, denn in (dem späten Text) Ex 19,6 wird nicht eine Elite, sondern ganz Israel als „ein Königtum von Priestern ..., ein heiliges Volk“ bezeichnet. Oder, um es mit einem talmudischen Lehrer auszudrücken, Bab. Ber 55 a: „Solange es den Tempel gab, sühnte der Altar für Israel; jetzt ist es die (Speise-)Tafel, die für ihn sühnt“, ein klarer Hinweis auf die einzuhaltenden Speisegebote.

13.12.3.8 Die Pharisäer glaubten an eine Art von freiem Willen, eine Lehre, die sich bei ihnen ohne Schwierigkeiten mit der der Souveränität und dem Vorherwissen Gottes vereinbarte. Bei ihnen sucht man auch öfters den Ursprung der grundlegenden Erklärung der menschlichen Natur als innerem Kampf zwischen einer guten und einer bösen Veranlagung *(jēṣer ṭôb – jēṣer ra^c)*; doch der Mensch kann der ersteren zum Sieg über die zweite dadurch verhelfen, daß er die *tôrāh* studiert und ausübt, Sifrê Deut. § 45, 103.

13.12.3.9 Den Pharisäern nahe standen die „Schriftgelehrten“ und „Lehrer des Gesetzes“, über die man sonst nur wenig weiß.

13.12.4 Die Essener

Diese letzte Gruppe wurde erst seit der Entdeckung der Schriften aus Qumrân, 1947 ff., am nordwestlichen Ufer des Toten Meeres, Koord. 194 bis 128, im einzelnen bekannt. Früher besaß man über sie nur apologetische oder belehrende Schriften jüdischer und klassischer Autoren.

Literatur: Die ins Unermeßliche gehende Literatur kann hier nur in geringster Auswahl geboten werden. *Erstausgaben:* Burrows, M. (Hrsg.): The Dead Sea Scrolls of St. Mark's Monastery. New Haven, Conn. I 1950, II, 2 1951; Sukenik, E. L. (Hrsg): The Dead Sea Scrolls of the Hebrew University. Jerusalem 1955; Avigad, N. u. Y. Yadin (Hrsg.): A Genesis Apocryphon. Jerusalem 1956; Woude, A. S. van der, (Hrsg.): Le Targum de Job de la grotte XI de Qumrân. Leiden 1971, und Sokoloff, N. (Hrsg.): The Targum of Job from Qumran Cave XI. Ramat Gan 1974; Yadin, Y. (Hrsg.): The Temple Scroll. Jerusalem 1977 (Hebr.) und 1983 (Engl.). Die kleineren Texte werden in der von verschiedenen Herausgebern betreuten Reihe: Discoveries in the Judaean Desert. Oxford 1955 ff., veröffentlicht. *Übersetzungen:* Maier, J.: Die Texte vom Toten Meer, Basel/München 1960; Lohse, E.: Die Texte aus Qumran. München 1964, Darmstadt [2]1971 (eine handliche Ausgabe, die die Originaltexte mit Vokalisierung reproduziert); Jongeling, B., u. a.: Aramaic Texts from Qumrân. Leiden 1976; Maier, J.: Die Tempelrolle vom Toten Meer. Basel/München 1978; Vermes, G., u. M. D. Goodman (Hrsg.): The Essenes, According to the Classical Sources. Sheffield 1989. *Bibliographien:* Baumgartner, W.: Der palästinensische Handschriftenfund. In: ThR N. F. 19 (1951), 97–154; Wagner, S.: Die Essener in der wissenschaftlichen Diskussion. Berlin 1960; Woude, A. S. van der: Fünfzehn Jahre Qumranforschung (1974–1988). In: ThR 54 (1989), 221–261. Ein vollständiger Katalog aller bis jetzt bekannten Schriften findet sich jetzt bei F. García Martínez: Lista de mss procedentes de Qumrân. In: Hen 11 (1989), 149–232, gefolgt von einem analytischen Index, besorgt von L. Rosso Ubigli, ibid. 233–269. *Monographien:* Elliger, K.: Studien zum Habakuk-Kommentar vom Toten Meer. Tübingen 1953; Bardtke, H.: Die Handschriftenfunde am Toten Meer. Berlin DDR 1953–1962; Hempel, J.: Die Texte von Qumran in der heutigen Forschung. In: NHWG. PH 1962, 281–374; Maier, J.,

u. K. Schubert: Die Qumran-Essener. Basel/München 1973; Soggin, J. A.: I manoscritti del Mar Morto. Rom 1978; Davies, Ph. R.: The Story of Qumran. In: BA 51 (1988), 203–207, und Talmon, S.: The World of Qumran from Within, Jerusalem 1989.

13.12.4.1 Weil die Essener völlig zurückgezogen von der Öffentlichkeit lebten und einer klosterähnlichen Lebensweise folgten, wußte man von ihnen, wie erwähnt, nur das wenige, das Josephus, ein wenig später Philo von Alexandrien und einige klassische Autoren über sie berichteten. Solche Nachrichten sind aber derartig mit erbaulichen, belehrenden und moralischen Betrachtungen durchsetzt, daß die Essener zwar als nachahmenswerte Vorbilder dargestellt wurden, doch schwer zu erfassen waren. Erst als ihre Schriften entdeckt wurden, ist es möglich geworden, ein wenn auch unvollständiges Bild von ihnen zu entwerfen.

13.12.4.2 Ihr sonst völlig unbekannter Gründer trägt den Titel *môreh ṣēdeq*, was mit „Lehrer der Gerechtigkeit" oder, einfacher, mit „gerechter Lehrer" übersetzt werden kann. Sie lebten in einer Gemeinschaft unverheirateter Männer und führten ein klosterähnliches Leben; die betreffenden Gebäude befanden sich auf dem heutigen *ḫirbet qumrân*. Andere, verheiratete Mitglieder lebten weiter an ihren gewohnten Wohnsitzen und unterhielten rege Verbindungen zum „Kloster".

13.12.4.3 Die Vorgänger der Gruppe müssen wohl unter jenen Sadduzäern gesucht werden, die sich den Asidäern anschlossen, indem sie jeden Kompromiß mit dem Hellenismus ablehnten (für eine andere These vgl. oben, 13.10.9). Als Entstehungsdatum der Gründung gilt gewöhnlich die Mitte des 2. Jh. v. u. Z., also die Zeit von Alexander Balas (150–145) und Jonathan Makkabäus (160–143). Ihr sadduzäischer Ursprung, über den es keine Zweifel gibt, erklärt auch z. T. ihre Feindschaft den Pharisäern gegenüber.

13.12.4.4 Die Lehren der Gruppe zu rekonstruieren ist nicht immer einfach, da sie oft in einer für uns nicht klaren, weil für Eingeweihte bestimmten Sprache formuliert sind. Ich habe sie seinerzeit (1978) auf folgende Weise zu klassifizieren versucht: Lehren, die der hebräischen Bibel entstammen oder die Abänderungen der biblischen Botschaft bilden, und solche, die anderen Quellen entspringen.

13.12.4.4.1 Eine Reihe von essenischen Glaubenssatzungen kann aus der hebräischen Bibel abgeleitet werden, wenngleich sie eine teilweise verschärfte Form annehmen.

Die Heilige Schrift und besonders die *tôrāh* bildet die Mitte der Frömmigkeit der Gruppe, ein Element, das sie mit den anderen jüdischen Bewegungen gemeinsam hat. Doch ihr „Lehrer" gilt als der wichtigste Erforscher der Schrift, und seine Exegese bildet die Norm für die Gemeinde, vgl. 1Q S VI, 6 (Lohse 1971, 22f.) und 1Q pHab VII, 1 (Komm. zu Hab 2,3, Lohse, 234f.). Exegese wird hier auf eine Art betrieben, in der die alten Texte manchmal in bezug auf den „Lehrer" und die Sekte gedeutet werden; oft wird der Originaltext durch Einschübe bereichert, die dessen Ursinn beträchtlich verändern. So z. B. 1Q S II, 2–4 (Lohse, 6f.), wo eine neue Fassung des Priesterlichen Segens, Num 6, 24–26, erscheint (das biblische Original kursiv):

Er *segne dich* mit allem Guten
und *behüte dich* vor allem Bösen
und *erleuchte* dein Herz mit Einsicht des Lebens
und *sei dir gnädig* mit ewigem Wissen
und *er erhebe sein* gnädiges *Angesicht auf dich*
zu ewigem *Frieden!*

Der Glaube und die täglichen Probleme werden nach den biblischen Geboten geregelt. Zentral sind ferner Begriffe wie Gottesbund, den die Gemeinde ziemlich exklusiv auf sich bezieht (ja, die Gruppe nennt sich „die Gemeinde des neuen Bundes“), was besonders in der Damaskusschrift, CD VI, 19; VIII, 21; XIX, 34 und XX, 12, doch vielleicht auch 1Q pHab II, 3 geschieht. Ferner die Ehe, die Beschneidung, die Einhaltung des Sabbats. Letztere wird auf eine stark zugespitzte Art getrieben: CD XI, 13–17 behauptet nämlich: „Niemand soll Vieh beim Werfen helfen am Sabbattag, und wenn es in einen Brunnen fällt oder in eine Grube, so soll er es nicht am Sabbat wieder herausholen ... Einen lebendigen Menschen, der in ein Wasserloch fällt oder sonst in einen Ort, soll niemand heraufholen mit einer Leiter oder einem Strick oder einem (anderen) Gegenstand ...“ (Lohse, 88f.) Das Gegenteil findet sich bekanntlich im Neuen Testament, Mt 12, 11 und Lk 14, 5, vgl. noch unten, 13.12.5.3–4.

Der Heilige Geist bildet die göttliche Gabe, die zur Einhaltung der Gebote die Kraft gibt; 1Q H VII, 6–7 besagt: „Ich preise dich, Herr, denn du stützest mich durch deine Kraft, und deinen Heiligen Geist hast du auf mich ausgegossen, daß ich nicht wanke.“ (Lohse, 138f.) Interessant ist dabei eine Verschiebung von Akzenten: der Geist bewirkt eher Weisheit als Prophetie und Charismatikertum, so daß J. Hempel, 1962, 349, richtig von einer „Intellektualisierung der Frömmigkeit“ reden kann. Auch die Rekonstruktion der Vergangenheit des eigenen Volkes geschieht überwiegend nach der Kategorie des Scheiterns vor Gott, doch dies nicht als Schuldbekenntnis, sondern auf intellektualistische Weise (vgl. die oben erwähnte Paraphrasierung des Segens). Bei allem kann aber nur die 1Q S V, 7–9 (Lohse, 18f.) erwähnte Umkehr zum Gesetz des Mose abhelfen.

Auch in der Eschatologie hatte die Gruppe ihre eigenen, wenn auch größtenteils der Bibel entnommenen Lehren. Die Endzeit dauert länger, als die Propheten vorausgesagt haben. Die Gruppe erwartete, wie auch bei anderen Zeugnissen aus der Zeit belegt ist, anscheinend zwei Messias, in Anwendung von Sach 4, 11–14, wo von „zwei Gesalbten“ die Rede ist, der eine mit einer politischen, der andere mit einer religiösen Aufgabe. 1Q S IX, 11 redet nämlich von „den Gesalbten (im Plural!) Aarons und Israels“ (Lohse, 32f.). Die Eschatologie der Gemeinde ist im Vergleich mit der zeitgenössischen eher zurückhaltend.

Hingegen ist die Engellehre wie in den anderen zeitgenössischen Schriften stark ausgebaut.

13.12.4.4.2 Doch nicht nur die Bibel diente als Quelle für die Lehren der Gruppe, sondern es wurden außerbiblische, nicht immer identifizierbare Materialien benützt. So wird das Weltall als Schlachtfeld zwischen „Licht“ und „Finsternis“ angesehen, und die mit den Mitgliedern identifizierten „Söhne des Lichts“ werden am Ende der Zeit den letzten Kampf gegen die „Söhne der Finsternis“ (die anderen) führen: aus ihm werden sie mit Gottes Hilfe siegreich hervorgehen. Der Begriff „Söhne des Lichts“ ist auch im Neuen Testament bekannt, doch ohne das Motiv des Endkampfes, vgl. Luk 16,8; Eph 5,8 und I Thess 5,5; vgl. noch die Gegenüberstellung von „Licht“ und „Finsternis“ im 4. Evangelium und in der johannäischen Überlieferung. Doch auch innerhalb des Menschen gibt es zwei einander bekämpfende Geister, 1 Q S IV, 16ff., was die rabbinische Lehre der beiden Veranlagungen (oben, 13.12.3.8) vorwegnimmt, aber nur formell: bei den Rabbinern gibt es keinen kosmischen Dualismus, und es sind dem Menschen die Mittel gegeben, sich gegen das Böse zu wehren. Doch auch bei der Gruppe kommt es nie zu einem richtigen metaphysischen Dualismus nach iranischer Art: Gott bleibt einer und verhilft dem „Licht“ zum unvermeidlichen Sieg. Die Lehre scheint also weder mit dem iranischen Dualismus noch mit der später bezeugten jüdischen und christlichen Gnosis etwas gemeinsam zu haben, welche das Gute im Menschen mit seiner Geistigkeit, seiner Seele, und das Böse mit seinem Fleisch identifiziert.

Unbiblisch ist endlich der von der Gemeinde benützte Sonnenkalender, der sich vom jüdischen, bis heute gebräuchlichen Mondkalender von 336 Tagen scharf unterscheidet. Qumrân gebraucht hingegen, zusammen mit den Gruppen, die die Bücher Jubiläen und Henoch verfaßten (angenommen, daß es sich nicht um ein und dieselbe Gruppe handelt), den damals auf 365 Tage berechneten Sonnenkalender. Auf dieses verwickelte Problem kann hier nicht eingegangen werden.

13.12.4.5 All dies besagt aber noch nicht, daß es sich um eine rein religiöse Gemeinschaft gehandelt habe, und es gibt heute Autoren (zuletzt Th. R. Davies, 1988), welche den Forschern vorwerfen, daß sie die Gemeinschaft nach Kriterien behandelt hätten, die erst im christlichen Monachismus, also nicht vor dem 3. und 4. Jh. u. Z., anzutreffen sind. Auch hier sollte man darauf achten, nicht mit fremden Voraussetzungen an die Qumrân-Gemeinde heranzutreten!

13.12.4.6 Der Untergang der Siedlung wird meistens mit dem Feldzug des Titus gegen Massada (unten, 14.4.11) in Verbindung gebracht. Nachher verliert sich von der Gemeinschaft jede Spur, wenn es auch Autoren gibt, die glauben, in der späteren, jüdischen Sekte der Karäer Reste von ihren Lehren und ihrer Praxis wiederzufinden.

13.12.5 Konstanten des jüdischen Glaubens

Bei all diesen verschiedenen Richtungen und Gruppen sind aber *im damaligen Judentum gewisse Konstanten* feststellbar.

13.12.5.1 Zunächst sollte man sich vom Vorurteil frei machen, daß man es mit einem lehrmäßig versteinerten und ethisch einer kalten Gesetzlichkeit anhängenden, von den wichtigen Problemen abseitslebenden Judentum zu tun hat; mit einem Judentum, also, das, in anderen Worten, seinen Auftrag beendet hatte und nur darauf wartete, von einer Bewegung ersetzt zu werden, die seine besten Gedanken aufgriff und weiterführte. Dieses Bild ist historisch falsch und stammt aus einer verkehrten Lesung gewisser neutestamentlicher, paulinischer und besonders deuteropaulinischer Texte und aus der christlichen, antijüdischen Polemik. Um dem entgegenzutreten, denke man nur an die verschiedenen Widerstandsbewegungen, von den Makkabäern bis zu Bar Kochba, und auch an die vielen Menschen, die damals vom Judentum fasziniert waren und häufig konvertierten (oben, 13.7.4.8). Ein negatives Pauschalurteil verträgt sich letztlich auch kaum mit dem bunten Bild des damaligen Judentums.

13.12.5.2 Wenn man von den strengeren Gruppen (z.B. von den Essenern) absieht, kann behauptet werden, daß der fromme Jude sich überhaupt nicht von einer Menge von kasuistisch auszulegenden Geboten und Verboten bedrängt fühlte, sondern in der Gewißheit lebte, Gottes Willen zu erfüllen und, wenn nötig, bereit war, sein Leben dafür einzusetzen. Man nahm die göttlichen Gaben (unter denen die größte wohl die *tôrāh* war) freudig an und versuchte, das Leben, soweit es ging, nach ihnen zu gestalten, in der Gewißheit, daß der Gehorsam Gott gegenüber die beste Art sei, u.a. eine bessere, gerechtere Gesellschaft zu gestalten.

13.12.5.3 In diesem Sinn ist die *tôrāh* (um es christlich-theologisch auszudrücken) eher „Evangelium" als „Gesetz", was übrigens der frühe M. Luther, im Gegensatz zu seinen späteren Jahren und zur späteren Orthodoxie, wohl wußte. Darin spielt das Gebot der Sabbatruhe eine große Rolle. Dieses für Mensch und Tier gültige Gebot, wohl das einzige Sozialgesetz des Altertums, unterbrach die Produktion für ein Siebtel der Woche. Daß so ein Gebot auf Widerstand, ja auf Hintergehungsversuche stoßen mußte, versteht sich von selbst. Dies erklärt die komplizierte Kasuistik, die dieses Gesetz umgab. Auch das Neue Testament kennt die Diskussion über die Pflicht der Sabbatruhe wohl. *Mišnah*, Jom VIII, 6 behauptet aber: „Jeder Fall von Lebensgefahr erlaubt die Übertretung des Sabbats." Ähnlich *Toseph*. Šabb. 5,22: „... Wenn es sich um Lebensgefahr handelt, nichts hält stand gegenüber einer solchen Gefahr." So darf man selbstverständlich am Sabbat eine Hebamme rufen, *Mišnah*, Šabb. XVIII, 3; Lichter anzünden oder löschen aus Angst vor Überfällen, II, 5. Der 132 von den Römern zu Tode gemarterte R. ʿAqîbāʾ entschied, daß es nicht erlaubt sei, den Sabbat zu übertreten für Handlungen, die man am Tag vorher oder nachher vollbringen könne, XIX, 1. Ja, „der Sabbat wurde euch, und nicht ihr dem Sabbat, gegeben", *Mech.* Ex. 31, 13, vgl. auch Mk 2, 27.[9]

13.12.5.4 In solchen Zusammenhängen von Legalismus zu reden, ist unangebracht. Wo man hingegen dieses Wort anwenden darf, ist dort, wo man immer wieder versuchte, durch Spitzfindigkeiten dieses Gebot zu übertreten.

[9] Das Gegenteil ist bei den Essenern belegt, vgl. oben, 13.12.4.4.1.

13.12.5.5 Ein zweites Charakteristikum für das damalige Judentum bildet die Heilige Schrift und besonders die *tôrāh*. Man kann nicht genau feststellen, inwiefern der damalige Kanon mit dem späteren identisch war: gewiß fehlten noch einige Bücher; doch außer dem Pentateuch waren wohl der größte Teil der prophetischen Bücher und alle Psalmen darin enthalten. Ja, das Wort *tôrāh* bedeutet immer mehr das, was man heute „Gottes Wort" oder „Heilige Schrift" nennen würde, vgl. die Ps 1,1ff.; 19A, 1ff.; 119,97 und weitere mehr.

13.12.5.6 Ein drittes Element bilden die Speisegebote; sie erhielten, wie erwähnt, bei den Pharisäern bald eine zentrale Bedeutung (oben, 13.12.3.5). Dan 1,8ff. verweigern die Deportierten, Daniel und seine Freunde, die ihnen vom Hof angebotenen, bestimmt leckeren Speisen und begnügen sich damit, Obst und Gemüse zu essen und Wasser zu trinken. Hier ist das Problem nicht nur das des Fleisches erlaubter und unerlaubter Tiere, sondern auch das der rituellen Schlachtung (Schächtung) und des koscheren Weins. Auch Tob 1,10–12 zeigt die Deportierten, wie sie von allen ihnen am Ort angebotenen Speisen essen, während die Hauptperson und ihre Angehörigen sich an die Speisegebote halten. Judith 10,5 ist auch das Brot „rein", d.h. nach den Speisegesetzen gebacken.

14. UNTER DEN RÖMERN

14.1 Römische Bürgerkriege – König Herodes

Der Anfang der römischen Herrschaft über Palästina traf mit dem Bürgerkrieg zwischen Caesar und Pompejus zusammen, ein Ereignis, das die Gegend nur am Rande berührte. Die einzigen Quellen sind wiederum die Werke des Josephus Flavius: die ›Antiquitates‹ und das ›Bellum‹. Die Forschung ist der Meinung, daß Josephus, sooft er ungenau ist, dies mehr durch Unterschlagung als durch bewußte Fälschung bewirkte, auch wenn er immer eine projüdische, apologetische Stellung einnimmt. Einiges gibt es ferner bei Tacitus, sowohl in den ›Historiae‹ als auch in den ›Annales‹. Alle diese Quellen sind bei M. Stern, II, 273–294, wiedergegeben.

Indem er aus dem römischen Bürgerkrieg seinen Nutzen zu ziehen versuchte, probierte Aristobulos mehrmals, seinen Thron zurückzuerobern, und einmal gelang ihm sogar die Flucht aus der römischen Gefangenschaft. Sobald es wieder Frieden gab und Caesar gesiegt hatte, wurde Hyrkanos als Hoherpriester bestätigt, während Antipater zum Prokurator von Judäa ernannt wurde.

Literatur: Momigliano, A.: Ricerche sull'organizzazione della Giudea sotto il dominio romano (63 a.C.–70 d.C.). In: ASNSP III,3 (1934), 183–221, 347–396; Perowne, S.: The Life and Times of Herod the Great. London 1956–59; Jeremias, J.: Jerusalem zur Zeit Jesu. Tübingen [2]1958; Lohse, E.: Die römischen Statthalter in Jerusalem. In: ZDPV 74 (1958), 60–78; Hengel, M.: Die Zeloten. Leiden 1961; Zeitlin, S., a. a. O., Zu 13.1; Filmer, W. E.: The Chronology of the Reign of Herod the Great. In: JThS N. S. 17 (1966), 283–298; Sandmel, S.: Herod: Profile of a Tyrant. Philadelphia 1967; Barnes, T. D.: The Date of Herod's Death. In: JThS N. S. 19 (1968), 204 bis 209; Brandon, S. G. F.: Jesus and the Zealots. Manchester 1967; Smallwood, E. M.: The Jews under Roman Rule. Leiden 1976, [2]1981; Schalit, A.: König Herodes. Der Mann und sein Werk. Berlin 1969; Smith, M.: Zealots and Sicarii, Their Origin and Relation. In: HThR 64 (1971), 1–19; Kippenberg, H.-G.: Religion und Klassenbildung im antiken Judentum, Göttingen 1978, Kap. 7; Guevara, H.: La resistencia contra Roma en la época de Jesús. Meitingen 1981; Lémonon, J.-P.: Pilate et le gouvernement de la Judée. Paris 1981; Saulnier, C., u. Ch. Perrot, a. a. O., zu 13.1; Bammel, E. u. C. F. D. Moule (Hrsg.): Jesus and the Politics of his Day. Cambridge 1983; Bernegger, P. M.: Affirmation of Herod's Death in 4 B. C. In: JThS N. S. 34 (1983), 526–531; Godman, M.: The Ruling Class of Judaea: the Origins of the Jewish Revolt against Rome, AD 66–70. Cambridge 1988; Myers, E. M.: Early Judaism and Christianity in the Light of Archaeology. In: BA 51 (1989), 69–79; Groh, D. E.: Jews and Christians in Late Roman Palestine, ibid. 80–96; Fricke, W.: Standrechtlich gekreuzigt. Frankfurt a. M. 1986, [4]1988 (Lit.); Horsley, R.: Bandits, Messiahs and Longshoremen: Popular Unrest in Galilea around the Time of Jesus. In: SBL Seminar Papers Nr. 27. Atlanta 1988, 183–199. Hanson, K. C.: The Herodians and Mediterranean Kingship. In: BThB 19 (1989), 75–84.

14.1.1 *Herodes*. Antipater, der, wie schon erwähnt (oben, 13.11.9), als wahrer Sieger aus dem Streit zwischen Hyrkanos und Aristobulos hervorgegangen war, ließ seine Söhne an der Macht teilhaben: Phasael, der ältere, wurde Oberbefehlshaber des militärischen Bezirks Jerusalem, dessen Befestigungen er wieder instand setzen ließ; Herodes, der jüngere, bekam, seinem Alter zum Trotz, den nördlichen Bezirk zugeteilt. Beide taten sich als begabte, dynamische und fähige Menschen hervor, besonders Herodes, dem es gelang, Galiläa von den während der Unruhen entstandenen Banden zu befreien. Doch das Volk soll die beiden Brüder nicht geliebt haben, zumal sie Ausländer waren (die Idumäer Südjudäas waren von Johannes Hyrkanos zum Übertritt zum Judentum und zur Beschneidung gezwungen worden, oben, 13.11.2), und ferner wegen ihrer Willkür und Gewalttätigkeit.

14.1.2 Als Caesar 44 v. u. Z. ermordet wurde und der zweite römische Bürgerkrieg ausbrach, befand sich Antipater, zuerst ein Gefolgsmann Caesars, auf einmal unter Cassius, dem Syrien zugefallen war, und lief sofort zu ihm über. Doch Antipater wurde 43 ermordet, und Herodes gelang es, obwohl er der jüngere Sohn war, die Thronnachfolge anzutreten. Er wußte geschickt zwischen Cassius und Antonius zu lavieren, und von letzterem erhielt er für seinen Bruder Phasael den Ethnarchentitel für Judäa. Für Hyrkanos blieb nur der Hohepriestertitel übrig.

14.1.3 *Herodes als König*. Während der kurzen Zeit der Partherinvasion, 40 v. u. Z., gelang es Antigonos, dem Sohn des Aristobulos, den väterlichen Thron zurückzuerhalten und ihn auch nach der römischen Wiedereroberung im Jahr 39 zu behaupten. Doch Herodes, der in Rom Zuflucht gesucht und von Antonius und Oktavian den Königstitel erhalten hatte, kehrte zurück und gewann mit Hilfe römischer Truppen sein Land wieder; Jerusalem fiel nach einer kurzen Belagerung. Antigonos flüchtete nach Antiochien, wo Herodes ihn 37 ermorden ließ. Im selben Jahr heiratete Herodes Mariamne, Nichte Aristobulos' II. und Hyrkanos' II., und Schwester Antigonos', die letzte Erbin des hasmonäischen Hauses. So erhielt er eine Art dynastischer Legitimität.

14.1.3.1 Die Chronologie des Herodes ist häufig wegen widersprüchlicher Angaben unklar; doch der Aufsatz von P. M. Bernegger, 1983, hat eine gewisse Klarheit geschaffen. Bestätigt wurde, daß Herodes 37 den Thron bestieg und 4 v. u. Z. starb.

14.1.3.2 Die Geschicklichkeit Herodes', die sich anläßlich des Todes Caesars gezeigt hatte, wurde durch seine Art, zwischen Antonius und Oktavian zu lavieren, bestätigt. In seinen Beziehungen zu Rom gelang es ihm, einerseits sich nie unmittelbar in die Machtkämpfe einbeziehen zu lassen, anderseits sich immer rechtzeitig auf die Seite des Siegers zu schlagen. So ergriff er 32 Partei für Antonius, ohne am Krieg teilzunehmen; später, nach der Schlacht von Actium, 31, gelang es ihm, zur anderen Seite hinüberzuwechseln, indem er sich in Rhodos, 30, persönlich Oktavian unterwarf. Zuerst aber ließ er Hyrkanos töten und Mariamne und ihre Mutter gefangennehmen mit dem Befehl, beide umzubringen, im Fall, daß er nicht zurückgekehrt wäre. Vor Oktavian führte er seine Verteidigung diskret und geschickt: er gab offen zu, für Antonius Partei ergriffen zu haben; und er überzeugte Oktavian, ihn nicht nur in seinen Ämtern zu bestätigen, sondern ihm weitere Gebiete zu überlassen, u. a. Samaria und Peräa östlich des Sees Genezareth.

14.1.3.3 Im Jahr 29 ließ er die Schwiegermutter und seine Frau Mariamne töten und später, 12–11, auch zwei seiner von ihr geborenen Söhne: Alexander und Aristobulos; einen letzten Sohn, Antipater, ließ er kurz vor seinem Tod hinrichten. Auch die Pharisäer und ihre Jünger wurden von ihm strengstens verfolgt.

14.1.3.4 Kurz vor seinem Tod wurde nach dem Matthäusevangelium Jesus von Nazareth in Bethlehem geboren, den die Urkirche als den erwarteten Messias bekannte. Seine Geburt wird nach Mt 2, 16–18 mit dem Kindermord zu Bethlehem verbunden, eine legendäre Episode, die aber beweist, was der Volksmund Herodes zutraute.

14.1.3.5 Es ist möglich und wird von manchen Autoren in Betracht gezogen, daß Herodes psychisch nicht ganz ausgeglichen, von Verfolgungswahn und Minderwertigkeitskomplexen geplagt war. Letzteres scheint eine wichtige Rolle in seinen Beziehungen zur geliebten und gehaßten Mariamne gespielt zu haben, die ihrerseits alles darangesetzt haben soll, ihren eigenen, königlichen Ursprung und die plebeischen Sitten und Sprache ihres als Parvenü beschimpften Mannes hervorzuheben. Verfolgungswahn hat ihn anscheinend während seines ganzen Lebens geplagt, und so witterte er überall, auch unter seinen engsten Verwandten, Verschwörung und Verrat.

14.1.4 In der Außenpolitik war er, wie erwähnt, geschickt, und nicht weniger war er dies in der Führung seines eigenen Landes. Als guter Verwalter wußte er die Staatsgelder in verschiedenen öffentlichen Werken einzusetzen, u. a. dem Neubau des Jerusalemer Tempels, von dem die sogenannte Klage- oder westliche Mauer das eindrucksvollste Überbleibsel bildet. In Jerusalem baute er auf der Nordseite des Tempels eine Festung, die er, nach dem ersten seiner Gönner, Antonia nannte; südöstlich von Bethlehem den Herodion genannten Palast, Koord. 173–119; und am westlichen Ufer des Toten Meeres den befestigten Palast Massada, Koord. 183–080;[1] und wei-

[1] Es ist möglich, daß auf Massada der Rundbau auf der mittleren Terrasse (deren Zweck noch nicht erklärt wurde), das Grab der Mariamne gewesen sei, vgl.

tere Festungen und Paläste in der Jordansenke und in Transjordanien. Er ließ die Stadt Samaria restaurieren und nannte sie Sebaste (= „Augusta"), ein Name, der bis heute im arabischen Sebastije fortdauert; und er ließ den Hafen Caesarea, ein wenig südlich vom Karmel, Koord. 140–212, bauen. In Jerusalem errichtete er das westliche Tor mit den drei heute im Rahmen des türkischen Jaffatores noch erhaltenen Türmen Phasael, Mariamne und Hippikos und ferner seinen Palast. Unter Herodes' Regierung blühte das Land wie noch nie zuvor, und es gab keine Arbeitslosen. Doch all diese Vorzüge machten ihm seine Untertanen nicht freundlicher gesinnt, die ihn immer als einen gewalttätigen und grausamen Ausländer betrachteten.

14.2 Unter römischer Verwaltung

Nach Herodes' Tod, zwischen den Jahren 4 v. u. Z. und 6 u. Z., ging das Land durch eine Periode der Unruhen. Archälaus, einer der überlebenden Söhne Herodes', regierte nur kurze Zeit, doch die ganze Gegend wurde von Aufständen, entweder gegen die Erben Herodes' oder gegen die Römer oder gegen beide, erschüttert. Sie wurden alle von den Römern blutig niedergeschlagen.

14.2.1 Im Jahr 6 u. Z. wurde das Land der römischen Verwaltung unmittelbar unterstellt und, mit der kurzen Unterbrechung der Regierung von „König" Agrippa (41–44 u. Z.; es handelt sich um den Sohn Aristobulos' IV., des zweiten Sohnes Herodes' und Mariamnes, den der Vater mit seinen Brüdern hatte töten lassen, oben, 14.1.2.3), von Prokuratoren regiert. Transjordanien, Peräa und Galiläa blieben unter den Nachfolgern des Herodes.

14.2.2 Die römische Verwaltung, eine Regierungsform, die die Judäer eigentlich, wie oben 13.11.7 erwähnt, selber seinerzeit verlangt hatten, erwies sich bald als besonders schwer zu ertragen.

14.2.2.1 Vom religiösen Standpunkt aus genoß das Judentum zwar weiterhin die traditionelle Selbständigkeit, die ihm als *religio licita* zustand; auch hatte der mit dem Titel Ethnarch versehene Hohepriester wichtige, auch politische Befugnisse. Theoretisch achtete Rom den jüdischen Kult und mischte sich nicht in seine inneren Angelegenheiten ein.

14.2.2.2 Praktisch aber handelte es sich um einen rein formellen Respekt, der den Juden nur geringen Schutz vor provokatorischen Maßnahmen gewährte, wie z. B. die Aufstellung von Statuen des Kaisers und Militärparaden, bei denen die immer einer heidnischen Gottheit geweihten Insig-

Shalit, A.: Das Problem des Rundbaus auf der mittleren Terrasse des Nordpalastes des Herodes auf dem Berge Massada. In: Theokratia 2 (1970–71), 45–80.

nien vorbeizogen. So etwas geschah, wie Josephus, Ant. 18,60ff. und Bell 2,175ff. berichtet, unter Pontius Pilatus am Anfang seines Amtes, 27 u.Z.

14.2.2.3 Pilatus war übrigens – entgegen dem Bild, das die Evangelien von ihm entwerfen (nicht überall, vgl. Lk 13,1ff.), in denen er als redlicher, wenn auch phantasieloser und nicht gerade mutiger und charakterfester Biedermann mit philosophischen Allüren erscheint – ein grausamer und raubgieriger Mensch, einer der schlimmsten Prokuratoren, die das Land im Namen Roms regierten.

14.2.2.4 Die von den Römern dem jüdischen Kult gegenüber tatsächlich gezollte Verachtung wurde nur schlecht verhehlt (vgl. den oben, 13.11.8 zitierten Satz von Tacitus). Dazu kam noch, daß die römischen Funktionäre vom Glauben und vom Kult Israels keine Kenntnisse hatten. Ferner übten sie ihr Amt autoritär aus, also repressiv, und waren meistens käuflich und korrupt: ihre Interessen lagen hauptsächlich in der eigenen Karriere und der persönlichen Bereicherung.

14.2.3 Es ist deswegen leicht verständlich, wieso die Gegend sich in ständigem Aufruhr befand, oft in offenem Aufstand. In solchen Fällen ist es schwer, klar zu unterscheiden zwischen Rebellionen mit politisch-wirtschaftlichem Hintergrund und räuberähnlichem Bandenwesen. Wie dem auch sei, auch diesmal, wie zur Zeit der Seleukiden, hört man häufig von bewaffnetem Widerstand.

14.2.3.1 So gab es z.B. einen Aufstand gegen die Römer in den Jahren 6–7 u.Z., von einem gewissen Judas aus Galiläa angeführt, anläßlich einer von den Römern (aus Steuergründen, wie immer in der alten Welt) angeordneten Volkszählung, wohl dieselbe, die Lk 2,1–5 mit der Geburt Jesu und der Statthalterschaft in Syrien des P. Sulpicius Quirinus verbindet; man weiß nicht (Leaney bei Hayes u. Miller*, 1977, 638), wieso nach Mt 2,1 die Geburt Jesu ein Jahrzehnt früher, noch zu Lebzeiten des Herodes, stattgefunden haben soll. Judas der Galiläer wird noch Apg 5,37 erwähnt. Er wurde bald besiegt und hingerichtet, aber aus seiner Bewegung entwickelten sich die „Zeloten", aram. *qanānā'*, Wurzel *qinnā'*, „eifern für, sich für eine Sache einsetzen". Auch das Neue Testament, Mt 10,4//Mk 3,18 kennt sie: sogar einer der Zwölf ist dort „Kanaanäer" genannt, doch die Parallelstelle Lk 6,15 hat, richtig, „Simon, genannt der Zelote". Aus diesen gingen später die „Sikarier" hervor, die, mit einem Dolch *(sica)* bewaffnet, individuelle Terroraktionen gegen die Römer und gegen jüdische Kollaborateure unternahmen. Vielleicht gehörte auch Judas Iskariot zu ihnen, indem sein sonst nirgends belegter Beiname eine falsche Lesung von Sikarius ist. Bei Josephus Ant. 18,1ff. werden sie mit den Sadduzäern, den Pharisäern und den Essenern zusammen genannt, was auf eine beträchtliche Zahl und eine unabhängige Gruppe schließen läßt.

14.2.3.2 Es ist auch möglich, daß jener Barabbas, den Pilatus auf Wunsch der Menge anstatt Jesu freigab, ein Sikarier war und deswegen die Sympathie der Leute genoß.

14.3 Jesus von Nazareth

Über *die Gestalt Jesu von Nazareth* werden wir hier nur kurz berichten. Die christologischen Wertungen seiner Person und seines Amtes gehören zur Geschichte der Urkirche und nicht mehr zu der Israels. Auch eine *Bibliographie* kann hier freilich nicht gegeben werden; ich verweise auf die in der ThR erscheinenden Aufsätze über die Jesusforschung der letzten Jahrzehnte von W. G. Kümmel.

14.3.1 Nach den Evangelien wurde Jesus von den jüdischen Behörden beim Prokurator als sozialer und politischer Aufwiegler angezeigt, nach einem Prozeß, der aber derartig von Ungenauigkeiten und unmöglichen Situationen strotzt, daß die Berichte darüber kaum auf eine authentische Überlieferung zurückzuführen sind. Daß er aber wegen mutmaßlicher politischer Verbrechen vom Prokurator verurteilt und dann gekreuzigt wurde, geht aus der auf dem Kreuz angebrachten Inschrift unmißverständlich hervor (W. Fricke, 1981).

14.3.2 Er soll, immer nach den Evangelien, für eine kurze Zeit (die Chronologie ist ungewiß) als Wanderprediger tätig gewesen sein, besonders in Galiläa, in der Gegend des Sees Genezareth. Es ist heute nicht mehr möglich, den Inhalt seiner Botschaft und Predigt genau und systematisch zu rekonstruieren. Mindestens einmal ist er nach Jerusalem gegangen, um dort, immer nach den Evangelien, seine messianischen Ansprüche geltend zu machen (an anderen Stellen stößt man hingegen auf das sogenannte messianische Geheimnis), und als Messias soll er dort von der Menge, mit einem Ritual, das eine bemerkenswerte Ähnlichkeit mit Elementen des Laubhüttenfestes aufweist, empfangen worden sein.

14.3.3 Was zum Bruch zwischen Jesus und den jüdischen Behörden, zuerst mit den Pharisäern und später mit den Sadduzäern im Tempel, führte, kann nicht mehr genau ermittelt werden. Ein guter, wenn auch hypothetischer Grund wäre aber der, daß Jesus sich hauptsächlich an die Armen und Ungebildeten, also an den von allen verachteten *ʿam hāʾāreṣ* (oben, 13.12.3.1) wandte und sich polemisch mit den führenden Gruppen auseinandersetzte.[2]

14.3.4 Von jüdischer Seite gibt es über Jesus fast keine alten Berichte. Die älteren rabbinischen Schriften melden nichts über ihn;[3] nur Josephus,

[2] Es gehört zum großen Verdienst Albert Schweitzers, bewiesen zu haben, daß man aus den Evangelien und den anderen neutestamentlichen Schriften kein „Leben Jesu" verfassen kann, vgl. ders.: Geschichte der Leben-Jesu-Forschung, Tübingen 1906 und Neudrucke; Hinz, W.: Chronologie des Leben Jesu. In: ZDMG 139 (1989), 301–309.

[3] Maier, J.: Jesus von Nazareth in der talmudischen Überlieferung. Darmstadt 1978; eine Rez. bei D. Goldberg in: JQR 73 (1982–83), 78–86.

Ant. 18,63 und 20,200 erwähnt ihn zweimal. Der erste Text aber, der sich über Jesus in fast urchristlichen Worten ausdrückt, wird von den meisten Forschern als ein christlicher Einschub betrachtet und darf nur, wenn überhaupt, mit äußerster Vorsicht verwendet werden.[4]

14.3.5 Immerhin muß die Botschaft Jesu keinen so großen Eindruck auf das damalige Judentum gemacht haben, entgegen dem, was man aus den Evangelien schließen könnte, und den sie gewiß auf die ersten Jünger machte. Es gab ja viele Wanderprediger und -propheten in jener Zeit; ferner war Galiläa eine Gegend mit gemischter Bevölkerung und wurde von den Rabbinern und den Weisen in Judäa geringgeschätzt. So ist das Urteil, das M. Noth*, 1954, in der Überschrift zum § 34 implizit fällt: „Die Ablehnung des Christus", historisch nicht zu rechtfertigen und, theologisch gesehen, äußerst zweifelhaft.

14.4 Bruch mit Rom – Aufstand

Die Quellen sind voll von Berichten über Zwischenfälle zwischen Römern und Judäern; es werden dafür vorwiegend religiöse Gründe angegeben.

14.4.1 41 u. Z. versuchten die Römer, ein Kaiserbild im Tempelbezirk aufzustellen, vielleicht nicht einmal mit provokatorischen Absichten, sondern einfach, weil dies in Rom Sitte war. Ein anderes Mal, während einer Vergeltungsaktion gegen ein Dorf, in dessen Nähe eine römische Patrouille angegriffen worden war, wurden die *tôrāh*-Rollen geringschätzig behandelt. Noch mehr könnte über solche Episoden berichtet werden; dafür verweise ich auf Leaney bei Hayes u. Miller*, 1977, 644 ff.

14.4.2 Eines scheint gewiß: eine gefährliche Lage war entstanden, und es brauchte wenig, um die örtlichen Unruhen in einen allgemeinen Aufstand ausarten zu lassen, wie dies unter Antiochos IV. geschehen war.

14.4.2.1 Der Anlaß dazu ergab sich bald, zur Zeit des Prokurators Gessius Florus im Jahr 67, wohl einer der korruptesten aus Rom gesandten Funktionäre. Es könnte sogar gewesen sein, wie manche Forscher in Betracht ziehen, daß Gessius die Zwischenfälle absichtlich veranlaßte, um hinter harten Strafmaßnahmen seine eigenen Veruntreuungen zu verstecken! Leider sind aber auch hier die einzigen zur Verfügung stehenden Quellen die Texte des Josephus, da von römischer Seite, der man auch Gehör schenken sollte, jeder Bericht fehlt. Anderseits ist das römische Verwaltungssystem wohlbekannt, so daß die Einstellung Gessius' nichts Außerordentliches an sich hat. Außerordentlich waren hingegen die Folgen, für Israel und auch für Rom.

14.4.2.2 Es ist freilich klar, daß ein so großer Aufstand nicht durch einzelne Taten und besonders durch religiöse Faktoren allein ausgelöst wurde. Jahrelang hatte es

[4] Eine positive Wertung dieses Textes findet sich neuerdings bei Vermès, G.: The Jesus Notice of Josephus Re-Examined. In: JJS 38 (1987), 1–10; Vermès betrachtet die Stellungnahme des Josephus als „verständnisvoll neutral" *(a sympathetic neutral stand)*.

Spannungen zwischen Juden und Heiden gegeben, besonders an Ortschaften mit einer gemischten Bevölkerung, z. B. in Caesarea, dem Sitz des römischen Prokurators, und ein anderes Mal, weil Gessius 67 dem Tempelschatz siebzehn Talente entnommen hatte.

14.4.3 Es gibt auch soziale, wirtschaftliche und politische Elemente, denen man bis jetzt wenig Beachtung geschenkt hat und die vielleicht eine wirklich herausragende Rolle spielten.

14.4.3.1 Zum einen soll es den Römern nicht gelungen sein, in Judäa eine soziale Schicht zu bilden und zu fördern, die ihnen günstig oder wenigstens neutral gesinnt und für die Juden gleichzeitig annehmbar gewesen wäre (Goodman, 1987).

14.4.3.2 Ferner scheint es wahrscheinlich, wie dies von S. J. D. Cohen, bei H. Shanks*, 1988, 222ff., überzeugend dargestellt wurde, daß der Aufstand nicht nur wegen römischer Herausforderungen auf religiösem Gebiet, also aus theologischen Gründen, stattfand. Ja, eine unmittelbare Provokation von seiten der Römer soll gar nicht bestanden haben. Es gab hingegen eine Reihe von Faktoren, für die die Römer keine oder nur geringe Verantwortung hatten, wie z. B. die starken sozialen Spannungen. So wurden, nachdem der Tempelbau zu Ende geführt worden war, an die 18000 Arbeiter fristlos entlassen und fanden nur Gelegenheitsarbeiten; ferner sind Konflikte zwischen höherem und niederem Klerus belegt und Unruhen unter verarmten Bauern in Galiläa, die endlich nur auf Plünderung aus waren. Feindseligkeiten gab es zwischen den höheren und niederen Schichten der Bevölkerung; Zeloten eiferten gegen Gemäßigte, eschatologische Erwartungen von „endzeitlichen Wehen" und Aufrichtung des Gottesreiches und ähnliches mehr verunsicherten genau wie zur Zeit der Makkabäer (oben, 13.7.1) die Gegend.

14.4.3.3 Freilich soll Jerusalem auf die Abhebung von Geldern aus dem Tempelschatz nicht gerade diplomatisch reagiert haben: der Prokurator wurde öffentlich verhöhnt und beschimpft und schritt zu Vergeltungsmaßnahmen; Zwischenfälle zwischen Truppen und Bürgern waren die Folge.

14.4.3.4 Es gelang der Bevölkerung, das Tempelareal zu besetzen und die Verbindungen zur Festung Antonia abzuschneiden; Ermahnungen zur Mäßigung von Priestern und König Agrippa (für ihn, vgl. oben, 14,2.1) waren umsonst: Das Volk wäre bereit gewesen, Zugeständnisse zu machen, wollte sich aber Gessius nicht wieder unterwerfen.

14.4.4 *Erste Kampfhandlungen.* Den Zeloten war es inzwischen gelungen, die zum größten Teil unbewachten, herodianischen Festungen zu besetzen, wobei sie eine beträchtliche Menge von Waffen und Ausrüstung erbeuteten. Unter anderem ergriffen sie Besitz vom Festungspalast Massada, vom Herodion und von den anderen in der Jordansenke und in Transjordanien sich befindenden Festungen (oben, 14.1.3). Eleazar, ein Sohn des

Hohenpriesters, besetzte endgültig den Tempelbezirk und unterbrach die seit Nehemia-Esra übliche Sitte, für den Kaiser Opfer darzubringen (oben, 12.9.9).

14.4.5 Die herrschende Schicht in Judäa scheint sich der Tatsache völlig bewußt gewesen zu sein, daß es in einem offenen Kampf gegen Rom keine Siegesmöglichkeiten gab; doch alle Versuche des von den anderen Priestern unterstützten Hohenpriesters, den Aufstand von innen zu bezwingen, schlugen fehl. Dies scheint wenigstens die apologetische These Josephus', Bell., gewesen zu sein: daß nur Fanatiker und nicht Menschen von Stand und Bildung sich der Erhebung angeschlossen hätten (so S. J. D. Cohen bei H. Shanks*, 1988, 224 ff.).

14.4.6 Die Aufständischen besetzten die ganze Stadt und auch die Festung Antonia. Der Bruch mit Rom war nun zur Tatsache geworden. Der sich gegen den Krieg wendende Hohepriester wurde ermordet, der Palast des Herodes beim westlichen Tor in Brand gesteckt, eine römische Kohorte, die freies Geleit aus der Stadt erhalten hatte, niedergemetzelt. Der Aufstand breitete sich über das ganze Land aus, und nur in den zum größten Teil gemischten Städten Caesarea, Skytopolis (das frühere *bêt šᵉʾān*), Ptolemais (*ʿakkô*) und ʾAšqelon gelang es den Römern, die Juden in Schach zu halten. Sogar in Alexandrien brachen Unruhen aus.

14.4.7 *Römische Niederlage.* Im selben Jahr begab sich C. Cestius Gallus, römischer Legat in Syrien, mit einem Heer nach Süden, um dem, was immer mehr ein großangelegter, jüdischer Aufstand gegen Rom zu werden schien, zuvorkommen. Es gelang ihm, die Städte, in denen die Juden nicht gesiegt hatten, zurückzuerobern und bis Jerusalem vorzudringen, wo er auf dem Berg Skopus (Koord. 173–134; seit 1925 der Sitz der Hebräischen Universität) sein Lager aufschlug. Er merkte aber bald, daß die zur Verfügung stehenden Truppen für eine Belagerung der Stadt nicht genügten, und trat deshalb den Rückzug an. Seine Truppen gerieten aber bei *bêt ḥôrôn* (heute *bēt ʿūr*, Koord. 160–143) in einen Hinterhalt und wurden vernichtet; sie hinterließen den größten Teil ihrer Waffen und Ausrüstung. Für die Gemäßigten fiel damit jede Verhandlungsmöglichkeit aus.

Man mußte sich nun auf den Krieg vorbereiten und die nationale Einheit anstreben. Diese herzustellen, gelang jedoch nicht, ja, es wurde nicht einmal ernsthaft versucht: die Zeloten ließen sich nicht auf einmal in disziplinierte Soldaten umschulen; auch war es alles andere als einfach, die Produktion und die gesamten Kräfte des Landes für einen gemeinsamen Zweck zu mobilisieren und einzusetzen, um so mehr, als in vielen Gegenden eine nicht notwendigerweise judenfreundliche und römerfeindliche Bevölkerung lebte. Es fehlte übrigens fast an allem: Waffen und Ausrüstung, Ausbildung und Disziplin, fähigen Offizieren, Kriegstechnik.

14.4.8 Das Land wurde in Militärbezirke aufgeteilt und Galiläa dem Befehl eines gewissen Joseph, Sohn des Mattathias, dem späteren Historiker Josephus Flavius, unterstellt. Er gehörte nach eigenen Angaben zu den Gemäßigten und hoffte immer noch auf die Möglichkeit einer Verständigung mit Rom, da er nicht an den Sieg glaubte; und wegen dieser Einstellung soll er manches von den Zeloten erduldet haben.

14.4.9 *Zwietracht unter den Aufständischen*. Die Schwierigkeiten, einen Widerstand zu organisieren, nahmen immer mehr zu: in den ruhigen Perioden, die die Aufständischen zur eigenen Stärkung hätten ausnützen können, teilten sich die Kräfte immer mehr: die Zeloten versuchten, den Gemäßigten die Macht zu entreißen und belasteten damit die schon an sich geringen Siegesmöglichkeiten.

14.4.10 *Die Expedition Vespasians*. Angesichts des Ausmaßes der Revolte entschied sich Kaiser Nero, zu einem massiven Gegenangriff zu schreiten. Beauftragt wurde einer seiner besten Generäle, T. Flavius Vespasianus, der sich 43–44 im Feldzug gegen Britannien ausgezeichnet hatte.

14.4.10.1 Ihm gelang es rasch, einen großen Teil des Landes zurückzuerobern, vor allem die Gegenden mit einer gemischten Bevölkerung: Galiläa, Transjordanien, die Ebene Jesreel. Die Aufständischen befanden sich bald im kleinen Judäa umzingelt.

14.4.10.2 Damals wurde auch Joseph ben Mattathias gefangengenommen, trat zum Feind über und nahm den Beinamen Flavius an, zu Ehren seines römischen Schutzherrn.

14.4.10.3 Es folgten verhältnismäßig ruhige Monate: Vespasian wartete ab, was in Rom geschehen würde, denn nach dem Tod Neros folgten auf dem Thron die von den Truppen ernannten Galba, Otho und Vitellius.

14.4.10.4 Vespasian wurde selbst von den im Osten stationierten Truppen zum Kaiser ausgerufen, nachdem, im Dezember 69, Vitellius getötet worden war. Im Sommer bestieg er den Thron und übergab die Befehlsgewalt seinem Sohn Titus.

14.4.10.5 Die ruhigen Monate wurden von den Aufständischen nicht ausgenützt; die verschiedenen Gruppen bekämpften einander sogar mit der Waffe, was sie, als der wirkliche Kampf begann, geschwächt zurückließ.

14.4.11 Titus griff die Hauptstadt im Frühling 70, kurz vor dem Passah-Fest, mit mindestens vier Legionen und vielen Hilfstruppen an. Die gemeinsame Verteidigung brachte die zerstrittenen Gruppen zum größten Teil zusammen und wurde bis zum letzten Mann durchgeführt. Die Aufständischen hatten nicht damit gerechnet, daß der römische Angriff gerade zur Passah-Zeit erfolgen würde, in der sich Tausende von Pilgern in der Stadt befanden. In der belagerten und überbevölkerten, durch die *circumvallatio* von der Außenwelt völlig abgeschnittenen Stadt brach bald eine Hungersnot aus, und die Disziplin konnte von den Verteidigern nur durch härteste Maßnahmen erzwungen werden.

14.4.12 *Fall Jerusalems*. Dem Belagerungsheer bot sich folgende Schwierigkeit: auf den nach Osten, Süden und Westen gerichteten Seiten der Stadt fielen die Mauern fast senkrecht in die verschiedenen Täler ab, so daß ein Angriff von dort unmöglich war. Die Stadt konnte nur aus dem Norden bestürmt werden, wo deswegen drei Verteidigungswälle gebaut worden waren. Es fiel aber den kriegskundigen Angreifern nicht schwer, diese Mauern nacheinander zu bezwingen. Im Juli fielen die Antonia und im August der Tempel, der, angeblich gegen Titus' Befehl, in Flammen aufging. Doch auch diese These von der Bereitschaft Roms, den Tempel zu schonen, gehört zu der für Josephus typischen Einstellung: sowohl Vespasian als auch Titus hätten den Krieg als tadellose Ehrenmänner geführt und sich über die armen, von Fanatikern beherrschten Juden sogar erbarmt (S.J.D. Cohen bei H. Shanks*, a.a.O.)! Im September fiel auch der westliche Teil der Stadt. Jerusalem wurde dem Erdboden gleichgemacht, mit Ausnahme dessen, was vom Palast des Herodes noch übrig war und den westlichen Befestigungen.

14.4.13 *Letzter Widerstand.* Eine nach der anderen wurden die verschiedenen, von den Aufständischen besetzten Festungen bezwungen, und die letzte, Massada, fiel im Jahr 74 (bis vor kurzem glaubte man, schon im Jahr 73),[5] nachdem, laut Josephus, die dort stationierten Truppen mit ihren Angehörigen einen kollektiven Freitod gesucht hatten. Doch auch diese Nachricht scheint heute ungewiß (S.J.D. Cohen bei H.Shanks*, 1988, 232ff.), und dies besonders auch aus archäologischen Überlegungen. Damals ging vermutlich auch die am Ufer des Toten Meeres angesiedelte Gruppe der Essener (oben, 13.12.4) unter.

14.4.14 Tacitus und Josephus übermitteln unabhängig voneinander folgende Angaben über das, was einer Katastrophe nahekam: mehr als 600000 Juden, also ungefähr ein Viertel der ganzen Bevölkerung, sollen während der Kriegshandlungen ums Leben gekommen sein; viele mehr wurden gefangengenommen und als Sklaven verkauft. Es ist also nicht übertrieben, wenn man vermutet, daß das Land fast zur Hälfte entvölkert wurde. Der Titusbogen im römischen Forum zeigt den Triumphzug des zukünftigen Kaisers; auf ihm ist u.a. der siebenarmige Leuchter im Relief abgebildet.

14.5 Das Judentum nach der Katastrophe

Die Römer scheinen keine besondere Feindseligkeit gegen das Judentum als Religion gehegt zu haben: nach der Niederwerfung des Aufstandes und der Auferlegung von Bedingungen, die eine Wiederholung unmöglich machten, hatten sie ihre Aufgabe erfüllt.

Literatur: Neusner, J.: A Life of Yohanan ben Zakkai. Leiden ²1970; ders.: Development of a Legend: Studies on the Traditions Concerning Yohanan ben Zakkai.

[5] Vgl. Eck, W.: Die Eroberung von Massada und eine Inschrift des L. Flavius Silva Nonius Bassus. In: ZNW 60 (1969), 282–289; dagegen vgl. aber Reicke, B. 1982, 289, Anm. 24, der das von Josephus, Bell. 7, 400ff. vorgeschlagene Datum, April 72, annimmt.

Leiden 1970; ders.: From Politics to Piety, Leiden 1973; ders.: The Formation of Rabbinic Judaism: Yavne (Jamnia) from AD 70 to 100. In: Aufstieg und Niedergang der römischen Welt, Hrsg. von Temporini, H., Band 19. II. Berlin 1979, 3–42, und ders.: The Mishnah before 70, Atlanta Ga. 1987; ferner ders. bei Hayes u. Miller*, 663–677. Über die *Synode von Jabne*: Schäfer, P.: Die sogenannte Synode von Jabne. Zur Trennung von Juden und Christen im ersten/zweiten Jh. n. Chr. In: Judaica 31 (1975), 54 bis 64, 116–124, jetzt in: Studien zur Geschichte und Theologie des rabbinischen Judentums. Leiden 1978, 45–64.

14.5.1 Dem Judentum blieb die Bezeichnung einer *religio licita* erhalten, und es konnte weiter bestehen; die Römer hofften wohl, daß es sich als Sammelpunkt für gemäßigte Gruppen erweisen würde. Die Römer widersetzten sich deswegen nicht, als ein Pharisäer, Johanan ben Zakkai, der sich ergeben hatte und unter legendären Umständen ins römische Lager gelangt war, ein Studienhaus in Jabne (das griechische Jamnia, Koor. 126–141) errichtete.

14.5.2 Mit der Zerstörung des Tempels war das sadduzäische Priestertum, wie schon erwähnt (oben, 13.12.2.5), seines sozialen Auftrags und seiner Existenzgrundlage beraubt worden; ein großer Teil der Priester war ferner während der Zerstörung des Heiligtums umgekommen. Auch die Essener in Palästina waren zerstreut, und von den ersten Christen wird berichtet, daß sie für eine gewisse Zeit in Pella in Transjordanien (heute *tabāqat fāḥl*, Koord. 206–207) Zuflucht gefunden hätten, eine Nachricht, der aber jede geschichtliche Grundlage fehlt.[6]

14.5.2.1 Es blieben deshalb nur die an keine offizielle Struktur gebundenen Pharisäer übrig, die sich sofort ans Werk setzten, die jüdische Gemeinde im Heiligen Land neu zu organisieren.

14.5.2.2 Um dieses Lehrhaus bildeten sich in den folgenden Jahrzehnten viele Legenden, über die Entwicklung des biblischen Kanons und des jüdischen Glaubens im allgemeinen. Bald wurde die Schule von Jabne, die das Beste der jüdischen Tradition sammelte, auch von der Diaspora anerkannt. „Von der Politik zur Frömmigkeit" lautet die Definition von J. Neusner 1973: politisch war Israel nichts mehr, es blieb aber als Vertreter eines Glaubens und einer Lebensweise bestehen.

[6] Dazu Sowers, S. G.: The Circumstances and the Recollections of the Pella Flight. In: ThZ 26 (1970), 305–320; Leaney, A. R. C., bei Hayes u. Miller* 1977, 659 (Lit.); Lüdemann, G.: The Successors of Pre-70 Jerusalem Christianity. A Critical Evaluation of the Pella Tradition. In: Sanders, E. P. (Hrsg.), Jewish and Christian Self-Definition. Philadelphia 1980, I, 161–173, und ders.: Paulus, der Heidenapostel. Göttingen 1983, II, 265–286; Verheyden, J.: De vlucht van de Christenen naar Pella, Brüssel 1988; Koester, C.: The Origin and Significance of the Flight to Pella Tradition. In: CBQ 51 (1989), 90–106.

14.5.2.3 Johanan gelang es, die Überlebenden zu sammeln und ihnen ein neues Rückgrat zu geben. Der Tempel bestand zwar nicht mehr, doch in den vergangenen Jahrzehnten war er so oft der Mittelpunkt von Intrigen und Skandalen gewesen, ja, es waren z. T. die Kollaborateure aus seiner Umgebung hervorgegangen, so daß er schon früher viel von seinem Ansehen verloren hatte. Das erklärt auch, wieso, anders als zur Zeit der aus Babylon zurückkehrenden Exulanten, an seinen Aufbau einstweilen nicht gedacht wurde. Auf diese Art setzten sich die Lehren und die Lebensweise der Pharisäer (oben, 13.12.3) immer mehr durch, bis sie zum Wesen des Judentums wurden. Sie belebten auch die Diaspora, die sich durch die Jahrhunderte hindurch von Jemen und Persien bis zum Baltikum, von Indien und Rußland bis nach Spanien und später Amerika und Australien ausdehnte. Damals müssen der biblische Kanon abgeschlossen und die Sammlung der „mündlichen *tôrāh*“ (oben, 13.12.3.4), gefolgt von den großen Kommentaren, begonnen worden sein.

14.6 Als kaiserliche Provinz

Nach der Niederwerfung der ersten Revolte wurde die Gegend zur römisch-kaiserlichen Provinz erklärt. Die dem nicht mehr aufgebauten Tempel bestimmten Gelder wurden für das Heiligtum des Kapitolinischen Jupiter gebraucht, was für Israel wiederum eine gotteslästerliche und deswegen provokatorische Maßnahme war. Ein Vierteljahrhundert später, unter Nerva, 96–98, wurde diese Steuer erst abgeschafft.

Literatur: Baron, S. W.: A Social and Religious History of the Jews, II, 2. New York 1952, 89–122, 368–377; Noth, M.* 1954, 401–406; Perowne, S.: Hadrian. London 1960, passim, bes. 149 ff.; Fuks, A.: Aspects of the Jewish Revolt in A. D. 115–117. In: Journal of Roman Studies 51 (1961), 98–104; Fitzmyer, J. A.: The Bar Cochba Period. In: The Bible in Current Catholic Thought – Gruentaner Memorial Volume. New York 1962, 133–168, jetzt in: Essays ..., London 1971, 305–354; Mantel, H.: The Causes of the Bar Kokhba Revolt. In: JQR 58 (1967–68), 224–242, 274–296; Yadin, Y.: Bar Kokhba. London/New York 1971; Neusner, J. bei Hayes, J. H., u. J. M. Miller* 1977, 663 ff.; Schäfer, P.: Der Bar Kochba Aufstand. Studien zum zweiten jüdischen Krieg gegen Rom. Tübingen 1981; Kloner, A.: Underground Hiding Complexes from the Bar Kochba War in the Judaean Shephelah. In: BA 46 (1983), 210 bis 221; Applebaum, S.: The Second Jewish Revolt (A. D. 131–135). In: PEQ 116 (1984), 35–41; Isaac, B., u. A. Oppenheimer: The Revolt of Bar Kokhba. In: JJS 36 (1985), 33–60; Mor, M.: The Bar Kochba Revolt and Non-Jewish Participants: ibid. 200–209; Goodblatt, D.: A Contribution to the Prosography of the Second Revolt. In: JJS 38 (1987), 38–55; Barnes, T. D.: Trajan and the Jews: JJS 40, 1989, 145–162.

14.6.1 Es ist fast nichts über die Zeitspanne zwischen den beiden jüdischen Aufständen bekannt; die Werke des Josephus enden mit dem Jahr 74. Es ist deswegen alles andere als einfach, die Gründe für den zweiten Aufstand, 132, mehr als sechzig Jahre nach dem ersten, zu ermitteln.

14.6.1.1 Einige Forscher schlagen vor, daß in Judäa der Glaube bestand, siebzig Jahre nach der Zerstörung des Tempels würde das Ende der Welt und deswegen auch der heidnischen Herrschaft über das Heilige Land eintreffen; über die Zahl siebzig, vgl. Jer 25,11 und 29,10, wurde bekanntlich spekuliert, vgl. Dan 9,1ff. und verschiedene apokalyptische Schriften.

14.6.1.2 Doch wie wichtig eine theologische Erklärung auch sein mag, eine wahrscheinlichere Auslegung der Tatsachen fügt ihr wirtschaftliche und politische Elemente hinzu: wie zur Zeit des ersten Aufstandes mischten sich Provokationen von römischer Seite und soziale Mißstände mit der zelotischen und apokalyptischen Theologie; bei der letzteren bildete der Kriegszustand den Anfang jener „Wehen", die zum Weltende und zum messianischen Reich führen sollten.[7]

14.6.1.3 So wird man kaum fern von der Wirklichkeit mit der Vermutung stehen, daß dieselben sozialen und politischen Ursachen, die zum ersten Aufstand geführt hatten, auch die Grundlagen zum zweiten bildeten: es ist nämlich nicht vorstellbar, daß die unterdrückende, habgierige und korrupte römische Administration auf einmal zuvorkommend, großmütig und ehrlich geworden wäre, um so mehr als die flavianischen Kaiser Vespasian (69–79), Titus (79–81) und Domitian (81–96) den Judäern nach dem schweren Feldzug nicht freundlich gesinnt waren.

Als Beispiel sei der bekannte Text des Svetonius, Dom. 12,2 (M. Stern, Nr. 320), erwähnt, gegen Ende des 1. Jh u. Z.: „Praeter ceteros Judaicus fiscus acerbissime actus est; ad quem deferebantur, qui vel[ut] inprofessi Judaicam viverent vitam, vel dissimulata origine imposita genti tributa non pependissent. Interfuisse me adulescentulum memini, cum a procuratore frequentissimoque concilio inspicentur nonagenarius senex, an circumsectus esset." („Neben den anderen Steuern wurden die für die Juden mit äußerster Strenge eingezogen, und sowohl die, die ohne ihren jüdischen Glauben öffentlich zu bekennen, dennoch als Juden lebten, als auch die, die ihren Ursprung verhehlten und die auf ihr Volk gesetzten Steuern nicht bezahlten, wurden gerichtlich verfolgt. Ich erinnere mich, daß ich in meiner Jugend dabei war, als ein neunzigjähriger Mann vor dem Prokurator untersucht wurde, und zwar vor einem überfüllten Gerichtssaal, um festzustellen, ob er beschnitten war.") Es blieben demnach genügend Gründe übrig, um eine Revolte nochmals aufflammen zu lassen!

14.6.2 *Unruhen in der Diaspora.* Aus den wenigen Berichten geht hervor, daß in den ersten Jahrzehnten des 2. Jh. u. Z. die jüdische Diaspora sich alles andere als ruhig verhielt. Die Gründe bleiben allerdings noch zu ermitteln. Um 115 brachen verschiedene Aufstände aus, die, wenn auch nicht unmittelbar mit den Begebenheiten von 132–135 zu verbinden, doch zeigen, daß das Feuer unter der Asche schwelte.

[7] Vgl. besonders das syrische Baruchbuch und das IV Esrabuch; hierzu Harnisch, W.: Verhängnis und Verheißung der Geschichte. Göttingen 1969.

14.6.2.1 Unter Kaiser Trajan (98–117), während eines Feldzuges gegen die Parther, 115, rebellierten die Juden von Kyrene, Alexandrien, Zypern und Mesopotamien. Wenig weiß man, wie gesagt, über die unmittelbaren Ursachen und auch über die Ziele, die sich die Aufständischen setzten. Man weiß nur, daß alle Aufstände an Ortschaften mit einer gemischten Bevölkerung ausbrachen. A. Fuks, der 1961 die vollständigste Analyse der Unruhen auf Grund der jüngsten papyrologischen Funde geliefert hat, zeigt, daß die Revolten auf brutalste Art geführt und unterdrückt wurden, mit Ausrottung von ganzen Gruppen und verbrannter Erde als Folge, besonders in der Cyrenaika, in Zypern und in Ägypten; in Mesopotamien scheint die Revolte sogar mit der Mitwirkung der örtlichen Bevölkerung stattgefunden zu haben.

14.6.2.2 Trajan zögerte nicht, all diese Aufstände niederzuwerfen, besonders die im Zweistromland, die seine Verbindungen zur parthischen Front verunsicherten. Die Unterdrückung dauerte Jahre an und wurde noch unter Hadrian fortgeführt.

14.6.2.3 Man weiß nicht, ob die Unruhen auch nach Judäa übergriffen, doch es ist bekannt, daß Lusius Quietus, der gerade den Aufstand im Zweistromland niedergeworfen hatte, zum Statthalter in Judäa ernannt wurde. Ein Zufall, oder sollte er auch hier die Ordnung wiederherstellen? Das ist, was M. Noth*, 1954, 401, vermutet.

14.7 Der letzte Aufstand

Unter Kaiser Hadrian (117–138) brach der letzte jüdische Aufstand aus. Auf Grund des wenigen, was zu ermitteln ist, muß sein Ausmaß ähnlich dem von 67–74 gewesen sein. Die Berichte sind knapp, und über die Ursprünge gibt es verschiedene, dem Anschein nach widersprüchliche Berichte. Nur drei antike Autoren behandeln den Gegenstand: Cassius Dio 69, 12–14; die Historia Augusta: Hadr. 14, 2 und Euseb, Hist. Eccl. 4, 6 (M. Stern, Nr. 440; M. Noth*, 1954, 401, und H. Jagersma*, 1985, 18.1.3).

14.7.1 Nach Dio hätten sich die Juden der von Hadrian vorgenommenen Gründung von Aelia Capitolina auf den Trümmern Jerusalems und der Einweihung eines dem Jupiter Capitolinus geweihten Heiligtums dort widersetzt und zu den Waffen gegriffen.

14.7.2 Nach den anderen Quellen ging die Revolte darauf zurück, daß ein von Hadrian erlassenes Gesetz die Beschneidung der Kastration gleichstellte, einer Sitte, die das römische Recht unter Androhung der Todesstrafe verbot. Übrigens wurde die Beschneidung wenige Jahre später, unter Kaiser Antoninus Pius (138–161), als Ausnahme zum Kastrationsgesetz zusammen mit anderen jüdischen, vor der Revolte verbotenen Bräuchen wieder erlaubt.

14.7.3 Der Widerspruch zwischen den beiden Berichten besteht aber nur dem Anschein nach, denn beide passen gut zu den Nachrichten über das Zeitalter. 130–131 unternahm Hadrian eine Reise in den Osten und gründete einige Städte. Sicher kam er nach Gerasa (heute *ǧēraš*, Koord. 188–238) in Transjordanien; ungewiß ist hingegen, wenn auch wahrscheinlich, ob er dabei auch Jerusalem besuchte. Doch schon der Plan, auch wenn er nicht ausgeführt wurde, genügte, um im palästinensischen Judentum eine große Spannung zu erzeugen. Was die Beschneidung betrifft, handelte es sich nicht um eine an sich antijüdische Maßnahme, denn sie betraf alle Völker des Reiches, die diese praktizierten. In Wirklichkeit aber verletzte sie grundsätzlich den jüdischen Glauben.

14.7.4 In beiden Fällen waren wichtige Gründe für einen Konflikt gegeben, handelte es sich doch um die Entweihung heiliger Stätten und Eingriffe in innere Angelegenheiten des Glaubens. Schon zu Zeiten der Makkabäer und der ersten Revolte hatte ähnliches zum öffentlichen Aufstand geführt. Dazu gesellten sich ferner die oben, 14.6, angeführten Elemente.

14.7.4.1 *Bar Kochba*. Als Anführer der Rebellion trat ein gewisser Simon *ben kôsîbāʾ* auf, dem seine Nachfolger bald als *bar-kôkbāʾ*, „Sohn des Sternes" huldigten, ein Hinweis auf Num 24,17, messianisch ausgelegt: „Ein Stern wird aus Jakob aufgehen ..." Die Rabbiner hingegen entstellten später den Namen als *bar kôzîbāʾ*, „Sohn der Lüge". Es handelte sich um einen wahrhaft charismatischen Führer im Sinne von Max Weber (oben, 8.9.1, Anm. 22), so daß seine Gewalt ohne Zaudern oder Widerspruch von allen angenommen wurde. Die inneren Kämpfe, die es zur Zeit der ersten Revolte gegeben hatte (oben, 14.4.7–8), blieben aus. Sogar R. Aqiba, der sich zuerst dem Aufstand widersetzt hatte, wurde von seiner Messianität überzeugt und folgte ihm, Jer. Taʿan. 68d.

14.7.4.2 Hadrian war inzwischen nach Rom zurückgekehrt und scheint sich anfänglich über die Revolte wenig Sorgen gemacht zu haben. Es gelang den Aufständischen, eine Reihe von beträchtlichen Erfolgen zu erzielen: Jerusalem wurde zurückerobert und der größte Teil des Landes befreit. Von der fast gänzlich in Trümmern liegenden Hauptstadt aus regierte Simon das Land und prägte eigene Münzen; jede Serie war nach dem „Jahr der Befreiung Israels" datiert. Er scheint auch wieder eine Art von Tempelgottesdienst eingeführt zu haben, da auf einer der Münzen ein Priester namens Eleazar erscheint. Nach einigen Forschern soll er sogar den Wiederaufbau des Tempels begonnen haben.

14.7.4.3 Auch diesmal erwies sich der Kampf mit Rom als aussichtslos, und die Tatsache, daß die Rebellen einen partisanenähnlichen Krieg führten und den offenen Kampf vermieden, konnte daran nur wenig ändern. Die Römer, unter der kundigen Leitung des Alexander Severus, der sich schon in Britannien ausgezeichnet hatte, belagerten die verschiedenen, sich in den

Händen der Aufständischen befindlichen Festungen und eroberten sie, indem sie die Verteidiger aushungerten.

14.7.4.4 Bekannt ist die Belagerung von *bêt ṭêr*, in der Nähe des heutigen arabischen Dorfes *bittīr* (die letzte Haltestelle vor Jerusalem auf der Eisenbahnlinie, heute *ḫirbet el-jehūd*, „Judenruine“, Koord. 162–126); die Ortschaft fiel nach heroischer, doch nutzloser Verteidigung in Hunger und Durst mit Hilfe der üblichen Belagerungstechniken.

14.7.4.5 Die letzten Kämpfer suchten in den Höhlen über dem *wādī murabbāʿat*, hebr. *nahal ḥēber* (Koord. 182–093), der in das Tote Meer mündet, Zuflucht und hofften, dort die Guerilla fortzusetzen. Doch in jener trokkenen und einsamen Gegend wurden sie alsbald isoliert und dem Hunger und dem Durst ausgesetzt. Die jetzt im Israel-Museum von Jerusalem ausgestellten Funde (die Gegend und die betreffenden Höhlen wurden 1960–61 archäologisch erforscht) zeugen davon, daß der größte Teil der Kämpfenden den Tod einer Übergabe vorzog.

14.8 Niederlage und ihre Folgen

Auch diesmal wurde die jüdische Bevölkerung einer schweren Prüfung unterzogen: man rechnet mit ungefähr 850000 Toten (Fohrer* 1982, 230), unter ihnen viele der Lehrer, die den Juden nach der ersten Revolte zum geistigen Wiederaufbau verhalfen; unter ihnen auch R. Aqiba.

14.8.1 Jerusalem wurde als römische Kolonie unter dem Namen *Colonia Aelia Capitolina* und nach dem Plan einer römischen Stadt wiederaufgebaut. Den Juden wurde der Zutritt verboten, keine jüdischen Feiern durften mehr abgehalten werden, die Beschneidung, die Herstellung und der Besitz von Schriftrollen wurden untersagt. Diesmal wurde also, im Gegensatz zu dem, was nach 67–74 geschehen war, das Judentum als Religion getroffen (oben, 14.5.2.2).

14.8.2 Die Römer ersetzten den traditionellen Namen Judaea durch *Palaestina*, „Land der Philister“, die im südwestlichen Teil lebten. Richtig bemerkt M. Noth*, 1954, 406, dazu, daß die Juden nunmehr Fremde in der eigenen Heimat geworden waren, genau wie in der Diaspora! Damit ging allerdings die Geschichte Israels nicht zu Ende: sie besteht, wenn auch unter anderen Voraussetzungen, bis zum heutigen Tag fort.

14.9 In der Diaspora

In der Diaspora, zu der jetzt auch ein großer Teil des entweihten Heiligen Landes gehörte, lebte Israel nicht nur weiter, sondern entwickelte sich und gedieh. Seine wirkliche Heimat jedoch war und blieb das Heilige Land, und die Gebete in Richtung Jerusalems, der anläßlich der Passah-Feier ausgesprochene Gruß: „Das nächste Jahr in Jerusalem" und die Gebete in der Liturgie der Synagoge für den Regen und die Ernte im „eigenen" Land zeugen davon. Auch wurden die Beziehungen zum Land nie ganz unterbrochen, zumal im vom Krieg fast nicht berührten Galiläa einige Gemeinden weiterlebten.[8]

14.9.1 In der Diaspora befolgte Israel, bewußt oder unbewußt, den der Überlieferung nach Jeremia für die Deportierten von 597 geschaffenen Wahlspruch, Jer 29,4–9:

> Baut Häuser und wohnt darin; pflanzt Gärten und eßt ihre Früchte; nehmt euch Frauen und zeugt Söhne und Töchter; nehmt für eure Söhne Frauen und gebt eure Töchter Männern, daß sie Söhne und Töchter gebären; mehret euch dort, daß ihr nicht weniger werdet. Suchet der Stadt Bestes, darin ich euch habe wegführen lassen, und betet für sie zum Herrn; denn wenn's ihr wohlgeht, so geht's auch euch wohl.

14.9.2 So lebte Israel zwei Jahrtausende lang, im Abendland beinahe immer Gegenstand von Diskriminierungen, oft von Verfolgungen, die sich in den schlimmsten Fällen in Plünderungen, Ausweisungen oder Ausrottungen äußerten. In anderen Fällen, besonders in den moslemischen Ländern zur Zeit ihrer Blüte, war es Israel vergönnt, sich geistig zu entwickeln und manchmal sogar an der Machtausübung teilzuhaben.

14.9.3 In der abendländischen Diaspora hat Israel immer, nach dem erwähnten Wahlspruch, versucht, die Pflichten des guten Staatsbürgers mit den Erfordernissen seines Glaubens zu vereinbaren. In Zeiten der Toleranz studierten Juden nicht nur ihre eigenen Schriften, sondern betätigten sich als Ärzte, Philosophen, Philologen, Bankiers, Astronomen und Physiker; später als Psychologen und Soziologen. Einige von ihnen wurden sogar Berater von Königen. Doch all dies gehört, zusammen mit der Neugründung des Staates im Jahre 1948, zu den folgenden Perioden der Geschichte Israels.

[8] Als Beispiel einer jüdischen Siedlung in Galiläa, die eine glaubwürdige Überlieferung bis in die Zeit vor den beiden Katastrophen bestehen läßt, nenne ich das Dorf *pᵉqîʿîn*, arab. *buqʿēiah*, Koord. 181–261, wo die jüdische Bevölkerung bis zum arabischen Aufstand von 1936 bleiben konnte. Sie mußte flüchten, konnte jedoch einige Jahre später wieder zurückkehren.

ZEITTAFEL

Jh.	Israel u. Juda		Ägypten	Phönizien – Transjordanien	Syrien
XIII.	Auszug aus Ägypten?		Ramses II. (ca. 1279–12)		
XII.	Ende 13.–Anfang 12. Jh.: Landnahme?		Merenptah (ca. 1212–02)		
XI.	ca. 1020–1000 (1012–1004): Saul				
	ca. 1000–961 (1004–965): David		ca. 978–59: Siamun	ca. 976–30 (973–42) Hiram von Tyrus	
X.	ca. 961–922 (965–926): Salomo		ca. 959–945: Psausennes		
	ca. 922 (926): Auflösung des Großreiches		ca. 945–924 Šišak I.		
	Israel	Juda			
	ca. 922–01 (926–07) Jerobeam I.	ca. 922–15 (926–10) Rehabeam			ca. 900–875 (885–70) Bar Hadad I.
IX.	ca. 901–900 (907–06) Nadab	ca. 915–13 (910–08) Abija		891–59 (873–42) Ittobaal v. Tyrus	
	ca. 900–877 (906–889) Baeša	ca. 913–873 (908–868) Asa			
	ca. 877–76 (883–82) Ela				
	ca. 876 (882) Zimri	ca. 873–49 (868–47) Josaphat			ca. 875–43 (870–42) Bar Hadad II. (Hadad-ezer)
	ca. 876–73 (882–78) Tibni				
	ca. 876–69 (878–71) Omri				
	ca. 869–50 (871–52) Ahab			850 ff. Mešaʿ- Stele	
	ca. 850–49 (852–51) Ahazia	ca. 849–42 (847–45) Joram			ca. 845–42 Bar Hadad III.?

(Die sicheren Zahlen sind *kursiv*!)

istromland syrien)	Medien u. Persien	Griechenland	Rom	Begebenheiten
		Trojanischer Krieg?		1205 Israel-Stele
				ca. 1050: Schlacht des Debora-Liedes, Jdc 5
				Aramäische Kriege
858–24 Šalman- III.				*853* Schlacht bei Qadeš a. Orontes
				841 Tribut Jehus

Jh.	Israel	Juda	Ägypten	Phönizien – Transjordanien	Syrien
	ca. 849–42 (851–45) Jehoram	ca. 842 Ahazia			ca. 860–775: Bar Hadad IV. (III.) = Mari’?
	ca. 842–15 (845–18) Jehu	ca. 842–37 (845–40) Athalia			
	ca. 815–01 (818–02) Jo’ahaz	ca. 837–800 (840–01) Jeho’aš		814 Gründung v. Karthago	
VIII.	ca. 801–786 (802–787) Jo’aš	ca. 800–783 (801–787) Amazia			
	ca. 786–46 (787–47) Jerobeam II.	ca. 783–42 (787–36) Uzzia/Azaria			
	ca. 746–45 (747) Zecharja	ca. 750–42 (756–36) Jotham als Regent			
	ca. 745 (747) Šallum				
	ca. 745–38 (747–38) Menahem				
	ca. 738–37 (737–36) Pekaḥja	ca. 735–15 (736–29/26) ’Ahaz			? Rezin von Damaskus
	ca. 737–32 (735–32) Pekaḥ				
	ca. 732–24 Hosea				732 Fall Damaskus’
	ca. 723–22 Fall Samarias				
	ca. 720 Aufgabe des Wider- stands				
	720 ff. assyri- sche Provinz	ca. 715–686 (728–00) Hiskia	ca. 710/09–696/ 95 Sabako		
VII.					
		ca. 687–42 Manasse	ca. 690–64 Tirhaqa		
		ca. 642–40 Amon	ca. 663–09 Psammetich I.		

istromland yrien abylonien	Medien Persien	Griechenland	Rom	Begebenheiten
		754–53 1. Olympiade	753 Gründung Roms	
			753–509 die sieben Könige	
				738 Tribut Menahems an Tiglat Pileser III.
				734 Syro-ephraimitischer Krieg
-22: Šal- ezer V				*734* Tribut Ahaz' an Tiglat Pileser III.
-05: gon II				*733–32* Eroberung Galiläas u. Tranjordaniens durch Tiglat Pileser III.
-681: herib				*732* Tod Pekaḥs
-10 u. 704– Ierodaḥ adan				*731* Tribut Hoseas an Tiglat Pileser III.
				724 Belagerung Samariens
-69 Assar- on				*722* Fall Samariens
-27 Assur- ipal				*721* Wegführung durch Sargon II.
				713–12 Feldzug Sargons II.
				701 Belagerung Jerusalems

Jh.	Israel	Juda	Ägypten	Phönizien – Transjordanien	Syrien
	Zurückeroberung einiger Teile?	640–09 (639–09) Josia 609 Jeo'aḥaz	655 wieder unabhängig 609–594 Necho II.		
		609–598 Jojaqim	594–89 Psammetich II.		
VI.		598 Jojakin			
		597–587/86 Sedekias	589–70 Hofra		
		587/86–539 babylonisches Exil	568–26 Amanis		
		539 Kyros-Edikt 538–21 Šešbaṣṣar u. Zerubbabel „Gouverneure“	525 durch Cambyses besetzt		
		521–ca. 330: sieben Gouverneure (Avigad)?			
V.	ca. 485–385 fünf Sanballatiden in Samaria		323 ff. unter den Ptolomäern		
IV.		322 Eroberung durch Alexander			
		323–198 unter den ägyptischen Ptolemäern			312 ff. unter den Seleukiden
		ca. 300 Simeon I. Hoherpriester	285–246 Ptolomäus II. Philadelphos		223–187 Antiochos III.
III.		ca. 200 Simeon II. Hoherpriester			187–75 Seleukos IV.
II.		198 ff. unter den Seleukiden			174–164 Antiochos IV. 169 1. ägyptischer Feldzug 168 2. ägyptischer Feldzug

eistromland	Medien u. Persien	Griechenland	Rom	Begebenheiten
–561 Nebu-nezzar II.			509 Republik	*609* Schlacht von Megiddo *605* Schlacht von Karkemis
	559–530 Kyros II.			
–539 unid				597 1. Belagerung, Eroberung Jerusalems Sommer 587 oder 586: 2. Eroberung Jerusalems
	530–522 Kambyses			561 Begnadigung Jojakins
	522–486 Darius I.	492–90 2. Perser-Krieg		516 Einweihung des Tempels
	464–423 Artaxerxes I. 360–339 Artaxerxes III.	431–04 Peloponnesische Kriege		
	335–332 Darius III.			333 Schlacht von Issus
			281–272 Pyrrhische Kriege 264–41 1. Punischer Krieg 218–01 2. Punischer Krieg 200–197 2. Mazedonischer Krieg	312–198 Kämpfe unter den Diadochen
			192–87 Krieg gegen Antiochos IV.	Übersetzung der LXX
			171–168 3. Mazedonischer Krieg	

Jh. v. u. Z.	Israel – Juda	Syrien	Rom	Begebenheiten
	?–175 Onias III. Hoherpriester	164–161 Antiochos IV.		167 Entweihung des Tempels
	174–171 Jason Hoherpriester			165 Aufstand
	171–62 Menelaos Hoherpriester			
	162 Alkimos Hoherpriester			164 Neuweihung des Tempels
	165–160 Judas Makkabäus			
	160–162 Jonathan Makkabäus	161–150 Demetrios I.		ca. 125 Gründung von Qumrân
		153–145 Alexander Balas	149–46 3. Punischer Krieg	
	142–134 Simeon Makkabäus			
	134–04 Johannes Hyrkanos			
	104–03 Aristobulos			
I.	103–76 Alexander Jannäus		91–88 Sozialer Krieg	
	76–67 Alexander Salome			
	67–63 Aristobulos II.		60–53 1. Triumvirat	
	63 Eingreifen des Pompejus			
	37–04 Herodes		49–45 1. Bürgerkrieg	
Jh. u. Z.			44–30 2. Bürgerkrieg	
			43–36 2. Triumvirat	
I.	6 Römische Provinz. Zeloten			
	26 Pilatus Prokurator			14 Tod Augusti
	ca. 27–30 Jesus			14–37 Kaiser Tiberius
	41–44 König Agrippa			37–41 Kaiser Caligula
	52 Felix Prokurator			41–54 Kaiser Claudius
	59? Fästus Prokurator			54–68 Kaiser Nero
	64 Gessius Flavus Prokurator			68–69 Galba, Otho, Vitellius
	66 Anfang der 1. Revolte			69–79 Kaiser Vespasian
	67–74 Römische Wiedereroberung. Massada			79–81 Kaiser Titus
	115–117 verschiedene Aufstände			87–117 Kaiser Trajan
	132–135 2. Revolte			117–138 Kaiser Hadrian
	135 Judäa wird zu Palästina			

REGISTER

Es werden nur Personen, Begriffe, Sachen und Autoren berücksichtigt, welche im Text ausführlich behandelt wurden, und, mit wenigen Ausnahmen, nur diejenigen, welche in den Titeln *nicht* erwähnt sind.

Semitische Wörter in Transkription werden in der Reihenfolge des lateinischen Alphabets, die biblischen Bücher in der der LXXX und Vg aufgeführt.

1. Personen, Begriffe und Sachen

Abiathar 66
Abibaʿal 53
Abija 138
Abraham 24
Achämeniden 193ff.
Actium 254
Adad Nirari III. 148
Adonija 59f. 64. 66
Aeneas 84. 92f.
Ägypten 4. 19. 27. 45. 49ff. 58ff. 67. 70f. 83. 93. 155. 165. 172f. (Auszug: s. Exodus, Plagen)
Agrippa, König 255. 259
Ahab 142
Ah-Mose 96
Akropolis (Jerusalem) 232
Alexander d. Gr. 210. 215ff.
Alexander Balas 239
Alexander Jannäus 240
Alexander Severus 267
Alexandra Salome 241
Alexandrien 227
Alkimos 208. 237
Amalek/Amalekiter 48
Amenophis III. u. IV. 16
Ammon/Ammoniter 16. 48. 54f. 71. 135. 182. 186
Amorräer 81. 95
Amphiktyonie s. Zwölfstämmebund
Annalen u. Chroniken 27. 63
Antiochus III. 218f. 227
Antiochus IV. 218
Antiochus V. 236
Antipater 241f. 252ff.
Antonia 233. 254. 262
Antonius 253
Aqiba 250. 267f.
Aram/Aramäer 84. 145. 158ff. 194f.
Archäologie 62f.
Aristobulos 241. 252
Artaxerxes I. 204f.
Artaxerxes II. 204. 207
Artaxerxes III. 204. 214
Asa 138
Assarhadon 157. 172
Assurbanipal 29. 157. 165. 172
Assyrien 4. 29. 45. 55. 144ff. 177ff. 193
Astyages 193
Athalia 141. 148ff.
Auferstehung 244
Ausgrabungen s. Archäologie
Aussatz 153f.
Auszug aus Ägypten s. Exodus
Azarja s. Ussia

Baal 11. 50. 61
Babylon 40. 55
Baeša 138
Bagohi 210
Bekehrung 121

Benjamin 114. 133. 138
Beschneidung 115
Bullae s. Tonbullen
Bundesbuch 36
Bundeslade s. Lade
Bundschuh 120

Caesar 252 ff.
Chaldäer 87
Chronologie 154

Dagan/Dagôn 50
Dämonen 224
Darius I. 195. 197
Darius III. 215
Dattelpalme 13
Demetrios I. 237
Demetrios II. 239
Demetrios III. 241
Deutero-Jesaja 24. 193 f. 230
Deuteronomistisches Geschichtswerk 36
Diadochen 216 ff.
Dielheimer Gruppe s. Diebner, B. J.
Domitian 265

Ebla 6
Echnaton 16
Edom/Edomiter 16. 45. 48. 55. 67. 71. 135. 182. 240 s. Idumäer
Ehe 84
Elah 139
Elam 88
Elia/Elischa 142 ff.
Eljašib 209
Engellehre 224. 248
Ephraim 123
Ešbaal 46
Esra-Nehemia 36. 237. 242 f.
Essener 234 ff. 250. 262
Ethnarchie 242. 255
Euphrat 44
Euseb v. Caesarea 37
Ewil Merodach 187
Exil 23. 82. 180 ff. 185 ff.
Exodus 24. 79

Flavius Josephus 36 f.
Fronarbeit 72 ff.
Fruchtbarer Halbmond 6
Fundamentalismus 33

Gad 144
Gadalja 135 ff.
Galiläa 4
Gathiter 54
Gaugamela 215
Genealogien 85 ff.
Gens Julia 84
Gešem 206
Geschichte Israels (Fach) 21 ff.
Gesetz 208 f. s. *tôrāh*
Gessius Florus 259 ff.
Gideon 127 ff.
Grenzfixpunkte 57
Großer Kanal 184
Großreich 42 ff.
Gründungssagen 85
Gudea v. Lagaš 65

Hadrian 267
Halbnomadentum 83 ff.
Harun al-Rašid 67
Hasael 146 ff.
Hasmonäer 36. 235
Ḫatti 15. 27
Haus Egibi 184
Heidentum 60
Hellenismus 216 ff. 225 ff.
Heroes eponymi 80 ff.
Hiram 53. 69
Hiskia 137
Hiwwiter/Hurriter 15 f.
Hohepriester 68
Hophra 181
Hosea, König 161
Hyksos 95 ff.
Hyrkanos 240 ff. 252 ff.

Idumäer 184. 240. 252 ff.
Immanuel 167
Islam 216 ff.
Israel *und* Juda 3. 43 f. 131 ff.

Issus 215
Izebel 141

Jaddua' 207. 220
Jason 228f. 232
Jerobeam I. 71. 115. 138
Jerobeam II. 30
Jerusalem 44. 55ff. 204. 209
–, Belagerung 70. 180. 182. 260ff. 586f.
Jesus v. Nazareth 42. 109. 244. 254
Jhwh 213
Joab 59
Joaš v. Israel 148
Joaš v. Juda 150ff.
Johanan b. Zakkai 263f.
Johannes d. Täufer 223
Johannes Hyrkanos I. 240f. 253
Jojakin 178. 180 A. 17
Jojaqim 178
Jonathan 47
Jordan 8
Josaphat 149
Josephgeschichte 80f. 94f.
Josia 73
Juda 123
Jupiter Capitolinus 264
Jus reformandi 60. 68

Kalb, goldenes 134f.
Kalender 249
Kambyses 194f. 197ff. 199
Kanaan 4. 19. 39. 42. 111. 143
Keniter 109
Kleinvieh 15
König als Priester 66ff.
Kreter u. Plether 54
Kroesus 193
Kundschafter 115
Kyaxares 174
Kyros II. 193ff. 197

Lade 52. 60ff. 66
Landkarten 19
Legitimation 26ff.
Libanon 6. 55
Licht – Finsternis 249
Lokalgottheiten 91
Lybien 38f.

Makkabäer s. Hasmonäer
Manasses 220
Mariamne 253ff.
Massoretischer Text 41
Medien, Reich 170. 192ff.
Menachem 158ff.
Menelaus 231
Merenptah 22. 38f. 50
Messias 248. 257
Micha b. Jumla 142
Michal 48
Mittlerer Osten 6
Moab/Moabtiter 16. 48. 55. 71. 135. 141
Mondkult 87
Môt 11

Nabatäer 241
Nabonid 192ff.
Nabopolassar 174
Nadab 138
Naher Osten 6
Naphtali 123
Nationalstaat 30
Nebukadnezzar II. 41. 165. 180ff. 186f. 191
Necho II. 4. 177ff. 180ff.
Nerva 264
Neuer Bund 248ff.
Nil 95. 98

Oberflächenforschung 122f.
Octavian Augustus 253
Og 117f.
Onias III. 217. 228. 239
Onias IV. 232. 239
Opfer für König/Kaiser 209. 261

Palästina 4. 7. 268
Partei „Nur Jhwh/Jhwh alleine" 143
Patronat, königliches 66f. 68f.
Pekah 161
Pekahja 159
Pentateuch, Quellen 36. 74. 164. 211f.

Persien 19. 56
Persische Kriege 204. 214
Personalunion 58ff.
Personennamen 61. 93
Pferd 63. 69
Pharao 70
Pharisäer 227. 238. 240. 257. 263
Philister 3. 16. 45. 53. 82. 127. 167
Philo von Alexandrien 37
Philo von Byblos 165
Phönizien/Phönizier 6. 9. 16. 63. 148ff. s. Tyrus
Pia fraus 176f.
Plagen 100f.
Pompejus 242. 252
Pontius Pilatus 256ff.
Priester 221
Prokuratoren 255ff.
Propheten 36. 223
Psammetich I. 157. 174f.
Psausennes 70
Ptolemäer 217ff. 225f.

Quirinius s. Sulpicius Q., P.
Qumrân 196

Ramses II. 93
Ramses III. 50
Reederei 69
Rehabeam 133ff.
Religiöse Reformen 139 A. 5. 149. 167f. 173
Religionsstifter 109
Rephaiter 54. 117
Resin 159
Rom 93. 218f. 226f. 239ff.
Rotes Meer 101. 149

Sabbath 210. 230
Sadduzäer 240. 257
Sadoq/Sadoqiter 67. 243
Saladin 67
Šalman ezer III. 147
Šalman ezer V. 162
Samaria/Samaritaner 3. 44. 116. 132. 141. 176. 185. 199. 215ff. 238. 240f. 255
Sanballat I. 204f. 209
Sanballat II. 220
Sanballat III. 220
Sanchuniaton 165
Sanherib 4. 168. 170f.
Sargon I. 99
Sargon II. 163ff.
Satrap/Satrapie 198 s. Statthalter, peḥah
Saul 42. 49
Sedeqia 178ff.
Seevölker 49ff. s. Philister
Segmentäre Gesellschaften 125f. A. 19
Seleukiden 217ff.
Seleukos IV. 219f. 225. 227. 230
Septuaginta 217ff.
Šešbassar 197f.
Sethi I. 93. 96
Siebzig Jahre 265
Sihon 117
Sikarier 256
Sin 87. 193f.
Skyter 174
Söhne des Lichts 249
Sol invictus 234
Šošenk/Šišak I. 4. 72. 94. 135f.
Sparta 239
Stadtstaat 17ff. 55ff.
Statthalter 72. 186, s. Satrap, peḥah
Sühnetag 211
Sulpicius Quirinus, P. 256
Synagoge 185
Syrien 6. 44. 54f.

Tag Jhwhs 199
Tempel (Jerusalem) 52. 65ff. 203. 212. 242. 264. 267
Territorialstaat 30
Theokratie 201
Theophanie 106
Thronbesteigung 41
Thronfolge Davids 74
Tibni 139f.
Tiglat pileser III. 115. 157ff.

Tirhaqa 172
Titus 261ff. 265
Tobias 205f. 209. 217
Toleranz 194ff. 217
Tonbullen 201ff.
Trajan 266
Transeuphrat 29. 195ff. 198f. 205
Trojanischer Krieg 115

Übergriffe 210
Universalismus 230
Uria 54
Uruk 184
Ussia 30

Vasallentum 4. 164f. 179f.
Verus Israel 24
Vespasian 265
Via maris 103
Völkerwanderungen 80. 95

Wanderung 83ff.
Wasserleitung (Jerusalem) 169
Weisheit 65f. 68. 74f.
Wen Amun 51

Zehnte 210
Zeloten 256. 261
Zerubbabel 197ff. 200f.
Zeus Olympios 234
Zeus Xenios 234
Zimri 139
Zweistromland 19. 27. 49. 66 s. Assyrien, Babylon
Zwölfstämmebund 24. 29f. 32f. 113ff. 123ff. 134. 164

2. Land- und Ortsbezeichnungen

a) Hebräisch

ʾAbel bêt Maʿakah 138
Akkra 233. 236. 238
ʿAnatôt 64
ʿArad 4. 66. 107. 115
ʾAram nahªrajim 83
ʾAšdôd 50. 168
ʾAšqᵉlôn 50
ʿAtarôt 116. 144f.
ʾAzeqah 182. 211

Baʿal haṣôr 211
Baʾal ṣefôn 103
Bašan 15. 117
Bêt ʾarbel 147
Bêt ʾel 134. 210f.
Bêt ḥôrôn 260
Bêt rᵉḥôb 54
Bêt šᵉʿan 51
Bêt šemeš 151
Bêt ṣûr 211. 239
Bêt ṭer 258
Bêt zᵉkarjah 236
Dan 63f. 115. 123. 134f. 138
Dîbôn 144
Dôr 51. 159

ʾElat 64
ʾEltᵉqe 169
ʾEqrôn 50
ʾErek s. Uruk
ʾEṣjôn geber 64

Gat 50
Gebaʿ 138
Gerar 167f.
Gešur 55
Gošen 97

Ḥamat 54
Har qarqôm 105
Ḥaran 24. 83
Ḥaṣôr 12. 63. 119
Ḥawwôt jaʿîr 138
Ḥešbôn 117

Ḥoreb 106
Ḥormah 115
Ḥule See 8

ʿIjôn 138

Jabeš 48
Jam sûf 101
Jaʿzer 117

Karmel 143
Kinnerôt 138

Lakiš 169 A. 6. 172

Ma^{ca}kah 54
M^{e}bôʾ ḥamat 151
Migdôl 103
Miṣpah 138. 183
Môdîn 235
Muṣri 69

Nahar kebar 184
Naḥal ḥeber s. wadi murabaʿat
Negeb 9. 182. 240

ʿOfrah 127
ʾOno 211

Paddan ʾaram 83
Pitʾôm 93

Qadeš barneaʿ 104
Qadešnaftalî 123
qarnaijm 151
Q^{e}nat 138
qir ḥeres/ḥareset 144
Qüé 69

Raʾamses 93
Rabat (b^{e}nê) ʿammôn 8
Ramah 138
Rôʾš hanniqraʾ 147

ś^{e}de ʾaram 83
šefelah 9f. 235
Sinaj 245
Ṣiqlag 55f
Ṣobaʾ 45. 54
Sukkôt 97. 103

Tell Abib 184
Teman 106
Tirṣah 136
ṭôb 54

ʾUr 24. 81. 85ff.

b) Altägyptisch (alt u. modern), Arabisch und Türkisch

Abil el qamḥ s. ʾabel bêt ma^{ca}kah
Alalaẖ 50
Amman 8
Amarna 16ff. 22. 56ff.
Aqaba 8. 64
Asswan 213
El ʿazar s. bêt z^{e}karjah
Azza s. Gaza

Banjas 218
Baqʾa 54
Beitin s. bêt ʾel
Beit ʿur s. bêt ḥôrôn
Bittir s. bêt ṭer

Ein qudeirat s. qadeš barne^{ac}

Ğebel eṭ ṭur 221
Ğebel mussa 105
Ğebel qaṭarin 105
Ğerablus s. Karchemiš
Ğeraš s. Gerasa
Gibaʿ s. gebaʿ

Ḥamat 66. 168
Hauran 15. 93
Ḥesban s. ḥešbôn
Ḫirbet aṭṭarus s. aṭarôt
H. el burğ s. dôr

Ḫ. el jehud 268
Ḫ. muqanna s. ʿeqrôn
Ḫ. el ʿoreimeh s. kinnerôt
Ḫ. qerqur s. qarqar
Ḫ. eṭ ṭubije s. bêt ṣur

Inuam 38

Karatepé 27
el Kerak s. qir ḥeres

Lebwe s. m^ebôʾ ḥamat

Nablus s. Sichem
Naḫr el kalb 186
Nahrina 83

Qanawat s. q^enat
qumrân 238. 245 ff.

Er-ram s. ramah
Raś el ḫarrube s. ʿanatôt
Raś en naqura s. rôʾš hanniqraʾ

Sabḫat el bardawil 103
Eṣ ṣar s. jaʿzer
Sebastije s. Samaria

Tabaqat fahl s. Pella
Tawilan s. teman

Tell
– ʾasur s. baʿal ḥaṣor
– ʾaštara 151
– ed dibbin s. Ijon
– el farʿah s. tirṣah
– haǧǧiaǧ s. Mahanaim
– el ḫeleife s. eṣjôn geber
– el ḥuṣn s. bêt š^{ec}an
– el jehudije s. Leontopolis
– el mašḫuta 93
– el muqajjar 86
– el mutesellim s. Megiddo
– en naʿam 38
– en naṣbe s. miṣpah
– el qadi s. Dan
– qaṣile 50
– el qedaḥ s. ḥaṣor
– er retabe 93
– er rumeileh s. bêt šemeš
– es sabaʿ v. beʾer šebaʿ
– es safit s. gat
– eš šallaf s. ʾelteqeʿ
– tajinat 65 f.
– el waqqaṣ s. ḥaṣor
– ez zakarije s. ʿazeqah

Wadi
– el ariš 56. 159
– ed dalije 204. 215
– murabbaʿat 268
– et tumeilat 93

c) Gebräuchlich und modern

Arabien 105
Avaris/Tanis 97

Beer Scheba 64. 106
el Bireh 138

Damaskus 45. 54. 71. 135. 148. 151 f. 155. 160. 195 f.

Galiläa 4
Garizim 221. 234

Gaugamela 215
Gaza 50. 168. 180
Gefilde Moabs 107
Genezareth, See 8. 14. 257
Gerasa 267
Gezer 70. 211
Gibeon 64 f.
Gilboa 45. 47. 51

Haifa 9
Hebron 9. 18. 45. 51

Idumäa 241
Irbid s. bêt arbel
Ituräa 240

Jaffa 9
Jamnia/Jabne 263
Janoam 38f.
Jericho 9. 13. 113f.
Jesreel Ebene 9. 51. 141
Jordan 8

Karkemiš 177ff.

Leontopolis 232. 239

Magnesia 218
Megiddo 63. 66. 175ff. 177f.
Memphis 97. 172ff.
Massada 254

Opis 193f.

Paneas (Panejus) 218
Pella 263
Petra 106. 241

Qarqar 145f.

Ramalla 138
Rotes Meer 101

Samaria/Samaritaner 57. 163. 176. 200
Sichem 18. 66. 115f. 136
Sirbonisches Haff 103
Strom Ägyptens 56
Susa 205. 211

Tanis s. Avaris
Theben 172
Timna 64
Totes Meer 8. 14. 88
Transjordanien 54. 74. 113f. 116ff.
s. Ammon, Edom u. Moab
Tyrus 52f. 55. 215

Ugarit 17. 22. 50. 117

3. *Fremdwörter und -ausdrücke*

Ortsbezeichnungen zu Nr. 2!

a) Hebräisch und Aramäisch

ʿam 80
ʿam haʾareṣ 150. 173. 227. 244. 257
ʿnt btʾl und ʾsm btʾl 213
ʾašer ʿal habajit 58

banah 63
bᵉrît 120f.
bikkûrîm 101

ʿebed 173. 206
ʾel 11. 61. 91
ʾereṣ iśraʾel 7

gᵉbîrah 139
gôj gadôl 80

ḥakam(îm) 75
ḥanukkah 236

ʿibrî 88

jasad 199
jeṣer ṭôb/raʿ 247
jôm kippûr
s. Sühnetag

Kittîm 4. 180

malqôš 10
marî' 148
mas 73
mašî^{a}ḥ 193
maṭṭeh 121
mazkîr 59
m^{e}dînah/m^{e}dinata' 202
melek gôjîm 88

naśî' 185
neṣîb 72

peḥah/pḥw' 198 ff. 201 ff.
peḥam 205
perîšîm 244

qanana' 256

re'eh hammelek 58 f.

šaddaj 91
Šalman 146 f.
Šarab 10
Šebeṭ 121
Šefelah 10
Seranîm 50 f.
Sôfer 59
Šofṭîm 126 ff.
ṣô'n 15

tab'el 160. 218
tôrah 44 f. 175 ff. 208 f. 216 ff. 243 f. 247 f. 250 ff. s. Gesetz
tôrah, mündliche 245. 264

ziw 66

b) Weitere semitische Sprachen u. Ägyptisch

Amel Marduk s. Ewil Merodach
Amurru 15
Ba'li ra'si 147
Cheta 38
Eber nari 29
Egibi, Haus 184
Fallaḥ 14
Ḫabatu 88
Hadad idri s. Ben/Bar Hadad II
Ḥamsin 10
Ḫapiru ('prm) 18. 88
hḫ nśwt 58
Jeb 213
Ka 97
Kinaḫḫu 6
Pulu 159
SA-GAZ v. Ḫapiru
śmr w'tj 58
sš.št und sh š't 58
Tjehenu 38
Umman Manda 174

c) Griechisch

γραμματεός 59
γυμνάσιον 231
εφσβεῖον 231
θεὸς πατρῷος 91
νόμος 209
Τύραννος 50
ὑπομνηματόγραφος 59
φοῖνιξ 6

d) Lateinisch

Religio licita 255. 263
Suffetes 126

4. *Texte*

a) Hebräische Bibel, Deuterokanonika und Pseudoepigraphica

Gen 4,26 90
11,10–27 81
11,28–31 81. 86
12,1 ff. 80. 87
12,10–20 83 f.
14,1 ff. 87 ff.
15,7 87 ff.
15,13 ff. 98
18,18 80
20,1–18 82 ff.
24,1 ff. 84
26,1–11 83 f.
28,1 ff. 84
29,1–14 83
32,23–33 83
34,1 ff. 114 f. 118
46,28 f. 97
49,1 ff. 118

Ex 1,8–10 94. 98
1,11 96
2,2–3 99
3,1 ff. und 6,1 ff. 90
5,6–23 95
7,14–11,10 100 f.
12–15 101
12,40 98
13,12–14,9 103
13,17 103
14,1 ff. 101 f.
15,1 ff. 102
17,5–7 104
18,1 ff. 104 f.
19,1 ff. 24. 245
19,6 245
20,22–23,33 36
32,1–6 134 f.

Lev 25,23 ff. 143

Num 6,24–26 248
14,12 80
20,1. 13–14 104
21,33–35 117
21,21–31 117
22–25 106
31,1 ff. 106
32,1 117
33,1–49 103. 107

Dtn 26,5 84. 94
33,1 ff. 36

Jos 1–12 113. 118. 124 f.
1,18 113
13–21 124 f.
15,7–19 57
15,21–61 72. 175
18,11–30 57
21,1–42 121 ff.
22,1 ff. 113 f.
24,1–14 90 f. 94

Jdc 1,1 ff. 113 ff.
1,27 ff. 44. 55. 114
4,1 ff. 127
4,5 126
5,1 ff. 36. 125. 127
5,15 f. 117
6–8 124 f. 127
9,1 ff. 150
9,5 27
12,1–7 127 f.
17–18 113. 115
19–21 24 ff. 127 f.

I Sam 4–6 52. 127
5–6 50
8,1 ff. 24. 47
7,1 ff. 24
10,17–27 47
11,1 ff. 48
13,1 ff. 48
13,20 ff. 51

I Sam (Forts.)
13–14 48
14,47–52 30. 48
15,1ff. 48
16,1–14 27. 46. 48
18,10–17 48
18,17–27 47
19,1ff. 48
22,1–2 89
27,5–6 55
31,1ff. 51

II Sam 2,4 45
2,12–3,1 46
3,7 46
4,4 47
5,1–4 46
5,6 51f.
5,16 61
5,17–25 54
6,1ff. 52
8,1ff. 54
8,13 55
10–12 54
11,2–12,5 143
12,31 74
18,15–18//I Chr 18,14–17 58f.
20,1 59
20,23–26 58
21,17 60
23,1ff. 60
23,8–39 30. 45
24,1//I Chr 21,1ff. 72f.

I Reg 2,1ff. 68
3,1ff. 117
3,4–15 64f.
3,16–28 68
4,1–6 29. 58. 62
4,7–19 55. 62. 72
5,2–7 72
5,4 29
5,9–14 68
5,15–31 65.74
5,20–32 65
6–7 65
6,1ff. 65ff. 98
7,13f. 65
8,1–11 62. 67. 65f. 243
8,12 61. 65. 67
9,10–14 70
9,15–22 62. 74
10,1–13//II Chr 8,1–6 68
10,11ff. 22. 28ff. 62. 69
10,25–27 69
11,3 71
11,14ff. 45. 67. 71
11,23–25 71
11,26–40 67. 71
11,41 62
12–14 133ff.
12,16 59
12,24 133
12,28 134
14,25–28//II Chr 12,2–11 136
15,9–15//II Chr 14,1–4 139
15,18–20//II Chr 16,2–6 135
16,8–22 139ff.
16,24 141
16,31 141
17,1ff. 10. 143. 222
17–21 142
19,15–18 143. 146
20,1ff. 141ff.
21,1ff. 59. 143
22,1ff. 142ff.

II Reg 1,2–17 142
2,26 66
2,35 66
2,39 54
3,1ff. 39. 64. 135
6,8–23 146
8,26//II Chr 22,2 141
9,1–10,7 27. 142. 146
9,15 63
9,28 69
10,1ff. 147f.
11,1ff.//II Chr 22,9–23,21 250f.
11,2//II Chr 22,11 27
11,14–25 67
11,26–40 67. 134

II Reg (Forts.)
12,1–22//II Chr 24,1–6.23–27 150f.
12,16 59
12,21–25 134
12,26ff. 134
14,1–8 134
14,28 152
14,25–28//II Chr 12,2–11 153
15,9–15//II Chr 14,1–4 139
15,23–26 159
15,27–31 160
17,1–4 161
17,5–6 162f.
18–25 165ff.
17,7–41 163
18,1–4 167
18,9–11 162
18,13–16 169f.
19,37//Jes 37,38 171
21,1–18//II Chr 33,1–20 172
21,21–26//II Chr 33,21–25 173
22–23//IIChr 34,1–35,19 175
23,4–15//II Chr 34,3–5 177
23,28f. 177
25,27–30//Jer 52,21–34 187

I Chr 3,17 197
3,19–24 201. 203
4,34–43 167
5,27–41 207
6,39–66 121ff.
11,5–10 137

II Chr 8,1–6 70
28–32 165ff.
33,11–17 172
34,5–6 175f.
35,20–26 177f.

Esra Nehemia 195

Esra 1,7–11 198
4,6–24 196
5,6–6,12 195f.
5,15 197
7,1–12 207. 212
9,1–10,1 208
4,1–5 222
2,1–70//Neh 7,6–72 198

Nehem 1,1–3 204
2,11–3,39 209
2,10 205
2,19 206
5,1–13 209
5,12–14 205
6,1–6 206
6,10 209
6,15 204
8,1–9 208
7,4–5 209
10,29 209
12,10–22 207. 220
12,26f. 205. 209
13,6 205
13,26 209

Jes 1,7–9 172
6,1 154
7,1–14 160. 167
9,1–6 134
18,1–8 168
19,18 7
20,1–6 168
22,1–4 170
24–27 224
30,1–6 168
36–39 165ff.

Jer 3,1ff. 134
7//26 179
23,5–6 134
27–29 181ff.
29,4–9 269
37–38 181ff.

Ezc 10,1ff. 187
21,24f. 182
33,24 186
37,15–22 134
40–48 185

Thr 4,20 60

Dan 1,8ff. 251
6,11 243
9,26 u. 11,22 232
11,31 u. 12,11 234

Hos 10,14 146f.
12,3–5 80
12,13 83

Am 1,3–5 117
4,1 15
5,18 199
6,13f. 117
7,10–17 46 A. 6.
8,14 213

Joel 1,3ff. 14

Nah 2,1 174
2,12f. 241
3,8–10 173
3,19 174

Hag 1,1–11 198

Sach 4,11–14 248
6,9–15 205. 211. 218

Maleachi 204f.

Ps 1,1ff. 251
2,8 64f.
19,1ff. 251
21,5 60
45,7 60
72,6–7. 16 60
78,43–51 100
105,27–36 100
110,4 67. 88
119,97 251

Makkab. 217. 226

I Mkb 1,21ff. 233
1,33f. 234
2,15–28 235
2,29–41 234
3,1ff. 235
3,4 230
6,8 225f.
9,54–56 208. 237
12–15 239
16,11–24 239

II Mkb 3,1ff. 228. 230
4,7–11 228. 231
4,28 232
5,15ff. 233
6,2 221f.
6,18–19 234
9,5ff. 225f.

Tob 1,10–12 251

Jud 10,5 251

Sir 49,13 208

III Esra 195. 208
8–9 237

b) Akkadisch

Annalen von Šalman Ezer III. 146ff.
Annalen von Sanherib 170f.
Annalen von Tiglat Pileser I. 83 A. 11
Babylonische Chronik 177
Behistun Inschrift 199
Brief an die Gottheit (Sanherib) 168
Idrimi von Alalaḫ 27
Inschrift von Nahr el Kalb 186
Kyros Zilinder 194
Stele von tell er rimat 148

c) Ägyptisch

Pap. Anastasi V 96
Pap. Anastasi VI 97
Karnak Inschrift, Šošenk K. 136
Israel-Stele = Theben-Inschrift,
  Merenptah 38f.

d) Ugaritisch

CTA 15.II.25–27 60
16,10f. 60

e) Hebräisch und verwandte Sprachen, epigraphisch

Bilʿam (tell deir ʿalla) 91
Meša von Moab 22.27.39.117.
  144ff.
Lakiš Ostraka – 3 181f.
  4 182
Samaria, Ostraka 135
Tell ʿArad, Ostraka 4.175
1Q S VI,6 247
1Q PHab VII,1 247
4Q117 196
4Q169 (4QPHab) I,1ff. 241
11Q19–20 (Tempelrolle) 212f.
1Q S II,2–4 248
1Q H VII,6–7 248

f) Phönizisch

Karatepé 27

g) Aramäisch

Adon, Brief des 180. 194
Elephantine, Pap. 30. 204. 210. 213
Elephantine im Allg. 221
Sefire 27
Saqqara, Pap. 180
Samaria, Pap. 204. 215 s. wadi ed dalije

h) Flavius Josephus

Allgemein 36f. 226. 252. 260f. 264
CAp I,108 53
  154. 182
Bell 2,175ff. 256
  7,420ff. 232
Ant 8,50ff. 53
  8,58 74
  8,212 133
  8,324 141
9,277ff. 162
10,74 177
10,181 186
11,5 193
11,1ff. 195
11,8 197
11,13 198
11,114 199
11,317 215

12,1ff. 216ff.
12,7 217
12,321–325 221
12,304 219f.
12,337 216
12,119ff. 219
12,138–144 219
12,160 218
12,241 231
12,265ff. 235
13,62 232
13,171 244
13,184 323
13,250ff. 239
13,288 240. 244
13,318 240
13,338 240
13,377–382 241
18,1ff. 256
18,60 256
18,63 258
20,200 258
20,235 232

i) Klassisch (griechisch u. lateinisch)

Euseb v. Caesarea 37
Herod Allg. 7
I 102 174
II 141 171
Polyb 30,26fin. 228
Rufus C. 215
Tac Hist Allg. 252f.
5,9 242
Svet Dom 12,2 265
Zenon Pap. 218f.

j) Neues Testament

Mt 2,13–23 81. 254
12,11//Lk 14,5 248
15,3 245
23,15 230
Mk 2,27 250
13,14 u. Parall. 234
Lk 2,1–5 256
13,1ff. 256
Joh 4,22 222
Röm 11,1 124
Gal 4,25 105
Phil 3,5–6 245
Hebr 11,35 234
Apk 7,6–8 224

k) Rabbinisches Schrifttum

Mišnah Šabb II,5 250
XVIII,3 250
XIX,1 250
Mišmah Abot III,15 245
Toseph Šabb 5,22 250
Bab Ber 55a 246
Jer Ta'an 68d 237 A. 7. 267
Sifrê Dtn 45,103 246
Meg Ta'an 27 (s. Alkimos)
Mech Ex 31,13 250
Seder 'ôlan rabba' 41. 132

5. *Moderne Autoren*

Akarya, A. A. 197
Albrektson, B. 26
Albright, W. F. 32. 35. 120. 149. 206
Alt, A. 56f. 73. 86. 89ff. 95. 119ff. 124. 175. 286
Astour, M. C. 147
Avigad, N. 201ff. 210. 217

Batto, B. F. 101
Beck, S. 35
Beek, M. A. 35
Ben Sasson, H. H. 33
Berger, P. R. 197
Bernegger, P. M. 253
Beyse, K. M. 30
Bi(c)kerman(n), E. J. 196
Bright, J. 33. 35. 86. 92. 109f. 120. 130. 171
Buccellati, G. 35. 56f.

Callaway, J. A. 119
Castel, F. 34
Cazelles, H. 34
Childs, B. S. 170
Clausewitz, K. v. 68
Clauss, M. 34
Cogan, M. 146f. 161. 163. 167 A. 4. 170
Cohen, S. J. D. 259
Collingwood, R. G. 22f.
Coote, R. B. 19. 22. 29ff.
Cross, F. M. 196. 201f. 220

Daffinà, P. 40
Decor, M. 232
Dever, W. G. 121
Diebner, B. J. 20. 42. 91. 177
Dion, P. E. 197
Donner, H. 34f. 80. 118. 136ff. 156ff. 168. 172. 197

Ehrlich, E. L. 35
Engel, H. 92

Finkelstein, I. 119
Fohrer, G. 33. 214
Foresti, F. 177
Frick, F. S. 51
Frost, S. B. 177f.

Garbini, G. 24 A. 3. 28 A. 7. 30. 34. 44f. 50ff. 53. 109 A. 10. 70. 82 A. 7. 109. 144. 153. 170. 197 A. 14. 184. 208
Gide, A. 48
Görg, M. 103
Gottwald, N. K. 84f. 119f.
Greßmann, H. 85
Gunkel, H. 85
Gunneweg, A. H. J. 33. 196. 207

Hallo, W. W. 30
Hausmann, J. 222
Hayes, J. H. 33f.
Herrmann, S. 33. 161
Hobsbawm, E. 23
Hölscher, G. 196
Hoffmann, H. D. 139 A. 5
Hoftijzer, J. 91
Hort, G. 100

Jagersma, H. 33
Japhet, S. 111

Kaiser, O. 196. 208
Kallai, Z. 43 A. 2
Keil, V. 232
Kenyon, K. M. 63
Kitchen, K. A. 58f. 70. 136
Kittel, R. 32. 35
Koch, K. 108
Kuenen, A. 28f. 32. 35
Kümmel, W. G. 257

Laperrousaz, E. M. 201
Leach, E. 45 A. 5
Lemaire, A. 35
Lemche, N. P. 34. 125
Liverani, M. 22. 31. 82. 89

Lohfink, N. XIII. 176f.
Luther, M. 158. 250

Malamat, A. 35
Mayes, A. D. H. 127
Mazar, B. 33. 51
McCarter, P. K. 82
McKay, L. 161
Mendenhall, G. E. 119ff.
Metzger, M. 33
Meyer, E. 29. 54. 196
Miller, J. M. 33f.
Momigliano, A. 40. 128 A. 26
Mommsen, T. 55
Morenz, S. 96
Moscati, S. 120

Na'aman, N. 15 A. 8. 152f.
Neusner, J. 263
Noth, M. 32f. 35. 95. 104. 108. 120. 124f. 130. 258. 268

Oded, B. 161. 168
Oesterley, W. O. E. 32
Orlinsky, H. M. 35

Pedersen, J. 100
Peterson, J. L. 123
Prato, G. L. 226f.

Rabinowitz, I. L. 212f.
Rad, G. v. 95. 108. 224
Ranger, T. 23
Renan, E. 208
Rendtorff, R. 35
Ricciotti, G. 32. 234. 241
Robinson, T. H. 32
Rost, L. 43 A. 2

Sacchi, P. 34. 200. 205. 209. 220. 228. 230. 243
Sæbø, M. 198
Saggs, H. W. F. 156
Sapin, J. 11
Sarna, N. H. 92
Schäfer, P. 234
Schäfer-Lichtenberger, C. 52. 56
Schmidt, W. H. 98 A. 17. 110
Schmitt, H. C. 117
Sellin, E. 124
Shanks, H. 34
Smend, R. 55
Smith, M. 143
Soden, W. v. 156. 171 A. 8
Soggin, J. A. 22. 29. 31. 127. 177
Spickermann, H. 161. 167. 175. 177
Stade, B. 28. 32. 35
Stager, L. E. 119
Stern, E. 37. 202. 232
Swetnam, J. 213

Tadmor, H. 40f. 146f. 152. 163. 167. 170. 173
Talmon, S. 196. 198. 220
Tcherikover, V. 229
Thompson, T. L. 21. 80. 85f.
Tigay, J. H. 61 A. 21
Timm, S. 141. 162f.
Torrey, C. C. 208

Van Seters, J. 21. 80. 91
Vaux, R. de 33
Vergote, J. 96f.
Vermeylen, J. 34

Weber, M. 32. 35. 124
Weippert, H. 20. 119
Weippert, M. 82
Wellhausen, J. 32. 35. 122. 196
Whitelam, K. W. 22. 29ff.
Widengren, G. 221

Zobel, H. J. 30